问题——概念·解析·实证之探索丛书

景区旅游经济价值评估理论与实践

The Theory and Practice
on the Evaluation
of Scenic Spot's Economic Value

丛书主编 / 林璧属

林璧属等 / 著

旅游教育出版社
·北京·

图书在版编目（CIP）数据

景区旅游经济价值评估理论与实践 / 林璧属等著. — 北京：旅游教育出版社，2024.5
（问题——概念·解析·实证之探索丛书）
ISBN 978-7-5637-4716-0

Ⅰ. ①景… Ⅱ. ①林… Ⅲ. ①旅游区－经济评价－研究 Ⅳ. ①F590.31

中国国家版本馆CIP数据核字(2024)第087954号

问题——概念·解析·实证之探索丛书
丛书主编/林璧属

景区旅游经济价值评估理论与实践
林璧属等 著

策　　划	赖春梅
责任编辑	赖春梅
出版单位	旅游教育出版社
地　　址	北京市朝阳区定福庄南里1号
邮　　编	100024
发行电话	（010）65778403　65728372　65767462（传真）
本社网址	www.tepcb.com
E - mail	tepfx@163.com
排版单位	北京旅教文化传播有限公司
印刷单位	唐山玺诚印务有限公司
经销单位	新华书店
开　　本	850毫米×1168毫米　1/32
印　　张	13.75
字　　数	327千字
版　　次	2024年5月第1版
印　　次	2024年5月第1次印刷
定　　价	128.00元

（图书如有装订差错请与发行部联系）

国家自然科学基金资助项目

该项目成果由两部分组成，第一部分为林璧属教授团队的国家自然科学基金面上项目"基于实物期权理论的景区经营权价值评估模型与方法研究"（批准号：71774135）的结题成果。这一课题研究，实现了总体研究目标：一是研究给出了景区专营权价值和投资柔性价值评估的系统化、科学化、精确化的评价体系与方法；二是构建出一个既能反映资源本体价值，又兼顾市场供需及各方利益诉求的精确量化的、切实可行的旅游资源开发利用的价值化评价体系。具体包括：研究给出了旅游开发背景下景区经营权价值形成与演变机理、价值影响因素与作用机理；构建出经过案例实证与验证的景区经营权价值定量评价的综合评价模型；改进并提炼出经过案例实证与验证的景区专营权基准价和投资柔性价值的精确化科学化的评估模型与评估方法；给出了关键参数，包括景区经营权价值影响因素中的影响权数、景区预期收益中的折现率、景区投资柔性价值收益中的波动率以及景区资源本体价值与市场价格的变动系数等。

该成果的第二部分为林璧属教授团队的国家自然科学基金面上项目"基于多维复合方法的景区虚实共生资产评估研究"（批准号：72272128）的第一年研究成果。这一课题的初期研究以"神奇剧本游"为例研究旅游演艺意义体验对游客满意度的影响、游客对增强现实（AR）+剧本类旅游APP接受度的研究。

各项研究分别由项目主持人所带领的研究团队完成，最后由林璧属汇稿而成。

感谢国家自然科学基金的研究资助！

内容简介

本成果为国家自然科学基金面上项目"基于实物期权理论的景区经营权价值评估模型与方法研究"的结题成果和在研国家自然科学基金面上项目"基于多维复合方法的景区虚实共生资产评估研究"的第一年研究成果。前一研究给出了景区专营权价值和投资柔性价值评估的系统化、科学化、精确化的评价体系与方法，构建出一个能反映资源本体价值，兼顾市场供需及各方利益诉求的精确量化的、切实可行的旅游资源开发利用的价值化评价体系，可为景区资本化、资产化提供理论与实践指引。后一研究提出用户使用虚实共生类旅游产品的选择机制，强调意义体验的关键作用，提出意义体验对游客满意度的影响模型，以期提高开发商和运营商驾驭虚实共生类旅游产品的能力。

目 录

旅游学研究的对象与路径（代总序）……………………01

第一篇 "基于实物期权理论的景区经营权价值评估模型与方法研究"结题成果

第一章 结题成果：科学问题与研究结论 …………… 003
第一节 科学问题凝练…………… 004
第二节 研究进展…………… 031
第三节 研究成果…………… 042

第二篇 理论研究与评估方法

第二章 概念辨析与评估逻辑 …………… 065
第一节 概念辨析…………… 066
第二节 景区旅游经营权价值形成机理…………… 078
第三节 景区投资的实物期权特征与评估逻辑…………… 086

第三章 评估模型与参数验证 …………… 105
第一节 旅游景区经营权的实物期权定价模型构建…………… 106
第二节 景区经营权实物期权定价模型检验…………… 117

第三节　景区经营权实物期权定价模型参数优化……119

第三篇　案例研究

第四章　冠豸山景区经营权评估——实物期权视角试评估…… 131
 第一节　案例选取依据……132
 第二节　基于实物期权模型的冠豸山景区经营权价值评估……134
 第三节　基于条件价值法的冠豸山旅游资源非使用价值估算……140
 第四节　基于旅行费用区间法的冠豸山旅游资源使用价值估算……144
 第五节　结论……152

第五章　实物期权法的武夷山景区经营权价值评估……155
 第一节　收益还原法估值……156
 第二节　实物期权法估值……165

第六章　实物期权法的武夷山竹筏漂流经营权价值评估……179
 第一节　案例的典型性……180
 第二节　九曲溪竹筏漂流项目……181
 第三节　武夷山景区竹筏漂流项目经营权价值评估……183
 第四节　结论与讨论……190

第七章　鼓浪屿景区评估——多维方法比较分析……193
 第一节　案例的典型性……194
 第二节　数据来源与评估方法……195
 第三节　鼓浪屿景区旅游经济价值评估……204
 第四节　结论与建议……238

附　录　鼓浪屿景区游客调查问卷·················· 241

第八章　基于多维方法的景区类上市公司经营权价值评估······ 245
　　第一节　企业价值评估方法······················ 246
　　第二节　景区类上市公司经营权价值评估·············· 251
　　第三节　评估结果与研究结论分析·················· 261

第四篇　"剧本游"的满意度与接受度研究

第九章　旅游演艺体验对游客满意度影响
　　　　——以《神奇剧本游》为例················ 271
　　第一节　问题提出····························· 272
　　第二节　文献述评····························· 275
　　第三节　模型构建与假设························ 283
　　第四节　研究设计和问卷调研······················ 289
　　第五节　数据分析和研究结果······················ 295
　　第六节　研究讨论····························· 310
　　第七节　研究结论与建议························ 318
　　附　录　调查问卷···························· 321

第十章　游客对增强现实（AR）+ 剧本类旅游 APP
　　　　接受度研究——以《神奇旅行》为例·········· 325
　　第一节　问题的提出···························· 326
　　第二节　文献述评····························· 341
　　第三节　理论基础····························· 353
　　第四节　首次使用意愿研究······················· 363
　　第五节　持续使用意愿研究······················· 386
　　第六节　结论与讨论···························· 405

后　记··································· 418

旅游学研究的对象与路径

| 代总序 |

在人类认识世界、改造世界的历史长河中,知识积累与创新起到了最为关键的作用。在知识领域,理论研究主要展现为"概念导向"和"实践导向"两种模式,人们常说的"问题导向"本质上属于后者。"概念导向"在西方思想界中有着悠久的历史,柏拉图通过"理念王国"的建构开创了理论研究遵循"概念导向"的先河。柏拉图的"理念王国"主要是通过概念或者概念之间的演绎、归纳、推理建构起来的。柏拉图在《理想国》里曾说过:"在一个有许多不同的多种多样性事物的情况里,我们都假设了一个单一的'相'或'型',同时给了它们同一的名称。"在柏拉图看来(柏拉图.谢善元,译.理想国[M].上海:译文出版社,2016),世上万事万物尽管形态各异,但只不过是对理念的摹仿和分有,只有理念才是本质。只有认识了理念才能把握流变的现象世界,理念王国的知识对于现象世界的人具有决定性意义。因而,只有关于理念的知识才是真正的知识,是永恒的、完美的"理智活物",才最值得求。在这里,理念的意义完全来自逻辑的规定性,即不同概念之间的相互关系,而与任何感性对象无关。虽然柏拉图的"理念"并不完全等同于"概念",但二者都被视为是对事物的一般性本质特征的把握,是从感性事物的共同特点中抽象、概括出来的。在某种意义上,理念在柏拉图那

里实际是通过概括现实事物的共性而得出的概念。柏拉图的概念化的王国，打造了形而上学的原型，并形成为绵延两千多年的哲学传统。

"概念导向"与"实践导向"有着显著的差别。首先，"概念导向"关注的是形而上学的对象性，"实践导向"关注的是现实活动的、交互主体性的对象性。也就是说，"概念导向"关注的是抽象的客体，而"实践导向"则是以在一定境遇中生成的具有交互主体性的"事物、现实、感性"为研究对象，遵循的是"一切将成"的生活世界观，所以其基本主张就是突破主、客体二元对立。"事物、现实、感性"即对象，是人和对象活动在一定的境遇中生成的，具有能动性，事物、现实和感性不应是单纯静观认识的、被表象的、受动的、形式的客体存在，而是人和对象共同参与的存在。在共同参与之中，人与对象在本质力量上相互设定、相互创造。其次，"概念导向"习惯于抽象化思考，"实践导向"习惯于现象化思考，即"概念导向"习惯于在认识活动中运用判断、推理等形式，对客观现实进行间接的、概括的反映。或者抛开偶然的、具体的、繁杂的、零散的事物的表象，或人们感觉到或想象到的事物，在感觉所看不到的地方去抽取事物的本质和共性。或者运用逻辑演算与公理系统等"去情境化"、"去过程化"地抽取事物的本质和共性为思考方式，研究出充满形式化的结果。"实践导向"以"事物总是历史具体的"为理念，特别强调思想、观念应回到现实的人和现实世界的真实生成之中，回到实践本身，认为思想、观念应"从现实的前提出发，它一刻也不离开这种前提"。强调思想、观念应回到实践本身，"就其自身显示自身"、存在的"澄明""被遮蔽状态的敞开"。再次，"概念导向"偏重于静态化理解对象，"实践导向"偏重于动态化理解对象。由于偏重静态论的理解，所以"概念导向"容易机械的、标签式框定研究对象，僵化地评判对象，将本来运动变化着的客体对象静止化，将丰富多彩的对象客体简单化，从而得出悲观性的结论。"实践导向"在研究中偏重于"存在者的本质规定不能靠列举关乎实事的'是什么'来进行"的理解方式，把对象置于历史性的生成过程之中动态化地去认识，认为问题是一种可能性的筹划，是向未来的展开，它的本质总是体现为动态性质的"有待去是"，而不是现成的存在者。

我非常强调实践导向的研究，主张研究的一切问题要来自于实践，要由实践出真知，而且知道"概念导向"存在着诸多不足。但是，在旅游学研究中，我一直在苦苦探索着几个核心问题，这些问题的解决却有赖于概念的突破。

旅游学研究中，我苦恼的问题如下所述：

第一个问题：旅游学能否成为一门独立的学科？

从哲学高度看，特别是以科学哲学的评判标准看，旅游学具备成为一门独立学科的条件。其标准有三：其一，旅游学要有自己独立的研究对象；其二，旅游学与心理学、经济学、社会学、管理学、人类学和地理学等紧密相关的学科边界要清晰，不能简单地采用拿来主义，而是要有明确的联系与区别；其三，旅游学要有自己独立的方法论。

在旅游学要有自己独立的研究对象这一根本问题上，我还是有着自己独到的见解。经过对已有各种观点的回顾、提炼与研讨，目前我的旅游学观点确定为：旅游学是关于现实的旅游者出于某种需求所进行的短暂的旅行、游憩或休闲度假等不同形式所表征的各种旅游活动"相"及由此所产生的与旅游相关的各种社会经济相互关系及其运动发展的科学。这里的旅游学研究的出发点是"现实的旅游者"，是活生生的现实的旅游者，不是抽象化的旅游者；这里的旅游学研究包括三个层次的要素研究：①旅游活动要素；②与旅游相关的各种社会、经济关系（结构）要素；③由旅游活动所产生的各种相关社会、经济关系所形成的旅游发展的（问题）要素。旅游学研究的核心是旅游活动要素与旅游相关的社会、经济关系要素，研究的最终目的是发展。之所以把旅游学研究对象界定为"现实的旅游者"，是因为强调"现实的旅游者"不是他们自己或别人想象中的那种虚拟的、抽象的旅游者，不是实验中的旅游者，不是网络调查中的旅游者，而是活生生的有生命个体的现实的旅游者。这一理念来源于恩格斯。恩格斯说：历史学是关于现实的人及其历史发展的科学，恩格斯的这一著名论断同样适合于旅游学研究对象的确定。旅游学研究中，这些个人的现实的旅游者的行为主体是处于旅游过程中的，是在一定的前提和条件下可以能动地表现自己的现实的旅游者。倘若在实验研究中，为研究对象设定一个模拟旅游过程中的场景，问他们如果进行旅游，会选择何种价位的酒店？哪种交通工具？出游几天等？虚拟的旅游者或许容易根据自己的偏好直接选择，但没有考虑到时间、金钱和环境条件的约束，因此，选择这类型的被试作为研究对象，其有效性远不如选择现实的正在旅游过程中的旅游者来得科学且真实有效。

在旅游学与心理学、经济学、社会学、管理学、人类学和地理学等紧密相关的学科边界问题上，学界普遍倾向于强调综合研究或交叉研究，大多是拿来主义，只有心理学、经济学、社会学、管理学、人类学和地理学等学科对旅游学研究有贡献，旅游学还没有反哺能力，这也是为什么旅游学不被人们认可为独立学科的主要原因。这方面需要做的工作还很多。

在旅游学要有自己独立的研究方法论这一问题上，旅游学目前基本没有，大多采用哲学和一般社会科学的研究方法论，不过这里需要多啰嗦一句，我这里所说的方法论是指研究方法的方法，而不是由于语境差异在英文中的 Methodology 所表达的方法、方法论之区分不清晰。

第二个问题：旅游学的学科属性？

这是讨论最多、疑问最多，也是最难以确定的一个核心问题。在这里，我权且把它确定为自然科学、社会科学和人文科学的交叉学科。

之所以说权且，是由于我目前给不了准确的说法。这里权且采用国际顶尖的旅游学期刊《旅游研究纪事》的前任主编贾法尔·贾法里和约翰·特赖布的观点。影响比较大的理论观点有贾法里的"旅游学科之轮"模型和特赖布的"旅游知识体系"模型。其中,"旅游知识体系"模型提出于2015年,模型比较新且较为全面,由此将有关旅游学学科属性的理解基于该模型。在"旅游知识体系"模型中将整个旅游知识的核心分为四大类,即社会科学、商业研究、人文艺术和自然科学。其中,社会科学包括经济学、地理学、社会学、人类学、心理学、政治科学、法学等;商业研究包括市场营销、财务管理、人力资源管理、服务管理、目的地规划等;人文与艺术包括哲学、历史学、语言学、文学、传播学、设计以及音乐、舞蹈、绘画、建筑等艺术门类;自然科学包括医学、生物学、工程学、物理学、化学等。在我看来,按照国内常用的学科三分法的方法可以将上述四大类归纳为三类,即社会科学、人文科学和自然科学,其中社会科学包含上面的社会科学与商业研究(商业研究其实就是国内的管理学),人文科学包含人文与艺术。旅游学学科属性界定之难就难在好复杂,具有交叉学科的性质,但处于核心地位的是社会科学,自然科学和人文科学领域的旅游研究也方兴未艾。

第二个问题:旅游学的研究路径?

国内外学界普遍倾向于定性研究与定量研究,我觉得旅游学还有一个很大的问题没有解决,那就是概念研究,这也是我为什么一直强调要进行概念导向的研究。有人把概念导向的研究并入定性研究,在旅游学领域,我认为必须要有单独的概念研究。因为旅游学迄今为止还缺乏专门指向旅游现象的专有名词,现有的旅游概念大多是指向某种实物或特定现象的指向性的对象物名词,例如,旅游现象、旅游需要、旅游地、旅游体验、旅游愉悦、旅游期望、旅游流、旅游效应、旅游容量……无须一一列举,目前的所有名词中,只要删掉"旅游"两字,就没有人知道这个名词与旅游学有何相关,不如经济学中的"垄断"、"竞争"等名词。因此,我一直强调需要有概念导向的研究,以期获得旅游学研究"专有名词"的新突破。

在研究路径上,毫无疑问,旅游学的研究路径必定不是单一的而是多元的，这其中主要的三条路径为定性研究、定量研究，以及通过概念导向的研究，以期获得新概念的概念研究。

旅游学中的定性研究是指对旅游现象的质的分析和研究，通过对旅游现象发展过程及其特征的深入分析，对旅游现象进行历史的、详细的考察，解释旅游现象的本质和变化发展的规律。旅游学中的定量研究是指在数学方法的基础上，研究旅游现象的数量特征、数量关系和数量变化，预测旅游现象的发展趋势。

旅游学中的概念研究是一个非常传统但在旅游学确是新的研究路径，它是指一种建立在对旅游现象的某些特征的抽象化的研究，它是对概念本身进行研究，研究内容包含两个部分，即重新解释现有概念和形成新的概念。这里要注意区分概念和概念研究，任何研究路径都是有概念的，概念是任何研究的起始阶段，但概念研究的不同之处就在于它的研究对象是概念本身，且对概念的分析主要是基于研究者的抽象化研究。概念的分析、研究与创新是哲学研究的主要手段，社会科学领域相对较少。旅游学要想形成自己独立的研究体系，拥有属于旅游学自身的独特概念必不可少，旅游学中的概念研究应当得到学界的重视。概念研究路径可以依赖于诠释学的理论范式，也可以如马克斯·韦伯的"理想类型"方法。

第四个问题：旅游学研究的理论范式？

由于旅游学的交叉学科属性以及研究路径的多样性使得研究者们会有这样的困惑——到底哪种方法论或范式才是旅游学研究应该遵循的？旅游学研究有统一的方法吗？要想回答这些问题，有必要从科学哲学和理论范式这两个角度进行探讨。

研究的两种基本出发点——自然主义与反自然主义。

任何研究都是建立在某种基本观念之上的，这种基本观念表达了研究者对研究及研究对象的某种信念。在对知识与研究的总体性的看法上，存在两种相互对立的哲学——自然主义与反自然主义。

对于自然主义，可以从本体论、认识论和方法论这三个方面进行说明。在本体论上，自然主义认为凡是存在的都是自然的，不存在超自然的实体，实在的事物都是由自然的存在所组成的，事物或人的性质是由自然存在体的性质所决定的；在认识论上自然主义坚持经验主义取向，人们只能通过经验来认识所要认识的对象，无论这一对象是自然的还是社会的，经验是人们获取知识的唯一渠道；在方法论上自然主义主张世界可以用自然科学的方法加以解释，社会科学方法与自然科学方法具有连续性，两者没有本质差别。

自然主义的合理性在于：第一，自然主义没有抛弃形而上学使其超越了实在论与反实在论之争，在本体论层面满足了各门学科特别是人文社会科学对本体论的要求；第二，自然主义肯定了研究的基本诉求是追求科学性和客观性；第三，自然主义为知识的基本诉求提供了方法论支持。自然主义的局限性在于：对于人文社会科学，自然主义忽视了作为研究对象的人的行为以及社会的复杂性，要求人文社会科学像自然科学那样发展也使人文社会科学失去了独立性。人文社会科学如果一味地采用自然主义观，那么人类世界的丰富性与多样性将消失殆尽，对人类世界的研究也将难以深入。

对于自然科学来说，持自然主义的世界观是天经地义的，但对于人文社会科学，自然主义就并不具有这种天生的合理性，因此反自然主义主要源于人们对人文社会科学特殊性的探讨。反自然主义作为自然主义的对立面有以下观点：其一，在本体论上，否认社会具有普遍和客观的本质，严格区分自然现象和社会现象，认为两者具有根本上的不同；其二，在认识论和方法论上一般主张以意义对抗规律、以人文理解对抗科学解释，形成反自然主义的理解的认识论和方法论。反自然主义的合理性在于它植根于人文社会科学相对于自然科学的特殊性，其关于人文社会科学的一些主张具有合理性。这些主张突破了自然主义对社会现象的简单化处理，体现了人文社会科学的独立性与独特性。具体来说就是阐释了社会科学研究对象的复杂性，突破了自然主义对社会现象的简单化处理，揭示了社会科学的一条特别路径，即社会科学的目的不是寻找规律而是追求不同个体之间的可理解性。

如果仅仅从自然主义与反自然主义的角度看，旅游学研究是应该既包含自然主义又包含反自然主义的。在如何解决旅游学研究这一复杂问题时，我坚持马克思主义的实践观，坚持实践导向研究，关于这一点在下文中阐述。

旅游研究的三大理论范式——实证主义、诠释学、批判理论。

旅游学中实证主义理论范式的观点为：其一，对象上的自然主义；其二，科学知识和方法论上的科学主义；其三，科学基础上的经验主义和价值中立。

历史主义—诠释学理论范式的主要观点为：其一，社会世界与自然世界完全不同，社会的研究对象不能脱离个人的主观意识而独立存在；其二，与实证主义理论范式的社会唯实论和方法论整体主义倾向相比，诠释学理论范式一般都倡导社会唯名论和方法论个体主义原则；其三，与实证主义理论范式强调价值中立相比较，诠释学理论范式认同价值介入的观点。

批判理论的主要观点为：其一，批判理论高举批判的旗帜，把批判视为社会理论的宗旨，认为社会理论的主要任务就是否定，而否定的主要手段就是批判；其二，反对实证主义，认为知识不只是对于"外在"于那里的世界的被动反映，而更需要一种积极的建构，强调知识的介入性；其三，常常通过采取把日常生活与更大的社会结构相联系的方法来分析社会现象与社会行为，十分注重理论与实践的统一。

实质上，以上三大理论范式源于两种哲学观，实证主义主要源于自然主义的哲学观，而诠释学和批判理论更多的是反自然主义的。两大哲学观各有其合理性和缺陷。因此，在旅游学研究中，既需要将两者结合起来，也需要三大理论范式的综合运用。

在具体的旅游学研究中，我的基本观点是以"实践导向"为主，尽可能地去梳理"概念导向"的问题，特别强调要以马克思主义实践观为指导，解决旅游学研究的复杂问题。

问题来自于实践。马克思指出，人与世界的关系首先就是实践关系，人只有在实践中才会发生对世界的具体的历史性关系。首先，人只有在实践中才能发现问题。人类实践到哪里，问题就到哪里。自然界的问题，人类社会的问题以及人的认识中的问题，无不建立在人的实践基础之上，都是人在认识世界、改造世界特别是人在处理自己与外在环境关系的实践中发生的，在实践中发现的。人们在物质资料的生产活动中，作用于自然对象，具体感受和发觉各种自然现象之间的因果关系，形成对自然界问题的系统认识，逐步形成自然科学的理论。人们在管理社会，处理人与人之间各种关系的实践中，逐步发现社会生产力的真实作用，进而以此为基础形成各种善恶价值评价和是非真理性理论，不断积累不断思考，逐步建立起来关于社会发展的系统思想和观点的理论。人们在各个时代进行的各种科学研究、科学实验，使人们不断地发现问题，探索问题，认识问题，解决问题，推进人类社会科学技术的进步和知识体系的发展。其次，只有在实践中才能认识问题，只有在实践中才能解决问题。弄清问题来龙去脉，了解问题的产生发展，认识问题的变化规律，理解问题的具体特征，形成关于问题的因果联系，需要通过实践来把握。只有通过实践，才能找到问题解决的妥当办法和途径。在实践中，事物之间各种真实的联系，人与对象之间各种可能的选择及其不同结果才能真实呈现，进而对人们解决问题提供最有利最为恰当的巧妙的办法与途径。

"实践导向"不能简单地等同于"问题导向"，但却是始于"问题导向"。所谓"问题导向"，就是以已有的经验为基础，在主动求知过程中发现问题。对于旅游学研究而言，不是没有问题，而是问题一箩筐。正是问题一箩筐，旅游学研究者们从各自的学科背景出发，对旅游问题进行了纷繁复杂的解释、论证与纷争。目前的国内学界总体上停留于"公说公有理 婆说婆有理"的阶段。对于这种论争，我在研究历史认识论时，提出了可以运用马克思主义的交往实践理论来解决，这一方法论同样适用于旅游学研究。

马克思指出:"人们在生产中不仅仅同自然界发生关系。他们如果不以一定的方式结合起来共同活动和互相交换其活动,便不能进行生产。为了进行生产,人们便发生一定的联系和关系;只有在这些社会联系和社会关系的范围内,才会有他们对自然界的关系,才会有生产。"(《马克思恩格斯全集》第6卷,第486页。)生产实践中除了人与自然的关系,还有人与人的关系,这人与人的关系便是指人与人之间的社会交往活动。毫无疑问,现实的旅游者的任何形式的旅游活动都脱离不了这人与人之间的关系,也就是现实的旅游者与旅游服务提供者之间的人与人之间的关系,也包括现实的旅游者之间的相互关系,正所谓去哪儿玩不重要,和谁玩最重要。在实践过程中,由于实践主体不是抽象的、单一的、同质的,而是"有生命的个体",存在着社会主体的异质性。主体在实践中的异质性,决定了他们在认识过程中的异质性,决定了他们在观察、理解和评价事物时所具有的不同视角和价值取向,主体带入认识过程中的主观成见便源于此。认识主体的异质性和主观成见,在存在社会分工的前提下,是不可能消弥的,主体只能背负着这种成见进入认识过程,旅游学研究主体也不可能超脱这一认识过程的厄运。所以,在社会交往过程中形成的异质主体的主观成见只能在交往实践中得以克服,在交往实践的基础上,主体才能超出其主观片面性进而达到客观性认识。解铃还需系铃人,异质主体的主观成见正是实现认识与对象同一过程的切入口。实现认识与对象的同一过程就是在于异质主体交往的规范性和客体指向性。人们的交往实践要遵循一定的交往规范。交往实践本身造就的交往规范系统约束着主体的交往实践。这些规范对于一定历史条件下的个人来说是既定的、不得不服从的,这种交往实践的规范性保证了认识过程的收敛性。认识的收敛性、有序性是认识超出主观片面性达到客观性的必要前提。在具体的认识过程中,诸异质主体间的交往实践同时是指向主体之外的客体的对象化活动,即使用语言、调研资料而进行的旅游学研究主体间的交往归根到底仍然是指向旅游学的认识客体，是就某一旅游学问题而展开的。在认识活动过程中，主体总是从各自未自觉的主观成见出发并以为自己认识到的旅游学问题与对方认识到的旅游学问题是相同的，从而推断对方会根据自己的行为针对同一旅游认识客体采取某种相应行为。然而，交往开始时双方行为的不协调迫使主体发现了他人（一个无论在行为上还是观念上抑或是认识结果上都不同于自己的他人），发现他人同时就是发现自我。因为此时主体才能够从他人的角度来看自己及其认识活动，即自我对象化。这样一来，通过发现他人与自我的差异而暴露出自己的先入之见的局限性。如果仅仅停留在暴露偏见还不足以克服偏见，如果交往双方不是为了指向共同的客体而继续交往下去，交往就会在双方各执己见的情境中中止，他们的对象化活动也就中止了。因此，交往实践的客体指向性是保证主体超出自身的主观片面性，从而达到客观性认识的关键。正是交往实践的客体指向性使得交往主体在继续交往中努力从对方的角度去理解客体，并把自己看问题的角度暴露给对方，以求得彼此理解。在理解过程中，个别主体不一定放弃自己的视界，而在经历了不同的视界后，在一个更大的视界中重新把握那个对象，即所谓"视界融合"，从而达到共识。在此共识中，双方各自原有的成见被抛弃了，它们分别作为对客体认识的片面环节被包容在新的视界之中，此时，个别主体通过交往各自超出了原有的主观片面性而获得了客观性认识。从认识论机制看，交往实践为实现旅游学认识的客观性、真理性提供了途径。但在实际的旅游学研究中，的确有许多课题已进行过多次的大讨论，却未能取得一致的认识，人们由此会怀疑交往实践的功用。实质上，只要认识主体不自我封闭，能放下架子，能扬弃原有的看法与认识，能走出书房的象牙塔，能遵循认识规范，能就某一课题深入交往与交流，即使是针锋相对的认识，亦能在求同存异的过程中相互理解取得较一致的认识。的确无法取得较一致认识的，亦能在交往与交流的论争中获得新的认识。舍弃旧见解，在交往的过程中加深认识，最终在历经证实或证伪的过程中获得真理性认识。

在旅游学研究中，我们应当大力提倡各种论争，在实践中不断地通过证实与证伪来获得新的认识。

通过科学与哲学梳理，理论与方法论辩，概念与实践的不同研究导向分析，我们发现，旅游学作为一门学科门类才刚刚起步。目前所能确定的交叉学科属性、三大理论范式的互补性，使得要想全面研究旅游学就应该综合应用各种方法进行研究。于是，本丛书的分析框架确定为："问题——概念、解释、实证"的研究逻辑。换言之，本丛书之中的任何一本书都是从问题出发，力图通过概念、解释和实证来解决旅游学研究实践中所发现的问题。

解决问题是所有旅游科学研究的核心和主要目的，概念研究、定性研究和定量研究是解决问题的三条基本路径。其中，"概念"对应概念研究，其理论范式为诠释学和批判理论；"解释"主要对应定性研究，其理论范式为历史主义—诠释学；"实证"则对应实证研究，其理论范式为实证主义。而超越这一切的研究路径，则是马克思主义的实践观，尤其是交往实践理论，本丛书正是力图在实践研究中出真知。

本书第一部分为国家自然科学基金面上项目"基于实物期权理论的景区旅游经营权价值评估模型与方法研究"（2018—2021年）的结题成果。该项研究萌发于2010年林璧属教授团队承担福建省中旅集团关于"冠豸山景区投资的可行性研究"项目，在该项研究过程中，企业明确提出需要一个可行性结论。该课题要求涉及两个核心问题：一是对未来市场的准确预测，要求通过准确的市场预测，准确地作出投入产出判断；二是涉及拟投资企业与政府之间的利益如何协调问题。期间，我提出了如果能给出一个景区到底值多少钱的基准值，第二个问题就好办了。通过对这两个问题的深入研究，发现只有进行基于实物期权理论与方法的景区旅游经济价值评估模型与方法的研究才能得出有价值的结论。期间，培养博士研究生3名，硕士研究生8名，发表论文10多篇，出版专著3部（周春波、林文凯、林玉虾），经过10多年的努力，最终基本完成了这一问题，出版该研究成果。

该成果的第二部分为林璧属教授团队的国家自然科学基金面上项目"基于多维复合方法的景区虚实共生资产评估研究"（批准号：72272128）的第一年研究成果。这一课题的初期研究以《神奇旅行》剧本游为例研究旅游演艺意义体验对游客满意度的影响（贾琳方）、游客对增强现实（AR）+剧本类旅游APP接受度的研究（宋馨雨）。

林璧属
2023年8月修改于厦大海韵北区

第一篇

▼

"基于实物期权理论的景区经营权价值评估模型与方法研究"结题成果

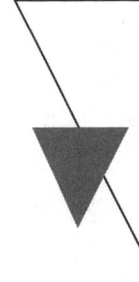

第一章
结题成果:科学问题与研究结论

第一节　科学问题凝练

在景区经营权转让、租赁渐成常态的今天，对景区旅游经济价值的科学合理评估既是实现旅游资源保护与开发利用的良性循环，实现景区旅游资源经济价值增值的重要手段，也是在旅游领域充分响应十八大提出的"资源有偿使用制度和生态补偿制度"这一长效机制的关键举措。于是，本课题以"景区旅游经营权价值定量评价"为题，重点研究旅游景区在开发利用过程中的经济价值量化评估问题，通过对福建武夷山、鼓浪屿、冠豸山、石牛山等多案例地的长期跟踪调查研究，综合运用资源学、地理学、演化经济学、金融学和财务管理学等多学科的交叉研究，以点带面、以小见大，通过点面结合、重点突破的研究途径，进行渐进式、集成式的问题分析与理论探索模式，实现旅游景区经营权价值评估理论与方法的全面提升。

一、立项背景

（一）政策背景：明确的政策与制度要求

党的十八大报告中强调要把资源消耗纳入经济社会发展评价体系，深化资源性产品价格和税费改革，建立反映市场供求和资源稀缺程度、体现生态价值和代际补偿的资源有偿使用制度和生态补偿制度。进行旅游开发的景区旅游资源作为地方旅游业发展的基本条件和开发源泉，在很大层面上决定着区域旅游经济的整体发展潜力和发展水平。因此，如何建立旅游资源有偿使用制度和资源利用补偿制度，对于贯彻落实十八大精神具有非常重要的作用。

通过深入研究，我们发现，以景区旅游经营权价值评估为核心的旅游资源价值化定量评价是建立切实可行的"资源有偿使用制度和补偿制度"这一长效机制的一个关键点。只有给出一个能够反映市场供需和资源稀缺性的景区旅游经济价值的评估值，才能完善景区旅游资源的资产化管理，实现旅游资源开发后的景区国有资产的保值、增值，实现旅游资源价值从"本体价值"向"市场价格"的转变。

（二）实践需要有理论依据

2003年以来，项目负责人林璧属教授先后主持了各类旅游规划和旅游投资策划研究项目100多项，随着这些项目的先后完成，不仅积累了大量的资料，也从项目研究中发现了一个需要深入研究的基础理论问题，即景区旅游资源付诸旅游投资开发时，这些资源的旅游开发大多是通过招商引资进行的，景区旅游资源是国有或集体的，被招商者则不一定是国有或集体企业，这就出现了旅游资源的所有权与经营权的分离问题，所有权与经营权的分离就产生了景区旅游资源经营权出让的折价问题，这一经营权折价就表现为景区旅游经济价值的一种货币衡量，也就涉及了景区旅游经济价值评价问题。自2001年以来，全国已经出让或鼓励出让的旅游景区经营权的省市已经超过了20个，超过300个景区（景点）加入了"经营权出让"行列，景区所有权和经营权的分离已经成为景区运行的主要手段之一。然而，景区旅游经济价值如何评估？如何确定一个既能吸引投资者的投资需求又不损害国家或集体利益的合理的价格？如何评估景区旅游资源在股份制改制中所占的股份比例？如果景区的旅游经济价值估值过低，则可能造成国有资产或集体资产的流失；估价过高则可能导致投资者为获得高收益而过度开发旅游资源，造成旅游资源遭到不可恢复的破坏。这是一个亟待解决的理论与现实问题。

（三）旅游资源估值具有特殊性

在我国，土地的社会主义公有制对旅游资源价值化评价具有决定性影响。我国土地和旅游资源的权属状况为国有或集体所有，其中，国有的土地所有权主体具有单一性，即国家；集体土地所有权的主体具有模糊性，这主要是因为法律对农村集体经济组织的规定尚不够明确。并且，土地所有权禁止上市流转，土地所有权的权属变动只有一种单一的模式，即通过征收将土地从集体所有变为国家所有。为了适应经济发展的需要，解决土地所有与利用的矛盾问题，实现国有资源的保值增值，我国特别创设了用益物权制度，以用益物权代替所有权进入市场流通，并且根据权利主体或者用途的不同，设置了权利期限。因此，旅游资源开发后的景区所有权与经营权分离过程中，景区经营权即作为一种有中国特色的用益物权，权利属性定位于建设用地使用权中的商业服务业或旅游用地，权利期限一般四十年。因此，对旅游资源的价值评价就无法简单地直接套用国际上或国内现有通行的方法，而是要找到适应我国旅游资源属性的这一以用益物权为基础的价值评估的特有方法，还必须兼顾旅游景区所具有的准公共资源的属性。因此，如何正确评估景区旅游经济价值？这不仅仅是一个学术问题，更是一个法律和制度设计问题。

（四）价值评估方法的确定

国外方法无法适用，国内方法难以准确。目前国内外有关旅游资源开发利用后的景区旅游经济价值的定量化评估方法有非常明显的不足。

现有国际上通行的评估方法只能给出旅游资源的游憩价值，不能给出景区的旅游经营权价值。现有的国际上通行的旅行费用法（Travel Cost Method，TCM）和条件价值法（Contingent Value Method，CVM），只能给出景区某一时间段（一般以年为计算单位）的游憩价值和非使用价值，而不能给出景区旅游经营权价值。其原因在于：第一，旅行费用法（TCM）不适用于景区旅游经济价值的计算，仅适用于游憩价值的计算。董雪旺用TCM评价 2009 年九寨沟的游憩价值结果为 48.9 亿元[①]，其值远大于九寨沟 2009 年得到的门票（160 元，淡旺季均价）与车票（90 元，淡旺季均价）的实际收益值 5.63 亿元（按照 252.18 万人次计算），即基于 TCM 得到的游憩价值估值远大于景区实际经营收入，因此，TCM 不适用于基于实际经营收入的景区旅游经济价值的计算。第二，条件价值法（CVM）是以旅游者的"支付意愿"为计算依据，并非实际的市场交易行为，它既可以计算旅游资源的使用价值，又可计算非使用价值。在应用范围上比 TCM 更为广阔。按理说，CVM 是最好的方法，但在实际运用中，由于 CVM 的理论基础是假想市场法，该方法在理论上是可行的，但应用于作为发展中国家的景区旅游资源开发评价时，往往得出较低的支付意愿，从而低估评估对象的旅游经济价值，造成了评估结果相差甚大，容易引发争议。比如，董雪旺用 TCM 评价 2009 年九寨沟的游憩价值结果为 48.9 亿元，用 CVM 评估结果是 3.46 亿元，两者比较超过 14 倍的差距[②]。第三，无论是 TCM，还是 CVM，抑或是两者的综合使用，都依赖于调查问卷。调查问卷受问卷内容、调查技术、受访者人群的影响，调查过程中也会产生一系列偏差问题，因此评价结果与实际价值有出入。也就是说，调查问卷的主观性造成的信度和效度的偏差都是难以消除的。随着对资源价值评价和公共物品价值评价的深入研究，需要更为客观的、不依赖于调查问卷的评估方法。

国内评估中常用的收益还原法能计算景区经营权价值，但评估结果也出现了较大分歧。收益还原法（Income Capitalization Method，ICM）是国内资产评估的最主要评估方法。收益还原法是指通过将被评估单位预期收益资本化以确定评估对象价值的评估思路。在实际的研究过程中，即便这种比较公认的方法，评估结果也出现了巨大的差异。譬如，福建省龙岩市的冠豸山国家重

[①] 董雪旺，张捷，刘传华等.条件价值法中的偏差分析及信度和效度检验——以九寨沟游憩价值评估为例［J］.地理学报，2011，66（2）：267-278.

[②] 同上。

点风景名胜区，2005年11月，福建恒宝建设开发集团有限公司以6266万元竞得冠豸山、石门湖、竹安寨、九龙湖和云霄岩景区的未来40年（经营期限为2006年1月1日至2045年12月31日）的65%的特许经营权，经过5年多的运营，景区经营也取得了一定的成效。2011年9月，连城县政府根据新的国家政策，经与福建恒宝建设开发集团有限公司协商，双方同意提前终止该项合同，但双方在对《连城县冠豸山风景区合作经营合同》项目的资产评估中，评估结果出现了巨大的差异，政府委托的评估公司评估的特许经营权以及新增投入的固定资产的评估值为RMB 17 200万元，企业委托的评估公司给出的评估值为RMB 37 800万元。双方协商不成而付诸诉讼。我们通过对这一案例的研究发现，虽然双方都采用了相同的收益还原法，但是在景区的预期收益计算及其折现上出现了巨大的分歧，导致了评估结果的天壤之别。

二、科学问题的提出

通过上述研究背景的分析，我们发现在这一领域中亟待解决的核心问题和关键问题是景区的旅游经营权价值用什么理论和科学方法才能给出一个客观的、科学的、精确量化的评估值。因此，本课题以旅游资源开发的景区旅游经营权价值评估为题，通过准确地评估资源开发后的旅游景区的经营权价格和投资柔性价值，并以此为基础，构建一个能够反映现实需要、切合实际的可执行的旅游资源开发利用的价值化评价体系，从而在实际操作中做到有据可查，有法可依。

旅游资源开发后的景区旅游经营权价值，实际上包括一个以某一时间点为基准的未来一段时间——一般为40年的景区旅游专营权价格，和另一个具有实物期权性质的投资柔性价值。结合实践背景与理论基础，本课题涉及两个关键概念：专营权价值和投资柔性价值[①]，转化为两个核心的科学问题：

第一，如何科学量化评估景区经营权当前价值（表现为景区40年的专营权，以下简称景区专营权价值）的问题。研究路径在于：解决现有收益还原法出现的"预期收益"和"折现率"这两个难以科学量化的问题，以此提高景区旅游专营权价格评估的准确性——优化和改进经营权价值评估中的收益还原法。

第二，如何准确评估景区经营权未来价值的问题（表现为投资者可选择的具有实物期权特征的旅游景区投资柔性价值，以下简称投资柔性价值）。研究路径在于：科学地评估具有动态性和实物期权性质的旅游景区投资柔性价值，为投资者灵活地选择景区投资方案或经营项目提供量化的参考——通过实物期权的方法科学评估投资柔性价值。

三、解决问题的理论和方法

（一）概念明晰

为了明晰概念用词，本项目中的"景区经营权价值"为"景区旅游专营权价值"和"投资柔性价值"的统称，而景区专营权价值和投资柔性价值分别指代景区经营权的当前价值和未来价值。通过研究，本课题以"评估的精确化与科学化"为目标，通过"理论的突破与完善"与"方法的改进与创新"两个层面来解

[①] 与一般实物投资不同，投资者获得景区开发经营权后，并不意味着只能"do now or never"，而是可以根据景区发展需要与市场风险大小，采取不同的资源开发经营策略，可立即开发也可延迟，可扩大开发也可缩小景区投资，这些灵活的经营方式是投资者未来可以执行的权利；投资者可以通过这些灵活的经营方式达到景区资源的最优化配置，随时修正景区的投资决策方案，获得超额旅游收益，所以投资者拥有的这些开发权利带来了景区经营权价值的增值；转让景区经营权不是将旅游资源卖给受让企业，而是在一定时间段内放弃开发该旅游资源的权利，旅游资源所有权属于所在地地方政府，受让企业获得的仅仅是在法律允许范围内的旅游资源的开发权利，并且该权利会随着经营权转让年限的增长而递减，当经营权转让年限到期，这种权利也就消失了。因此，如何将景区经营权的这些特性统一起来，寻找新的分析方法和思路就显得尤为关键了，而实物期权的理论与方法正好适用于解决这一问题。

决上述科学问题。

1. 理论的完善与突破

现有关于景区经营权价值评估的研究多集中于定性的案例分析，有关评估的理论阐述偏少，本课题从两个层面进行改进与突破。①通过对相关文献的梳理与研究现状的分析发现，目前学术界在景区经营权价值评估的基础理论探索和概念内涵的深入理解上明显不足，对景区经营权价值的内涵、特征、形成及其动态变动还未进行针对性的深入探讨。有鉴于此，本课题在前人研究成果的基础上，对景区经营权价值体系的层级特征与关系结构进行详尽阐述；同时在一般系统结构等理论的指导下，运用定性描述和定量推导相结合的分析思路，阐述景区经营权价值的形成及其动态过程，进而完善定量研究的理论基础，深化实证检验的理论支撑。②景区经营权价值的形成是多变量、多因素交互作用的结果，对景区经营权价值影响因素进行识别，探索各影响因素的作用方式、作用路径，是厘清影响景区经营权价值评估结果的各要素及其相互关系与作用机理的前提。因此，本课题以多学科理论为支撑，以回归分析、灰色关联分析、多元统计、因子聚类分析为分析手段，进行渐进式、综合式、集成式的问题分析与理论探索。

2. 方法的改进与创新

针对目前景区经营权价值评估方法在精确性与科学性上的不足，本课题从景区经营权价值分层体系出发，根据不同评估方法的适用性与应用范畴，构建出景区经营权价值的综合评价模型，具体思路及相应理论和方法如下所述：

（1）景区经营权当前价值（专营权）的科学评估

收益还原法是当前国内进行景区经营权当前价值量化评估最主要的手段，但在评估过程中出现了"预期收益"和"折现率"（资本化率）这两个数值难以科学量化的问题。本课题将通过比较和选择性应用 ARIMA、BP 神经网络分析、最小二乘支持向量机等统计方法，构建预期收益组合模型；同时基于资本资产定价模型（CAPM）和加权平均资本成本（WACC）计算符合景区现实发展实际的"折现率"；在此基础上，进一步地通过理论梳理、模型修正与验证、精确量化和实证研究相结合的循环往复的探索研究，对现有的收益还原法进行完善与修正，以提高景区旅游经营权当前价值评估的精确性。

（2）景区投资柔性价值的科学评估

通过研究，我们发现，景区经营权体现的是一种国家让渡的景区开发权利，所以国家或地方政府应从受让企业的经营收益中得到补偿，而受让企业获取景区经营权的价值就在于对景区旅游资源拥有的基本投资筹建、延迟开发、扩大或缩小开发规模、放弃开发等权利，这就具有了期权特性。本课题基于景区项目投资的实物期权特征，引入实物期权的理论和方法，阐述景区投资的实物期权价值表现，揭示景区投资柔性价值形成与演变机理，根据景区的旅游资源投资特性对模型的相关变量与参数等进行修正与重新拟定，最后结合修正的实物期权评估模型（Black-Scholes期权定价模型，B-S模型）对景区投资的柔性价值进行量化评估和实证检验，从而评估出一个科学的景区投资柔性价值。

（二）目标指向性清晰

在理论层面上，首先，创新性地构建具有科学性与普适性的景区经营权价值的时空演变模型与实践路径。本课题通过选择福建省内具有典型性的多案例景区进行长期跟踪调研分析，综合运用多学科的相关理论，探索性地将市场要素与资源要素融为一体，从产权视角丰富景区经营权价值的理论内涵，根据"资源、资产、资本"的推演脉络，厘清景区经营权价值的形成、演化及其系统结构，深刻揭示景区经营权价值的影响因素与作用机理，构建具有科学性与普适性的景区经营权价值时空演变模型，为揭示其时空演变机理与实践路径提供理论指导和方法依据。其次，在景区旅游经济价值的大框架下，创新性地建构并优化包含景区经营权当前价值和投资柔性价值的景区经营权价值综合评估理论与方法，并在此框架下对比分析景区的本体价值和市场价格。在研究景区旅游专营权出让定价机理的基础上，从资源、产权及供需均衡等三个层面对景区旅游专营权出让定价机制进行研究，完善景区经营权当前价值评估的理论基础；以实物期权理论为理论依据，以 B-S 模型为基本评价方法，通过对 B-S 模型的修正研究，给出景区投资柔性价值的评价理论与方法，填补景区投资柔性价值的评价缺陷和空白。

在实践层面上，首先，通过重点建构优化景区旅游经营权出让定价机制与评价模型，能够为景区旅游专营权转让提供第三方的基准价评估，科学地遏制景区旅游资源专营权出让中的投机行为；通过创新性地建构优化景区投资柔性价值，能够减少旅游投资中的合作经营纠纷，即便出现纠纷，也能缩短司法诉讼周期，减少司法资源浪费。其次，本研究在对景区旅游经济价值系统解构与重构的基础上，剥离出景区游憩价值、环境价值和市场价值的三维价值体系，客观、科学、精准地测度景区游憩价值、社会经济环境价值、旅游专营权价值和投资柔性价值，能够深度响应 2012 年央行等七部委颁布的《金融支持旅游业加快发展的若干意见》，不但有助于旅游景区切实开展经营权质押业务和门票收入权质押业务，全方位、多渠道地解决旅游景区的融资难问题；而且有助于明晰旅游景区项目的投资市场价值和预期投资报酬率，全面提升旅游投资项目的投资效率和投资质量；还能促进旅游资源的价值化、资产化，实现资源的市场交易。

四、景区经营权价值评估研究

随着国内景区经营管理体制的不断改革，旅游景区经营权的转让、租赁渐成常态，景区资源价值的货币化估算问题日渐突出，如何量化包括景区经营权价值在内的景区旅游经济价值，特别是采用何种方法进行测算成为了当前学界、业界研讨的焦点和热点。经过国内外学者多年的不断研究，景区经营权价值评估的理论体系逐渐形成，并产生了一系列的评估方法。特别是近年来，作为国内外旅游学术界的一个研究热点，关于景区经营权价值评估的研究取得了突破性的进展。

(一) 研究进程

1. 国外相关研究发展进程

景区经营权的转让租赁实践在国外并不常见，国外关于景区经营权的学术性提法也并不多见，与这一概念相近的概念主要集中在景区旅游资源经济价值范围。综合来看，国外相关研究的发展及演进主要经历了以下三个阶段：① 1960年以前。出于资源环境管理及成本效益控制的考虑，最早国外一般采用费用—效益分析（CBA）对资源价值进行评估。费用—效益分析的思想起源于威廉·配第，并由朱尔斯·杜普特（Jules Dupuit）首先提出；埃克斯坦（Eckstein）将CBA评估技术与福利经济学相结合，评判性地提出将市场信息用于资源的效益评估；尼克·汉利（Nick Hanley）等则详细阐释了如何将CBA运用到环境政策和资源环境管理的研究中，并积累了大量的实证及理论研究案例。当前最流行的旅行费用法（TCM）和条件价值法（CVM）也在1947年分别由哈罗德·霍特林（Harold Hotelling）和西里亚科·万特鲁普（Ciriacy Wantrup）提出。② 1960年代至1990年代。随着世界经济的复苏以及旅游业的迅猛发展，资源经济价值评估的理论和方法得到进一步完善。约翰·克鲁蒂拉（John Krutilla）从科学研究及生物多样性保护等原因的考虑出发，在《自然保护的再思考》中提出了"舒适性资源的经济价值理论"，为资源价值评估奠定了坚实的理论基础。其后，在国际旅游业悄然兴起并出现生态环境破坏问题的背景下，由约翰·克鲁蒂拉（John Krutilla）和安东尼·费舍尔（Anthony Fisher）合著的《自然环境经济学：商品性和舒适性资源价值研究》问世，书中首次较为完整地构建了"舒适性资源的经济价值理论"，概括了舒适性资源的"独特性"、"原真性"、"舒适性"等性质（Krutilla，1988）。之后，受到宏观经济及政策变更的影响（主要表现为通货膨胀及国家财政投入的减少），国外研究开始转向以应用和解决现实问题为主，如国家公园的准入费问题（enter fee）、生态资源管理问题、生物多样性保护问题以及旅游资源的损害补偿问题等[1]。这些结合实践背景的学术成果进一步论证了旅游资源具有经济方面的价值是一个非常必要且非常迫切的经济要务，关系到各国旅游经济发展战略的探讨制定、规范执行与实施绩效[2]。[3]1990年代后，国外景区旅游资源经济价值的评估开始演化出两条发展路径：学术研究和政策制定应用[3]。

在研究内容上，国外学者逐步专注于对景区旅游资源经济价值评估方法及其计量经济学模型的改进和案例实证，陆海等（Hailu et al.，2000）提出了CVM的改进型——多方案条件价值法（multi-program contingent valuation method，简称MPCVM），并实证得出MPCVM的理论效度优于CVM；地理信息系统（geographic information system，简称GIS）技术也被应用到享乐定价法（HPM）的游憩价值评估中[4]；在评估技术方面，TCM和CVM成为国外最流行的评估方法，被广泛应用于游憩及娱乐资源、野生生物以及环境品质类物品经济价值的研究；在评估对象上，国外的研究多集中于国家公园、森林景观资源[5]、湖泊景观资

---

[1] Garrod G, Willis K G. Economic Valuation of the Environment: Methods and Case Studies [M]. U K: Edward Elgar, 1999.

[2] Lee C. Valuation of nature based tourism resources using dichotomous choice contingent valuation method [J]. Tourism Management, 18（8）: 587-591.

[3] Carson R T, Flores N E, Meade N F. Contingent valuation: Controversies and evidences [J]. Environmental and Resource Economics, 2001, 19（2）: 173-210.

[4] Kong F, Yin H, Nakagoshi N. Using GIS and landscape metrics in the hedonic price modeling of theamenity value of urban green space: A case study in Jinan City, China [J]. Landscape and Urban Planning, 2007（79）: 240-252.

[5] Amirnejad H, Khalilian S, Assareh M H, et al. Estimating the existence value of north forests of Iran by using a contingent valuation method [J]. Ecological Economics, 2006, 58（4）: 665-675.

源[1]、海滨胜地、自然保护区[2]等自然生态旅游资源，只有少部分学者致力于遗产文化资源的研究。当然，现行评估方法还存在一定的缺陷，所以国外学者建议在实践应用中应综合考虑，选择最合适的评估方法或是将各评估方法进行组合运用，因此，国外进行多方法对比研究的趋势愈趋明显。

2. 国内景区经营权价值发展进程

国内关于景区经营权价值的系统研究起步较晚，是伴随着景区大规模的转让、租赁而发展起来的，主要经历了两个发展阶段：①第一阶段在2002年之前，国内景区经营权的实践始于1998年，该阶段国内关于景区经营权价值的评估还未上升到系统的学术研究层面，仅有少数学者予以一定关注，而且对景区经营权价值评估依旧停留在对景区旅游资产评估的层面上，如通过对森林旅游资源资产属性的分析，提出了开发与利用森林旅游资源的权属应属于林业部门，同时提出了对森林旅游资源资产进行评估的方法以及在森林旅游定价中的应用；纪益成分析了旅游资产的估价标准及评估方法，提出一切适用于一般资产评估的估计标准和估价方法也都能适用于旅游资产评估，并进一步指出，考虑到旅游资产的特征和其经济价值的构成特点，收益现值标准和相关方法较为适用于旅游资产的评估[3]。②第二阶段从2002年开始，随着国内旅游的火热和景区开发过程中经营权转让现象的出现，国内的相关研究从理论和实践上都取得了一定的发展，景区经营权价值的概念被明确提出，其中叶浪认为旅游资源经营权指对旅游资源一定时期的占有、使用和收益的权利，是一种法律上的财产权

---

[1] Christopher M F, Averil C. The recreational value of Lake McKenzie, Fraser Island: An application of the travel cost method [J]. Tourism Management, 2008 (2): 22-30.

[2] Mmopelwa G, Kgathi D L, Molefhe L. Tourists' perceptions and their willingness to pay for park fees: A case study of self-drive tourists and clients for mobile tour operators in Moremi Game Reserve, Botswana [J]. Tourism Management, 2007, 28 (4): 1044-1056.

[3] 纪益成.旅游资源资产评估若干问题探析[J].中国资产评估, 1998, (3): 38-40.

利,而景区旅游资源经营权价格则是旅游资源经营权标的的若干年期的资本化价格[①]。曹辉则以森林景观资源为例,分析了经营权价值的构成,指出森林景观是有价值的,其价值首先应该与凝结在资产内部无差别的人类社会劳动有关,更重要的是,森林景观实质上是人们对森林美的主观意志表达,这两种主客观价值是森林景观资源经营权的价值评估的基础[②]。叶浪则进一步细分了景区经营权价值,提出了广义和狭义的景区旅游资源经营权价值,其中广义的旅游资源经营权表现为两种形式,一是对已进行一定程度开发或投入的旅游景区的占有、使用和收益,可称为旅游景区经营权;另一种是对未进行开发或投入的自然状态的旅游资源的占有、使用和收益,可称为狭义的旅游资源经营权[①]。

在评估方法方面,早期多以资产评估方法为主,如收益现值法、成本重置法等,多见于自然景观类旅游景区的经营权或旅游资产评估,近年来,随着对景区经营权价值评估体系和价值构成认识的日渐成熟,评估手段也更为多样,并形成了以收益法、市场法和成本为主要评估手段的价值评估体系[③]。此外,也有学者使用旅行费用法(TCM)、条件估值法(CVM)进行景区经营权价值评估。在实际操作层面上,收益还原法由于方法简便、可操作性强,成为实践中评估景区资产经济价值最主要的方法。当然,国内学者在继承国外先进方法的同时,也不乏创新者,主要体现在评估模型的修正与改进、评估思路的拓展与创新以及评估结果的有效性保证等方面。

---

① 叶浪.旅游资源经营权的价格形成和确定[J].价格月刊,2002(08):28-29.
② 曹辉,张晓萍,陈平留.福州国家森林公园旅游气候资源评价研究[J].林业经济问题,2007(01):34-37.
③ 刘敏,陈田,石学勇.我国景区经营权价值评估途径的选择[J].旅游学刊,2007(09):45-49.

（二）景区经营权价值评价的理论内涵

1. 景区经营权价值的认识与辨析

关于景区经营权价值的认识早期存在景区经营权价值与景区资源环境游憩价值相混淆的情况，反映出学者们对景区经营权价值属性认识不清。后有学者对此进行了辨析，如高元衡将景区价值定义为旅游景区能够满足旅游者旅游需求功能的货币衡量，用环境的总经济价值衡量，采取 TCM、CVM 法，将旅游景区经营权价格等同于景区经营收益年金的资本化[1]。但是，这样的价值与价格区分和价格差异没有体现市场竞争，并忽略了价值从要素和需求出发的不同视角。曹辉则将森林的价值分为森林景观资源价值和森林景观资源经营权价值[2]，将旅游资源价值分为旅游资源效用价值和旅游资源经营权价值。

2. 景区经营权价值评估的意义与影响因素／指标

在景区经营权价值评估的重要性与意义方面，纪益成[3]、刘旺[4]、贺小荣等[5]、谢茹[6]、胡北明等[7]均强调了旅游地资产经营价值评估的重要性，呼吁加强景区经营权评估方法研究。彭德成等[8]更是将旅游资源的价值评估问题列为我国旅游研究前沿十大问题之一。在评估的影响因素与指标方面，叶浪分析了旅游资源经营

---

[1] 高元衡.旅游景区经营权出让中旅游景区价值与经营权价格辨析.经济问题探索，2007（06）：123-127.

[2] 曹辉，张晓萍，陈平留.福州国家森林公园旅游气候资源评价研究［J］.林业经济问题，2007（01）：34-37.

[3] 纪益成.旅游资源资产评估若干问题探析［J］.中国资产评估，1998（03）：38-40.

[4] 刘旺，张文忠.对构建旅游资源产权制度的探讨［J］.旅游学刊，2002（04）：27-29.

[5] 贺小荣，罗文斌.试论旅游风景名胜区经营权的转让［J］.北京第二外国语学院学报，2003（03）：51-56.

[6] 谢茹.试论风景名胜区经营权的转让［J］.南昌大学学报（人文社会科学版），2004（04）：50-55.

[7] 胡北明，雷蓉，董延安.旅游资源经营权价格评估指标及方法探讨［J］.商业研究，2004（18）：165-167.

[8] 彭德成，潘肖澎，周梅.我国旅游资源和景区研究的十个前沿问题［J］.旅游学刊，2002，18（06）：54-56.

权价格的五个形成因素[①]。胡北明等初步构建了旅游资源经营权的价格评估的指标体系，涉及旅游资源自身价值、开发程度、开发条件和效益的评估指标[②]。程绍文等从地理学的视角出发构建了湖泊旅游地的评价指标体系、等级分级体系及湖泊旅游地的地价评估方法体系[③]。李向明构建出旅游资源资产评估的非经济性和经济性评估指标体系，其中前者包括旅游资源本体条件、旅游地理环境条件、旅游客源市场条件、区域社会经济条件的评价指标，后者包括成本指标与收益指标[④]。于洋等（2009）认为游憩价值评估的影响因素主要包括两个方面：运用的评估方法和价值评估对象自身的特点[⑤]。黄先开等初步构建了由途径、对象、方法、参数四个层次组成的景区经营权价值评估方法体系[⑥]。林文凯则对现有评估方法的理论内涵及应用局限进行了系统的概述和总结[⑦]。总体而言，由于景区旅游经济价值的影响因素众多，目前尚缺少系统要素分析，且在评估指标的选取和指标体系的构建方面有待进一步完善和提高。

（三）景区经营权价值评估方法

目前，关于景区经营权价值的评估方法主要有两种思路，一种是基于景区旅游资源游憩价值的评估方法，主要包括旅行费用法（TCM）、条件价值法（CVM）等；另一种是国内以收益法

[①] 叶浪.旅游资源经营权的价格形成和确定［J］.价格月刊，2002（08）：28-29.
[②] 胡北明，雷蓉，董延安.旅游资源经营权价格评估指标及方法探讨［J］.商业研究，2004（18）：165-167.
[③] 程绍文，徐樵利.湖泊景区旅游地价评价方法探讨——以武汉市东湖风景区为例［J］.资源科学，2004（01）：83-90.
[④] 李向明.旅游资源资产评估及其指标体系的构建［J］.资源科学，2006（03）：143-150.
[⑤] 于洋，王尔大，刘爱琴等.国内外旅游资源游憩价值评估研究综述［J］.华东经济管理，2009，23（09）：140-146.
[⑥] 黄先开，刘敏.景区经营权价值评估方法的适宜性研究［J］.旅游学刊，2012，27（06）：84-91.
[⑦] 林文凯.景区旅游资源经济价值评估方法研究述评［J］.经济地理，2013，33（09）：169-176.

（ICM）为主导的资产评估方法。

1. 基于旅游资源游憩价值的评估方法

（1）旅行费用法（TCM）

旅行费用法（TCM）源于美国经济学家霍特林（Hotelling，1947）的思想[①]，霍特林研究发现游客与旅游地的地理距离越远，其感受到的净效用就越少，即旅游者认为游览游憩地的价值小于其旅游花费，这是一种被广泛接受并且被认为是一种评估资源/物品非市场价值最有效的方法之一。其发展历程中先后出现了分区旅行费用模型（ZTCM）、个人旅行费用模型（ITCM）、引力旅行费用模型（GTCM）、享乐旅行费用模型（HTCM）、随机效用模型（RUM）、旅行费用区间分析（TCIA）等六种 TCM 模型。其中，克劳森（Clawson，1959）率先开发出区域旅行费用法，克劳森和克奈齐（Clawson & Knetsch，1966）在其著作中进一步完善了 ZTCM，伯特和布鲁尔（Burt & Brewer，1971）也应用 ZTCM 进行了案例实证。该方法按照游客的客源地划分为若干个区域，以区域人口出游比例为被解释变量，以按照客源地与目的地的距离来计算的旅行成本为解释变量，来构造旅游需求函数。其优点在于按照地域分组的特点能够应用二手数据资料，节省了实地调研的时间和金钱。但其隐含假设与旅游出行方式多样化的现实不符，且没有考虑替代地点问题，而且，由于区域内游客的异质性（heterogeneity）偏差，多元线性回归模型可能会产生多重共线性（multi-collinearity）问题。为了克服 ZTCM 的上述局限性，布朗和纳瓦斯（Brown & Nawas，1973）提出使用旅游者个体数据来代替区域统计数据，开发出了基于旅游者个体观测数据内在变化的个体旅行费用法，其优点是数据利用效率远高于 ZTCM，且评估模型更有效（Brown et al.，1973），但诚如肖（Shaw，1988）指出，ITCM 应用一手旅游者数据的特点使其

[①] Hotelling H. The economics of public recreation [R]. Washington: The Prewitt Report, National Parks Service, 1947.

存在非负整数、截断偏差（truncation bias）问题，即实地调研数据未包含潜在的游客样本，可能会高估消费者剩余。此外，多目的地成本分摊问题、内生分层（endogenous stratification）计量问题、"零访问"（zero trips）等问题同样难以避免。为了有效解决多目的地替代问题，史密斯和涝儒（Smith & Kaoru，1986）、博克斯塔尔等（Bockstael et al.，1987）先后应用随机效用旅行费用法（RUTCM）评估了旅游地游憩价值。该方法基于随机效用理论和消费者选择理论，将旅游地区域内的游客接待量在多目的地景区中进行分配，测算给定条件下个体游客 i 到景区 j 游憩的概率，常用模型是多项分对数模型（multinomial logit model）或嵌套多项分对数模型（nested multinomial logit model）。其优点是可以有效估计旅游者对各备选景区的偏好，解决效用最大化条件下旅游者的多景区间选择问题，进而有效解决具有不同游憩特征的多个备选景区之间的替代性问题（Smith & Kaoru，1986），但同时也存在 IIA 假设问题（是指个人在两个地点进行抉择只取决于相关地点的属性和费用，与其他的属性无关）。TCIA 的优点是避免了 ZTCM 的同区域旅游者的旅行成本一致的假设局限，不再把地理距离作为旅游者的划分标准，而是以个体的旅行成本为维度划分旅游者区间，克服了 ZTCM 的假设与交通多元化现实不符的问题（李巍等，2003）。其缺点是过于依赖实地调研数据的收集与分析，增加了研究时间与研究成本，而且 TCIA 需求函数需要的样本量较大，研究中往往存在回归分析难以符合严格意义上的统计学回归分析的要求，但是，TCIA 的旅游需求函数仅考虑旅行费用一个变量，无法纳入其他关键变量，致使 TCIA 的评估结果会产生较大偏差，降低了评估结果的可靠性。HTCM 的优点是能够处理多目的地替代性问题（Brown et al.，1991），但受到较多的批评，其最大的缺陷是需要通过两个步骤来估计目的地的价值，易出现计量信息的大量损失；GTCM 是引力模型和 TCM 的结合，其优点是能够解决多目的地的选择替代问题，GTCM 不仅可以估算目的地的游憩价值，还可以进行较为准确的旅游需求预测,但其运算需要海量数据[1]。

在 TCM 的方法改进与信效度检验方面,兰德尔(Randall)[2]、卡森(Carson)等[3]、斐乐(Feather,1999)等、加罗德(Garrod)等[4]、李巍等[5]、张茵等[6]、谢玉等(2008)、赵玲等[7]、董雪旺[8]和本课题组主持人林壁属等[9]都作出了一些卓有成效的研究工作。然而,TCM 的旅行费用数据的问卷性质决定了其难以实现客观准确性。

(2)条件价值法(CVM)

条件价值法(CVM)是一种典型的陈述偏好法,其核心是直接调查人们对自然资源保护或恢复的支付意愿(WTP)或接受补偿意愿(WTA)来表达自然资源的经济价值。该方法由西里奇·旺特鲁普斯(Ciriacy Wantrups)首先提出,戴维斯(Davis)[10]首次将 CVM 应用于美国缅因州宿营、狩猎娱乐的价值评估。其后,CVM 被广泛用于自然资源的经济价值评估。近年来,因其可以较好地评估资源的存在价值和遗产价值等非使

---

[1] Kanaan G, Day H. Recreational demand at lakes and reservoirs [J]. Journal of the Urban Planning and Development Division, 1973, 99(2): 265-269.

[2] Randall A. A difficulty with the travel cost method [J]. Land Economics, 1994, 70 (1): 88-96.

[3] Carson R T, Flores N E, Meade N F. Contingent valuation: Controversies and evidences [J]. Environmental and Resource Economics, 2001, 19(2): 173-210.

[4] Garrod G, Willis K G. Economic Valuation of the Environment: Methods and Case Studies [M]. U K: Edward Elgar, 1999.

[5] 李巍,李文军.用改进的旅行费用法评估九寨沟的游憩价值 [J].北京大学学报(自然科学版),2003(04): 548-555.

[6] 张茵,蔡运龙.条件估值法评估环境资源价值的研究进展 [J].北京大学学报(自然科学版),2005(2): 317-328.

[7] 赵玲,王尔大,苗翠翠.ITCM在我国游憩价值评估中的应用及改进 [J].旅游学刊,2009, 24(3): 63-69.

[8] 董雪旺,张捷,章锦河.旅行费用法在旅游资源价值评估中的若干问题述评 [J].自然资源学报,2006, 26(11): 1983-1997.

[9] 周春波,林壁属.景区游憩价值的多方案条件价值评估 [J].社会科学家,2013, (7): 98-102.

[10] Davis R K. Recreation planning as an economic problem [J]. Natural Resources Journal, 1963(3): 239-249.

用价值，CVM 成为评估文化资源价值最有效的办法（Epstein，2003）。如今，CVM 已经成为提高景区经营决策、管理水平，提高公众的民主参与，提升景区管理者认识景区资源内在价值，促进景区可持续发展和旅游政策实施的重要手段[①]。

由于旅游者现实偏好的不确定性以及问卷引导技术的差异，所以如何真实地导出游客的最大支付意愿是 CVM 技术的关键，当前常见的几种导出技术主要包括：二分选择型、开放型、招投标型和支付卡片型（Emerton & Bos，2004）。而在进一步获取导出数据时，福斯特（Forster，1989）认为面对面式的调查方式是最佳的选择。在获得旅游者的支付意愿后，学者们提出并应用了不同的统计学模型与计量经济学模型来进一步估计游客的支付意愿函数，其中卡梅隆（Cameron，1988）、爱德华（Edwards，1988）、哈内曼（Hanemann）等[②]分别应用最大似然估计（MLE）计量模型对非市场资源物品进行 CVM 价值评估。麦康奈尔（McConnell，1990）实证检验了 Logit 模型在 CVM 估值中的有效性。克里斯特罗姆（Kristrom，1990）采用非参数估计法检验了生存函数（survival function）模型推导值在 CVM 应用中的有效性。约翰等（John et al.，1991）进一步选择 Logit 模型和 Probit 模型来检验 CVM 二分式问卷引导技术的有效性。克里斯特罗姆（Kristrom，1997）、萨兹-萨拉查等（Saz-Salazar et al.，2001）分别应用分段函数 Spike 模型来评估对环境资源的支付意愿。哈克尔和普鲁克纳（Hackl & Pruckner，1999）分别应用 Logit 模型、Probit 模型与最大似然函数对支付卡式和封闭式问卷引导技术评估值进行了比较研究，实证结果表明双边界封闭式 CVM 适宜选用 Spike 模型进行估计。

---

① Clark J, Burgess J, M. H C. I struggled with this money business: Respondents perspectives on contingent valuation [J]. Ecological Economics, 2000, 33（1）: 45-62.

② Hanemann W M, Loomis J, Kanninen B. Statistical efficiency of double-bounded dichotomous choice contingent valuation [J]. American Journal of Agricultural Economics, 1991, 73（4）: 1255-1263.

虽然CVM较其他方法有很大的优势，但CVM评估的有效性和可靠性却容易受到一系列偏差的影响[①]，如假想偏差、信息偏差、抗议性偏差、策略性偏差、引导技术选择偏差等。此外，WTA与WTP的选择偏差、平均值与中位数的选择偏差、范围效应、顺序效应等也是导致CVM信度和效度遭受质疑的重要原因[②]。但值得注意的是，上述几种偏差并非CVM所独有，CVM研究偏差的存在不会影响CVM的估值准确性与有效性[③]（Samples, Hollyer, 1992; Kahneman, Knestch, 1992; Boyle, et al., 1996）。

由于评估结果容易受到上述各类偏差的影响，CVM的应用结果也自然受到不少学者的质疑，集中表现在信度和效度两个方面，对CVM的信度质疑主要包含预测效度、内容效度、理论效度、准则效度、收敛效度等（Mitchell, Carson, 1989；艾尔·巴比, 2000），其中预测效度和收敛效度最为重要。其中预测效度检验方法主要包括三类：一是将WTP值与公民复决投票（referendum approach）结果进行比较分析（Vossler et al., 2003; Johnston, 2006），二是将WTP值与真实拍卖结果进行比较分析[④]（Balistreri et al., 2001），三是将WTP值与真实捐款行为进行对比分析（Seip, Strand, 1992; Christie, 2007）。在评估收敛效度方面，卢米斯等（Loomis et al.）基于置信区间（confidence interval）分析法比较研究了TCM和CVM的游憩价值评估结

[①] Venkatachalam L. The contingent valuation method: A review [J]. Environmental Impact Assessment Review, 2004, 24 (1): 89-124.

[②] Carson R T, Flores N E, Meade N F. Contingent valuation: Controversies and evidences [J]. Environmental and Resource Economics, 2001, 19 (2): 173-210.

[③] Dutta M, Banerjee S, Husain Z. Untapped demand for heritage: A contingent valuation study of Prinsep Ghat, Calcutta [J]. Tourism Management, 2007, 28 (1): 83-95.

[④] Loomis J B. Travel cost demand model based river recreation benefit estimates with on-site and household surveys: Comparative results and a correction procedure [J]. Water Resources Research, 2003, 39 (4): 1105-1108.

果[①],卡森等(Carson et al.)[②]进一步给出了CVM具有良好的收敛效度的稳健性研究结论。国内方面,张志强等[③]、张茵等[④]、张翼飞等(2007)曾对CVM可能出现的偏差进行了总结和述评,并提出了信度和效度检验的思路;许丽忠等[⑤]、蔡志坚等(2011)对CVM的评价结论进行了可靠性检验;董雪旺等对CVM的评估结果进行了信效度检验[⑥];本课题主要研究成员周春波和主持人林璧属则对CVM进行改进,引入多方案条件价值法(MPCVM)对景区旅游资源要素的游憩价值进行评估[⑦]。总体而言,CVM优点在于拥有强大的数据获取能力,而其假想性却使得评估的信效度成为学术界广泛争议的焦点。

2.基于景区旅游资产价值的评估方法

(1)收益还原法(Income Capitalization Method,ICM)

收益还原法以其充分的理论依据,在国内被广泛地用于收益性地产的估值。该方法将各年景区总收入折现后累计求和,再利用经营权权益系数调整求得景区经营权价值。具体模型如下:

$$V = \sum_{t=1}^{n} \frac{W_t}{(1+r)^t}$$

其中,V表示旅游景区经营权价值;W_t表示景区在第t年产

---

① Hanemann W M,Loomis J,Kanninen B. Statistical efficiency of double-bounded dichotomous choice contingent valuation [J]. American Journal of Agricultural Economics,1991,73(4):1255-1263.

② Carson R T. Contingent Valuation:A user's guide [J]. Environmental Sciences and Technology,2000,34:1413-1418.

③ 张志强,徐中民,程国栋.条件价值评估法的发展与应用 [J].地球科学进展,2003(03):454-463.

④ 张茵,蔡运龙.条件价值法评估环境资源价值的研究进展 [J].北京大学学报:自然科学版,2005,41(2):317-328.

⑤ 许丽忠,吴春山,王菲凤等.条件价值法评估旅游资源非使用价值的可靠性检验 [J].生态学报,2007(10):4301-4309.

⑥ 董雪旺,张捷,刘传华等.条件价值法中的偏差分析及信度和效度检验——以九寨沟游憩价值评估为例 [J].地理学报,2011,66(02):267-278.

⑦ 周春波,林璧属.基于截断泊松模型的景区游憩价值多案例评估 [J].生态经济,2013(12):130-133.

生的纯收益；n 表示景区的有效获利年限；r 为预期收益的折现率。

随着旅游地开发经营权的变相出让、转让和旅游房地产市场化运作现象的出现，使得 ICM 成为评估旅游地经济价值的一个重要手段。刘敏等通过对资产评估基本途径的分析，认为收益法适宜于我国景区经营权价值评估[①]。目前，收益还原法在景区旅游经济价值评估方面的应用案例并不多见，李家兵等（2003）从武夷山风景区的预期收益的现值之和出发，利用资本化法求取其环境价值的基本值，再用稀缺性和时间价值加以调整，从而得出了整体游憩价值。程绍文等用收益还原法实证估算了武汉市东湖风景区土地使用权的出让价值[②]。喻燕等运用收益还原法计算了九华山旅游资源使用价值[③]。在实际应用中，ICM 被用于国内景区经营权转让过程中对景区经营性资产价值的评估，例如福建连城冠豸山和江西龙虎山仙水岩景区。另外，从 ICM 的应用实践来看，学者或业界评估人员在应用该方法时容易忽视景区的特殊性与复杂性，计算出来的结果往往偏差较大，这在一定程度上降低了 ICM 方法评估的科学性。

（2）其他资产评估法

折现现金流量法（Discounted Cash Flow，DCF）。该方法的使用较为广泛，并被大多数关于资本运作的文献认为是最科学、最成熟的价值评估方法。其基本思路是把被评估资产的预期收益现金流，通过适当的折现率进行折现，从而转化成资产被评估时点的现时价值。对景区而言，该方法将景区开发看做一个现金流量系统，同一时段现金流入量和现金流出量差额为净现金流量，景区经营权价值即为该净现金流量现值之和。折现现金流量法的

---

① 刘敏，陈田，石学勇.我国景区经营权价值评估途径的选择［J］.旅游学刊，2007，22（9）：45-49.

② 程绍文，徐樵利.湖泊景区旅游地价评价方法探讨——以武汉市东湖风景区为例［J］.资源科学，2004（01）：83-90.

③ 喻燕.旅游资源总价值货币化估算研究——黄山风景区实证［J］.旅游科学，2010，24（5）：64-71+83.

基本计算模型可表达为：

$$V = \sum_{t=1}^{n} \frac{(CI-CO)_t}{(1+r)^t} = \sum_{t=1}^{n} \frac{CF_t}{(1+r)^t}$$

式中：V 表示旅游景区的经营权价值；CI 表示旅游景区现金流入量；CO 表示旅游景区现金流出量；CF_t 表示旅游景区在第 t 年产生的现金流；n 表示景区经营的有效年限；r 为包含了预期现金流量风险的折现率。

折现现金流量法的评估参数与评估步骤：

对 DCF 法而言，其在评估景区经营权价值的过程中所涉及的参数主要包括：①现金流入性指标：旅游景区门票收入、固定资产残余值、回收流动资等。②现金流出性指标：旅游景区固定资产投资、更新改造资金、流动资金、经营成本以及税费等。③其他评估指标：如开发建设年限、有效经营年限、折现率等。

DCF 模型的基本评估步骤则可概括为：

A：现金流入量 CI（+）

门票收入

回收固定资产残余值

回收流动资金

B：现金流出量 CO（-）

景区经营成本

景区固定资产投资

景点更新改造资金

流动资金

相关税费

C：净现金流量（$C = A - B$）

D：折现率

E：净现金流量现值（$E = C * D$）

F：景区经营权价值（$F = E$）

这种方法适用于经营数据齐全且历年统计数据完整的景区，

在实际研究中发现，大部分景区的经营数据不全，历年统计数据不完整。因此，此种方法的适用和可推广空间不大。

收益权益法（Simplified Income Method，SIM）。该方法包含了收益途径的基本思路，将剩余净收益额的计算过程用经营权权益系数代替进行计算。该方法的一个基本假设是景区的收入具有上升趋势，且景区的旅游收入具有一定平稳趋势。在这种情况下，景区旅游收入与剩余净利润之间就存在一个正相关关系，即景区旅游收入越高，其净利润也就越多。剩余净利润或者剩余净现金流量的现值与景区旅游总收入的现值之比的值即为景区经营权权益系数。一般而言，该系数与剩余净利润或者剩余净现金流量呈递增关系，而与景区总费用成本呈递减关系，即成本越高的景区，其剩余净利润或剩余净现金流量少，经营权权益系数低；成本费用越低的景区，其剩余净利润或剩余净现金流量多，经营权权益系数高。收益权益法就是将各年景区总收入折现后累计求和，再用经营权权益系数调整得出景区经营权评估价值。

收益权益法在旅游景区应用的财务模型可表达为：

A：各年景区旅游收入

B：折现系数

C：各年景区旅游收入现值 = 各年景区旅游收入（A）× 折现系数（B）

D：各年景区旅游收入现值累计

E：景区经营权权益系数

F：景区经营权评估价值 = 各年景区旅游收入现值累计（D）× 景区经营权权益系数（E）

其具体模型可表示如下：

$$V = \left[\sum_{t=1}^{n} \frac{E_t}{(1+r)^t} \right] K$$

式中：V 表示景区经营权价值；E_t 表示景区 t 年的旅游收入；r 为折现率；n 为计算年限；K 为景区经营权权益系数。

通过实证研究发现，此种方法能够更为精确地计算出景区旅游经营权价格，但是，不利于那些经营成本偏高的景区。换句话说，此种计算方法能够比较准确地反映出仅靠门票收入、缺少景区经营性项目和冗员多的景区的弊端。

（四）研究述评与启示

1. 国内外研究比较

国外关于景区旅游经济价值评估的研究起步很早，研究成果比较多，评估方法运用也更为成熟，评估过程正向系统化、规范化方向发展，景区资源的经济价值评估形成了较完备的理论体系，研究成果也常被用于指导政府及景区管理部门的经营决策和政策制定。同时，其他学科最新研究成果的融入加快了国外评估理论和方法的创新，形成了以 TCM 和 CVM 为主流的评估方法体系，但其研究领域主要集中于景区旅游资源的游憩价值评估，在经营权价值评估方面的研究进展较为缓慢，这主要是受限于国内外景区发展模式的不同。相对来说，国内景区经营权价值评估则独具特色，丰富了国内在景区旅游经济价值这一大领域的外延与内涵。在方法上，研究更加注重实效，强调方法运用的实际意义，方法简便、操作性强的收益还原法成为了国内衡量旅游景区经营权价值的主要手段。另外，国内景区经营权价值评估方法的研究在模型建构、参数设计等方面创新较大，在景区评估对象方面也更为多样、灵活。但在评估数据的获取、数据的真实性、系统的评估体系构建以及诸如价格与价值的明确等基础问题层面还有待于国内学者在今后的研究中逐步加强。中国旅游作为一个新兴的学术领域，在结合自身实际需求的同时，选择性引介国际前沿理论和研究范式，要在应用导向性研究基础上，更进一步地创新和发展中国本土旅游学术理论体系。

2. 国内外主要评估方法比较

不同的评估方法不仅理论基础及其评估对象有差别，方法的科学性与适用性也存在较大偏差。如前所述，国外的研究主要集中于景区旅游资源的游憩价值评估,因此 CVM 和 TCM 成为国外适用性最广的两种评估方法,而收益还原法等资产评估则是国内学界、业界在解决景区资产价值、经营权出让价格等评估时最常用的评估手段,但这些评估方法在应用过程中的科学性与适用性问题较为突出:CVM 是一种假想市场法,该方法在理论上是可行的,但是,我国作为发展中国家,被问卷者比较偏向少支付或拒绝支付,甚至还会存在假想性和抗议性偏差。这种现象的存在将直接低估景区的旅游经济价值;而 TCM 属于替代市场法,通过市场调查取得真实可信的基础数据是 TCM 应用成功的先决条件,TCM 问卷设计及抽样调查技术的好坏是能否取得可靠数据的关键。但是,国内现行的市场调研技术并不成熟,基础数据的可靠性偏低,TCM 建模的评估结果受到部分学者的质疑;从收益还原法的应用实践来看,学者或业界评估人员往往直接采用其他行业的资本化率来评估景区的经济价值,忽视了旅游业的特殊性,计算出来的结果偏差较大。因此,在方法上,这些评估技术或依赖调查问卷,或需要历史数据,从科学性的角度看,调查问卷的主观性造成的信度和效度的偏差是难以消除的,收集数据的真实性和实效性问题也同样难以解决;同时,评估方法的建模往往会简化问题的复杂程度,各种前提假设也会大大影响评估结果的科学性。因此,随着对资源和公共物品价值评价的研究深入,对景区旅游经济价值的评估,特别是景区经营权的价值评估需要更为客观、有效、科学的评估方法。

3. 国内外研究启示

通过对国内外相关文献的梳理,为本研究提供了如下五点启示:第一,国外 TCM 研究中存在旅行费用替代偏差、现场抽样的计量问题、时间机会成本估计问题、多目的地选择与费用分配问题、需求函数的计量问题等产生的偏差难以全部消除;CVM 研究中存在的假想偏差、信息偏差、抗议性偏差、策略性偏差、引导技术选择偏差等也难以完全克服。这表明对景区游憩价值的评估需要更具客观性与有效性的评估方法。第二,从景区经济价值的大体系构成来看,国外学者穆苏米等(Mousumi et al.,2007)另辟蹊径地提出景区的隐性价值,包括期权价值和准期权价值,本课题主持人林璧属等则首次将实物期权理论应用到景区的投资柔性价值评估[①]。这为本课题在景区经营权转让背景下研究景区的投资柔性价值研究指明了研究方向。第三,在国内旅游业大发展的背景下,旅游业的市场化、资本化进程明显加快,景区经营权转让以及地方政府招商引资发展旅游的广泛推行,对当前景区经营权价值评估提出了新的要求,即实现从"本体价值"向"市场价格"的转变。因此,越来越多的学者开始关注并融合了金融学中资本资产定价或期权定价的理论及相关评估模型,因地制宜,科学定量,以更加客观地实现景区经营权价值评估。第四,在评估方法的应用过程中,越来越多的学者开始关注方法的适用性问题,旅游景区资源构成与景区旅游资源产权归属的复杂性以及景区价值评估的多样性需要我们采取针对性的符合景区特征的探索,尤其是在评估模型的模型设计、参数拟定及数据获取等方面。第五,国内外学者进行多方法的综合及对比研究的趋势越来越明显,这说明用单一的方法并不能完全解决景区经营权价值评估问题,应该对不同的价值构成选择最合适的评估方法,才能保证评估的科学性和准确性。

五、现有研究的总体评价与思考

在对已有文献系统梳理的基础上,可对景区经营权价值评估作如下评价:一些代表性文献的研究思路与研究方法为本项目的开展提供了新的研究方向,同时也启发了课题组对于这一问题新的思考。现有研究的总体评价与思考可概括如下:

作为旅游学界研究的热点和前沿,景区经营权价值评估一直备受关注,国内外关于景区经营权价值评估理论与方法的研究也

---

① 周春波,林璧属.基于截断泊松模型的景区游憩价值多案例评估[J].生态经济,2013(12):130-133.

取得了突破性的进展。但是，无论是在理论层面还是在方法应用层面，现有研究还存在着诸多不足与缺陷，亟需改进与完善。一方面，虽然学术界对景区经营权价值理论已有过较多的研究，但主要集中于景区经营权价值的概念、内涵与价值构成等方面，缺乏对景区旅游资源价值与景区经营权价值之间的动态过程分析，缺少景区经营权价值影响因素的深入分析，更缺乏将地理学的空间与要素概念和资产评估理论紧密结合的多学科的交叉研究和综合研究。另一方面，在景区经营权价值评估方法中，主要集中于三大资产评估方法的现实应用方面，缺乏对新方法、新理论的探索性尝试，研究范式局限于资产评估领域，研究结果的合理性、客观性略显薄弱。

因此，通过对国内外相关理论的研究和案例景区实地调研的经验总结，我们认为，基于景区旅游经济价值的大框架，融合地理学的空间、要素及其相互关系的理论，与景区现有的经济价值评估方法紧密结合，突破现有理论局限，引入产权经济学理论、实物期权理论等新理论的思想与方法，创新性地全面透析景区经营权价值的形成、演化及其价值结构，进而再开创性地通过 GIS 技术和高级计量技术紧密结合的综合应用研究，对景区经营权价值进行综合评估，并根据不同价值评估需求采用不同的评估方法，提高评估的科学性和准确性，以科学完整地构建景区经营权价值评价体系与方法。

第二节　研究进展

一、研究积累

在 2010 年关于"冠豸山景区投资的可行性研究"的基础上，2011 年在培养研究生的过程中，明确需要研究景区到底值多少钱，这是一个很值得探讨的问题。遂安排硕士研究生贺祯准备这方面的探讨，撰写了《景区旅游资源经济价值评价研究》（硕士学位论文）；2012年博士研究生周春波和林文凯也加入了这一研究小组，特别是请教了会计系的杜兴强教授，他建议我采用实物期权理论与方法来研究，遂将研究课题学术化。

到2013年底，完成了4篇论文的撰写和发表。

首先，2013年4月，林文凯主笔完成了《旅游景区经营权价值评估——基于实物期权视角的研究》[①]一文，4月20日投稿《经济管理》杂志社，6月论文刊发（文章1.7万字）。该文发表说明了学界认可这一研究方向，2015年该文申报国家旅游局的优秀旅游研究成果奖，获优秀论文奖。该文的主要观点是：景区经营权价值评估是实现我国景区经营权合理流转的关键，但以收益还原法为主流的现行方法并不能准确地评估景区经营权价值。通过研究，本文发现，引入实物期权概念能够提升景区经营权价值评估的准确性。本文以产权视角为切入点，通过景区经营权实物期权的动态和静态特征研究景区经营权的期权价值形成、演变机理，以冠豸山国家重点风景名胜区为例，初步实证了实物期权视角下的景区经营权价值评估，并得出如下结论：①景区经营权价值是一种依托于旅游资源的产权价值，其价值评估的实质是资本化景区旅游资源开发权利的价值，产权视角下的景区经营权，本质上是一种按年度执行的多期嵌套实物期权，旅游资源是其标的资产。②基于实物期权的景区经营权价值形成表现为：景区投资开发过程中，投资柔性给景区预期旅游收益与投资开发成本之间带来了差额变动。③景区经营权的实物期权特征是一个动态的变动过程，各阶段的期权价值呈现先增后减的变化态势，期权价值在经营权到期日将变为零。④融入实物期权法较单纯采用收益还原法更加科学，评估结果更为客观，实际参考价值更大。⑤在构

---

① 林璧属，林文凯，周春波.旅游景区经营权价值评估[J].经济管理，2013(6)：112-122.

建单一期权条件下的景区经营权期权价值评估模型的基础上，以冠豸山风景名胜区为例，通过与现有评估方法进行比较研究，进一步验证了实物期权理论在景区经营权价值评估中的应用价值。

其次，2012年暑假期间，2009级本科生进行了为期10天的暑假社会实践，利用这次实习，安排颜雪等同学进行了福建省宁德市太姥山、白水洋等景区的调研。利用这些调研材料和数据，由周春波主笔撰写了《景区游憩价值的多方案条件价值评估》[①]一文，该文发表于《社会科学家》2013年第七期。该文从多方案条件价值法（MPCVM）的理论出发，论证了多方案条件价值法的理论基础是福利计量理论和要素价值理论，能够评估出各资源要素的游憩价值，其科学性和准确性优于仅能评估出整体价值的CVM。文章结合太姥山景区的实地问卷调查，在计量模型的比较研究基础上应用MPCVM评估景区旅游资源各要素的游憩价值，并进一步揭示各要素间的互补/替代关系。实证研究结果表明：受访游客的年龄、教育程度、月收入、认知度、满意度都与改善方案的选择概率呈显著正相关；旅游资源各要素间的游憩价值差异较大，而且双要素之间存在替代效应，三要素之间存在互补效应。总的看来，MPCVM在评估要素价值、揭示要素间关系、降低研究偏差等方面较之CVM具有更好的学术价值和实际应用价值。

2013年9月，发表了周春波主笔的《中国景区类上市公司资本化率及其影响因素研究》[②]，该文根据加权平均资本成本和资本资产定价模型，通过计算8家中国景区类上市公司2004至2011年的权益资本成本和债务资本成本，得出景区类上市公司历年资本化率数值，并分析其变动趋势，为应用收益还原法评估景区经营权价值提供了较为科学的资本化率数值。并利用非平衡面板随

---

① 周春波，林璧属.景区游憩价值的多方案条件价值评估［J］.社会科学家，2013（7）：98-102.
② 周春波，林璧属.中国景区类上市公司资本化率及其影响因素研究［J］.旅游学刊，2013（9）：34-42.

机/固定效应模型，考察了控制权结构、董事会独立性、债权人治理因素对中国景区类上市公司资本化率的公司治理效应。研究结果发现，控制权结构与资本化率之间存在着倒"U"形的非线性关系，而董事会独立性对资本化率的影响不显著，若适当增加负债融资比例，可以加强对管理者的约束，降低资本化率。

2013年12月，发表了周春波主笔的《基于截断泊松模型的景区游憩价值多案例评估》[①]，该文分析了国外较新的游憩价值评估方法——高级个体旅行费用法（AITCM）的理论适用性，严格按照其调查流程对福建省太姥山、白水洋和冠豸山景区进行了实地调研，运用截断泊松模型实证估计旅游需求函数以评估游憩价值。研究结果表明：三个景区的游憩价值分别为5.9438亿元、2.4566亿元、1.8292亿元；旅行费用、景点游憩数、游憩时间、月收入与旅游需求呈现显著负相关，性别、教育程度与旅游需求呈现显著正相关；理论分析与计量检验表明基于截断泊松模型的AITCM是一种适用于评估景区游憩价值的有效性较高的方法。研究对于政府制定景区经营权交易政策，景区管理者衡量旅游的社会效益，以及投资者开发管理景区等都具有一定的启示。

这一时期的4篇论文，以及林文凯博士单独发表的《景区旅游资源经济价值评估方法研究述评》[②]一文，主要围绕景区旅游经济价值评估模型和方法的学术研究进展、模型与方法的科学性与适用性、实物期权方法的试评估来展开。周春波与李玲又在此基础上，撰写并发表了《旅游资源资本化：演进路径、法律规制与实现机制》[③]，进一步探讨了旅游资源资本化的可能性与可行性。周春波博士以此为题，撰写了博士论文并于2014年毕业，2016

---

① 周春波，林璧属.基于截断泊松模型的景区游憩价值多案例评估[J].生态经济，2013（12）：130-133.

② 林文凯.景区旅游资源经济价值评估方法研究述评[J].经济地理，2013，33（09）：169-176.

③ 周春波，李玲.旅游资源资本化：演进路径、法律规制与实现机制[J].经济管理，2015（10）：125-135.

年出版了《旅游资源经济价值的理论建构与评估优化研究》[①]。

再次，2016 年 9 月，林壁属教授领衔接受漳州市旅发委的委托，开展了"乌山旅游景区经营权价值评估"的实践运用研究。乌山旅游景区覆盖漳州市诏安县、云霄县和常山经济开发区三个县级行政区划，其中，资源最优质部分的乌山天池在常山地界，景区所占面积最大者归属于诏安县，云霄县作为革命老区县最先开通了乌山景区部分道路。形成了一座大山分属三个不同县级行政区划的实际情况，作为一个需要巨额资金投资开发的景区，而收益又各不相同的尴尬境况，为打破僵局，开展统一规划、统一招商、统一运营和分区开发的目标，漳州市委市政府提出根据评估结果合理区分未来的收益权，对景区旅游经济价值作出评估。市委市政府正式委托林壁属教授进行评估研究。经过 3 个多月的努力，评估结果出炉之时，此时出现了较为窘迫的问题：时任漳州市主要领导调离，原旅发委主任调离，市旅发委、乌山景区开发指挥部均未听取汇报。结局是无果，难以推进。换言之，第一次实践应用以未能结题中止。

二、研究思路与执行情况

2017 年，在已有研究基础上，课题组申报了国家自然科学基金，该研究获得了国家自然科学基金面上项目立项。该项目主要研究思路与执行情况如下：

（一）研究计划

申请书提出了四个方面的研究：

第一部分：景区经营权价值形成与演变机理研究。

本部分重点研究解决景区经营权价值化定量评价的理论依据。本项目通过对旅游资源进行分类和统计，建立资源评价指标

[①] 周春波.旅游资源经济价值的理论建构与评估优化研究[M].杭州：浙江大学出版社，2016.

体系，运用 Delphi 和 AHP 法进行资源评价，并利用 GIS 属性聚类和坐标聚类研究景区旅游资源空间分布的密集度，测度景区资源丰厚度；通过对景区旅游接待人次数、旅游收入、消费结构等指标的统计分析，运用递阶聚类方法构建景区旅游经济发展水平的聚类评价模型；通过引入协调度数学模型及计算方法，分析不同案例地旅游资源、景区资源开发利用程度（景区游览空间、景区旅游产品丰度、景区容量等）与当地旅游经济发展水平之间的关联程度、契合关系与契合特征，构建景区资源与当地旅游经济的关联测度模型。在此基础上，厘清自然资源、旅游资源、旅游经营权与当地旅游经济的发展关系；再以此为视角，揭示景区经营权价值形成过程，并将其分为三个层面：可间接在旅游市场交易的价值——旅游资源游憩价值、不可直接或间接在旅游市场交易的价值——旅游资源非经济价值以及可直接在旅游市场交易的价值——即本课题所研究之景区旅游经营权价格和旅游投资柔性价值。本部分研究主要解决以下三个问题：景区经营权价值的理论内涵，景区经营权价值形成与景区旅游经济效应，景区经营权价值变化历程与演变机理。

第二部分：景区经营权价值影响因素与作用机理研究。

本部分重点研究解决景区经营权价值化定量评价的影响因素与作用机理。景区经营权的经济价值是景区内外部多种因素相互作用、相互影响的结果，特别是对旅游景区而言，旅游资源的产权构成较为复杂，这使其价值评价具有典型的公共产品定价的特性。因此，需要综合考虑影响旅游景区的区位条件（地理区位、经济区位、交通区位、市场区位）、政策制度以及产权归属等因素，进行景区经营权价值影响因素的因子与聚类分析，以多元统计、数据挖掘等数理模型方法为基础，结合回归分析、灰色关联分析，识别景区经营权价值的主导影响要素及作用路径，深入剖析景区经营权价值及其影响因素之间的相互关系。进而借助协同学、自组织、演化经济学和路径依赖等理论，对主要动力（包括引力、推力、支持力和障碍力）及其相互作用关系进行深入分析，探究景区经营权价值影响因素对景区经营权价值的作用机理及其实现机制，从而构建景区经营权价值及其影响因素的影响因子——路径过程——作用机理的关系模型，为景区经营权价值的评估与测算提供理论指导。因此，本部分研究主要解决以下两个问题：景区经营权价值影响因素识别与相互关系，景区经营权价值影响因素关系模型与作用机理。

第三部分：景区经营权多维分层评价模型构建。

本部分重点研究解决景区经营权价值化定量评价的多维分层评价模型。通过景区旅游经济数据的准确提取与相关文献的系统梳理，引入一般系统结构理论，分析不同案例景区的旅游资源丰厚度、景区开发利用程度、景区市场化发展程度与景区经营权价值之间的相互关系，通过层级结构分析，厘清景区经营权价值与景区游憩价值（主要包括景区自身收益价值和消费者剩余价值）、环境价值（主要包括生态环境价值和社会经济环境价值）和市场价值（主要包括景区经营权价值和景区投资柔性价值）之间的相互关系以及各个层级的特征与关系结构，实现对景区经营权价值系统构成以及与景区其他价值体系的内在相互关系的准确把握，为构建景区经营权评估模型提供理论支持。最后，再通过景区经营权价值构成体系的分解与重构，即将景区经营权价值划分为当前价值与未来价值（即期权价值）两部分，构建出符合景区旅游发展特征与现实发展需要的、具有一定普适性和推广意义的量化测度的综合性的量化评估模型。因此，本部分研究主要解决以下两个问题：景区经营权价值的构成要素及与景区其他价值体系的层级特征与关系结构，景区经营权量化模型的选择与综合评估模型的构建。

第四部分：景区经营权价值评估体系与方法改进研究。

本部分以"计量的精确化与科学化"为目标，重点研究解决景区经营权价值化定量评价的精确化评价体系与评价方法，具体解决景区专营权价值和景区投资柔性价值评估的精确化与科学化。通过景区旅游经济数据的准确提取与相关文献的系统梳理，对景区经营权价值系统结构的解构与重构，构建景区经营权价值综合评价模型，在此基础上，对景区经营权价值进行系统的评估和量化估算，具体包括如下两个方面：首先，在景区市场价值的专营权价值方面，比较和应用指数平滑法、趋势外推法、ARIMA、ARCH类模型、TRAMO/SEATS、灰色预测法、BP神经网络方法，最小二乘支持向量机（LS-SVM）、经验模态分解（EMD）以及小波分析方法共计10种统计方法逐一预测预期收益，在预测准确性和涵盖性检验的基础上构建精确的预期收益组合模型，再通过资本资产定价模型（CAPM）和加权平均资本成本模型（WACC）来实现景区资本化率的精确计量研究，进而准确地评估出景区旅游经营权的基准价。其次，在景区市场价值的投资柔性价值方面，引入实物期权的理论和方法，揭示景区投资的实物期权价值表现及其形成与演变机理，再结合修正的Black-Scholes评估模型对景区投资柔性价值进行量化评估和实证检验，从而核算出一个科学合理的景区投资柔性价值。作为本课题的主要创新点，该部分研究能够促进景区的经营权价值和投资柔性价值评估体系与方法的科学化与精确化。

（二）执行情况

研究计划的第一年——2018年：深度挖掘与再探索阶段。

研究过程中，一方面，通过对旅行成本法、条件价值法、费用支出法、直接成本法、机会成本法、市场价值法、收益还原法等现有的七种评价方法的科学性和适用性的理论与方法研究；另一方面，以龙岩市冠豸山景区、南平市武夷山景区和武夷山竹筏漂流项目进行跟踪研究，从案例凝练、揭示出各类景区不同旅游发展阶段的景区经营权价值的动态变化过程，对经营权的价值体系进行归类和分解；针对冠豸山景区进行多种方法的评估，以便明晰景区经营权价值所能实现的精确度。举办过一次小型学术研讨会，邀请了已经毕业离校的林文凯和周春波返校进行课题深化研究，开展了学术交流活动。在深入研究的基础上继续凝练研究成果，补充、修改并完善了林文凯的博士论文，按照计划完成2018年的研究计划。该年发表署名基金资助研究学术论文2篇。

研究计划的第二年——2019年：深化研究与成果凝练阶段。

如期完成中期研究计划，出版了中期研究成果，并进行了2项实践应用案例评估。

在科学评估景区旅游资源本体价值的基础上，将景区经营权价值解构为专营权价值与投资柔性价值，构建景区经营权价值综合评价模型，为景区经营权价值的评估与测算提供理论指导；重点对旅游经营权价值、投资柔性价值和景区游憩价值等进行评估方法的修正和改进，利用福建省内的南平市武夷山景区、武夷山竹筏漂流项目和厦门市鼓浪屿景区开展了跟踪研究，以验证构建的评价模型的科学性。

在研究计划之上，着重开展了实践应用研究：

课题组长林璧属教授牵头进行了漳州市华安县世界文化遗产地（二宜楼）景区旅游经营权价格评估——《基于收益还原法的福建土楼（华安）景区旅游收益评估》，该评估报告为华安土楼景区旅游资本化管理及景区投融资运作提供数据支持。该项目于2019年立项，同年11月完成评估并结项。2019年10月9日，课题组长林璧属教授与福建省华安县旅游开发有限公司签订了《华安县世界文化遗产地（二宜楼）景区旅游经营权价格评估》合同，该评估是对福建土楼（华安）景区（以下简称华安土楼）2020年1月1日至2059年12月30日的景区收益进行评估测算，并判断其未来旅游发展趋势，重点探讨客源市场走向，进而为华安土楼旅游资产化管理及景区投融资运作提供相应的数据支持。评估方法的选用：根据中评协〔2017〕37号《资产评估准则——无形资产》的相关规定，无形资产评估的三种基本方法为收益法、市场法和成本法。根据评估目的、评估对象、价值类型、资料收集情况等相关条件，在分析收益法、市场法和成本法三种资产评估基本方法的适用性的基础上，考虑到旅游项目评估的特殊性以及评估方法的典型性，该次评估采用当前价值评估领域中最为主流的收益还原法进行估价[①]。2019年11月19日,漳州市华安县人民政府与漳州市旅游投资集团有限公司就第三方评估结果召开专题座谈会。会议听取了课题组长林璧属教授所作的评估报告,双方对评估结果均表示满意,并出具了评估项目验收单。

该年出版中期研究成果:《旅游景区经营权定价研究——实物期权的视角》(林璧属主编、林文凯著,26.9万字,旅游教育出版社2019年版)。发表署名基金资助研究学术论文2篇。

研究计划的第三年——2020年:案例比较与实证检验阶段。

完成了研究计划,跟踪研究了4个典型案例景区和8家旅游上市公司的期权价值评估,发表了2篇论文,中期研究成果《旅游景区经营权定价研究——实物期权的视角》一书获得国家文化和旅游部2020年优秀旅游研究成果专著类三等奖。

结合本课题的特殊研究对象与研究目的,利用已完成的5个案例景区的实证研究来修正、验证模型,并继续进行国内4个典型景区的模型再验证,进一步验证景区经营权价值评价理论与模型的科学性和适用性。继续撰写和发表部分研究成果。原计划举办一次国内学术会议,开展学术交流活动,由于疫情影响,该会议未能如期举行,课题负责人在第三届"旅游三十人论坛"的圆桌会议上,发表了关于景区经营权评估的报告。发表署名基金资助研究学术论文2篇。

研究计划的第四年——2021年:检验完善与项目总结阶段。完成了研究计划。

在构建的景区经营权价值综合评价模型进行修正和验证的基础上,通过景区经营权价值的科学、合理、准确评估,结合各影响因素,确定景区经营权价值评估系统的构建;整理和继续发表研究论文并撰写学术专著;撰写项目总报告,完成成果总结和课题结项。

---

① 之所以未采用实物期权方法进行评估,主要是评估数据缺失比较多,难以更加科学化的评估。

继续跟踪研究了武夷山、鼓浪屿2个典型案例景区和8家旅游上市公司，开展了泉州市石牛山新建景区的价值评估，发表了1篇论文，拓展了景区环境复愈价值研究，提交了新的研究成果《环境之复愈价值探索——基于旅游的分析》[①]（林璧属主编、林玉虾著。林玉虾为该研究的主要研究成员，林璧属教授培养的博士研究生；该书28.3万字，旅游教育出版社2022年8月出版）。该研究成果有如下理论贡献：以往的恢复性环境研究重点关注自然环境的外在特征对注意力和压力的恢复作用，本研究从不同的视角和不同的影响机制分析了环境对个体的恢复性作用。本文研究结果为：旅游行为伴随着有形与无形环境的转换，环境差异产生的知觉刺激促使旅游者自身感知角色发生切换，进而结合情绪调节、心态调整和生理改善等多重路径实现旅游个体在生理、心理、精神和社会等方面的复愈。这一分析视角明晰了环境的恢复性作用，其复愈的本质在于环境差异造成的知觉刺激，进而通过个体的内化及外化行为对个体产生恢复性作用，加深了关于环境恢复性作用与旅游复愈过程的理解。具体来看，该研究在理论方面的贡献主要表现在理论的验证、理论的构建和理论的深化等三个方面。在理论验证上，该成果验证了注意力恢复理论和压力减少理论在旅游情境下的适用性以及跨群有效性，拓展了注意力恢复理论和压力减少理论的适用情境范围，揭示了旅游目的地环境在旅游恢复过程中的关键作用，同时也点明了注意力恢复理论和压力减少理论在解释旅游复愈作用上的局限性和不足之处，为后续环境恢复理论的发展指出了方向。在理论构建上，该研究成果基于深度访谈和扎根理论对旅游的复愈作用机理和复愈表现进行剖析，深化了对旅游复愈性作用的理解，并结合注意力恢复理论、压力减少理论和社会角色理论构建了旅游复愈理论。在理论深化方面，该研究成果结合旅游复愈作用的基础条件，对不同类

[①] 参见：林璧属主编，林玉虾著.环境之复愈价值探索——基于旅游的分析[M].北京：旅游教育出版社，2022.

型旅游目的地的复愈性差异及内在机理进行了分析，拓展了旅游复愈性理论的作用内涵，同时填补了当前研究在这一领域的空白，探讨和分析了旅游的异地性与暂时性和旅游复愈作用之间的内在关系，强化了旅游复愈必然性的理解。总体而言，该项研究对旅游的复愈性作用进行了较为全面、深入和完整地研究，提供了关于旅游复愈性作用的阐释模型，为后续旅游恢复性研究和环境恢复性研究奠定了一定的基础并具有丰富的启发性意义。

这一年，发表署名基金资助研究学术论文1篇。

第三节 研究成果

一、研究目标完成情况

根据研究设计，本课题的研究目标分为总体目标与具体目标两个层次。

总体目标是：其一，研究给出景区专营权价值和投资柔性价值评估的系统化、科学化、精确化的评价体系与方法；其二，构建出一个能反映资源本体价值，兼顾市场供需及各方利益群体诉求的精确量化的、切实可行的旅游资源开发利用的价值化评价体系。

该研究目标在专著《旅游景区经营权定价研究——实物期权的视角》一书中给予了充分的论证。

具体目标为：在旅游开发背景下景区经营权价值定量评价方面，具体研究目标实现如下四个：第一，理论层面：研究给出旅游开发背景下景区经营权价值形成与演变机理、价值影响因素与作用机理；第二，中观层面：构建出经过案例地实证与验证的景区经营权价值定量评价的综合评价模型；第三，技术层面：改进并提炼出经过案例地实证与验证的景区专营权基准价和投资柔性价值的精确化、科学化的评估模型与评估方法；第四，关键参数：景区经营权价值影响因素中的影响权数，景区预期收益中的折现率，景区投资柔性价值收益中的波动率以及景区资源本体价值与市场价格的变动系数等。

针对研究目标，专著《旅游景区经营权定价研究——实物期权的视角》一书中展开了充分的论证，5个案例景区的跟踪研究进一步修正以上的各分区目标。

对照研究目标，本研究项目业已完成以上所列示的研究目标，具体将在后文展开论述。

二、主要研究内容

景区旅游经营权价值评估是旅游产业发展中的一个资源公共管理亟待解决的重要科学问题。本项目选取5个典型案例景区进行长期跟踪研究，以产权理论为支撑，综合运用旅游地理学、系统动力学、演化经济学、财务学和资源管理等多学科的交叉研究，通过理论和实证相互反复验证的方法，探究景区旅游经营权价值形成与演化机理，剖析景区旅游经营权价值构成要素（景区旅游专营权价格和景区投资柔性价值），厘清景区旅游经营权价值影响因素、作用机理与时空演变规律，实现对景区旅游经营权价值系统构成及相互内在性的准确把握。以上述理论性内容为基础，通过优化和改进收益还原法中"预期收益"和"折现率"难以科学量化的问题，解决景区专营权价值评估问题；同时，构建基于实物期权方法的景区投资柔性价值的评估模型，解决景区经营权投资柔性价值的评估问题，最终建立一个精确量化的、切实可行的旅游资源开发利用的经营权价值化评价体系。

在研究过程中，开展了实践应用验证，以实践来检验理论模型。首先是通过与旅游上市公司的股价进行比较以进一步验证评估模型与方法；其次是为漳州市华安县人民政府的招商引资提供了华安世界文化遗产地（二宜楼）的评估，参与其股权投资分析会。拓展了景区旅游经济价值的研究领域——《环境复愈价值探索——基于旅游的分析》，出版了 28.3 万字的专著，2023 年资助出版了由陈桂林主笔完成的《旅游之是与势事——基于时段的分析》专著一部，采用法国年鉴学派的分析方法，对百年不变的旅游之大是大非、数十年间变迁之旅游趋势、日日月月变化的旅游大事进行研究。

（一）景区旅游经营权定价的理论辨识与实物期权论证

通过对文献的系统回顾与深入评析，引入实物期权的概念能够很好地提升景区经营权价值评估的准确性，实现景区经营权的合理定价。期权视角下的旅游景区经营权价值的估算较为复杂、多样。其应用的基本思路是把景区经营权受让者获得的景区经营权及其所拥有的旅游投资机会视为实物期权，把景区经营权的定价评估问题转化为实物期权的定价分析与研究，把景区经营权的价值理解为景区未来净现值加上该项目中各种实物期权的价值。从这一角度来看，实物期权的评估思路是对资产价值评估途径的一种改进，即在传统净现值法（NPV）的基础上，加上景区未来的投资期权价值。从实物期权的分析过程来看，其应用主要包含以下几个步骤：首先，根据具体投资项目的特征构造实物期权理论的应用框架；其次，厘清并分析投资项目中包含的实物期权类型；再次，根据需要，建立相应的实物期权定价模型，根据定价结果制定相应的投资决策；最后，检查结果，并对模型进行必要的调整、修正。

（二）景区经营权定价评估方法的科学性与适用性研究

收益途径下的定价方法：折现现金量法（Discounted Cash Flow，DCF）、收益还原法（Income Capitalization Method，ICM）以及收益权益法（Simplified Income Method，SIM）等三种常见的方法；市场途径下的定价方法：重点实证研究了主流的旅行费用法和条件价值法。

期权视角下的定价方法是本研究项目的主要方法。把景区经营权受让者获得的景区经营权及其所拥有的旅游投资机会视为实物期权，把景区经营权的定价评估问题转化为实物期权的定价分析与研究，把景区经营权的价值理解为景区未来净现值加上该项目中各种实物期权的价值。从这一角度来看，实物期权的评估思路是对资产价值评估途径的一种改进，即在传统净现值法（NPV）的基础上，加上景区未来的投资期权价值，由此确定旅游景区经营权实物期权定价模型及其构建。

（三）案例跟踪研究

案例跟踪研究了福建省龙岩市冠豸山国家重点风景名胜区，厦门市鼓浪屿世界文化遗产地，南平市武夷山世界自然遗产地和世界文化遗产地、武夷山景区竹筏漂流项目，泉州市德化县石牛山新开发景区。在获得了第一手的资料和数据后，不断修正评估模型，优化评估方法。具体跟踪研究案例如下：

实证案例1——实物期权下冠豸山经营权价值评估及其多方法对比评估。

案例研究选取依据：冠豸山国家风景名胜区旅游经营权转让后被强制要求回收，造成法律诉讼。开展这一类型的评估具有理论价值，更有现实的指向性和典型性。故本研究选取福建省龙岩市连城县的冠豸山国家风景名胜区为案例研究地进行模型的案例分析与实证估算。

冠豸山是福建省最早进行经营权转让尝试的旅游景区之一，但在其经营权转让之后，由于相关政策的变动，已被转让的冠豸山景区经营权被政府勒令回收，投资者与景区管委会就冠豸山经营权的回购价格分歧较大，并最终付诸法律诉讼。在实物期权视角下对其经营权价值进行评估为解决双方的回购价格纠纷提供一定的价格参考。研究团队对冠豸山景区的经营权转让进行了长期的跟踪调查，获取了景区经营权价值评估需要的基础数据，使得冠豸山景区经营权价值的实证评估具有相当的可行性。选取冠豸山景区作为本课题的案例研究景区，既满足案例目的地典型性的要求,又保证了案例实证进行的可行性,其结果对于解决冠豸山经营权转让中存在的价格纠纷也具有相当大的现实意义。

实证案例 2——实物期权下鼓浪屿经营权价值评估的多方法对比评估。

案例研究选取依据:鼓浪屿为世界文化遗产地,知名度和美誉度高,除景区门票和上岛船票收入外,岛上还有较大规模的餐饮、住宿及商业业态,经营业态复杂,评估的复杂性特别突出。鼓浪屿文化沉淀深厚,历史文化古迹丰富,文旅融合前景广阔,非一般景区所能比拟,跟踪研究价值更高。

实证案例 3——实物期权下武夷山经营权价值评估的多方法对比评估。

案例研究选取依据:武夷山拥有世界自然遗产地和世界文化遗产地以及国家重点风景名胜区、国家公园等品牌,具有旅游经济价值评估的典型性。

该评估案例基于武夷山 2008 年至 2019 年的历史营业数据,利用收益还原法和实物期权法对武夷山景区的经营权价值进行评估,并对两种评估方法的评估结果进行比较分析,为景区和企业的未来合作与发展提供决策依据与建议。

实证案例 4——实物期权下武夷山竹筏漂流经营权价值评估。

案例研究选取依据:武夷山较早成立旅游发展股份有限公司,具有旅游经济价值评估的典型性。福建武夷山旅游发展股份有限公司在武夷山风景名胜区管理委员会指导下,负责武夷山景区旅游投资开发和经营管理。该公司成立于 1999 年 12 月,注册资本 8100 万元,经营范围包括景点保护、开发、管理、利用,门票、竹筏业务,酒店、旅游产品贸易、旅游景点及基础设施投资、旅行社、其他旅游服务及相关业务。福建武夷山旅游发展股份有限公司的经营宗旨是充分利用股份制经营机制,提高景区的管理和保护水平,在规划许可范围内合理开发利用武夷山旅游资源、经营旅游相关业务。景区门票、竹筏漂流项目运营、观光车运营,是福建武夷山旅游发展股份有限公司经营收入的人部分来源。该公司与武夷山风景名胜区管理委员会签订了专营权协议，从公司成立起获得景区门票、竹筏漂流、观光车等主要项目40年专营权，协议同时约定，公司每年需按各项目营业收入的一定比例向景区管委会上缴专营权费和资源保护费，其中：观光车专营权根据经营年限上缴比例分别为5%、10%、15%；竹筏专营权上缴比例为49.5%；景区门票专营权上缴比例为50%。

这是个复杂的成本构成问题，高成本降低了评估值。

实证案例5——石牛山新建景区经营权价值评估。

案例研究选取依据：石牛山景区属于新建景区，投入产出比清晰，经营成本明确，具备评估案例的典型特征。石牛山景区于2020年8月建成营业，营业伊始，便受疫情影响，致使景区经营很不理想，拟采用扩张期权进行评估，因其波动率等数据无法通过模型检验，只能采用收益还原法进行估值。

（四）验证研究

实物期权法的旅游上市公司评估值与股票价格的比较验证。

案例研究选取依据：为了更为准确地获得评估模型与方法，本研究选取8家景区类上市公司，采用8年期（2014～2021年）样本，比较其实物期权评估值与二级市场股票价格之间的差异，以进一步验证评估模型与方法。评估基准日为2018年12月31日和2021年12月31日。数据来自于CSMAR数据库和各公司披露的年度报告中经过审计的相关合并报表数据。

（五）实践应用研究

实践应用案例——基于收益还原法的福建土楼（华安）景区旅游收益评估。

评估过程：

2019年10月9日，课题组长林璧属教授与福建省华安县旅游开发有限公司签订了《华安县世界文化遗产地（二宜楼）景区旅游经营权价格评估》合同，本评估是对福建土楼（华安）景区

（以下简称华安土楼）2020年1月1日至2059年12月30日的景区收益进行评估测算，并判断其未来发展趋势尤其是客源市场走向，进而为华安土楼旅游资产化管理及景区投融资运作提供相应的数据支持。评估方法的选用：根据中评协〔2017〕37号《资产评估准则——无形资产》的相关规定，无形资产评估的三种基本方法为收益法、市场法和成本法。根据评估目的、评估对象、价值类型、资料收集情况等相关条件，在分析收益法、市场法和成本法三种资产评估基本方法的适用性的基础上，考虑到旅游项目评估的特殊性以及评估方法的典型性，本次评估将采用当前价值评估领域中最为主流的收益还原法进行估价。

（六）景区旅游经济价值的延伸研究——环境复愈价值探索

环境复愈价值探索：用变革式混合研究设计对旅游的复愈性作用进行研究，旨在回答旅游是否存在复愈性作用，探究旅游复愈的作用机理和影响因素，并基于研究结果构建旅游复愈理论。研究结果表明，旅游环境价值并不局限于传统认知上的审美价值，也能通过多方复愈机制对旅游者产生多元健康积极效应。

在研究基础上，林玉虾完成了该项博士论文，并出版了《环境之复愈价值探索——基于旅游的分析》（旅游教育出版社2022年版）。

（七）旅游发展趋势研究——《旅游之是与势事——基于时段的分析》

该研究采用法国年鉴学派的长时段、中时段、短时段的分析方法来研究旅游发展之旅游大是、旅游大势与旅游大事，力图构建一幅旅游预测的理论与应用图景，最终形成旅游之是与势事，亦即旅游3个SHI体系。该成果成为本自然科学基金面上项目"基于实物期权理论的景区经营权价值评估模型与方法研究"的扩展成果之一，于2023年由旅游教育出版社出版。

三、重要结果与关键数据

（一）重要结果

通过 2018 年、2019 年深入研究景区经营权价值形成与演变机理问题，对景区旅游经营权价值的形成、构成要素、层级特征及其动态过程，景区经营权价值形成、演化具体过程的研究，解决了价值构成以及与景区其他价值体系之间的关系结构。这是本课题解决的关键问题之一，也是需要界定的理论前提。

通过对景区经营权价值影响因素与作用机理问题的探讨，对景区经营权价值的构成体系的分析，厘清了景区经营权价值的影响因素，对各影响要素之间的相互关系与作用机理作出评价，确定了这些景区经营权价值影响因素，并给出其影响权数，这是本课题解决的又一关键问题。发表署名基金资助研究学术论文 3 篇，出版专著 1 部。

经过修正的景区经营权价值综合评价模型研究，在景区旅游经济价值构成体系的分解与重构的基础上，剖离出包含景区经营权价值和景区投资柔性价值的市场价值，构建出符合景区旅游发展特征并且反映公共产品定价特性的综合评价模型，再经过 5 个案例地的实证与验证，进一步修正景区经营权的综合评价模型，又运用 8 家旅游上市公司的实物期权估值与股票价格的比较验证，进行了华安世界文化遗产地（二宜楼）的实践应用验证。这是本课题的一大重要创新点。发表署名基金资助研究学术论文 2 篇，出版专著 1 部，专著获得国家文化和旅游部的优秀旅游研究成果专著类三等奖。

通过模型构建与案例景区的反复评估与验证，深化了景区经营权评估方法的精确化与科学化，重点研究解决景区经营权价值化定量评价的精确化评价体系与评价方法，具体化景区预期收益与折现率、景区投资柔性价值收益与波动率，解决景区专营权价值和景区投资柔性价值评估的精确化与科学化，这是本课题需要解决的一个关键科学问题，也是本课题研究的最终落脚点。发表署名基金资助研究学术论文 1 篇，出版延伸研究成果《环境之复愈价值探索——基于旅游的分析》与《旅游之是与势事——基于时段的分析》。

发表署名基金资助研究学术论文 6 篇，出版研究专著：《旅游景区经营权定价研究——实物期权的视角》（26.9 万字，林璧属主编、林文凯著，旅游教育出版社 2019 年版）；《环境之复愈价值探索——基于旅游的分析》（28.3 万字，林璧属主编、林玉虾著，旅游教育出版社 2022 年版）、《旅游之是与势事——基于时段的分析》（28.5 万字，林璧属主编、陈桂林著，旅游教育出版社 2023 年版）。

获得荣誉：2020 年，《旅游景区经营权定价研究——实物期权的视角》一书获国家文化和旅游部 2019 年优秀旅游研究成果专著类三等奖。

（二）关键数据

在关键问题上取得了较好的研究成果。

一是明确了收益还原法作为新开发景区的主要评估方法。

收益还原法在景区经营权价值评估中的应用思路为：在对旅游景区资源环境、开发条件、客源市场等要素综合评价的基础上，对旅游景区未来预期收益作出经济上的评估，以确定出旅游景区经营价值的大概货币量。其基本计算模型可表达为：

$$V = \sum_{t=1}^{n} \frac{W_t}{(1+r)^t}$$

其中，V 表示旅游景区经营权价值；W_t 表示景区在第 t 年产生的纯收益；n 表示景区的有效获利年限；r 为预期收益的折现率。

收益还原法的评估过程可概括为：①收集旅游景区与收益、费用相关的资料与数据，如景区门票收入、景区经营成本、管理费用、相关税费等；②对评估对象未来的预期收益进行预测；

③选择合适的还原利率或资本化率;④进行收益还原法公式计算;⑤求得收益现值;⑥确定景区经营权价值。由此可以看出,收益还原法精确评估的关键在于景区预期收益的合理估算以及还原利率准确选择。

实证研究表明,该方法适用于新开发景区。

二是构建、验证与修正了旅游景区经营权实物期权定价模型与方法。

假设某旅游企业或旅游投资者在获得某景区经营权后进行旅游投资开发,景区开发需要初始成本为1,考虑投资成本的不可逆性,1为沉没成本,不可回收。不考虑其他投资者的影响,则景区经营权受让者的投资决策取决于景区项目的成本和预期收益。这样,旅游景区经营权投资期权的价值评估问题可以认为是旅游投资者获得了这样一个投资机会,其执行价格为项目初始成本1,获得的资产是建成的项目,其价值为 V 。根据实物期权的思想,上述旅游项目投资问题即可看成是金融理论中的一个美式看涨期权,投资决策等同于何时执行这一期权。

若景区经营权受让者在时刻 t 投资,则来自投资的收益为 $V_t - I$,以 $F(V_t)$ 表示 t 时刻投资机会的价值,即投资者通过作出最优投资决策可获得的最大收益。投资机会的价值确定可以看作为一个实物期权的定价问题,投资决策即寻求最佳的投资时机:

$$F(V_t) = \max E\left[(V_T - I)\mathrm{e}^{-\rho(T-t)}\right]$$

式中, E 为期望价值; T 表示作出投资决策的未来时间, $T \geq t$; ρ 为贴现率,且 $\rho > \mu$[①]。

根据本研究对资产波动的界定,假设景区未来旅游需求服从几何布朗运动,则:

$$\mathrm{d}D = \mu D \mathrm{d}t + \sigma D \mathrm{d}z$$

---

① 如果 $\rho > \mu$,则如果选定一个较大的投资时间 T ,项目价值 V_T 会无穷大,企业将总是选择等待。

其中，μ 为漂移参数，表示由于我国居民人均收入水平和闲余时间的增多而引起的旅游需求的预期增长率，$\mu>0$；σ 为方差参数，表示由于人均收入、闲余时间等因素引起的旅游需求的波动率；dz 为维纳增量，$dz=\varepsilon\sqrt{dt}$，ε 为一个服从均值为 0、标准差为 1 的正态分布随机变量。

令 $V=f(D)=\delta D^{\theta}(t)$，则 θ 表示景区投资项目价值 V 对旅游市场需求 D 的弹性。不失一般性，令 $\delta=1$。根据伊藤引理可得：

$$dV = df = f'dD + \frac{1}{2}f''(dD)^2$$

其中，$f'=\theta D^{\theta-1}, f''=\theta(\theta-1)D^{\theta-2}$，则：

$$dV = \theta D^{\theta-1}(\mu Ddt + \sigma Ddz) + \frac{1}{2}\theta(\theta-1)D^{\theta-2}(\mu Ddt + \sigma Ddz)^2$$

由于，$dt^2=0, dz^2=0, dtdz=0$，所以有：

$$dV = \left[\theta\mu + \frac{1}{2}\theta(\theta-1)\sigma^2\right]D^{\theta}dt + \theta\sigma D^{\theta}dz$$
$$= \mu'D^{\theta}dt + \sigma'D^{\theta}dz$$

其中，$\mu'=\theta\mu+\frac{1}{2}\theta(\theta-1)\sigma^2, \sigma'=\theta\sigma, D^{\theta}=V$。于是上式可表示为：

$$dV = \mu'Vdt + \sigma'Vdz \qquad (1)$$

式（1）表明，景区投资价值 V 也服从几何布朗运动，μ' 和 σ' 分别为项目价值 V 的预期变化率和波动率；特别是，当 $\theta=1$ 时，即景区投资项目价值 V 对旅游市场需求 D 的弹性为 1，此时可知项目价值的漂移系数 μ' 等于旅游需求的漂移系数 μ，项目价值的波动率 σ' 等于旅游需求的波动率 σ。

进一步地，运用动态规划法对上式进行求解：假设旅游投资个体风险中性（即 ρ 为无风险利率），则旅游景区的投资决策可由连续时间的贝尔曼方程确定，即：

$$F(V_t) = \max\left\{V_t - I, (1+\rho\mathrm{d}t)^{-1} E\left[F(V_{t+dt})|V_t, \mu_t\right]\right\} \quad （2）$$

其中，μ 为决策变量。旅游投资者决策等待时，$\mu=0$；决定进行投资时，$\mu=1$。

式（2）中的期望为在已知 t 时刻 V 和 μ 的条件下求得的。若投资时间没有期限，则 $F(V_t)$ 不依赖时间 t。当企业决定等待，即 $\mu=0$，两边同时乘以 $1+\rho\mathrm{d}t$，整理可得下式：

$$\begin{aligned}\rho F(V_t)\mathrm{d}t &= E\left[F(V_{t+dt}) - F(V_t)\right]\\ \rho F(V)\mathrm{d}t &= E\left[\mathrm{d}F(V)\right]\end{aligned} \quad （3）$$

式（3）说明，在时间段 $\mathrm{d}t$，投资者持有景区投资期权的正常收益 $\rho F(V)\mathrm{d}t$ 等于该旅游投资项目价值的预期增值率。

再结合式（1），利用混合布朗运动与泊松过程的伊藤引理展开 $\mathrm{d}F(V)$，式（3）可变为：

$$\frac{1}{2}\sigma'^2 V^2 F''(V) + \mu' V F'(V) + \lambda F\left[(1-\phi)V\right] - (\rho+\lambda)F(V) = 0 \quad （4）$$

当 $\lambda=0$ 时，表明行业中没有其他投资者进入，旅游投资企业在该地区中具有垄断地位。

此外，$F(V)$ 还必须满足以下边界条件：

$$F(0) = 0 \quad （5）$$

$$F(V^*) = V^* - I \quad （6）$$

$$F'(V^*) = 1 \quad （7）$$

其中，V^* 表示最优投资决策的临界值；式（5）表示当 $V=0$ 时，景区经营权的投资期权为零，并且由式（2）、式（3）可知此时项目价值 V 将继续保持为零；式（6）为价值匹配条件，表示在最优投资决策点 V^*，项目的期权价值等于项目净现值减去初始投资成本；式（7）为平滑粘贴条件。

根据便捷条件（5），式（3）的解可得如下形式：

$$F(V) = AV^\beta \tag{8}$$

其中，A 为待定常数；β 为已知常数，取决于微分方程（7-14）中的 μ'，σ'，ρ，ϕ，λ 等参数。

将式（8）代入微分方程（7-15）可得：

$$\frac{1}{2}\sigma'^2\beta(\beta-1) + \mu'\beta - (\rho+\lambda) + \lambda(1-\phi)^\beta = 0 \tag{9}$$

由式（9）可求得 β 值，$\beta > 1$，如下式：

$$\beta = \frac{1}{2} - \frac{\mu'}{\sigma'^2} + \sqrt{\left(\frac{\mu'}{\sigma'^2} - \frac{1}{2}\right)^2 + \frac{2\rho}{\sigma'^2}} \tag{10}$$

由边界条件（6）和公式（8）可求得：

$$A = \frac{V^* - I}{V^{*\beta}} \tag{11}$$

由边界条件（7）、公式（8）和公式（11）可进一步求解得：

$$V^* = \frac{\beta}{\beta-1}I$$

实物期权评估模式特别适用于统计数据完善的旅游景区和旅游资源企业。

三是获得了5个研究案例景区的评估数据。

案例跟踪研究了福建省龙岩市冠豸山国家重点风景名胜区，厦门市鼓浪屿世界文化遗产地，南平市武夷山世界自然遗产地和世界文化遗产地、武夷山景区竹筏漂流项目，泉州市德化县石牛山新开发景区。获得了第一手的资料和数据，并不断修正评估模型，优化了评估方法。具体跟踪研究案例所获得的评估数据如下：

A. 实证案例 1——实物期权下冠豸山经营权价值评估及其多方法对比评估[①]。

评估结果为：冠豸山景区旅游资源的非使用价值为 0.15 亿元人民币，其中，景区旅游资源的存在价值为 750.00 万元人民币，景区的遗产价值为 310.20 万元人民币，旅游资源的选择价值为 439.80 万元人民币；冠豸山旅游资源的游憩使用价值为 2.18 亿元人民币，其中景区旅游资源直接使用价值为 1.49 亿元人民币，间接使用价值（即旅游消费者剩余价值）为 0.69 亿元人民币；据此求得冠豸山旅游资源的总体价值为 2.18+0.15=2.33 亿元人民币。因此，以冠豸山景区旅游资源价值为基准确定的景区经营权转让价格为 2.33 亿元人民币。

B. 实证案例 2——实物期权下鼓浪屿经营权价值评估的多方法对比评估。

经过跟踪研究，评估结果如下：

首先，收益还原法的预期收益为利用旅游资产评估领域中最为主流的收益还原法对鼓浪屿景区 2021 年 1 月 1 日至 2050 年 12 月 30 日的景区收益进行评估测算，求得其净收益现值为 411.44 亿元。

其次，实物期权法评估：评估所需要参数 β=3.2278，I=22.24 亿，动态规划法所得出的实物期权模型 $V^* = \dfrac{\beta}{\beta-1} I$，求得鼓浪屿景区实物期权价值为 315.128 亿元，即如果将鼓浪屿景区经营权当作一种投资实物期权，其景区所蕴藏在内的实物期权价值为 315.13 亿元。

再次，鼓浪屿景区旅游资源价值评估：鼓浪屿景区旅游资源的使用价值为 232.49 亿元人民币，其中，景区旅游资源直接使用价值为 220.35 亿元人民币，间接使用价值（即旅游消费者剩余价

[①] 冠豸山景区的经营权纠纷发生于2011年，双方均以2011年9月30日为评估基准日。本研究也以这一时间为基准进行评估。换言之，如果时间长度延长到 2022 年底，则数据将发生较大变化。

值)为 12.14 亿元人民币;鼓浪屿景区旅游资源的非使用价值为 84.57 亿元人民币,其中,景区旅游资源的存在价值为 39.50 亿元人民币,景区的遗产价值为 23.08 亿元人民币,景区旅游资源的选择价值为 21.99 亿元人民币;据此求得鼓浪屿旅游资源的总体价值为 220.35+84.57=304.92 亿元人民币。

旅游资源价值说明资源本身所存在的价值。鼓浪屿景区经营权价值包含了收益还原法评估出的净现值即景区正常运转条件下未来现金流折现和景区隐含的未来投资机会的期权价值两部分,故鼓浪屿景区经营权价值为 = 收益还原法下的净现值 + 未来投资机会期权价值 =411.44 亿元 +315.13 亿元 =726.57 亿元。两种方法评估的结果存在着差异,基于实物期权法下求得的经营权价值更加接近实际的数值,因为实物期权法考虑了在经营管理过程中的柔性价值以及景区运营期间出现的各种不确定性,而收益还原法仅仅局限于评估基准日时的市场价值,对于投资者来讲基于实物期权下的经营权价值更能够帮助他们判断一个项目的投资可行性。

C. 实证案例 3——实物期权下武夷山经营权价值评估的多方法对比评估。

本评估研究案例是基于武夷山 2008 年至 2019 年的历史营业数据,利用收益还原法和实物期权法对武夷山景区的经营权价值进行评估,并对两种评估方法的评估结果进行比较分析,为景区和企业的未来合作与发展提供决策依据与建议。

利用旅游资产评估领域中最为主流的收益还原法对武夷山景区 2021 年 1 月 1 日至 2060 年 12 月 30 日的景区收益进行评估测算,求得其净收益现值为 181 606.983 万元。采用实物期权方法评估的未来投资机会的期权价值 V^*=12.95 亿元。在不考虑重大旅游项目投资的情况下,景区 2021 年至 2060 年的项目净值为 18.16 亿元,未来投资机会的期权价值 V^*=12.95 亿元。武夷山景区经营权价值可视为:收益还原法下的净现值 + 未来投资机会期权价值 =31.11 亿元。

武夷山景区是世界自然和世界文化的双遗产地,是一个传统的老景区，当地政府收取了总收入占 50% 的资源占用费，并入成本核算，造成净利润始终为负，影响了评估结果。

D. 实证案例 4——实物期权下武夷山竹筏漂流经营权价值评估。

这是一家收取资源占用费后，经营成本极高的景区类股份有限公司，高成本造成企业年年亏损，评估所得价格一般，其研究意义在于如何考虑国有资源的旅游开发利用与约束机制问题。

计算结果：这是一个股权投资的企业，参考一般国有金融机构对业务部门股权投资回报率的业绩考核底线，以 8% 为贴现率，可计算出项目静态 NPV 值为 –2689.81 万元。使用实物期权方法评估得出的景区经营权价值，即战略 NPV= 静态 NPV+ 成长期权价值 =–2689.81 万元 +4346.91 万元 =1657.1 万元人民币。

在资源占用费等高额成本的情况下，评估结果不理想。

E. 实证案例 5——石牛山新建景区经营权价值评估

石牛山景区于 2020 年 8 月建成营业，营业伊始，便受疫情影响，致使景区经营很不理想，研究计划拟采用扩张期权进行评估，因其波动率等数据无法通过模型检验，只能采用收益还原法进行估值。

本评估的主要目的是对石牛山景区从 2022 年 1 月 1 日至 2061 年 12 月 31 日未来 40 年的景区收益进行评估测算。在评估方法上，采用当前价值评估领域中最为主流的收益还原法进行估价。利用旅游资产评估领域中最为主流的收益还原法对石牛山景区 2022 年 1 月 1 日至 2061 年 12 月 30 日的景区收益进行评估测算，求得其净收益现值为 84 211.18 万元，即 8.42 亿元人民币。

该评估案例所得现值数据不理想。

四是评估验证数据——实物期权法的旅游上市公司评估值与股票价格的比较验证[①]。

为了更为准确地获得评估模型与方法,本研究选取 8 家景区类上市公司,以 2018 年至 2021 年的样本数据,比较其实物期权评估值与二级市场股票价格之间的差异,以进一步验证评估模型与方法。

评估基准日为 2018 年 12 月 31 日。数据来自于 CSMAR 数据库和各公司披露的年度报告中经过审计的相关合并报表数据。进而得到企业总价值如表 1-1、表 1-2 所示。

表 1-1 实物期权评估模型参数汇总表

单位:亿元

评估企业	S	X	r	σ	t	d1	d2	评估价值
张家界	24.96	9.10	3.81%	0.40	5	1.80	0.91	17.90
峨眉山 A	28.75	5.00	3.81%	0.38	5	2.70	1.85	24.65
桂林旅游	29.23	13.13	3.81%	0.42	5	1.53	0.60	19.51
丽江旅游	27.15	1.66	3.81%	0.38	5	3.90	3.04	25.78
三特索道	28.64	18.88	3.81%	0.42	5	1.12	0.18	15.93
黄山旅游	47.03	4.75	3.81%	0.37	5	3.43	2.61	43.11
曲江文旅	21.58	11.33	3.81%	0.47	5	1.32	0.27	13.88
西藏旅游	13.48	2.97	3.81%	0.53	5	2.03	0.85	11.23

评估值与股价的对比分析:

将企业评估价值与股数相除,得到每股评估价值,如表 2 所示。股数与收盘价数据来自 CSMAR 数据库。

---

① 提交研究结果时以 2021 年数据为评价年份。该成果出版时,增补了 2022 年的数据。

表 1-2　每股评估价值汇总表

单位：元

评估企业	收盘价（2018.12.31）	收盘价（2021.12.31）	实物期权法	现金流折现法	EVA 法
张家界	4.84	5.69	4.42	3.75	（10.03）
峨眉山 A	5.66	6.60	4.68	4.52	1.88
桂林旅游	5.23	5.53	5.42	（6.98）	1.86
丽江旅游	5.67	6.21	4.69	4.59	5.19
三特索道	17.58	10.93	11.48	1.75	86.84
黄山旅游	9.38	9.77	5.77	8.92	73.05
曲江文旅	10.17	7.23	7.73	12.01	24.50
西藏旅游	9.38	10.10	4.95	（7.03）	（6.10）

相较于实物期权法而言，现金流折现法和基于 EVA 值的评估法的评估结果都出现了负数，这是由于企业往年经营业绩不善造成的。以西藏旅游为例，在计算期内，西藏旅游因为连续两年亏损，在 2018 年 5 月 2 日被进行特别处理，2019 年 4 月 10 日因盈利而恢复原态。这说明，实物期权法在计算旅游景区类上市公司价值的过程中可以避开往年企业盈利情况的影响，相较于传统评估法更适合盈利不稳定的旅游景区类上市公司。

如果将每股评估价值与评估基准日（2018 年 12 月 31 日）的收盘价进行比较，大部分企业基于实物期权法的平均估值低于收盘价，说明未来五年，所评估的 8 家企业整体价值有可能走低。但是，二级市场投资者对旅游景区类上市公司的前景充满信心，认为企业可以创造更高的价值，因此高估了该企业的股票价格。将每股评估价值与三年后（2021 年 12 月 31 日）的收盘价进行比较，发现部分企业的价值仍在原评估价值的上下范围内波动，如桂林旅游。部分企业的股价，如三特索道、曲江文旅回落到评估价值左右，部分企业则在原有高估价值的基础上，继续拔高。对这些公司的年报进行分析，发现在这三年，大部分公司存在重大资产变化情况。三年后，公司调整运营策略，变换期权，如张家界存在资产重大变化，增加了大庸古城南门口特色街区项目。也就是说，在运用实物期权法计算的过程中，需要考虑到这属于公司实时变动的柔性管理手段，对模型和数据进行调整，将新增投资纳入模型实物期权系统中，逐年对企业的价值重新评估。如果每股评估价值与四年后（2022 年 12 月 30 日）的收盘价进行比较，则会发现张家界（8.97 元）比 2018 年增加 85%，峨眉山（9.47 元）比 2018 年增加 67%，桂林旅游（9.17 元）比 2018 年增加 75%，丽江旅游（12.10 元）比 2018 年增加了 113%，三特索道（17.50 元）比 2018 年还少了 8 分钱，黄山旅游（12.74 元）比 2018 年增加 35%，曲江文旅（13.34 元）比 2018 年增加了 31%，西藏旅游（12.99 元）比 2018 年增加 38%。三年疫情防控政策调整促进了旅游上市公司的估值变化，推升了旅游景区上市公司的股价。但是，若从较为长期的时间周期看，旅游景区类上市公司的实物期权估值与二级市场大众交易的股价进行比较，可以发现其估值更为接近，换言之，能更好地说明实物期权评估法的稳定性。

五是实践应用评估。

实践应用研究案例——基于收益还原法的福建土楼（华安）景区旅游收益评估。2019 年 10 月 9 日，课题组长林璧属教授与福建省华安县旅游开发有限公司签订了《华安县世界文化遗产地（二宜楼）景区旅游经营权价格评估》合同，本评估是对福建土楼（华安）景区（以下简称华安土楼）2020 年 1 月 1 日至 2059 年 12 月 30 日的景区收益进行评估测算，并判断其未来发展趋势尤其是客源市场走向，进而为华安土楼旅游资产化管理及景区投融资运作提供相应的数据支持。评估结果：

对华安土楼未来旅游效益的评估结果显示：华安土楼未来的旅游收益将以门票收入为主，通过对景区门票价格和经营成本的修正，通过数学模型求得其净收益现值为 3.26 亿元。考虑未来华安土楼经营的发展利好及障碍因素，利用敏感性分析法，得到华安土楼旅游收益的评估区间范围为 2.28 亿~4.24 亿元。

（三）科学意义的实现程度

在理论探索层面：通过创新性的探索研究，从景区旅游的动态发展过程出发，以旅游资源为切入点，以产权理论、物权理论、价值理论为支撑，揭示了旅游景区经营权及其转让的理论本质，明确了景区经营权价值形成的内涵前提，深化了对景区经营权价值基本内涵与价值构成体系的认识，丰富了景区经营权量化评估研究的理论内涵，推动了旅游景区经营权定价理论分析与模型研究的有机融合。与此同时，在考虑景区经营权定价的特殊性及已有定价方法局限性的前提下，提出了景区经营权定价的实物期权新思路，在多学科嵌入的视角下，深入全面地剖析了景区经营权的实物期权特征、价值表现、价值形成及其演变机理，丰富了实物期权理论的应用与理论范畴，为深入研究景区经营权定价提供了新的理论分析视角。

在技术方法层面：在引入实物期权定价模型的基础上，阐述了对实物期权定价模型进行条件检验的思路与方法，提出了实物期权定价模型的关键参数——资产波动率优化修正的优化思路与优化方法，构建了景区经营权的实物期权定价模型。通过对案例景区——福建冠豸山、鼓浪屿、武夷山等景区的长期跟踪与关注，获取了大量进行实证研究所需的数据与材料，在模型检验和参数优化的基础上，结合实物期权的视角，对冠豸山、鼓浪屿、武夷山、石牛山、华安世界文化遗产地（二宜楼）景区的经营权进行了评估核算，进一步证实了实物期权定价模型在景区经营权定价研究中的适宜性和应用价值。为提高研究的严谨性和科学性，以 8 家旅游上市公司为例进行了验证研究，并考虑了资源价值和资产价值视角下景区经营权的价值评估问题，系统对比了不同评估视角下评估结果与定价方法的优劣及其适用范围。本成果突破了传统研究在技术和方法上的瓶颈，推动了景区经营权定价方法的创新，丰富了旅游景区经营权定价方法体系，也为后续建立旅游景区经营权多维分层价值评估模型奠定了基础。

在实践应用层面：一是，通过景区经营权的价值评估，能够为景区旅游经营权转让提供第三方的基准价评估，科学地遏制景区旅游资源经营权出让中的投机行为，减少旅游投资中的合作经营纠纷；二是，为景区资源开发、资产化管理中的价值度量提供评价尺度，有助于旅游景区开展融资业务，保证景区开发的资金来源；三是，景区经营权价值评估结果可为景区或投资者进行银行抵押贷款或发行股票等社会融资提供可靠的价值依据；四是，有助于促进景区旅游资源的有序、合理开发，加快旅游资源走向市场化的进程，利用市场平衡机制来优化景区资源的最优配置。

第二篇

▼

理论研究与评估方法

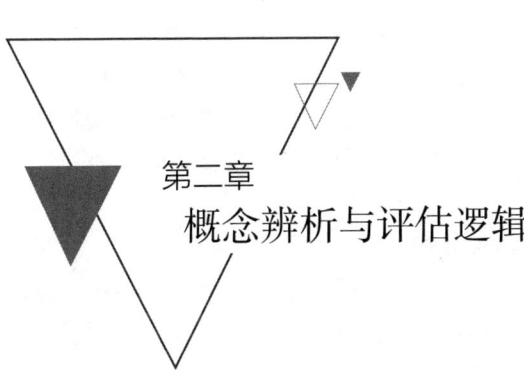

第二章
概念辨析与评估逻辑

第一节 概念辨析

从价值构成来看,景区的价值应该包括资源、环境、生态、经济、科学和文化艺术等方面。景区的游憩价值是旅游活动中产生的一种新价值,它与景区的环境、生态、科学、文化艺术等价值密切相关,并且是资源价值进一步延伸的结果。同时,景区的游憩经济价值也是一个复合词,它不仅与游憩价值密切相关,而且还与经济价值相关联,但并不等同于游憩价值。

一、景区旅游价值

关于景区"旅游经济价值"[1],国内学者先后提出过"游憩价值"[2]、"景区旅游价值"[3]、"旅游资源价值"[4]、"旅游资源的旅游价值"[5]、"旅游资源经济价值"[6]、"游憩利用价值"(许抄军,等,2006)、"游憩资源旅游价值"[7]、"旅游资源总价值"[8]、"景区旅

---

[1] 本结题中,关于"景区旅游经济价值"的研究主要由周春波完成,具体包括本节的主体内容。具体参见周春波《旅游资源经济价值的理论建构与评估优化研究》,杭州:浙江大学出版社 2016 年版,第 75-92 页。

[2] 孟永庆,陈应发.森林游憩价值评估的 8 种方法[J].林业经济,1994(06):60-65.

[3] 陈浮,张捷.旅游价值货币化核算研究——九寨沟案例分析[J].南京大学学报(自然科学版),2001(03):296-303.

[4] 万绪才,丁敏,宋平.旅游资源价值及其货币化评估[J].经济体制改革,2003(06):155-158.

[5] 郭剑英,王乃昂.旅游资源的旅游价值评估——以敦煌为例[J].自然资源学报,2004(06):811-817.

[6] 李丰生.旅游资源经济价值的理论探讨[J].经济地理,2005(04):577-580.

[7] 许丽忠,吴春山,王菲凤等.条件价值法评估旅游资源非使用价值的可靠性检验[J].生态学报,2007(10):4301-4309.

[8] 喻燕.旅游资源总价值货币化估算研究——黄山风景区实证[J].旅游科学,2010,24(05):64-71+83.

总经济价值"（周军，等，2011）、"景区旅游经营权价值"[①] 等多种表述。本研究以景区旅游经济价值总括之，专指在旅游活动中衍生出来的游憩价值基础上所形成的旅游的经济价值。

（一）景区游憩价值

游憩（recreation）的释义是"劳累工作后力量和精神的恢复和振作；获得娱乐和消遣的手段"（薛莹，田银生，2007）。将"游憩"对应于"recreation"是源于《雅典宪章》的中译。在《雅典宪章》中，游憩与工作、居住、交通被列为城市四项功能（薛莹，田银生，2007）。在国内旅游学术界，"游憩"被认为与"休闲"并列。斯托克代尔（Stockdale，1989）提出了一个具有代表性的观点，就是由"休闲"和"游憩"拼成"休闲游憩"。就研究视角而言，休闲研究活动，研究时间和人们对待时间、闲暇活动的态度；游憩研究涉及活动和设施，具有规划的含义（Burdge，1989）。就时间维度而言，"游憩"是个缺乏时间维度的概念，"休闲"突出了时间维度。就空间维度而言，"休闲"和"游憩"的活动载体不同，游憩的活动载体更专业化，休闲的活动载体更多元、更宽泛。

国外学者史密斯（Smith，1992）在其 *Recreation Geography* 一书中提出，游憩指一组特别的可观测的土地利用，或者是一套逐项列出的活动节目单，或指旅游、娱乐、运动、游戏以及某种程度上的文化等现象。国内学者吴承照（1998）基于游憩主要特征，认为游憩是生活必要组成部分，具备一定道德标准并需借助外在载体，是一种非强制性的活动，表现为形式多样的多元共融性的状态、过程和体验。保继刚（1999）在其《旅游地理学》中提出，游憩是指人们在闲暇时间所进行的可以恢复人的体力和精力的各种活动。

---

① 周春波，林璧属.基于截断泊松模型的景区游憩价值多案例评估［J］.生态经济，2013（12）：130-133.

对于景区"游憩价值",利斯顿和海斯(Liston & Hyes,1999)认为"游憩价值是指由旅游资源环境提供的,融经济、生态和社会效益为一体的综合效益"[①]。本研究将景区游憩价值定义为:景区依托旅游资源提供给旅游者以放松身心为目的的休闲活动而产生的货币化效用。该定义包含两个方面:其一,依托旅游资源的景区对旅游者具有实际意义,即可以提供游憩活动;其二,旅游者评价景区的效用,即认为依托旅游资源的景区提供了游憩服务并在其中获得了福利性的感受。归结起来,景区游憩价值是指景区通过旅游产品和服务直接满足旅游者游憩需求的货币化衡量,主要包括景区满足旅游者休闲娱乐、美学欣赏等各种功能或效用的价值。

景区旅游资源的游憩价值的存在与实现具有同步性,景区旅游资源的游憩价值在被获取的同时就实现了旅游者的游憩价值,即景区游憩价值是以有旅游者在该处进行游憩活动来实现的,对那些潜在的旅游者而言,景区只具有潜在的而非现实的游憩价值。

于是,本研究的焦点在于景区游憩价值中已经实现了的"现实的"游憩价值,不包括潜在的游憩价值,仅研究景区的整体旅游资源中对旅游者这个集合体已经产生效能的整体游憩价值。

囿于旅游资源本体属性限制,在我国旅游资源属于不能通过市场直接交易的准公共物品,难以用经济学的市场价格方法来直接衡量其经济价值的多寡。但是,引入效用价值论和福利经济学理论,可以探讨旅游资源与环境带给旅游者的福利,并通过旅游者的偏好程度将这种福利货币化,采用这种思路是能够评估出旅游资源的游憩价值的。随着旅游资源游憩价值评估研究的深入,国外学者又陆续提出了基于旅游者的旅行成本和消费者剩余或者旅游者的支付意愿评估得出旅游资源游憩价值,并借助福利计量理论,用揭示偏好法(如旅行费用法)、陈述偏

---

① Liston-Heyes C, Heyes A. Recreational benefits from the Dartmoor National Park[J]. Journal of Environmental Management, 1999, 55(2): 69-80.

好法（如条件价值法）将可间接在市场上交易的旅游资源游憩价值予以货币化计量。

（二）景区游憩价值的经济属性

景区的旅游化形成了游憩价值，景区游憩价值的经济化具有鲜明的经济属性。国内学术界大致有如下四种观点。

第一种观点认为，景区属于纯公共产品性质，应当采用政府提供、政府生产的方式进行供给，不允许出让景区经营权。持此观点者强调国家名胜风景区是特殊的公共资源，应由国家行使所有权和管理权，不能转让和出售，住房和城乡建设部和各地方省级政府的住建部门大都采用这一说法，并限制景区经营权转让。

第二种观点认为，景区具有准公共产品性质，可以采用政府提供、私人生产的方式进行供给，允许出让景区经营权。彭德成认为依托风景名胜区或国家文物设立门票的公共景区是准公共产品，其经营可介于市场化与政府运营之间，但必须接受政府规制[1]。张朝枝等（2004）认为国家风景名胜区和世界遗产的经济属性会因面对主体的不同而不同，对遗产资源开发者而言，世界遗产地具有竞争性和非排他性，属于公共资源；对旅游者而言，世界遗产地具有排他性和非竞争性，属于俱乐部物品。依绍华（2006）认为自然景区资源属于同时具有公益性和经营性的准公共物品。谢茹将风景名胜区产品定义为特殊的准公共产品，并阐明了其引入市场机制的可能性与限定性[2]。郭淳凡认为资源依托型景区的经济属性与所在国家的社会经济发展水平和制度安排紧密联系，我国的资源依托型景区是准公共产品[3]。吴文智（2011）认为我国公共景区具有准公共物品和垄断性资源双重特征，政府对

---

[1] 彭德成，潘肖澎，周梅.我国旅游资源和景区研究的十个前沿问题[J].旅游学刊，2003（06）：54-56.

[2] 谢茹.试论风景名胜区经营权的转让[J].南昌大学学报（人文社会科学版），2004（04）：50-55.

[3] 郭淳凡.基于实物期权的企业景区投资最优时机决策分析[J].经济经纬，2013（06）：94-99.

公共景区实施规制存在合理性与必要性。

第三种观点认为,景区是资源国有的私人产品,能够企业化运营。唐凌提出景区在开始收门票后,就产生了竞争性和排他性,应当属于私人产品[①];而从社会福利来看,现阶段我国尚无法对公共景区提供高额的财政补贴使其免收门票,更何况我国景区门票费用只是旅游者的旅游成本中的小部分,欲使全民都享有景区旅游产品这种公共物品状态难以实现。

第四种观点认为,景区的经济属性随情景而变。在瞬时游憩量不大的条件下,不收门票的国家公园游憩产品是纯公共产品,而收门票的国家公园游憩产品则是准公共产品;在瞬时游憩量大的条件下,收门票的国家公园游憩产品具有排他性和竞争性,是私人产品;国家公园内的经营性项目和旅游产品具有排他性和竞争性,也属于私人产品。

通过对上述观点的辨析,我们认为第二种观点比较贴近实际,第三和第四种比较接近。景区具有准公共产品性质,可以通过政府提供和私人生产的方式进行供给,甚至允许出让景区旅游资源经营权。从社会福利属性看,我国拥有超过2万家公共景区,但目前很难实现对这些景区提供高额的财政补贴来免除门票费用。门票收入已成为景区旅游经济价值的最基本来源。

(三)景区旅游经济价值

景区旅游经济价值最先表现为景区可以经营,景区的旅游经济价值表现为景区的旅游经营权。景区经营权是伴随着景区大规模的转让、租赁而发展起来的,主要经历了两个发展阶段:第一阶段在2002年之前,国内景区经营权的实践始于1998年,该阶段国内关于景区旅游经济价值的认识尚未上升到系统的学术研究层面,仅有少数学者予以一定关注,而且对景区旅游经营权价值

---

① 唐凌.对禁止风景旅游区整体租赁的几点看法[J].生态经济,2006(10).104-107.

认识依旧停留在对景区旅游资产评估的层面上，纪益成分析了旅游资产的估价标准及评估方法，提出一切适用于一般资产评估的估计标准和估价方法也都能适用于旅游资产评估，提出收益现值标准和相关方法较为适用于旅游资产的评估[①]；第二阶段从 2002 年开始，随着国内旅游的火热和景区开发过程中经营权转让现象的出现，国内的相关研究从理论和实践上都取得了一定的进展，景区经营权价值的概念被明确提出，其中叶浪认为旅游资源经营权指对旅游资源一定时期的占有、使用和收益的权利，是一种法律上的财产权利，而景区旅游资源经营权价格则是旅游资源经营权标的的若干年期的资本化价格[②]。曹辉则以森林景观资源为例，分析了经营权价值的构成，指出森林景观是有价值的，其价值首先应该与凝结在资产内部无差别的人类社会劳动有关，更重要的是，森林景观实质上是人们对森林美的主观意志表达，这两种主客观价值是森林景观资源经营权的价值评估的基础[③]。总的看来，认定景区旅游经济价值可以由景区旅游经营权价值来表示。

二、景区旅游经营权价值

景区旅游资源具有稀缺性，在获得旅游资源的经营权时，景区旅游开发商需要向旅游资源所有权人支付对价。对于旅游开发商而言，他们需要先支付景区旅游资源的经营权出让费，并在经营期内通过开发旅游资源获得净收益；对于旅游资源所有权人而言，则主要通过出让旅游资源的经营权获得出让金和资源补偿费。在景区旅游资源的经营权出让过程中，景区旅游资源经营权的价值体现了其"权"的价值，即作为经营者利用景区旅游资源开发旅游产品的权利。其实质是一种包含占有权、使用权和收益

---

① 纪益成.旅游资源资产评估若干问题探析［J］.中国资产评估，1998（03）：38-40.
② 叶浪.旅游资源经营权的价格形成和确定［J］.价格月刊，2002（08）：28-29.
③ 曹辉，张晓萍，陈平留.福州国家森林公园旅游气候资源评价研究［J］.林业经济问题，2007（01）：34-37.

权的用益物权,建立在旅游资源所有权基础上[①]。从价值属性看,景区旅游资源经营权是一种能够在经营权期限内持续获取预期收益的无形资产。所以,景区旅游资源经营权价值就是资本化景区旅游资源开发权利的货币化衡量。

景区旅游经营权价值是在某时间段内持有景区旅游资源的部分占有权能、使用权能、收益权能所构成的价值关系的货币衡量,可以认为是在经营期内新创的预期收益的现值总额。景区旅游经营权价值评估是立足于景区旅游资源区别于其他资源的特性,运用适宜的资产评估法对景区旅游经营权这一无形资产的现时价格进行准确测算,其目的是为了确保景区旅游资源的各产权人的权益不受损害并有效保护与管理旅游资源。伴随着整个景区旅游资源的特许经营过程出现了净收益,这一净收益可以折现为旅游资源经营权的现值,即景区旅游资源经营权产生的市场预期收益的经济价值。该价值可以直接在旅游市场进行交易,是对旅游资源和旅游者之间价值关系的货币化衡量结果。

按照旅游资源的价值与旅游市场的关联程度,景区旅游经济价值可分为两个价值:景区旅游经营权价值(可直接在旅游市场交易的价值)、景区旅游资源的游憩价值(可间接计量的旅游价值),其余的都是不可直接或间接在旅游市场交易的非货币化的价值。

因此,景区旅游经济价值可简单地界定为:景区旅游资源在市场化条件下能够满足旅游市场主体需求并实现效用化的货币衡量的结果,着重于可直接在旅游市场交易的景区旅游经营权的价值。

(一)景区旅游经营权价值内涵

景区旅游经营权的产生是由景区产权分离而来,是一种基于

[①] 周春波,林璧属.基于截断泊松模型的景区游憩价值多案例评估[J].生态经济,2013(12):130-133.

景区资源的旅游经营权，而不仅仅是基于其物（旅游资源）或附着物（旅游资产）的经营权。因此，景区旅游经营权是一种投资者获得的旅游资源的开发权、使用权、收益权和剩余价值的处置权，景区资源的所有权不归投资者所有，只是一种特殊的产权形式。可以归结为：景区经营权价值既不是资源价值，也不是资产价值，而是一种可以被资本化的旅游景区/旅游资源经营权的价值。

1. 景区旅游经营权源起

景区旅游资源的所有权属于国家，通常由地方政府拥有，是一种国有资产，受到旅游投资周期长、效益低等各种因素的影响，国家不可能对全部旅游资源进行开发。于是，部分地方政府把景区所有权的一部分以旅游资源开发权的形式出让给企业或投资机构，景区经营权受让者就享有对旅游资源进行使用和开发的权利。为了获得这个"权利"，景区经营权受让者必须向旅游资源所有者（即地方政府或地方社区）进行补偿，并以经营权转让价格来体现。

投资者之所以会购买景区一定年限的经营权，原因就在于旅游资源有价值，对景区进行投资开发，投资者不但可以获得由旅游资源带来的经济收益，还可以通过市场运作使景区资产、旅游资源和土地资源增值，实现投资者和当地政府及社区预期收益的最大化。因此，旅游资源价值是景区经营权价值产生的前提，也是景区经营权价值的集中体现，即投资者在获得景区经营权之后，就会利用旅游资源进行旅游产品开发和旅游项目建设，以获取旅游收益。景区旅游资源的品质和赋存越好，景区游憩价值越高，游憩价值越高意味着景区的旅游吸引力越大，景区收益也可能会越高，景区经营权价值也就越高。

2. 景区旅游经营权的价值内涵

景区旅游经营权的价值体现就是"权"的价值，是景区旅游经营权持有者在国家规定的景区范围内利用旅游资源，获得景区旅游产品开发的权利。对景区旅游经营权而言，从两个层面来理解：从国家的层面上看，该"权"的价值主要是通过获得经营权转让费和资源补偿费来体现，即国家放弃景区一定年限内的旅游资源开发权后，能得到相应的合理补偿；从投资者的层面上看，其价值则通过利用景区旅游经营权利在未来所获得的期望净收益来体现。

景区旅游经营权价值是投资者在一定期限中持有景区旅游资源的管理权和收益权所形成的一种资本化价值，对景区旅游经营权价值评估的实质是定价景区旅游资源开发"权利"的价值，具体来说是其中"收益权"的价值。因此，不论是使用权还是管理权，其作用都是通过旅游资源开发实现景区资源价值的增值，通过收益权获得的旅游收益是其具体的市场价值体现。由此可见，景区旅游经营权价值评估是以景区旅游资源品质和赋存为核心，以景区旅游经营权的合理转让为目的，运用科学方法对景区未来所获得的期望净收益进行评定和估算的，其本质是对景区在某一时段内景区收益权的价值现值进行的资本化估算。

（二）景区旅游经营权属性分析

景区属于准公共产品，景区的旅游经营权具备转让的条件。由于景区旅游经营权让渡受制于旅游资源的国有性质和法律法规限制，就只能是经营权、管理权、收益权和部分剩余权的转让。因此，景区旅游经营权让渡属于一种特殊的制度安排。

1.景区旅游经营权是一种特许经营权

景区旅游经营权是通过所有权人特许，取得对特定范围内的旅游资源进行开发利用的权利，一般时间周期为40年。景区旅游经营权在权利来源、法律权能、行使方式等方面与市政公用事业特许经营权、商业特许经营权、采矿权等具有显著的区别，但在授权形式、产权性质、竞争机制、价值评估方法等方面又与上述三种经营权具有相似的地方。

首先，旅游资源经营权与市政公用事业特许经营权在授权形式、产权性质、竞争机制上具有相似的地方。其一，两者都是政府相关部门负责本行政区域内的特许经营活动的指导和监督机构。其二，两者都是政府相关部门与经营者之间签订法律合约以明确双方的权利与义务的合约形式。其三，两者都通过市场竞争机制选择旅游资源或者市政公用事业的经营权。

其次，景区旅游经营权与商业特许经营权在权利来源上具有相似的地方。景区旅游经营权源于旅游资源所有权的使用和收益权能，其没有事实处分权能，亦即获得景区旅游经营权的经营者不具有对旅游资源依法予以处置的权利；不过，景区旅游经营权与商业特许经营权在行使方式上具有显著区别。前者的产权附着物（旅游资源）是有形资产；后者的产权附着物是注册商标、企业标志、专利、专有技术等无形资产。景区旅游资源经营的类型主要是单体特许；而商业特许经营的类型则包括了单体特许、区域开发特许、二级特许、代理特许等其他形式。

最后，景区旅游经营权与采矿权等特许经营权在价值评估方法上具有相似的地方。两者的预期净收益和资本化率都能用货币计量，且特许期限一般都是根据土地用地性质给予事前确定，所以，两者都能用收益还原法，亦即将被评估资产在特许期内的预期净收益按照资本化率折算成现值来评估其经济价值。采矿权属于矿产资源特许开采，其权能包括占有、使用、收益与一定的处分权能；旅游资源经营权人不能处置旅游资源本体。

2. 景区旅游经营权是一种物权

景区旅游经营权是一种自然人或法人通过给付对价取得的所有者让渡的旅游资源的用益物权，是一种无形的、独立的财产权，主要权益包括使用、收益和部分剩余索取权。

景区旅游资源经营权的占有权能是不存在的，但具有用益物权中的所有权特征。其意义在于允许用益物权人对支付对价的人使用其经营性资产，这就使得用益物权人能够获得并保有经营性资产的经营收益。景区旅游经营权的占有权仍属于原所有权人，属于当地政府管理部门或景区管委会等派出机构，亦即所有权与经营权的分离。这一制度设计是中国景区开发的一种创新性方法。

景区旅游经营权的使用权能是经营性使用旅游资源的权利，亦即按照其性能和用途，对其加以利用，以满足游憩需要，提供满足游客需要的服务。景区旅游经营权的使用权能是对旅游资源的具体利用，本质上是实现旅游资源的使用价值，亦即开发利用价值，是一种事实上的权能。景区旅游经营权的使用权能主要是经营性使用权能，即以营利为目的而使用旅游资源，以利于经营权人的效用最大化或收益最大化。

景区旅游经营权的收益权能是经营性使用旅游资源过程中所产生的或有经济利益的权利。用益性是经营权的基本属性，景区旅游资源实现的收益是其产权的综合收益，是在景区旅游资源所有权、经营权、管理权分属不同主体所有时，旅游资源收益理应在各主体之间按照某公允方式进行分配，在旅游资源所有权、经营权、管理权都归属同一主体时，旅游资源收益归该主体享有。

3. 景区旅游经营权的剩余权

从财产权的视角看，合同权利实际上包含了特定权利和剩余权利两种。如果旅游开发商获得的仅仅是合同列明的特定权利，一旦合同中未列明事项出现收益时，没有列明的剩余权利的收益权不归其所有，仅有列明的几项特定权利是明确的，未列明的权利也可能存在并有可能获利，这就留下了日后纠纷的根源。

景区旅游投资者获得的旅游资源经营权实质上是旅游资源所有者让渡的部分的剩余控制权和剩余索取权，与物权理论相对应，剩余控制权对应物权中的占有权和使用权，剩余索取权对应物权中的收益权，经营权（剩余控制权和剩余索取权）对应物权中的用益物权，由于产权（剩余控制权）的可分割、可让渡性，旅游资源产权所有者可以把部分的剩余控制权留给自己（如景区经营者在未按规定的要求保护资源并合理开发时，收回让渡给经营者的合同权利，或事先制订约束合同的权利等）；把部分剩余控制权（主要是生产性使用权，也是资源产权束中的一项产权）让渡给经营者，让渡的这部分剩余控制权进入旅游开发企业后，成为了旅游开发企业的资源经营权。

在不完全合同理论视角下，景区旅游经营权是指旅游资源要素的不完全合约中经营者给付对价取得的所有者让渡的剩余控制权与剩余索取权。其中，剩余控制权是指决定旅游资源除最初合同所限定的特定用途以外如何被使用的权利；剩余索取权是指景区营业收入减去合同规定的成本费用后的未分配净利润的要求权。当剩余控制权与剩余索取权相对应时，旅游资源产权激励有效；反之，旅游资源产权是缺乏效率的。

在我国景区旅游经营权转让中，所有者与经营者的矛盾常常出现，甚至诉诸法律，究其原因，大多是这一这剩余控制权与剩余索取权所引发的矛盾，这是本研究在实际调研中发现的问题。

综上所述，本课题将景区旅游经济价值转换为景区经营权价值，专指个人或企业通过合法途径所获得的，对景区一定时期内的占有、使用、收益和部分支配的权利。这种景区的经营权分离于所有权，是一种特许经营权，是一种财产权利，也是一种具体的产权形式：景区所有权为国家所有，受让给投资者，投资者拥有景区资源的使用权和收益权，景区所有者可通过转让金或租金实现其所有权的经济职能，而受让人则在法律规定和合同约定的范围内行使其应有的权能及其收益权、剩余索取权。

4. 景区旅游经营权、所有权与产权之间的关系

景区旅游经营权是由所有权派生的用益物权。在经营权流转的过程中可能包含合同债权性质，如景区旅游资源经营权的租赁等。景区旅游经营权包含使用权能和收益权能，不包含所有权中的处分权能。而且，在景区经营权出让的背景下，旅游资源经营权还具有期限性、有偿性、从属性与附条件性。期限性即旅游资源经营权一般都有一个出让期限（一般为40年）。有偿性即受让人理应支付对价以获得出让人让渡的景区旅游资源经营权。从属性即经营权是从景区旅游资源所有权的基础上剥离出的使用权与收益权的用益物权，从属于所有权。附条件性即景区旅游资源经营权出让合同中所附有的一定条件。

景区旅游经营权的主要特征为：其一，包含占有、使用、收

益、处分四大权能的所有权的前三项权能往往能够分离。景区旅游资源经营权主要包含使用、收益两大权能,这两者一般不进行分离。其二,景区旅游经营权的实质是用益物权,亦即使用权是经营权的主要权能。景区旅游资源所有者虽占有资源,但不使用旅游资源。其三,景区旅游经营权包含收益权能,在经营性使用旅游资源过程中一般能为经营者带来预期收益或现金流,而这一情形却不一定在所有权人的权利行使过程中出现。获得控制权私有利益是经营者行使景区旅游资源经营权的基本要求。

第二节 景区旅游经营权价值形成机理

探索景区旅游经营权价值形成机理可以有效地揭示旅游经营权价值的内在层次结构、实现路径与评估机理[①]。

一、旅游资源游憩价值形成机理

(一)游憩使用价值促成游憩效用价值

旅游资源不仅具有自然美、人文美等独特性、新奇性的艺术美学价值,反映风土人情、传统习俗、历史古迹、民族特色等文化价值,载明社会发展历程和体现客观世界演变规律的科学价值,而且这些价值都会显著影响着对旅游者的吸引力;旅游资源本身所具备的丰度、集聚度、唯一性等禀赋特征会进一步增强旅游者的吸引力和效用价值;景区旅游资源的开发利用程度在一定程度上进一步增强了旅游者的游憩功能效用。因此,从这一点上来说,旅游资源的游憩使用价值变动会促成游憩效用价值变化,

---

① 本部分研究主要由周春波完成,具体可参见周春波:《旅游资源经济价值的理论建构与评估优化研究》,浙江大学出版社 2016 年版,第 84—89 页。

直接作用于景区游憩利用效能,增强景区游憩价值。

(二)旅游资源的知名度增强游憩效应

"先知后游"是人们旅游的一个基本规律。旅游资源的唯一性是实现旅游资源被旅游者所接受并能被有效开发利用的重要前提。于是,旅游资源不仅仅具有自然美或人文美等艺术特征,不仅仅是能够反映文化、风土人情、传统习俗等的载体,而且随着旅游者的认知能力和旅游消费能力的不断变迁,其游憩需求和审美标准不断提高,越来越多的消费者想要体验异地不同文化习俗等游憩资源,但旅游资源供给很多,惟有旅游资源的唯一性方能进入旅游者的眼帘,方能产生有效的游憩价值,增值游憩效应。因此,旅游资源唯一性和高辨识度的旅游产品开发利用就显得异常重要。从资源价值实现途径看,资源补偿金是对资源稀缺性的补偿,是旅游资源供给不变而旅游消费需求增加的一种资源垄断性的价值增强,有可能导致资源价格不断上升。由此看来,景区旅游资源的唯一性,决定了投资商在获得旅游资源经营权时需要交纳使用唯一性资源的基本租金。这一唯一性的租金接近于稀缺性租金,即在长期均衡中由于固定供给或成本提高而获取的生产者剩余,其表现形式就是使用者成本。从其价值属性看,属于补偿金,属于目前所开发利用的旅游资源量导致未来可能的利润值增减的折现值。

(三)旅游资源禀赋差异变动导致级差变化

在景区开发建设过程中,地方政府在土地出让过程中,让渡土地使用权以获得土地出让收益,投资者在受让此用益物权时需要向土地产权人(地方政府或村集体用地)支付土地出让金。景区经营权转让,已不属于土地出让收益,但所有景区旅游资源都是固定在景区土地之上的,虽然不是收取土地出让金,但实质上还是属于土地租金。土地出让收益的形成机理可以理解为土地租金的形成,具体由三个部分构成:一是来源于土地所有权的垄断,即绝对地租;二是源于土地丰度和区位条件差异,即级差地租Ⅰ(区位租);三是源于同一地块连续地直接与间接投资的劳动生产率差异,即级差地租Ⅱ(投资租)。

由于受旅游资源丰度、集聚度、地理区位、开发条件和区域社会经济条件等因素影响,其开发成本高低不一,形成旅游资源的级差性价值,换言之,旅游资源赋存条件的不同会导致旅游资源品质、开发条件的差异,由此形成旅游资源的禀赋级差性价值。旅游投资者采用不同的旅游资源开发方案会导致效率和开发成本的差异,这就形成了级差性租金Ⅱ。因此,旅游资源租金包含对旅游资源的唯一性(稀缺性差异)、级差性的经济补偿,形成稀缺性租金、禀赋级差性租金和投资级差性租金。

因此,游憩使用价值的变动形成游憩效用价值,唯一性变动形成稀缺性价值,旅游资源禀赋级差性和投资级差性变动形成级差性价值。旅游资源的游憩效用价值、稀缺性价值和级差性价值组合构成了旅游资源的总的综合性游憩价值。

二、旅游资源经营权价值形成机理

景区旅游资源经营权价值就是开发商凭借旅游资源经营权能够在未来一段时期(一般采用与景区土地出让周期相同的40年)所获取的预期收益现值的总和。这里的前提有三点:一是,这一资源必须用于景区开发;二是,这一旅游资源必须在景区范围内;三是,这一景区旅游资源开发权必须是可出让的。用于出让的是景区旅游资源在进行旅游开发后的经营权,所以,在日常运营中,人们自然而然地套用租金,也可以用租金理论剖析这种经营权转让的现值之和。问题在于,景区旅游资源用于旅游开发,自然就会产生比用于农业种植或林下经济种植等的预期收益更高的收益,于是,租金只能是作为景区预期收益的一种变现手法或计价基数。租金的基本含义是具有有限供给特点的资源所产生的超平均收益。租金最早表现为土地的租金,即地租。地租理论缘起于威廉·配第(1662)和亚当·斯密(1776)的研究,在李嘉图的《经济学原理》(1817)中得到归纳总结,马克思在《资本论》中给出了系统化的阐述。土地租金被拓展到资源要素,霍特林提出资源的稀缺性租金概念,即资源的边际使用者成本(Hotelling,1931),并由莱弗哈里和利维亚坦(Levhari & Liviatan,1977)、哈特威克(Hartwick,1982)进一步提出资源的级差性租金。租金概念扩展到企业领域,被定义为超出使用投入要素最低水平的收益,即企业经济租金,其在完全竞争的静态经济中企业不能获得,只有那些依靠创新、承担风险和具有垄断能力的企业,在不完全竞争动态经济中获取租金。租金概念的扩展能够清晰地界定出景区经营权出让后旅游资源经营权的可能的预期收益。旅游资源经营权预期收益的产生所凭借的内外条件的独特性,可以把资源禀赋特征、投资商的整合治理能力、经营权出让市场结构与经营权预期收益的关系予以精确刻画,进而揭示景区旅游资源经营权的价值形成机理。

在景区的经营期限内,其他旅游投资者很难参与该景区旅游资源的经营权流转。一旦经营权被出售并转让,市场就会产生高度的进入壁垒,潜在投资者将无法进入该市场与作为经营权受让人的旅游开发商进行竞争。这种进入壁垒会使旅游开发商拥有较强的市场能力,从而形成垄断租金。如果旅游投资者能够通过其独特且无法模仿的旅游产品和市场定位在旅游消费市场中占据较好的竞争地位,那么相对于现有竞争景区,他们在旅游产品市场上就具有竞争优势,由此也将形成垄断租金。目前,国内景区的发展现状表明,国家重点风景名胜区和省级风景名胜区都是由当地政府所拥有的国有企业来经营,实质上就是一种典型的垄断租金。

因此,基于租金理论,可以准确地描述旅游资源禀赋特征、旅游投资者的资源整合能力、旅游经营权出让市场结构以及旅游资源经营权的预期收益之间的关系,并深入揭示旅游资源经营权价值的形成机理。该价值形成机制包括三个方面:一是通过旅游开发商的独特资源要素能力形成的李嘉图租金;二是通过旅游开发商的动态创新能力形成的熊彼特租金和彭罗斯租金；三是通过经营权出让期内的垄断经营性形成的垄断租金。这三种租金的综合构成了旅游资源经营权的价值。

三、景区旅游经营权的权属确认

景区旅游经营权是产权还是物权？这是景区旅游经营权转让中必须明确的核心概念。

在市场理论中，市场的三大基础之一是产权。产权是对自由的保障，也是社会秩序的基础。自20世纪90年代开始，我国首次出现景区经营权流转的实践探索，景区的发展对经营权的产权权属的影响日益凸显，对旅游景区的产权属性进行深入的研究，成为景区经营实践与理论研究的一个核心问题。

（一）景区旅游经营权的分离路径

景区经营权的转让租赁旨在提高旅游资源的利用效益，并以保障国家所有权为前提。通过将景区经营权在一定年限内转让给个人或法人企业，实现了资源的最优配置和社会福利水平的提升。投资者能够取得景区经营权的基础条件在于景区的"两权分离"或"三权分离"，即产权的可分离性。产权主体若想有效利用资源，必须对其产权进行分割，将产权分离为使用、收益、处分等不同权能。通过产权分离，可以将景区旅游资源出让给投资者，增加旅游资源配置的灵活性和效率，同时保证国有权益，助力旅游景区的可持续发展。随着我国景区管理体制改革的深入推进，适当分离旅游景区的所有权与经营权，实现旅游景区资源的最优配置已成为未来景区利用社会资本开发发展的趋势。

（二）旅游景区经营权的实现路径

在旅游经营权流转过程中，旅游景区所有者（一般由地方政府及相关部门行使相应权利）与旅游投资者签订经营权转让合同，当事人之间体现的是平等的民事契约关系，彼此依法处于平等地位。旅游景区经营权是从旅游景区的资源产权派生出来的，只有在法律允许的范围内得到交易双方认可并通过契约约定后，才能使经营权发生转移。旅游景区经营权转让之后，双方签订的产权契约是界定双方权益最重要的依据，是旅游投资者通过旅游资源开发获取相应收益权的重要法律保证。合理的产权契约在一定层面上可以有效弥补市场失灵，提高旅游资源配置效率；而界定清晰的产权契约则能够使某些负外部性在当事人的协商下得到妥善解决。

产权契约的签订是旅游景区经营权受让者取得景区经营权的必经途径，也是景区经营权受让人合法性地位的重要界定准则。从这一层面上说，景区的旅游经营权属于产权契约下的产权，与拥有绝对的财产占有、使用、收益、处分等权利还是有比较大的差异。这是景区经营权的产权属性所需要注意的一个基本差别，它只是一段时期内对景区经营权拥有使用、收益和处分的权利。

四、旅游景区经营权的物权属性

在严格意义上说，景区经营权并非是一种法定的权利，我国的相关法律法规中未明确规定景区经营权及其法律权属。因此，如果从物权理论来定位景区经营权的权属，也许更有利于廓清景区经营权理论内涵，也是实现我国旅游资源价值化、资产化、资本化的重要法律途径。

（一）自然资源经营权物权权属问题

我国现行的自然资源特许经营权主要包括：矿业权，水权，采伐权，狩猎权，林地、森林、林木使用权，养殖权，捕捞权，草原使用权以及风景名胜区经营权等。从现有观点来看，自然资源经营权的权属性质还处于争鸣阶段，但已形成以下几种比较典型的观点：

一是"特许物权说"：自然资源经营权属于特许物权，即经过行政特别许可而取得开发利用自然资源的权利。该物权的存在是由于自然资源属于国家所有及资源稀缺而导致的，在有限资源的条件下，行政特许的主要功能就是分配稀缺资源，完全靠市场自发调节来配置。

二是"用益物权说"：自然资源经营权不属于特许物权，应属普通的用益物权。自然资源利用权是私权利，而特许物权既体现私权领域的物权，又体现公权力的特许权，公权与私权集于一体，会导致私权公法化。

三是"准物权说"：自然资源经营权属于准物权。该物权本质上并不是物权，只是性质要类似于物权，法律上把这些权利当作物权来看待，属于准用民法物权法的规定。

四是"准用益物权说"：自然资源经营权首先肯定为物权，但既不属于特许物权，也不是传统意义上的用益物权，应属准用益物权范畴。

（二）景区经营权物权权属问题

鉴于景区经营权所包含的可对景区旅游资源及其依附物（景区土地）开发利用的多样性、综合性的特点，学者们从不同角度分析了景区经营权的权属性质。有人提出公共旅游资源经营权实质是民法中的他物权，是一项用益物权，是个体根据法律规定或所有人的意愿，对他人之财产享有的进行有限支配的物权；也有人认为：作为无形财产体系中的一项重要类型，国有旅游资源经营权是一种财产权、准物权。根据《中华人民共和国物权法》第一百二十条的规定，"用益物权人行使权利，应当遵守法律有关保护和合理开发利用资源的规定。所有权人不得干涉用益物权人行使权利"。从物权法理论的视角出发，论证了旅游资源经营权的权利取得、权利客体、对应义务及权利目标等具体特征，将旅游资源经营权界定为一种准物权。周春波和李玲提出，法学视角下的旅游资源经营权可分为两类：一是用益物权性质的旅游资源经营权，如旅游用地使用权，该权可依法进行市场流转；另一个是债权性质的旅游资源经营权，源于委托、租赁合同，不能进行市场流转，但可依据国家政策进行质押[①]。

对景区经营权权属的界定主要有两种观点，即"准物权说"和"用益物权说"，但从现有的研究倾向以及实践的概念应用来看，多数学者和业者偏向于景区经营权的"用益物权"说。这是因为，我国创设用益物权制度的目的就是为了以用益物权代替所有权进入市场流通，并且根据权利主体或者用途的不同，设置了相应的权利期限，实现国有资源的保值、增值[②]。我国现行的法律法规倾向于将自然资源使用权归属于用益物权，旅游学者普遍认为旅游资源是一种特殊的自然资源，那么，景区经营权，特别是景区旅游资源经营权理应归类于用益物权。

用益物权在独立性与可交易性方面，与准物权略有不同。一般而言，准物权的独立性和可交易性都要弱于用益物权，准物权不能自由转让，而用益物权可依法自由转让。对景区经营权而言，某些特定类型景区，如世界遗产、自然保护区、保护性湿地、重点文物保护单位等都不允许进行景区的经营权转让，其他景区可以在法律框架下进行整体性或部分性的租赁出让，景区旅游资源的折价入股以及打包抵押等方式也可应用于旅游经营实践。

从产权角度来看，景区经营权又是一种财产权利，其核心是旅游景区或旅游资源的使用权、收益权和部分处分权，是一组权利束；从物权分析的视角来看，景区经营权又是一种物权，具体来说，是一种准用益物权。但已有关于景区旅游资源产权及其制度构建的研究大多忽视了景区旅游资源产权的物权本质，旅游景区仅仅实现了旅游资源的产权化，即旅游景区经营权转让，其物权化进程缓慢。从我国景区经营权转让实践来看，学界和业界大多是从产权层面来认识和指导景区经营权转让。

---

① 周春波，李玲.中国景区经营权流转的法理逻辑与实现模式［J］.资源开发与市场，2018，34（03）：422-426.
② 林璧属，林文凯，周春波.旅游景区经营权价值评估——基于实物期权视角的研究［J］.经济管理，2013，35（06）：112-122.

第三节 景区投资的实物期权特征与评估逻辑

一、景区投资的实物期权特征

在本研究初期的积累阶段，我们就发现景区具有明显的实物期权特征，具有柔性投资价值[①]。在本课题明确提出实物期权特征的观点之前，国内学者基本形成了以收益现值法为主的景区经营权价值评估方法。该方法的评估思路是：投资者拥有了景区旅游资源的开发经营权，也就拥有了景区旅游资源未来预期收益的现值，将该预期收益现值除去景区开发成本、投资的机会成本和企业相关税费后的剩余即为景区经营权的价值。但是，收益现值法在评估景区经营权价值过程中还存在以下缺陷：①在确定未来现金流的贴现率时存在一定的主观性；②不能把景区开发者在经营管理上柔性或灵活性投资给景区收益带来的可能变化考虑在内；③不能反映景区旅游资源的游憩价值与经营权价值的联动关系，这些缺陷造成评估结果容易低估或高估景区经营权的价值。因此，关于景区经营权价值的评估还需不断探索，以寻求更为客观准确的方法。

实物期权作为项目价值评估和不确定条件下管理经营决策最常见的方法，已被广泛用于煤矿资源、土地开发、房地产投资等领域的估价研究。国内部分学者已认识到实物期权理论在景区经营管理中的应用价值，并开展了一些有益的探索，其中方世敏、赵爽（2008）在论证旅游景区项目投资决策方法优化的必要性和分析旅游景区项目投资特征的基础上，提出实物期权是旅游景区项目投资决策的优化方法；阎友兵等认为景区经营权转让是一个

---

① 林璧属，林文凯，周春波.旅游景区经营权价值评估——基于实物期权视角的研究[J].经济管理，2013，35（06）：112-122.

复杂的序列性投资项目，具有投资规模大、投资不可逆、运营周期长等特点，适合引入实物期权的理念进行分析；也有其他学者探索性地研究了实物期权在旅游投资决策中的应用。遗憾的是，研究均未就景区经营权的期权价值评估做系统、深入的阐释。有鉴于此，我们在2013年开始引入实物期权的理论和方法，最初是从产权视角来认识景区经营权的价值内涵，并进一步探究景区经营权的实物期权特征及其价值形成演变机理，以期为景区经营权价值评估提供一种新的思路[1]。由此引出了景区投资柔性价值和实物期权特征等新的思路。

与一般实物投资不同，投资者获得景区开发经营权后，并不意味着只能"do now or never"，而是可以根据景区发展需要与市场风险大小，采取不同的资源开发经营策略，可立即开发也可延迟，可扩大开发也可缩小景区投资，这些灵活的经营方式是投资者未来可以执行的权利；投资者可以通过这些灵活的经营方式达到景区资源的最优化配置，随时修正景区的投资决策方案，获得超额旅游收益，所以，投资者拥有的这些开发权利带来了景区经营权价值的增值；国家转让景区经营权不是将旅游资源卖给受让企业，而是在一定时间段内放弃开发该旅游资源的权利，旅游资源所有权属于国家的本质没有改变，受让企业获得的仅仅是在法律允许范围内的旅游资源的开发权利，并且该权利会随着经营权转让年限的增长而递减，当经营权转让年限到期，这种权利也就消失了。因此，如何将景区经营权的这些特性统一起来，寻找新的分析方法和思路就显得尤为关键了，而实物期权的理论与方法正好适用于解决这一问题。

本研究在引入实物期权概念及其核心思想的基础上，从动、静两个层面来揭示景区经营权的实物期权特征。

---

[1] 林璧属，林文凯，周春波.旅游景区经营权价值评估——基于实物期权视角的研究[J].经济管理，2013，35（06）：112-122.

1. 实物期权属性

实物期权作为一种未来的选择权，是企业获得的能在未来以一定价格购买或出售一项实物资产的权利，是期权思想在实物领域的扩展与延伸。但与金融期权不同的是，实物期权的标的物不再是股票、债券等金融资产，而是某个投资项目，即为项目所对应的土地、设备和资源等实物资产。拥有实物期权，投资者就可以在一定期限内根据基本资产的价值变动，灵活选择投资方案或管理活动，将未来的不确定性转化为企业的价值。对"不确定性产生价值"的认识也正是实物期权产生的根源，迈尔斯（Myers，1997）认为，企业面对不确定性作出的初始资源投资不仅给企业直接带来现金流，而且赋予企业对有价值的"增长机会"进一步投资的权利，这种权利就可以看作是投资者持有的一个增长期权（growth options）[①]。除此之外，根据持有期权的特性，实物期权还包括延迟期权（option to defer）、阶段性投资期权（time to build option）、扩张期权（option to expand）、收缩期权（option to contract）、放弃期权（option to abandon）以及转换期权（option to switch）等类型。因此，作为一种新的决策思维方式，实物期权把金融市场的规则引入企业内部战略投资决策中来，改变了传统"do now or never"的投资决策模式，着眼于描述投资中的真实情况，以动态的思维来考虑问题，让决策者能适时考虑外部环境及市场的变化，根据投资环境变化趋利避害，调整经营投资策略，提高企业管理柔性，实现项目投资价值的最大化。

2. 景区经营权的实物期权静态特征

从准用益物权视角看，景区经营权体现的是一种国家让渡的景区开发权利，根据资源有偿使用和资源补偿原则，国家或地方政府应当从受让企业的经营收益中得到补偿。而受让企业获取景区经营权的价值就在于通过招标评审、旅游规划等法定程序批准

---

① Myers, C. Determinants of corporate borrowing [J]. Journal of Financial Economics, 1977, 5（2）: 147-175.

后对景区旅游资源拥有的基本投资筹建、延迟开发、扩大或缩小开发规模、放弃开发等的权利。对投资者来说,选择立即开发可以获取正常的投资收益,但旅游开发是一个长周期的过程,旅游需求也越来越多样化、复杂化,景区开发者很难开发出令游客满意的旅游项目,而且我国现有的景区经营权转让的相关法律法规仍不健全,受让企业在未来经营过程中将面临较大的政策变动风险,因此,选择延迟开发,投资者可以因"等待"而获取价值;选择扩大或缩小开发可以最大化收益或最小化风险;选择停止开发可以获取应转移风险而带来的损失补偿;选择旅游产品的升级转换可以为景区带来新的增长优势和收益增长点。从期权分析的角度看,景区的这些"选择权利"与金融看涨期权相似,都是赋予了投资者一个未来的选择权,执行或者放弃这种权利,取决于标的资产的变动,对投资者来说这是一种权利,不是一种必须按期履行的义务。但与金融期权不同的是,景区经营权体现的期权特征是实物期权的特征,其标的资产不是股票、债券等金融资产,而是旅游资源这样特殊的具有实物期权特征的用益资产。正是由于投资者在开发过程中拥有延迟开发、扩大或缩小开发、放弃开发等权利,所以,景区经营权可以看成是一个多期权嵌套的实物期权,各期权的期权特征如表2-1所示。同时考虑到国内景区的财务核算及景区经营管理政策的制定一般是按年度划分的,所以,景区经营权又可认为是一个按年度执行的多期嵌套实物期权。

表2-1 景区经营权的多期嵌套实物期权

期权类别	期权静态特征
开发期权	选择是否进行景区基础设施、游憩设施及旅游项目建设等。
延迟期权	面对旅游业发展的诸多不确定性,延迟期权赋予景区投资者推迟一段时间再进行景区投资开发及设施建设的权利。
扩张期权	投资者可以对景区内部及外围进行整改、扩建,增加景区游客容量,丰富景区游憩项目。该期权不仅进一步最大化了景区价值,在某些时候还能为投资者创造新的机会。

续表

期权类别	期权静态特征
收缩期权	当市场表现低于市场预期，外部市场竞争激烈，投资者可缩小投资，最小化损失，直到外部市场行情好转时再进行投资。
放弃期权	如果景区的收益难以维持景区的运营，则投资者有权放弃开发，行使放弃期权，以控制继续投资带来的价值损失。
停启期权	即为重启或暂停开发，该期权包含了两种期权：停产期权和重启期权。当客源市场紧缩、运营成本增加或景区受到突发事件的影响时，将暂停或关闭部分景点，表现为停产期权；当市场利好时，重启关闭景点或开发新景点，表现为重启期权。
转换期权	所谓的转换包括两种转换：景区投入要素的转换和景区旅游产品的转换，景区可以在投资开发过程中根据外部环境的变化进行上述的转换，提高了景区投资的营运机动性。

3.景区经营权的实物期权动态特征

为了阐述景区在投资开发过程中实物期权特征的变化，本课题将旅游景区的开发与经营过程分为三个阶段：筹建期、营运期和营运末期。根据期权内涵，经营权的各个期权在景区投资开发过程中的动态分布与演变具体如下：在开发筹建期，投资者通过市场调查和可行性论证，可获得景区旅游资源品质、周边景区市场价格及相互竞争状况等信息，再根据所掌握的这些市场信息，进行景区部分的基础配套设施建设和初级产品开发。这些投资大多属于沉没成本。在这过程中，如果市场信息显示较好，投资者将立即投入资金对景区进行盈利性项目的开发与建设；反之，如果市场信息显示不如预期，投资者将会搁置项目，等待有利时机再行开发，表现出延迟期权的特性；当然，如果在该阶段，市场变化时好时坏，则投资者可根据市场态势，或暂停或重启投资开发，行使景区经营权的停启期权，以尽量规避不利经营环境对投资者收益的影响。

当景区进入营运期，投资者将获得更多关于景区经营的市场信息，这是投资者进行下一步投资决策的重要依据。如果市场比预期的要好，投资者就可以追加投资，扩大景区接待能力和规模，表现为扩张期权；当市场要比预期的差，理性的投资者将不会追加投资，并收缩景区经营规模，表现为收缩期权；该阶段的停启期权表现为在开发过程中根据外部环境变化暂时中止或重新启动景区部分项目的权利。因此，该阶段景区的期权特性取决于景区前期市场表现的好坏，或为扩张期权，或为收缩期权，或为停启期权。

随着景区开发的成熟和完善，景区将面临来自其他知名景区的冲击，新兴景区的出现也将极大地稀释景区的游客量，降低投资者的经营收益。此时，景区或考虑提前结束期权合约，放弃景区的经营权；或对景区进行转换创新，开发新的旅游产品，重新进入市场。前者相当于投资者行使一项放弃期权，以弥补投入的固定成本或继续经营的沉没成本给投资者带来的利益损失；后者则相当于投资者在保持乐观的市场态度下，行使一项转换期权，以改变可替代性对景区发展的不利影响，提高景区的营运机动性。

综上可见，景区的经营权是投资者获得的一个分阶段的复合实物期权，在不同的阶段，投资者将对应不同的实物期权，景区开发的期权特征呈现出动态的变动演化特征。此动态变动特征可用图 2-1 形象地展示：

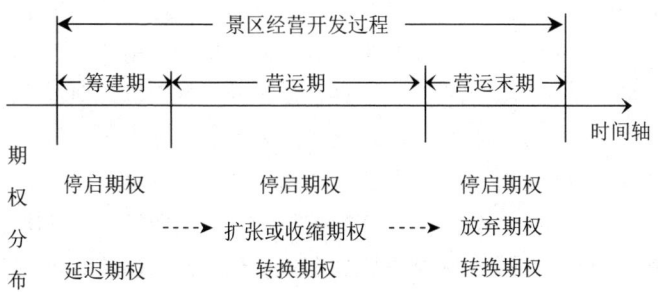

图 2-1　景区经营开发过程中的期权分布

二、景区经营权评估的实物期权思路与步骤

本课题组于2013年明确提出了采用实物期权进行景区的经营权评估,在研究中逐步完成了相关论证与验证。具体评估思路与步骤[①]如下:

(一)旅游景区经营权定价的实物期权思路

景区经营权价值内涵是一种可以被资本化定价的收益权的价值,其价值体现是旅游投资者利用景区旅游资源进行开发建设,在未来一定年限内,所能取得的收益的现值总和。但是,景区经营权价值评估有其自身的特殊性,其价值体现除了表现在景区旅游资源所带来的收益外,另一个重要的价值增值点在于,投资者可以通过灵活的投资决策(既包括对景区旅游资源投资的灵活性,也包括对景区土地资源的合理利用)创造更多的额外收益,体现为景区经营权作为投资期权的期权价值,更确切地说,是景区经营权投资决策的灵活性所带来的实物期权价值。

相比较于资产价值视角和资源价值视角,期权视角下的旅游景区经营权价值的估算则较为复杂、多样。其应用的基本思路是把景区经营权受让者获得的景区经营权及其所拥有的旅游投资机会视为实物期权,把景区经营权的定价评估问题转化为对实物期权的定价分析与研究上,把景区经营权的价值理解为景区未来净现值加上该项目中各种实物期权的价值。从这一角度来看,实物期权的评估思路是对资产价值评估途径的一种改进,即在传统净现值法(NPV)的基础上,加上景区未来的投资期权价值。从实物期权的分析过程来看,其应用主要包含以下几个步骤:首先根据具体投资项目的特征构造实物期权理论的应用框架;其次是厘清并分析投资项目中包含的实物期权类型;再根据需要,建立相应的实物期权定价模型;根据定价结果制定相应的投资决策;最

---

① 具体参见:林璧属主编,林文凯著.旅游景区经营权定价研究——实物期权的视角[M].北京:旅游教育出版社,2019:116-119.

后检查结果，并对模型进行必要的调整、修正。

(二)旅游景区经营权实物期权定价主要应用步骤

项目投资的类别与过程是多样的，与之相对应的期权形式也是多样的，这就决定了实物期权方法应用是多样的、复杂的，清晰地厘清实物期权在实践应用中的逻辑思路就显得尤为关键了，只有建立系统合理的应用框架，实物期权方法应用于实际的价值才能得到最好的体现与发挥。通过对现有研究的总结，实物期权在实践应用中的基本框架与实施步骤，主要包括以下几个方面：

一是研究问题的明确。实物期权理论的应用一个重要前提就是对所要研究的问题有一个全局性的系统认识，对所要研究的对象及问题了然于胸，清晰所拥有的灵活性决策，并认识这些决策会对项目的价值带来什么样的影响。这就需要实施者明确所要解决的问题是什么，有哪些可供选择的决策，哪些因素会对决策有影响，影响程度如何等问题。对问题核心内容的识别与描述能为实物期权的应用提供有用的决策参考。

二是分析项目的不确定性。较之金融期权而言，实物期权更具隐蔽性。对一些大型实物投资项目，如商业地产、旅游景区开发等，其开发周期通常比较长、投资也比较大，而且极易受到社会经济发展与法规政策的影响，项目投资的不确定性较大。这就需要我们对项目所存在的不确定性进行分析与辨别，进而发掘决策过程中所具有的灵活性，界定出项目中所隐含的实物期权类型。

三是明确关键的不确定性因素。根据实物期权的思想，不确定性是期权价值的主要来源。但并非所有的不确定性都能为项目带来价值，如果将所有不确定都考虑在内，则会极大地增加期权的量化估算难度。这就需要清楚地确定那些影响程度和不确定性程度高的主要因素，因为只有当不确定性足够大的时候，实物期权理论才有应用的空间。

四是识别实物期权类型。确定开发投资过程中的主要期权特性，是认识期权价值形成机理的前提，也是评估期权价值的关键。由于实物期权特征对应着不同的经营决策，其评估思路与评估模型也就有所差别，因此识别项目中的主要期权特征就成为实物期权定价模型的一个重要选择标准。而且项目有时所蕴含的并不是单一期权，有时是多种期权的组合，期权之间是相互作用、相互影响的，存在着因果关联性，其价值评估也就更为复杂。

五是构建实物期权定价模型。即根据所识别的实物期权类型，借助合适的数理模型来进行特征描述与结果评估。通常一个投资项目所蕴含的实物期权形式并不是单一存在的，相应的期权定价模型也就不止一个，这就需要根据项目的实物期权特征，选择合适的定价模型。具体来说，如果不确定性是连续变化的，则可采用连续性期权定价模型，如 Black-Scholes 期权定价模型；如果不确定性是离散变化的，则宜选择离散型期权定价模型，如二叉树期权定价模型。

六是项目现值的估算。迈尔斯（Myers，1977）指出，由投资所产生的现金流量，是来自于对目前所拥有资产的使用，再加上一个对未来投资机会选择的权利。根据这一思想，在计算出项目的实物期权价值之后，还需要应用传统的现金流折现法，在估计未来现金流的基础上，确定适当的贴现率，计算投资项目的净现值。

将项目的净现值流量加上项目的实物期权价值即为项目的总体价值。一般的，总价值大于零则可选择投资；总价值为负则选择不投资。

七是模型的可靠性检验。虽然实物期权在估价时尽可能地使用了可观察的市场数据，但这并不意味着其评估过程不需要主观的估计。不同于金融期权，实物期权所需的数据有时是难以收集且是不完整的，这些近似的估值不可能完全地拟合未来的实际情况，评估结果产生一些偏差也就在所难免，因此对评估结果进行必要的可靠性分析是十分必要的。通常的做法是对期权定价模型中的关键性参数，如标的资产波动率等进行敏感性分析。

八是结果的修正与模型再设计。根据模型可靠性检验的结果,对所采用的模型进行必要的修正,通过模型的再设计使得评估模型更加符合项目估算的需要,得到更加贴合实际的可靠结果。

三、景区经营权的期权价值表现

由于不确定性的存在,实物项目的投资时间与方式都是可以灵活选择的。理性投资者会在条件利好时执行项目,在条件不利时放弃或延缓项目。对投资者来说,这些选择是有价值的,因为只有对不确定性作出最优选择,投资者才会去执行某项期权,所以从理论上说,项目的期权价值都是大于等于零的,是投资者的一种趋利避险行为。与一般实物投资类似,景区投资者也可以通过灵活选择景区投资方案或经营方式,提高景区旅游收益或降低经营损失。一言概之,实物期权理论所表现出的管理柔性提升了旅游景区的项目价值,即表现为景区经营权投资的增值属性。

(一)旅游景区经营权的标的资产

金融衍生品中的标的资产是指衍生品合约中约定的资产,又称为基础资产,是期权持有人行使权利可买进或卖出的金融工具或商品。该资产既可以是金融资产,如外汇、存款、股票、证券等,又可以是实物产品,如原油、小麦、铜铁矿等。作为存在最为普遍的一种期权形式,实物期权的标的资产通常是各种实物资产,具体来说是那些可以创造财富的实物资产。同金融资产相似,实物资产价格反映着实物资产的供需关系。因此,作为实物期权价值产生的资产依托,有必要先确定待分析实物期权所对应的标的资产,进而分析实物期权的价值表现及其形成与演变机理。

根据《实物期权评估指导意见(试行)》的规定,标的资产即实物期权所对应的基础资产。根据这一定义,旅游景区经营权的标的资产即可界定为景区附属的旅游资源。这是因为,一旦投资者受让了景区经营权,自然而然就拥有了对景区旅游资源进行开发利用的权利,这项权利执行的对象就是旅游资源,而且从景区经营权转让的实践来看，景区经营权通常被理解为景区旅游资源的经营权，经营权转让合同中所明确的正是旅游资源。由此，笔者提出，不论是景区经营权还是其所蕴含的实物期权，其所对应的标的资产都是景区的旅游资源。

关于景区经营权标的资产价格的拟定，本书并没有像对待矿产、地产等一般实物投资那样，采用单位产品价格（对景区而言，即为游客所购买的景区门票价格）做其标的资产，而是以景区的旅游需求（即景区旅游人次）来代替。做这一替代的原因，是考虑到我国特定的门票定价制度。根据有关规定，景区不能随意上涨其门票价格，门票价格在一定时间内是较为恒定的。为了抑制景区门票的上涨，各地政府也出台了相关政策与措施，如景区门票的"三年限涨令"等。这样一来，若继续以景区门票作为景区经营权的标的资产，那么研究固定的景区门票价格的波动率也就毫无意义了，因为没有波动就意味没有期权价值。同时，也没有采用景区的游憩价值作为经营权标的资产价格。虽然景区游憩价值是景区旅游资源的价值表现，但其体现的是景区旅游资源在某个时点时的价值，是一种时点性价值，而经营权期权价值是其在一个时间段内体现出来的价值之和，属于时段性价值。因此，用景区游憩价值作为景区经营权价值显然不合适。最后，考虑到景区门票价格的波动虽然较为恒定，但景区游客接待量却是连续变化的，而且景区旅游接待人数也常被用来衡量旅游需求或旅游接待水平。现实中，某个地区或城市的年旅游接待人数或类似景区的年旅游接待人数常常被用来进行景区投资与资源开发的可行性分析[①]。在景区门票价格较为恒定的情况下，景区接待人次的波动性决定了景区经营权收益大小会随着时间的变动而波动，将景区未来旅游需求作为景区经营权标的资产价格的代替，可以比较充分地反映景区经营权标的资产（旅游资源）给投资者带来

---

① 郭淳凡.基于实物期权的企业景区投资最优时机决策分析[J].经济经纬，2013（06）：94-99.

的经济收益。故而,本书采用景区未来旅游需求的波动作为景区经营权标的资产价格波动的代替。

(二)旅游景区经营权的期权价值表现

如前所述,获得景区经营权之后,经营权受让者就享有对景区旅游资源进行延迟、扩大、缩小或转换开发等多项"选择权利",体现为景区经营权经营灵活性。根据前文的分析,投资者选择何种开发柔性的判断标准,取决于景区收益与景区投资成本之间的关系。为了分析这一关系,假设 R_t 为 t 时段景区旅游收益,C_t 为 t 时段景区的成本投入,C_{min} 为景区经营的保底成本。

①当 R_t 大于 C_t 时,意味着在补偿景区投资成本后,景区旅游收益还有利润空间,理性投资者会继续看好旅游景区的市场潜力,此时投资者会以新增旅游景点或建设更多旅游服务设施等方式,来继续开发并扩大景区开发规模。若投资者执行扩张期权,假设 I_{add} 为投资者追加的投资额;$\alpha\%$ 为新增投资带来的景区收益的增长率,则扩张期权为投资者带来的价值增值可表达为 $\max(0, \alpha\% R_t - I_{add})$,意即新增投入所带来的收益增长额减去追加的投资成本后的收益最大化问题。

②当 R_t 小于 C_t,说明当期开发带来的收益不能完全补偿开发成本,此刻理性投资者一般不会选择扩大开发,而是选择延迟开发,甚至将停止部分景点的经营。比如说,为降低景区旅游淡季的经营成本,不少景区、景点会在此时关停景区的缆车或索道等设施。如果投资者选择缩小景区投资(缩小成本主要表现为因关闭部分景点或减缓旅游项目建设进度而缩减的可变成本与沉没成本),假设 I_{red} 为收缩的投资额;$\omega\%$ 为景区收益的预期收缩率,则缩小期权为投资者带来的损失补偿可表达为 $\max(0, I_{red} - \omega\% R_t)$。

③当 R_t 小于 C_{min} 时,景区经营者应该放弃开发,或者转化景区功能,寻找新的收益点,如江西龙虎山为突破传统观光旅游的发展局限,筹资 106 亿元进行景区改造与项目开发,实现了景

区由门票经济向产业经济的转型、过境游向目的地游的转型,以及自然观光游向观光休闲度假游的转型。若投资者执行转换期权,改变资源要素投入,开发新的旅游产品,则设 ΔRt 为 t 时刻景区 Rt 因转换带来的收益,Itsf 为要素转换投入额,转换期权所带来的收益增值即为转换景区旅游功能后的收益最大化问题,可表示为 $\max(0, \Delta Rt - Itsf)$。

从上述的分析不难发现,灵活的经营策略会带来旅游景区旅游预期收益的波动,即标的资产价格的波动,这是景区经营权实物期权价值形成的主要路径。景区经营权的期权价值因实物期权特征的不同而有所差异,但总体表现为灵活性给投资者带来的景区损益的增加或补偿,通过执行相应期权,投资者可以获得超额收益或降低损失。

四、景区经营权的期权价值形成与演变机理

在识别景区经营权主要实物期权特征的基础上,对期权价值的形成与演变机理做进一步分析,以夯实实物期权理论在本书的理论根基。

(一)旅游景区经营权的期权价值形成机理

1.旅游景区经营权的主要期权特征识别

要认识景区经营权期权价值的形成机理,需要对其所蕴含的 Rt 主要期权特征进行识别。首先,景区经营权的一个主要期权特征是其延迟性,即延迟期权,该期权主要出现在景区经营权转让的初期。该阶段由于投资者难以准确掌握景区的旅游资源禀赋与赋存及其未来的旅游需求。多数投资者在该时期并不会马上投资开发景区旅游资源,而是选择暂缓投资,等待时机,再行决策,表现为延迟期权。延迟期权的执行也是大多数投资者的理想选择。特别是对旅游景区来说,其转让年限一般比较长(20 年至 50 年),较早投资意味着投资者将失去了等待的权利。但需要指出的是,景区投资者在景区经营的中后期,一般较少执行延迟期

权,即使延迟开发,其延迟时间也不会太久,因为景区经营权转让是有年限限制的,延迟开发时间较长,将会缩短投资者的盈利年限,机会成本较高,存在难以回笼资本的风险。而且,在景区经营的中后期,除非出现新的收益增长点,要不然景区在该时段的客源相对稳定,不确定较少,所以该阶段景区经营权的延迟期权的价值并不大。其次,作为一个季节性和波动性较强的行业,景区旅游接待人次具有很强的阶段性增长或锐减的特点。在此影响下,适时扩张、收缩以及停启开发就成为景区投资者常用的管理柔性,这也是投资者面对不确定性和风险最直接有效的应对方式。最后,在景区经营不顺或不利状况无法得到改善时,放弃期权和转化期权则成为众多投资者的普遍选择,即选择退出项目或者转换投资方向,以避免更大损失。放弃期权虽然不能给投资者带来收益增加,但却可以尽可能地避免投资者遭受更多、更大的损失,因而也是有价值的。但是,考虑到我国当前旅游业的良好发展态势,以及我国景区经营权转让在政策上具有一定的强制性与约束性,同时景区经营权也无法像其他一般资产那样,将有价值残值的景区资产放到二手市场进行转让,所以,投资方放弃景区经营权的可能性并不大。转换期权则是景区在面对周边景区及新兴景区冲击时,进行景区产品的改造升级,挖掘旅游收益新增长点,以提高景区的经营机动性。

综上可知,延迟期权、停启期权、扩张或收缩期权以及转换期权是景区经营权的主要经营柔性。

2. 旅游景区经营权的期权价值形成机理

景区经营权的主要实物期权特征有:延迟期权、扩张期权、收缩期权、停启期权以及转换期权等五种。不同实物期权对不确定性的反应不同,其价值形成机理也就不同。各期权的价值形成机理如下描述。

延迟期权:该期权本质上是一个美式买权,即投资者可以在期权到期日之前的任一时段执行该期权。对景区投资者来说,执行该期权的目的是为了获取更多内外部信息,减少景区开发建设的不确定性,表现为景区投资者拥有选择最佳投资时机的权利。

延迟期权的价值形成主要来自于"等待以获取未知信息"。通过执行延期期权,景区投资者既可以保持景区经营权及其旅游资源的增值能力,又可以很好地规避旅游淡季对景区资产收益的冲击。该期权执行的必要条件为 $\sum V_t > I$,即未来 t 时刻景区各期净利润的现值之和大于景区投资现值之和。

扩张期权:随着大众旅游时代的到来,国内旅游发展日益火爆,扩大经营规模、新增游览观光点,可以为景区带来更多的游客,提升景区的品牌效应,同时市场表现的持续利好也将为投资者创造更多的盈利与发展机会。对扩张期权来说,其价值形成就是利用未来利好的不确定性,进一步扩大景区收益。在某些情况下,执行扩张期权具有重要的战略意义,即新的旅游产品的开发以及新的旅游活动的推出,有可能形成景区新的旅游卖点及旅游收益增长点。扩张期权执行的前提条件是 $\alpha \% R_t > I_{add}$,即扩张期权带来的收益增加额要大于扩张追加的投资额。对拥有该期权的景区投资项目而言,其价值等于项目各期收益的现值加上扩张期权带来的价值加总。

收缩期权:收缩期权是在市场经营不及预期的情况下,收缩景区投资规模。与扩张期权不同的是,收缩期权的价值不是创造超额收益和盈利机会,收缩期权的价值形成是在面对不利好市场的情况下,降低投资者继续开发所带来的各项成本,以最小化投资者损失。收缩期权执行的前提条件是 $I_{red} > \omega \% R_t$,即收缩投资额大于景区旅游收益的收缩额,否则项目仍可按原计划进行。

停启期权:当客源市场紧缩、游客接待人数骤减时,景区投资者可暂停或关闭部分景点,减少投资者的变动投入成本;当客源市场利好、旅游人次回增时,重启已关闭的或开发新的景点,以重新获取旅游收益。因此,停启期权的价值形成就在于在景区收益紧缩时,降低景区的可变投入成本;在满足预期收益大于预期成本的前提下,重启景区的投资开发。

转换期权:在景区经营权中后期,由于市场竞争的加剧以及游客审美疲劳等因素的影响，景区要想获取更多旅游收益，就必须对其产品进行改造创新，即通过执行转换期权，改变旅游资源要素投入，对景区功能进行转变，推出新的旅游产品，开发新的旅游活动，以重新吸引游客，获得新的旅游收益点，帮助投资者摆脱投资困境。因此，转换期权的价值形成机理就在于，通过旅游功能转化及产品升级，提高景区的营运机动性，为景区重新进入市场参与竞争提供手段保证，形成新的竞争优势，为投资者带来新的旅游增益。转化期权执行条件为 $\Delta Rt > Itsf$，即为转换带来的收益大于转化成本。

（二）旅游景区经营权的期权价值演变机理

景区经营权的实物期权特征并不是静态不变的，旅游景区投资开发的阶段性特征，决定了其期权价值也是阶段性变化的。具体来说是，在不同开发阶段，投资者所面临的不确定性是不断变化的，而不确定性的不同应对方式使得景区经营权的期权特征表现出动态变动特征。在此影响下，景区经营权各阶段的期权价值也将呈现阶段性的变动特征。

1. 旅游景区筹建期内的期权价值变动与演变

旅游市场是一个具有较强变动的不稳定市场。尽管投资者在进行景区旅游项目开发之前，会对其进行必要的可行性分析，但基于过去经验的静态分析通常无法预知未来旅游市场的变化，具有一定的滞后性。在筹建期，一方面，由于旅游业本身的季节性、旅游资源开发的持续性以及景区开发所涉及的社会经济效益评价等使得项目收益的预测很困难，景区的投资风险和价值难以准确评估。另一方面，该阶段投资者需要考虑的不仅是建设的经费融资问题，在建设景区的基础旅游服务设施的过程中，还需要处理与政府以及社区居民的关系，需要考虑因建设环境的不确定性而引起的风险。诸多风险因素的存在使得投资者的投资与灵活性经营意愿不强，导致投资者对景区潜在价值的判断较为模糊。

因而，从实物期权的波动程度来看，该阶段投资者投资与否的选择权价值差异很大,实物期权的价值波动大。

从实物期权的特征来看,该阶段主要以停启期权和延迟期权为主。从项目风险来看,该阶段的风险是最大的,但是由于投资者刚刚获得景区经营权,其首要任务,还是进行景区的基础配套及其他服务设施建设,事实上并无太多经营灵活性。但随着沉没成本等其他成本费用的持续投入,投资者会慢慢重视和利用不确定性的价值。因此,该阶段期权价值将呈现缓慢递增的趋势。

2. 旅游景区营运期间的期权价值变动与演变

在完成景区的配套旅游服务设施的建设之后,景区正式进入旅游项目的产出阶段。如果景区的发展达到预期,可以获得持续稳定的现金流,并能够带动旅游景区周边相关产业的有序发展,即意味着旅游景区处在一个相对稳定的经营环境中。旅游景区的良好运行,一方面可以降低景区的经营成本,增强投资者的融资能力,也为景区项目的后续开发提供保证;另一方面,景区良好的盈利水平也会带动旅游六要素行业、周边地产、商业娱乐、交通运输等产业的发展,为景区积累更多的人气,创造一个良好的外部环境。从景区的生命发展周期来看,该阶段正值景区由参与期进入发展期与巩固期。正常情况下,旅游景区的运营会进一步提升景区的市场影响力,旅游需求也将稳步上升,景区的口碑效应也将日益扩大,景区无形资产(服务、口碑、名气等)开始增值,相应地提高了景区后续旅游项目的潜在投资价值。

随着景区的继续经营运转,投资者将获取更多景区经营的市场信息,并进一步加深对景区未知风险的认识。灵活多变的经营策略,既可帮助投资者创造更多超额收益,还可以因投资决策的改变而更好地规避风险。从期权价值波动的角度来看,景区初期经营的成功将放大景区项目的投资选择权,实物期权价值也随之增加,并在该阶段通过递增的方式到达最高值。而后,随着景区进入稳定期与发展后期,不确定性将越来越少,期权价值也将逐步递减。

景区初期的成功经营为投资者及其他潜在合伙人提供了一个

利好的信息，使之能够吸引更多的潜在投资者，保证了后续开发的资金来源。随着新资金的进入，景区投资者会重新评估景区的经营价值，调整景区的旅游开发投资决策，以期实现景区经营权期权价值的倍增。但是，尽管景区初期成功经营所带来的效应会放大景区经营权的期权价值，但也有相当的可能缩小景区经营权的期权价值，产生一定的负面效应。如，旅游经营初期的良好表现会影响景区投资者的决策行为，干扰投资者对项目价值和风险的准确判断，让投资者误认为景区只会盈利，不会亏损，增加投资可以获得更多的旅游收益，进而忽视了对景区开发投资风险的必要分析。其产生的负面结果就可能因过度投资而产生泡沫经济，虚增景区经营权的期权价值，最终导致景区经营失败。这一现象在我国主题公园的开发建设过程中尤为常见，数据显示，民间约有 1500 亿元巨资被套牢在 2500 多个主题公园上，70% 的主题公园处于亏损状态，20% 收支基本持平，只有不到 10% 的主题公园能够盈利。

考虑到当前我国旅游行业的激烈竞争以及同区域内、同类型景区的相互排斥，旅游景区在经营初期没有达到理想盈利水平或者出现亏损都是正常的。这正是旅游投资者在受让景区经营权后要分析和关注的重要问题。

3. 旅游景区营运末期的期权价值变动与演变

景区营运期期间良好的经营状况为景区后续的投资建设创造了有利的物质条件。相对于营运期而言，景区经营末期的不确定性进一步降低。尽管景区的外部风险是无法规避的，但其内部的技术性风险和非技术性风险明显降低了。一方面，在景区经营末期，投资者已基本完成了预先拟定的投资建设方案，降低了开发建设过程中技术标准以及安全系数等方面可能出现偏差而形成的风险；另一方面，景区能够持续经营至末期，也体现了景区经营管理具有较好的科学性和合理性，降低了景区的非技术风险。

在该阶段，投资者不会或较少继续对景区进行大幅投资，一般只是进行修缮性与维持性投资。因为该阶段的景区投入产出效应并不明显，扩大景区规模，或开发新的旅游线路或产品，难以保证投资者在经营权合同到期日收回成本，获得预期旅游收益。

经营末期的期权价值相对较小，投资者的惯常做法是维持经营现状，直至景区经营权到期。因此，从期权价值大小的波动来看，该阶段景区经营权的期权价值将持续减少，并在经营权到期日，由于投资者不再享有对景区进行经营开发的权利，其所能得到的景区经营权的期权价值将变为零。

总之，在获得景区经营权之后，投资者所面临的风险是动态变化的。在景区的阶段性开发建设过程中，其风险是动态递减的，景区的收益价值及期权价值的评估也应当是一个动态的过程。投资者要根据景区建设及旅游市场发展情况，对旅游景区的经营决策作出动态的调整，这样才能准确识别景区经营权中潜在的实物期权的价值。

从不确定性影响景区经营权实物期权价值大小的路径来看：景区投资规模越大，资本要求回报率越低，景区投资开发的决策安排越有价值；景区前期不确定性越高，延迟投资选择权的价值就越大；景区中期的不确定越高，扩大或缩小或停启选择投资选择权的价值就越大；景区后期不确定性越高，放弃投资的选择权的价值就越大。相对应的，如果前期没有任何风险时，景区延迟选择权没有任何价值；如果中期没有任何风险时，则景区扩大、缩小、停启选择权就没有任何价值；如果后期没有任何风险，则延迟选择权将没有任何价值；如果整个投资过程的不确定因素都较小，则阶段性投资项目就基本没有期权价值。

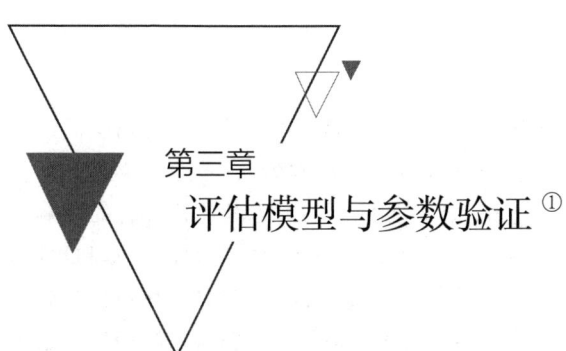

第三章
评估模型与参数验证[①]

[①] 本章采用林壁属主编、林文凯著《旅游景区经营权定价研究——实物期权的视角》，旅游教育出版社 2019 年版的主要内容。

第一节　旅游景区经营权的实物期权定价模型构建

一、问题描述与模型建立

（一）问题描述

假设某旅游企业或旅游投资者在获得景区经营权后进行旅游投资开发，景区开发需要初始成本为 I，考虑投资成本的不可逆性，I 为沉没成本，不可回收。不考虑其他投资者的影响，则景区经营权受让者的投资决策取决于景区项目的成本和预期收益。这样，旅游景区经营权投资期权的价值评估问题可以认为是旅游投资者获得了这样一个投资机会，其执行价格为项目初始成本 I，获得的资产是建成的项目，其价值为 V。根据实物期权的思想，上述旅游项目投资问题即可看成是金融理论中的一个美式看涨期权，投资决策等同于何时执行这一期权。

若景区经营权受让者在时刻 t 投资，则来自投资的收益为 $V_t - I$，以 $F(V_t)$ 表示 t 时刻投资机会的价值，即投资者通过作出最优投资决策可获得的最大收益。投资机会的价值确定可以看作为是一个实物期权的定价问题，投资决策即寻求最佳的投资时机：

$$F(V_t) = \max E\left[(V_T - I)\mathrm{e}^{-\rho(T-t)}\right]$$

式中，E 为期望价值；T 表示做出投资决策的未来时间，$T \geqslant t$；ρ 为贴现率，且 $\rho > \mu$[①]。

---

① 如果 $\rho > \mu$，则如果选定一个较大的投资时间 T，项目价值 V_T 会无穷大，企业将总是选择等待。

(二)模型建立

根据本书对资产波动的界定,假设景区未来旅游需求服从几何布朗运动,则:

$$dD = \mu D dt + \sigma D dz \quad (3-1)$$

其中,μ 为漂移参数,表示由于我国居民人均收入水平和闲余时间的增多而引起的旅游需求的预期增长率,$\mu > 0$;σ 为方差参数,表示由于人均收入、闲余时间等因素引起的旅游需求的波动率;dz 为维纳增量,$dz = \varepsilon \sqrt{dt}$,$\varepsilon$ 为一个服从均值为 0、标准差为 1 的正态分布随机变量。

令 $V = f(D) = \delta D^{\theta}(t)$,则 θ 表示景区投资项目价值 V 对旅游市场需求 D 的弹性。不失一般性,令 $\delta=1$。根据伊藤引理可得:

$$dV = df = f' dD + \frac{1}{2} f'' (dD)^2$$

其中,$f' = \theta D^{\theta-1}, f'' = \theta(\theta-1) D^{\theta-2}$,则:

$$dV = \theta D^{\theta-1}(\mu D dt + \sigma D dz) + \frac{1}{2}\theta(\theta-1)D^{\theta-2}(\mu D dt + \sigma D dz)^2$$

由于,$dt^2 = 0, dz^2 = 0, dt dz = 0$,所以有:

$$dV = \left[\theta\mu + \frac{1}{2}\theta(\theta-1)\sigma^2\right]D^{\theta}dt + \theta\sigma D^{\theta}dz$$
$$= \mu' D^{\theta} dt + \sigma' D^{\theta} dz \quad (3-2)$$

其中,$\mu' = \theta\mu + \frac{1}{2}\theta(\theta-1)\sigma^2, \sigma' = \theta\sigma, D^{\theta} = V$。于是上式可表示为:

$$dV = \mu' V dt + \sigma' V dz \quad (3-3)$$

式(3-3)表明,景区投资价值 V 也服从几何布朗运动,μ'

和 σ' 分别为项目价值 V 的预期变化率和波动率;特别是,当 $\theta=1$ 时,即景区投资项目价值 V 对旅游市场需求 D 的弹性为 1,此时可知项目价值的漂移系数 μ' 等于旅游需求的漂移系数 μ,项目价值的波动率 σ' 等于旅游需求的波动率 σ。

需要指出的是,上述的分析只考虑了单个旅游投资个体对一个价值为 V 的生产项目进行投资,没有考虑竞争对手的进入。如果在旅游投资开发过程中,会有其他投资者进入临近景区投资开发,则该问题就成为一个在有限时域内很可能有突发性跳跃发生的事件。

假设景区周边有其他投资个体进行同类型景区开发的时间服从参数为 $1/\lambda$ 的、相互独立的负指数分布,即假定竞争对手进入市场的过程服从事件平均发生率为 λ 的泊松分布。以 dq 表示竞争对手进入对项目预期收益的影响,根据前文的描述,项目价值 V 可以表示为混合的布朗运动/跳跃过程。可表示为:

$$dV = \mu'Vdt + \sigma'Vdz - Vdq \quad (3-4)$$

式(3-4)中,dq 是事件平均发生率为 λ 的泊松过程的增量,dq 与 dz 相互独立,即 $E(dzdq)=0$。

以 φ 表示竞争对手进入对项目价值的影响程度,即当一个竞争对手进行同类旅游资源投资时,项目价值 V 将下降固定的百分比 φ($0 \leq \varphi \leq 1$),公式表达为

$$dq = \begin{pmatrix} 0 & \text{概率为} 1-\lambda dt \\ \phi & \text{概率为} \lambda dt \end{pmatrix}$$

这样,式(3-4)的现实意义就在于,在竞争性产业中,旅游投资项目的价值 V 将以参数为 μ' 和 σ' 的集合布朗运动进行波动,但在时间间隔 dt 内,竞争对手将以概率 λdt 进入,并导致项目价值 V 下降到其初始价值的 $(1-\varphi)$ 倍。考虑到我国现行景区经营权的转让一般以一个独立的有效法人为经营权受让对象,至于其他景区的投资者的投资行为对当前景区投资收益的现实影响通常

难以准确评估。

二、模型求解与扩展

(一)模型求解

1. 动态规划法

对于实物期权定价模型的求解,一般的方法是利用随机微分方程法(即 B-S 模型)对其进行求解。然而,传统 B-S 模型通常只适合于简单实物期权的定价,对于复杂投资项目,如项目不确定性来源多、项目到期日不确定等,B-S 模型就存在较大的缺陷了,这就需要寻找其他更为合适的模型进行求解了。

一种较为常见的方法是利用随机过程理论与动态规划法来推导出该类实物期权的定价模型。动态规划法(Dynamic Programming)被认为是求解决策过程(decision process)最优化的数学方法。该方法由贝尔曼(Bellman)等于 20 世纪 50 年代初,在研究多阶段决策过程(Multistep Decision Process)的优化问题时首先使用的。其应用的基本思路,是将多阶段的决策过程转化为多个单阶段决策的问题,并对其逐个求解。与一般实物期权定价法不同的是,动态规划法摆脱了市场完全性假设的限制,实践中具有较强的应用性,目前该方法已经成为处理复杂实物期权最重要的一种定价方法。由此,采用动态规划法对旅游景区经营权实物期权的定价模型进行求解分析。

2. 模型求解

动态规划决策的思路是把旅游投资者的决策分为两部分:立即投资和等待投资。根据期权定价的思想,投资者进行投资决策的主要依据在于预期收益与期权价值的对比:如果预期收益大于期权价值,则进行投资;如果投资收益小于期权价值,则保持投资期权,直至预期投资收益等于投资的期权价值。

假设旅游投资个体风险中性(即 ρ 为无风险利率),则旅游景区的投资决策可由连续时间的贝尔曼方程确定,即:

$$F(V_t) ; \max\left\{V_t - I, (1+\rho dt)^{-1} E\left[F(V_{t+dt})|V_t, \mu_t\right]\right\} \quad (3-5)$$

其中，μ 为决策变量。旅游投资者决策等待时，$\mu=0$；决定进行投资时，$\mu=1$。式（3-5）中的期望为在已知 t 时刻 V 和 μ 的条件下求得的。若投资时间没有期限，则 $F(V_t)$ 不依赖时间 t。当企业决定等待，即 $\mu=0$，两边同时乘以 $1+\rho dt$，整理可得下式：

$$\begin{aligned}\rho F(V_t)dt &= E\left[F(V_{t+dt}) - F(V_t)\right] \\ \rho F(V)dt &= E\left[dF(V)\right]\end{aligned} \quad (3-6)$$

式（3-6）说明，在时间段 dt，投资者持有景区投资期权的正常收益 $\rho F(V)dt$ 等于该旅游投资项目价值的预期增值率。

再结合式（3-4），利用混合布朗运动与泊松过程的伊藤引理展开 $dF(V)$，式（3-6）可变为：

$$\frac{1}{2}\sigma'^2 V^2 F''(V) + \mu' V F'(V) + \lambda F\left[(1-\phi)V\right] - (\rho+\lambda)F(V) = 0 \quad (3-7)$$

当 $\lambda=0$ 时，表明行业中没有其他投资者进入，旅游投资企业在该地区中具有垄断地位。

此外，$F(V)$ 还必须满足以下边界条件：

$$F(0) = 0 \quad (3-8)$$

$$F(V^*) = V^* - I \quad (3-9)$$

$$F'(V^*) = 1 \quad (3-10)$$

其中，V^* 表示最优投资决策的临界值；式（3-8）表示当 $V=0$ 时，景区经营权的投资期权为零，并且由式（3-6）、式（3-7）可知此时项目价值 V 将继续保持为零；式（3-9）为价值匹配条件，表示在最优投资决策点 V^*，项目的期权价值等于项目净现值减去初始投资成本；式（3-10）为平滑粘贴条件。

根据便捷条件（3-8），式（3-6）的解可得如下形式：

$$F(V) = AV^\beta \qquad (3-11)$$

其中，A 为待定常数；β 为已知常数，取决于微分方程（3-6）中的 μ'，σ'，ρ，φ，λ 等参数。

将式（3-11）代入微分方程（3-9）可得：

$$\frac{1}{2}\sigma'^2\beta(\beta-1) + \mu'\beta - (\rho+\lambda) + \lambda(1-\phi)^\beta = 0 \qquad (3-12)$$

由式（3-12）可求得 β 值，$\beta > 1$，如下式。

$$\beta = \frac{1}{2} - \frac{\mu'}{\sigma'^2} + \sqrt{\left(\frac{\mu}{\sigma'^2} - \frac{1}{2}\right)^2 + \frac{2\rho}{\sigma'^2}} \qquad (3-13)$$

由边界条件（3-11）和公式（3-13）可求得：

$$A = \frac{V^* - I}{V^{*\beta}} \qquad (3-14)$$

由边界条件（3-10）、公式（3-11）和公式（3-14）可进一步求解得：

$$V^* = \frac{\beta}{\beta-1} I \qquad (3-15)$$

（二）模型拓展

公式（3-14）、（3-15）给出了旅游价值变动的实物期权定价模型的最优投资模型，在实际使用中，旅游项目的投资可利用该模型计算最优的投资时间。但在旅游投资实践中，项目价值关于几何布朗运动设定并不理想。特别是当企业具有可变成本时，其价值变化将不再服从几何布朗运动，而由未来价格及利率水平所决定；另一方面，实践中投资者看重的不仅是最优投资时机，而是希望得知最优投资时机时景区的旅游需求量，即旅游人次为多少时，投资效益可以最大化。为实现这一目的，假设景区旅游需

求 D 服从几何布朗运动；以 V 表示项目价值，考虑我国景区门票价格的固定特点，项目价值取决于该景区开发建设后预期的需求 D；假设景区开发需要的成本为 I，折现率为 r，项目的实物期权价值为 F，不考虑项目的经营成本，利用动态规划法的求解如下：

设旅游需求 D 服从几何布朗运动，即

$$\mathrm{d}D/D = \alpha \mathrm{d}t + \sigma \mathrm{d}z \qquad (3-16)$$

则项目的价值可以被解释为在时间区间 $(t, t+\mathrm{d}t)$ 的经营利润及 $t+\mathrm{d}t$ 后的持续价值，表示为：

$$V(D) = D\mathrm{d}t + E\left[V(D+\mathrm{d}D)\mathrm{e}^{-rt}\right] \qquad (3-17)$$

根据式（3-16），将 $V(D+\mathrm{d}D)$ 和 e^{-rt} 按泰勒展开，可得：

$$V(D+\mathrm{d}D) = V(D) + V'(D)\mathrm{d}D + \frac{1}{2}V''(D)\mathrm{d}^2D + o(\mathrm{d}t)$$

$$\mathrm{e}^{-rt} = 1 - r\mathrm{d}t + o(\mathrm{d}t)$$

则可得：

$$E\left[V(D+\mathrm{d}D)\mathrm{e}^{-rt}\right] = V(D) - rV(D)\mathrm{d}t + \alpha DV'(D)\mathrm{d}t + \frac{1}{2}\sigma^2 D^2 V''(D)\mathrm{d}t$$

将上式代入（3-17）可得：

$$V(D) = D\mathrm{d}t + V(D) - rV(D)\mathrm{d}t + \alpha DV'(D)\mathrm{d}t + \frac{1}{2}\sigma^2 D^2 V''(D)\mathrm{d}t$$

上式化简得到：

$$D - rV(D) + \alpha DV'(D) + \frac{1}{2}\sigma^2 D^2 V''(D) = 0$$

该微分方程的一个通解为：

$$V(D) = AD^b$$

其中，b 是方程 $\frac{1}{2}\sigma^2 X(X-1)+\alpha X-r=0$ 的正根。

迪克西特和平迪克将 AD^b 解释为方程的泡沫成分，并将其排除，得到了项目的基本价值部分为：

$$V(D)=\frac{D}{r-\alpha}$$

在此基础上，对其实物期权价值进行推演：

假设在旅游需求区间（0–D^*）内，实物期权一直被持有，D^* 将未来划分为瞬时区间（t，$t+\mathrm{d}t$）和超过该区间的部分。在连续时间段的贝尔曼方程可表示为：

$$rF\mathrm{d}t=E(\mathrm{d}F)$$

进行泰勒展开，整理和并可得到旅游项目投资期权的微分方程为：

$$\frac{1}{2}\sigma^2 D^2 F''(D)+\alpha D F'(D)-rF(D)=0$$

上述微分方程满足下列边界条件：

$$F(D^*)=V(D^*)-I$$

$$F'(D^*)=V'(D^*)$$

有边界条件可求解上述微分方程，得到：

$$F(D)=AD^\beta$$

其中：

$$A=\frac{(\beta-1)^{\beta-1}}{\left[(r-\alpha)\beta\right]^\beta I^{\beta-1}}$$

β 是方程 $\frac{1}{2}\sigma^2 X(X-1)+\alpha X-r=0$ 的正根。

由此可以得到项目旅游需求的临界值为：

$$D^* = \frac{\beta}{\beta-1}(r-\alpha)I \qquad (3-18)$$

代入整理可得项目的临界价值为：

$$V(D^*) = \frac{D^*}{r-\alpha} = \frac{\beta}{\beta-1}I \qquad (3-19)$$

当 $D > D^*$ 时，立即投资为最优，此时，$F(D) = V(D) - I$。
由此可得到关于实物投资期权的价值函数：

$$F(D) = \begin{cases} AD^\beta & D < D^* \\ AD^{*\beta} & D = D^* \\ V(D) - I & D > D^* \end{cases}$$

三、模型参数的影响分析

旅游景区及其产品市场的特性，需要考虑模型中的主要参数（预期增长率 μ 与波动率 σ）对景区经营权期权价值的影响。

景区的旅游市场需求通常可以用景区在一定时段内的游客接待量的多少来衡量。因此，在模型中，旅游市场需求的预期增长率可用景区游客接待量的预期增长率进行代替，在式中以漂移参数 μ 表示。简便起见，考虑没有竞争对手进入的情形（即 $\lambda=0$），假设景区初始成本 $I=1$，贴现率 $\rho=0.05$，项目需求弹性为 $\theta=0.5$，项目净现值 $V=2$，分别考察景区波动率 σ 为 0.1，0.2，0.3，0.4，0.5 时，景区游客接待量的预期增长率 μ 对最优投资可获得收益及景区经营权期权价值的影响。具体结果如下表所示：

表 3-1 不同 σ 及 μ 的取值对 β 值大小的影响

参数设定	β 值			
σ \ μ	0.01	0.02	0.03	0.04
0.1	2.70	2.00	1.53	1.22
0.2	1.85	1.58	1.35	1.16
0.3	1.51	1.37	1.23	1.11
0.4	1.34	1.25	1.16	1.08

再利用公式即可求得预期增长率 μ 下的景区最优决策收益 V^* 及期权价值 $F(V^*)$，计算结果如下表、下图所示。

表 3-2 预期增长率 μ 对景区最优决策收益 V^* 及期权价值 $F(V^*)$ 的影响

参数设定	最优决策收益 V^*				期权价值 $F(V^*)$			
σ \ μ	0.01	0.02	0.03	0.04	0.01	0.02	0.03	0.04
0.1	1.59	2.01	2.88	5.61	0	0.01	0.88	3.61
0.2	2.18	2.72	3.85	7.32	0.18	0.72	1.85	5.32
0.3	2.95	3.72	5.28	10.00	0.95	1.72	3.28	8.00
0.4	3.93	5.00	7.15	13.63	1.93	3.00	5.15	11.63

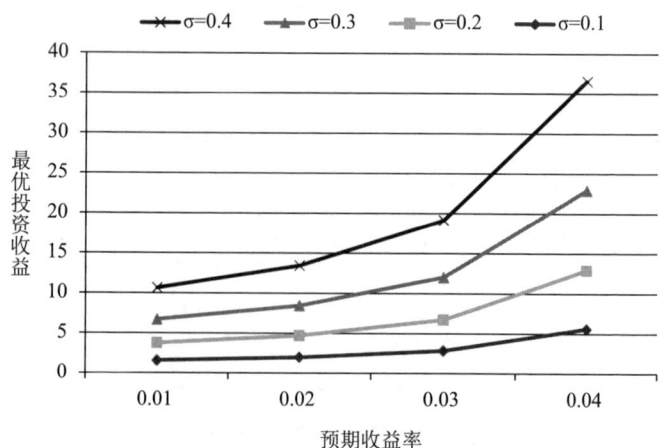

图 3-1　不同波动率取值下预期增长率对景区最优投资收益的影响

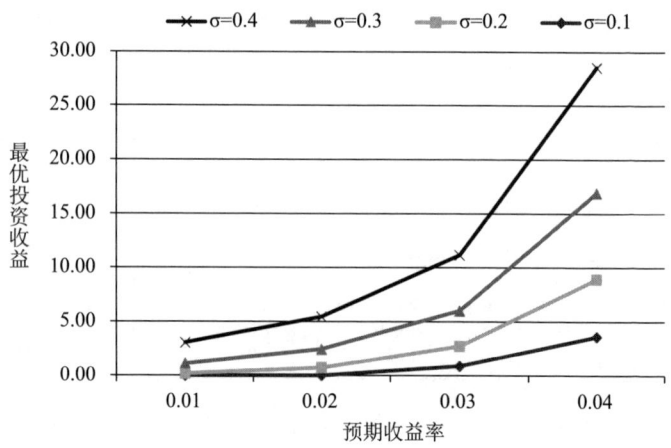

图 3-2　不同波动率取值下预期增长率对景区经营权期权价值的影响

由上可见，旅游景区的预期增长率越高，投资者决策时间的灵活性价值也就越高，投资机会的期权价值也越高；同样旅游需求的波动率 σ 反映的是旅游需求的稳定性，其值越大说明市场的需求越不稳定，市场风险也就越高，在其他条件不变的情况下，标的资产波动率越高，最优投资临界值和期权价值也越高。这一结果也进一步验证了前文所述的，项目的不确定性越高，期权价值越大的结论。

第二节 景区经营权实物期权定价模型检验

景区旅游经营权价值评估不能只是简单套用实物期权模型，还需要对实物期权模型是否适用于该标的资产的期权进行验证，如旅游景区标的资产波动是否符合一般实物期权模型的假定，即旅游景区的收益或旅游人次是否服从正态分布等。鉴于景区经营权实物期权价值评估对景区经营权量化评估的重要意义，以及目前实物期权法在应用研究中的薄弱现状，分析旅游景区经营权实物期权定价模型的应用条件检验就显得尤为重要和迫切了。

一、适宜性检验

（一）适宜性检验之必要性

作为标的资产的旅游资源，其价格的体现是景区对外销售的景区门票，根据我国景区门票特有的定价机制，景区门票价格一般可以认为恒定的，检验其价格的变化是否遵循正态分布就没有实际意义了，这就需要寻找一个较为合适的指标进行替换，再做条件检验。结合我国旅游景区的特点，我们在研究中选取了旅游需求（即旅游人次）与旅游收入作为替代指标进行检验，以期验证实物期权模型的第一个假设条件，即标的资产遵循几何布朗运动，并为旅游景区开发中运用实物期权模型奠定基础，并提供科学的依据。

（二）适宜性检验内容

根据满足布朗运动的前提条件，其变化应遵循正态分布（*normally distributed*）。根据本书的假设，景区未来旅游需求服从几何布朗运动，因此，根据实物期权定价模型条件检验的思路，需要对景区未来的旅游需求是否服从正态分布进行检验。

二、适宜性检验方法

本研究利用 SPSS 软件中关于正态分布检验的统计方法进行条件检验，具体方法主要包括：描述性统计中的偏度和峰度系数、Q-Q 图、单样本 K-S 检验以及 S-W 检验。

1. 描述性分析

该分析就是计算并列出一系列描述性统计量指标。其中重要的指标是表示分布特征的统计量偏度系数和峰度系数。偏度系数描述的是变量的非对称方向和程度，一般认为偏度值在 -0.8 至 0.8 为佳，若该系数为 0，则认为该数据序列服从标准正态分布；峰度系数则表示密度函数图形的凸平度，反映数据在均值附近的集中程度。如果数据的峰度系数接近零，则认为数据峰度服从正态分布。

2. Q-Q 图像法

SPSS 软件关于正态性检验的另一个常用方法是利用 Q-Q 概率图来检验样本分布是否来自指定的理论分布的一种统计图形。Q-Q 图中的横轴表示样本的分位数，纵轴为指定的理论分布的分位数。如果图中的散点分布是在一条直线附近，则可认为该数据基本符合正态分布。

3. 单样本 K-S 检验

Kolmogorov-Smirnov 检验（即柯尔莫哥洛夫·斯摩洛夫检验）主要用于检验一组样本观测结果的经验分布同某一指定的理论分布之间是否一致。其基本思路是，求出分类数据不同的观测的经验累积频率分布的最大的偏离值，并在给定的显著性水平上，检验这种偏离是否是偶然的。一般地，K-S 检验 Z 值的结果大于显

著水平，则说明样本数据服从指定的理论分布。

4. S-W 检验

Shapiro—Wilk 检验由沙皮罗（S.S. Shapiro）与威尔克（M.B. Wilk）首先提出。该检验主要用顺序统计量 W 来检验数据的分布是否具有正态性。S-W 首先认为总体服从正态分布，再将样本量为 n 的样本进行排列编号，再由给定的显著性水平 α 及样本量为 n 时所对应的系数 a_i 计算出检验统计量 W，最后得 W 检验的临界值表，进行结果对比。如果条件满足则接受原假设，认为数据服从正态分布，否则拒绝假设，认为总体不服从正态分布。

第三节 景区经营权实物期权定价模型参数优化

在采用实物期权估算价值的过程中，估算有关参数是最为重要的步骤之一。实物期权定价模型中参数的正确与否关系到景区经营权投资柔性价值评估结果的准确性，有必要对其中的关键参数进行明确与修正，以提高模型的准确性与适用性。从具体的模型求解及应用实践来看，标的资产波动率是最为关键的参数之一。

一、波动率的内涵特点及其计算方法

（一）波动率的内涵与特点

波动率（σ）（Volatility）即资产收益率的标准差，是对标的资产价值不确定性程度的度量，其本质是反映项目收益的不确定性和风险的大小，其具体表征是标的资产对拥有或者控制相应企业或资产的个人或者组织所带来的收益的不确定性。

对于金融期权的评估模型，由于金融期权交易市场的存在，其标的物通常较为明确，计算方法及手段较为成熟，其波动率通

常是利用标的股票的历史数据,计算其历史收益率的标准差并以此作为股票的波动率。但对实物期权的评估模型来说,其标的物大多为不确定的实物资产、无形资产或其他投资项目等,实物期权交易市场仍未形成,标的资产既不存在期权的市场价格,历史价格也较难收集。实物资产价值的波动不但受市场变化和资产特性的影响,相关资产所有者、经营者、竞争对手以及其他主体行为的变化也将对其造成重要影响,经营主体对实物资产的风险态度、收益判断等都会影响标的资产价值的变化。这些特点增加了实物资产波动率的估算难度,也成为实物期权评估模型中最为重要的一个难点。波动率的难以确定在很大程度上影响了实物期权在资产评估中的应用价值。

(二)波动率对期权价值评估的影响

虽然实物期权理论为不确定性条件下实物投资的决策评估带来了巨大的思路突破,但与其他评估方法一样,由于很多实物资产不存在期权交易市场,可用数据较为匮乏,因而不能准确计算标的资产波动率的大小,实物期权定价过程中同样存在参数较难确定的问题。作为实物期权定价模型中最为关键的主要参数,标的资产的波动率对实物期权价值有着重要影响,如特里杰奥吉斯(Trigergis,1996)的研究发现,波动率提高50%,期权价值将会增长40%;凯斯瓦尼(Keswani,2006)研究发现,波动率由10%提高到30%,实物期权价值增长210%。由此可见,波动率的取值准确与否将直接影响到期权价值定价的准确与否的。如何准确计算实物资产的波动率自然就成为了应用实物期权定价模型首要需要解决的问题。

(三)波动率的主要计算方法

作为影响实物期权的最重要因素之一,国内外学者对波动率的确定进行了大量的研究和探索[①]（Lima et al.，2006；刘小峰，2013），并形成了一系列的计算方法。归纳起来，主要有以下几种常见的波动率计算方法：

1. 股票价格估计法

该方法是一种金融期权波动率的求解思路。其基本思路是从交易市场寻找一个与该投资项目相类似的企业，利用这些业务类似的上市公司的数据来求解标的物价值的标准差，并以此作为标的资产价值的波动率。计算公式为：

$$\sigma = \sqrt{\frac{1}{n-1}\sum_{i=1}^{n}\left(X_i - \bar{X}\right)^2}$$

式中，$X_i = \ln\frac{A_i}{A_{i-1}}$，$A_i$ 为 i 时刻股票价格的数据。

由于股票市场数据获取的便捷性以及数据量较为充足，该方法在实践中应用较为广泛，是最常见的一种波动率计算方法。然而，该方法在实践中也存在明显的缺陷与不足：其一，该方法存在一个重要问题，即类似股票的价格波动规律能否准确代表标的资产价格的运动规律，波动率的准确程度取决于相关股票价格波动与标的资产价值波动的相关性的高低；其二，在证券市场中寻找到与之类似的企业困难较大，项目地域性、个别性的差异往往较大，计算结果容易出现较大偏差；上市企业的市值波动容易受到股市波动的影响，类似股票的波动通常难以合理反映出评估企业的价值波动，更无法反映单个项目价值的波动。

2. 蒙特卡洛模拟法

蒙特卡洛模拟法，又称情景模拟法，2001年科普兰和安提卡洛（Copeland & Antikarow）提出可以通过蒙特卡洛模拟法来求标的资产的波动率。目前该方法已经成为国内外学者估计波动率的首要选择，并被认为是相对合理、客观的方法。该方法的主要思

---

① 费鹃，袁永博.基于灰色预测理论的实物期权波动率计算——以房地产项目为例[J].工程管理学报，2013，27（05）：98-102.

路为：先根据项目特点，对其现金流量进行预期估计；分析影响标的资产的各个不确定因素，再根据项目所面临的不确定因素，假设其现金流服从某一概率分布；而后采用蒙特卡洛模拟方法，生成标的资产期望回报率的随机数，并计算抽样值；最后将模拟所得的净现值和波动率作为项目收益现值和波动率的估计值。

3. 历史经验法

该方法的主要思路是基于项目的历史数据或投资者的投资经验对其波动率进行估算。但历史数据只能反映既成的事实，无法代表未来的情况。另一种是基于投资者管理经验，或采用专家对波动率的估值，如迪克西特和平狄克（Dixi & Pindyck，1994）认为实物期权比较推荐的波动率取值范围为15%~25%，也有学者认为部分实物项目的波动率亦可采用30%以上进行计算。大部分相关文献为简便起见，都采用主观赋值的办法对波动率的大小进行估计。该方法的优点是简单方便，但由于没有充分依据，主观性较大，结果容易存在较大误差。

4. 预期现金流对数法

该方法的应用思路是对项目预期收益现金流进行预测，并将预测值看作是股票价格，再利用股票估计法的计算公式进行求解。该方法与股票价格估计法最大的不同之处在于，股票价格由项目现金收入的现值代替了。这种方法存在一定的理论缺陷：首先，投资项目年净收益不能完整体现项目价值；其次，该方法无法在预期现金流为负数的情况下使用；最后，现金流递减或以固定比率增长的现金流，其波动率的计算结果将出现偏差。

5. 预测估计法

该方法的应用原理是在历史数据的基础上，利用时间序列预测手段，对项目未来的波动率作出合理预期。该方法在金融期权领域应用较广，以广义线性自回归条件异方差模型（GARCH）最为典型。相较于其他方法，该方法对于历史波动率的刻画较为准确。在缺陷方面，由于需要选取合适的股票进行预测，该方法有与股票价格数据法相同的不足与缺陷；同时，该方法的应用需要有大量的数据支撑,而现实中实物期权项目的可用数据往往较少,因而,该方法对实物期权波动率的预测较为局限。

综上所述,已有研究关于波动率的确定更多地是采用模拟、预测或估值等方式,计算方法缺陷明显:其中股票价格估计法存在"孪生证券"的合理选择问题;蒙特卡洛模拟法关于现金流的假设、管理经验法以及专家赋值法存在人为的主观判断,缺乏充分依据;基于历史数据的历史波动率不能完全代表项目未来波动率;GARCH法需要大样本量支持的条件在实践评估中较难满足。因此,关于实物期权波动率的计算还需要寻找更为合适客观的方法。

二、旅游景区波动率计算的优化研究

(一)旅游景区波动率优化思路

在旅游实践领域,极少数学者在借鉴其他领域的波动率估算研究的基础上,提出了旅游波动率的计算思路。归纳来看,关于旅游波动率的估算主要有两种思路。对已开发景区而言,一种方法是将其标的资产价格的波动,用旅游者为享用旅游资源所需承担的总费用作为项目价值的波动率;另一种更为常见的办法是在考虑景区门票价格相对稳定特定的基础上,以景区未来旅游需求的波动率作为标的资产波动率。对未开发景区,由于缺乏与实体资产相关数据,标的资产价格的波动率通常难以估计,其解决的一般思路,一种是以景区类上市公司的股价变动作为景区波动率的参考,另一种是将周边或全国同类型景区的相关数据的均值作为波动率拟定的参考。对比两种旅游波动率的计算思路,可以发现:对已开发景区而言,其波动率计算的关键在于得到景区未来旅游需求的数据序列,即需要对其未来旅游需求进行精确预测;对未开发景区而言,由于没有原始数据的支持,其估算或需要借助蒙特卡洛模拟法进行数据模拟,或需要借助"孪生股票"数据进行 GARCH 或其他时间序列的预测估算。

因此，不论是其他标的资产波动率的计算，还是旅游资产波动率的计算，不同方法的估算关键在于，如何对项目未来现金流的不确定性进行准确预测。基于这一思路，本项目提出关于波动率的估算新思路，即根据实物项目的特点，通过选择合适的预测方法，对项目的收益或标的资产波动的替代参数进行预测，再依此计算项目的波动率。具体思路可用下图表示：

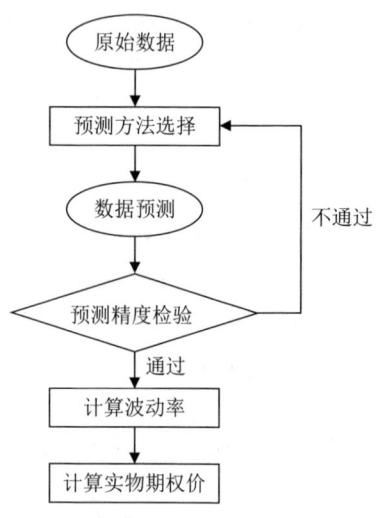

图3-3 实物期权计算流程图

从图3-3实物期权波动率的计算流程图来看，波动率估算的关键在于选择合适的预测模型对所需数据进行预测。在考虑数据有限性和预测准确性的基础上，本项目认为灰色预测模型（Grey Prediction Model）可以较好地满足本书关于实物期权波动率计算。其逻辑在于：其一，灰色预测模型在短中长期的预测研究中具有较高的准确性；其二，景区经营权的经营数据较难获得，即使获得其数据量也不会太大，而灰色预测模型在预测中所需数据量较少的特性使其在这方面的应用中具有独一无二的优势。因此，在利用灰色预测模型对景区旅游需求作出预测的基础上，对其标的资产波动率（即旅游需求）进行测算就具有相当的准确性了；同时，比较于管理经验的收益预测，基于数量模型的预测结果也更具可信性，在此基础上计算的波动率也就更符合其含义了。

（二）灰色预测理论及其模型建立

1. 灰色预测模型 GM（1，1）的建立

灰色系统理论（Grey Theory）是一种以解决"小样本、贫信息、不确定"问题而产生的一门新兴理论体系。该理论由我国著名学者邓聚龙教授在 1980 年初首次提出，1982 年他在 *Systems & Control Letters* 所发表的"*The Control of Grey System*"一文标志着灰色系统理论诞生。灰色系统理论的主要思路是发现复杂客观系统中存在的规律性，根据发现规律特征，建立灰色微分方程模型，预测系统未来的发展趋势。

灰色预测模型 GMGM（1，1）是当前应用最为广泛的灰色预测模型。这是一个关于数列的一个变量、一阶微分的预测模型。该模型的基本原理是，用一阶线性微分方程来表达时间累加后新时间序列所呈现的规律。具体模型建构过程如下：

设变量 $X^{(0)} = \left\{x^{(0)}(i), i=1,2,...,n\right\}$ 为某一预测对象的非负单调原始数据序列，为建立灰色预测模型，先对 $X^{(0)}$ 进行一次累加（1-AGO，Acumulated Generating Operator）生成一次累加序列：

$$X^{(1)} = \left\{x^{(1)}(k), k=1,2,...,n\right\}$$

其中，$x^{(1)}(k) = \sum_{i=1}^{k} x^{(0)}(i) = x^{(1)}(k-1) + x^{(0)}(k)$

按累加生成的序列建立 $X^{(1)}$ 白化形式的微分方程：

$$\frac{dX^{(1)}}{dt} + aX^{(1)} = \mu$$

上式即为 GM（1，1）模型的一般表达式。

上式方程解的离散表达形式为：

$$x^{(1)}(t+1) = (x^{(0)}(1) - \frac{u}{a})e^{-at} + \frac{u}{a}$$

式中，t 为时间序列，时间长度为年、季或月。

构造数据矩阵 B 和数据向量 y 求解上式中的未知参数 a 和 μ：

$$B = \begin{Bmatrix} -\frac{1}{2}\left[x^{(1)}(1) + x^{(1)}(2)\right] & 1 \\ -\frac{1}{2}\left[x^{(1)}(1) + x^{(1)}(2)\right] & 1 \\ -\frac{1}{2}\left[x^{(1)}(2) + x^{(1)}(3)\right] & 1 \\ \vdots \\ -\frac{1}{2}\left[x^{(1)}(n-1) + x^{(1)}(n)\right] & 1 \end{Bmatrix}$$

$$y = \left[x^{(0)}(2), x^{(0)}(3), \ldots, x^{(0)}(n)\right]^T$$

利用最小二乘法对参数 a 和 μ：

$$\hat{a} = \begin{pmatrix} \hat{a} \\ \hat{\mu} \end{pmatrix} = (B^T B)^{-1} B^T y$$

将参数 a 和 μ 的估计值 $\hat{a}$ 和 $\hat{\mu}$ 代入微分方程离散表达式中，可得：

$$\hat{x}^{(1)}(k+1) = (x^{(0)}(1) - \frac{\hat{u}}{\hat{a}})e^{-\hat{a}k} + \frac{\hat{u}}{\hat{a}} \quad (3-20)$$

还原到原始时间序列可得：

$$\hat{x}^{(0)}(k+1) = \hat{x}^{(1)}(k+1) - \hat{x}^{(1)}(k) - = (1 - e^{\hat{a}})\left[x^{(1)}(1) - \frac{\hat{u}}{\hat{a}}\right]e^{-\hat{a}t} \quad (3-21)$$

式（3-20）、（3-21）即是 GM（1，1）模型的时间响应函数，也是 GM（1，1）灰色预测模型的具体计算公式。

2. GM（1，1）的模型检验

GM（1，1）的精度检验一般有三种方式，即残差检验、后验检验和关联度检验。其中，残差检验是检验预测值与原始值的相对误差；后验差检验是对残差的概率分布进行检验；关联度检验则属于几何检验，是检验数据的预测曲线与行为曲线的几何相似程度。其中残差检验与后验差检验是最常见的检验手段。

①残差检验，主要用残差（residuals）和相对误差（relative errors）两个指标进行检验：

$$残差\ \Delta^{(0)}(i) = \left| X^{(0)}(i) - \hat{X}^{(0)}(i) \right|, i=1,2,...,n$$

$$相对误差\ e(i) = \frac{\Delta^{(0)}(i)}{X^{(0)}(i)} \times 100\%, i=1,2,...,n$$

②后验差检验，则主要采用方差比（variance ratio）和小概率误差（small probability error）两个指标衡量：

$$方差比：C = \frac{S_2}{S_1}$$

式中：S_1 为原始序列的标准差；S_2 为绝对误差序列的标准差，即：

$$S_2 = \sqrt{\frac{1}{n-1}\left[\Delta^{(0)}(i) - \overline{\Delta}^{(0)}\right]^2}, i=1,2,...,n$$

小概率误差：

$$P = P\left\{\left|\Delta^{(0)}(i) - \overline{\Delta}^{(0)}\right|\right\} < 0.6745 S_1$$

一般地，检验通过根据方差比 C 和小概率误差 P 来确定灰色预测模型的精度等级，通常 P 值越大，C 值越小，则预测模型的精度越高。具体如下表所示：

表 3-3　灰色预测模型精度等级评价表

P 值	C 值	精度等级
>0.95	<0.35	好
>0.80	<0.50	合格
>0.70	<0.65	勉强合格
≤0.70	≥0.65	不合格

（三）基于灰色预测模型的旅游波动率计算

在已有研究中，波动率的计算使用对数现金流或变异系数法。在对数现金流法中，为了减少序列的波动性，现金流通常要做对数转换。但 GM（1，1）灰色预测模型的响应函数中，由于已经采用了自然幂指数（即公式中的 e^{-at}）作为预测手段，若继续采用对数现金流法计算波动率，则其所计算的波动率将为零。因而，对数现金流法并不适用于基于灰色预测模型的波动率估算。参照张永峰等（2004）、费鹍和袁永博（2013）的研究成果，这种情况可以采用变异系数（Coefficient of Variation，CV）作为波动率的计算值。计算公式如下：

$$\sigma = s/\mu = \frac{\sqrt{\frac{1}{n-1}\sum_{i=1}^{n}(y_i - \bar{y})^2}}{\frac{1}{n}\sum_{i=1}^{n}y_i}$$

其中，s 为预测数据的标准差，μ 为预测数据的均值。

在本项目研究过程中，考虑数据获取的局限性以及灰色预测模型在短中期预测的高精度性，本项目将利用案例景区旅游需求的有限数据对其进行短期预测，再根据短期预测的数据序列，求取预测序列的变异系数，并以此作为本书实物期权评估模型中的波动率，进行实物期权价值评估。

第三篇

▼

案例研究

第四章
冠豸山景区经营权评估——实物期权视角试评估[①]

[①] 本案例研究于2012年完成,为该项研究最早的案例,该成果发表于2013年第六期的《经济管理》,主要由林璧属、林文凯和周春波完成。

第一节 案例选取依据

本研究选取福建省龙岩市连城县的冠豸山国家风景名胜区为案例研究地进行模型的案例分析与实证估算。冠豸山是福建省最早进行经营权转让尝试的旅游景区之一,但就在其经营权转让之后,由于相关政策的变动,已被转让的冠豸山景区经营权被政府回收,投资者与景区管委会就冠豸山经营权的回购价格分歧较大,并最终付诸法律。本案例研究采用实物期权视角对其经营权价值进行评估,也许有助于为解决双方的回购价格纠纷提供一定的价格参考。当然,最终法律诉讼未采用本研究成果,只是我们的期望。研究团队对冠豸山景区的经营权转让进行了长期的跟踪调查,获取了景区经营权价值评估需要的基础数据,使得冠豸山景区经营权价值的实证评估具有相当的可行性。

选取冠豸山景区作为本书的案例研究景区,既满足案例目的地典型性的考量,又保证了案例实证进行的可行性,其结果对于解决冠豸山经营权转让中存在的价格纠纷也具有一定的现实意义。

一、冠豸山景区及其经营权转让实践

冠豸山景区经营权的转让始于 2006 年。该年 1 月份,连城冠豸山旅游开发有限公司依法获得冠豸山景区 40 年的旅游资源经营权。在获得冠豸山景区经营权后,连城冠豸山旅游开发有限公司采取了一系列内外部管理措施,极大提升了冠豸山景区的经营效益。从经营权转让后的景区收益来看,景区经营权转让后的第一年,冠豸山接待的游客数就比上年同比增加了 30% 以上;其后的五一"黄金周",冠豸山景区接待游客数同比增长了 34.27%,门船票收入同比增了 40.32%,游客接待数也比福建省同类 4A 级景区高出了 30%~40%。这凸显了福建连城冠豸山旅游开发有限公司在取得冠豸山景区经营权后，大胆改革、锐意创新，严格按照现代企业制度要求，加大资金投入，创新营销方式，积极开拓旅游客源市场所取得的丰硕成果。

二、冠豸山景区经营权转让纠纷

2009 年 11 月，根据国务院颁发的《风景名胜区条例》和福建省人民政府办公厅《关于加强世界遗产和风景名胜区保护管理的通知》、福建省建设厅《关于切实做好风景名胜区整体出让经营权和门票收费权整改工作的函》，冠豸山景区需要在 2010 年 6 月底完成对其门票经营权的回收和整改，对冠豸山景区的开发经营权进行政策性合法回收。经营权回购主要包括门船票收费、旅游配套服务项目的经营使用权。

为了配合冠豸山经营权的回收工作，景区管委会于 2011 年 9 月 23 日在《闽西日报》刊登公告，申办了包括冠豸山、石门湖等主要景区在内的门票收费许可证，并与冠豸山旅游投资方进行了多次协调，达成初步的回收意向。2012 年 3 月 22 号，连城县政府发布《关于正式接收冠豸山风景区经营管理工作的公告》，2012 年 4 月 6 日，冠豸山管委会正式重新接管景区，并预支付冠豸山旅游投资方 6000 万元补偿款，其余款项则经司法机关裁决生效再行结算。冠豸山景区管委会接管景区后迅速制定了《关于加强冠豸山国家级风景名胜区经营管理的通告》等规章制度，以保证经营权回购后冠豸山景区的稳步发展与全面建设。

虽然冠豸山景区投资方与连城县政府达成了提前终止景区经营权转让合同的意向，但遗憾的是，在剩余款项的估值方面，双方却存在较大的意见与争执。双方均以 2011 年 9 月 30 日为评估基准日，以 2045 年 12 月 31 日为评估截止日，采用收益还原法进行资产评估，政府方面评估的景区经营权及新增固定资产的价值为 1.72 亿元，而企业方面给出的评估值却为 3.78 亿元。评估结果的巨大差异使双方难以达成补偿协定，最终付诸法律诉讼。

为了更好地分析该案例景区，我们进行了深入的案例研究。

第二节 基于实物期权模型的冠豸山景区经营权价值评估

一、冠豸山景区波动率

根据前述构建的旅游景区经营权实物期权定价模型，如何确定景区的资产波动率成为估值的关键。

（一）模型选择

从冠豸山来看，其已进行了景区经营权转让实践，具有一定的数据基础，其波动率计算关键在于对冠豸山景区未来的旅游需求（具体来说，即旅游人次）进行精确预测。根据研究可知，灰色预测模型在对较小的原始数据进行短中期预测方面具有比其他预测方法（如 ARIMA，趋势外推法等）不可比拟的优势。因此，研究团队采用灰色预测 GM（1，1）模型先对冠豸山景区未来10年的旅游需求进行预测，并基于预测数据求取其变异系数作为本案例实物期权定价模型中的波动率。

（二）模型求解

结合灰色预测模型建构思想，根据冠豸山景区管委会提供的2008—2011年冠豸山的旅游接待人次数据构建原始序列：

$$X^{(0)} = \{169277, 194150, 198133, 225000\}$$

对其做一次累加得累加序列：

$$X^{(1)} = \{169277, 363427, 561560, 786560\}$$

构建数据矩阵 $Y=B\theta$，求解模型未知参数 a 和 μ，其中：

$$Y = \{194150, 198133, 225000\}$$

$$B = \begin{bmatrix} -266352 & 1 \\ -462493.5 & 1 \\ -674060 & 1 \end{bmatrix}$$

$$\theta = \begin{bmatrix} \hat{a} \\ \hat{\mu} \end{bmatrix}$$

当 $|B^T B| \neq 0$ 时，用最小二乘法（OLS）可得起最小二乘解：

$$\begin{bmatrix} \hat{a} \\ \hat{\mu} \end{bmatrix} = (B^T B)^{-1} B^T Y = \begin{bmatrix} -.0763 \\ 170062.517097 \end{bmatrix}$$

取 $x^{(1)}(0) = x^{(0)}(1)$，求解白化方程，可得到预测模型：

$$\hat{x}^{(1)}(k+1) = 2397024.7097 e^{0.0763k} - 2227747.7097$$

（三）模型检验

利用上述求得的灰色预测模型 GM（1，1）进行模拟，所得结果如下表所示：

表 4-1 GM（1，1）模型的预测结果及残差检验

年份	2008	2009	2010	2011
原始值	169 277	194 150	198 133	225 000
预测值	169 277	190 150	205 235	221 515
残差	0	-3999.6141	7101.5730	-3484.6464
相对误差（%）	0	-2.0601	3.5842	-1.5487
平均相对误差（%）	2.3977			

由上表残差检验的结果可知，模型预测结果与原始数据的相对误差较小，模型预测结果良好；再对预测数据进行后验差

检验，计算可得预测模型的方差比 C=0.177<0.35，小概率误差 P=1>0.95，对比灰色预测模型精度等级评价表中的预测精度等级划分，可见该模型的预测精度好，结果可信。

表 4-2 GM（1，1）模型的后验差检验结果

检验指标	检验值	临界值	检验对比	检验评价
方差比（C）	0.2590	0.35	大于临界值	预测结果可信
小概率误差（P）	1	0.95	大于临界值	模型预测精度好

（四）模型预测

利用上述模型预测未来 10 年冠豸山景区的旅游需求，结果如下表所示：

表 4-3 未来 10 年冠豸山景区旅游需求预测表

年份	旅游需求预测值	年份	旅游需求预测值
2008	169 277	2015	300 619
2009	190 150	2016	324 467
2010	205 235	2017	350 206
2011	221 515	2018	377 987
2012	239 088	2019	407 972
2013	258 054	2020	440 335
2014	278 528	2021	475 266

（五）波动率计算

根据表 4-3 的预测数据，可计算出冠豸山的旅游波动率为 31.92%，具体计算过程见下表：

表 4-4 未来 10 年冠豸山景区旅游需求预测表

主要参数	参数值
预测数据标准差（s）	96632.3976
预测数据的均值（μ）	302764.0566
计算公式	$\sigma = s/\mu$
计算结果	0.3192
冠豸山旅游波动率（σ）	0.3192

二、冠豸山景区经营权实物期权定价的量化评估

根据灰色预测模型求得的资产波动率 σ=31.92%；结合冠豸山景区旅游需求的预测数据，可得旅游需求的预期增长率 α=8.27%；考虑到全国旅游景区市场存在地区之间的竞争，将使全国性的景区类上市公司资本成本指标成为判断资本化率合理性的有效指南，参照已有研究成果（周春波，林璧属，2013），本案例选取资本化率（即折现率）μ 取值为 14.66%；求解参数 β，代入数据可得 β=1.4131；确定投资额，根据冠豸山景区经营权受让企业（豸龙旅游发展有限公司）的投资计划，经营权受让后，冠豸山旅游发展有限公司拟增投 5000 万人民币用于景区基础设施的完善、旅游景区的宣传推广以及新旅游景点的开发建设。故取景区投入成本 5000 万元；确定评估所需参数后，根据动态规划法得出的实物期权定价模型，代入有关参数 β 和 I，可求得冠豸山景区实物期权价值为 1.71 亿元，即，将冠豸山景区经营权视为一种投资实物期权，其所蕴含的实物期权价值为 1.71 亿元；考虑项目的净现值，根据《冠豸山的旅游投资报告》，在不考虑重大旅游项目投资，如景区高星级酒店的建设、大型游乐设施的配套等情况下，冠豸山景区 2006—2045 年的项目净现值（NPV）为 0.95 亿元；再根据迈尔斯（Myers，1977，1987）的研究结论，景区的经营权价值由景区正常运转条件下未来现金流量折现（即景区的"现实价值"）和景区未来投资机会的期权价值两部分组成，

其中，实物期权价值为 1.71 亿元，项目净现值（NPV）的评估结果为 0.95 亿元，综合可得，基于实物期权法的景区经营权价值为 1.71 亿元 +0.95 亿元 =2.66 亿元。

三、冠豸山景区经营权实物期权价值的敏感性分析

从项目价值的影响因素中找出对项目经济效益有显著影响的敏感性因素，分析并测算这些敏感性因素对项目经济收益的影响程度。考虑到资产波动率对旅游经营权实物期权价值的关键影响，本案例考察了资产波动率的变化对冠豸山实物期权价值的影响。

表 4-5 波动率 σ 影响下的冠豸山实物期权价值的敏感性分析表

敏感性因素	波动率 σ	β 值	实物期权价值（亿元）	旅游需求临界值（万人次）
波动率 σ	原始值 31.92%	1.4131	1.710	1092.9137
	10%	1.7006	1.214	775.5158
	15%	1.6323	1.291	824.8156
	20%	1.5609	1.391	889.0927
	25%	1.4939	1.512	966.4187
	30%	1.4340	1.652	1055.6529
	35%	1.3819	1.809	1156.1946
	40%	1.3369	1.984	1267.7715
	45%	1.2984	2.176	1390.3021
	50%	1.2653	2.385	1523.8106
	55%	1.2369	2.611	1668.3780
	60%	1.2123	2.855	1824.1123

进一步地，考察投资额 I 与资产波动 σ 的综合影响，结果如下表所示：

表 4-6 双因素影响下的冠豸山实物期权价值（万元）的敏感性分析表

投资额 波动率	100万	200万	500万	1000万	2000万	5000万	1亿
原始值 31.92%	342.0721	684.1442	1710.3607	3420.7214	6841.4428	17 103.6069	34 207.2138
10%	242.7280	485.4559	1213.6398	2427.2796	4854.5592	12 136.3981	24 272.7962
15%	258.1583	516.3165	1290.7913	2581.5826	5163.1652	12 907.9130	25 815.8260
20%	278.2763	556.5526	1391.3814	2782.7628	5565.5256	13 913.8140	27 827.6279
25%	302.4785	604.9569	1512.3923	3024.7847	6049.5693	15 123.9233	30 247.8466
30%	330.4078	660.8156	1652.0390	3304.0781	6608.1561	16 520.3903	33 040.7806
35%	361.8762	723.7525	1809.3812	3618.7623	7237.5246	18 093.8115	36 187.6231
40%	396.7986	793.5972	1983.9930	3967.9860	7935.9720	19 839.9300	39 679.8600
45%	435.1493	870.2986	2175.7466	4351.4932	8702.9864	21 757.4660	43 514.9319
50%	476.9360	953.8721	2384.6802	4769.3603	9538.7207	23 846.8017	47 693.6034
55%	522.1840	1044.3681	2610.9202	5221.8405	10443.6810	26 109.2025	52 218.4049
60%	570.9272	1141.8544	2854.6359	5709.2718	11418.5437	28 546.3591	57 092.7183

上表中的计算结果也再次证明了，随着项目不确定的增加，标的资产的波动率将会增加，项目的投资柔性价值，即实物期权也将随之增加。

四、实物期权评估的投资启示

从实物期权评估的计算过程及敏感性分析表的计算结果来看，随着景区经营权受让人未来投资额的增加，景区投资柔性价值，即景区经营权所蕴含的实物期权价值将会相应增加，也就是说，投资者未来的投资额越大，其所可能获得的投资回报也就越大。但需要说明的是，这并不意味着只要投资者无限度地增加投资额，其所获得的未来收益就会无限大。究其原因在于，增加投资额的目的是为了完善景区旅游接待设施、增加景区的市场知名度、提升景区的旅游市场形象，从而激发目标景区的旅游发展潜力，转化成现实的旅游收益。

这里需要注意，景区旅游市场的开发潜力通常是有限的（具体表现为旅游景区未来可能的旅游接待人次），当增加投资额带来的额外旅游接待人次数量超过其旅游市场潜力时，其结果只能是增加投资者的投融资压力，预期收益难以实现。当前，我国不少景区由于投资过大，无法回收资金，导致经营失败的案例不胜枚举。其本质在于：投资者在进行旅游景区投资时，盲目乐观，没有充分考虑未来的市场潜力，导致投资失败。因此，在进行旅游景区投资时，应在充分评估前期投资效果的基础上，再进行后续投资，结合实物期权灵活性的经营理念，降低景区投资经营风险。

以冠豸山为例，考虑到冠豸山未来巨大的发展潜力与提升空间，可以认为，冠豸山景区在经营权转让后，由于新资本的注入、景区旅游发展的巨大潜力以及旅游设施的日益完善，冠豸山景区的发展将接近泰宁大金湖景区的发展规模，根据旅游需求临界表的计算结果，2009年前后，合适的冠豸山投资规模为5000万元。

第三节 基于条件价值法的冠豸山旅游资源非使用价值估算

一、冠豸山游客支付意愿分析

（一）核心问题设计

条件价值法（CVM）研究的关键是要真实地导出游客的最大

支付意愿[①]，因此，问卷调查的合理设计是应用条件价值法合理准确评估的前提与基础。参照崔峰等（2013）等学者的研究范式，本案例采用投标卡式（PC）问卷格式中的非锚定型（Unanchored PC）方式。问卷中关于游客支付意愿的核心问题如下：

您是否愿意支付一定费用来保护冠豸山旅游资源使其永续存在：

A. 愿意；B. 不愿意

如果您愿意支付一定的费用，那您个人每年愿意支付多少：

A. 1 元；B. 5 元；C. 10 元；D. 15 元；E. 20 元；F. 30 元；G. 40 元；H. 50 元；I. 60 元；J. 70 元；K. 80 元；L. 90；M. 100；N. 125 元；O. 150 元；P. 200 元；Q. 300 元；R. 500 元以上。

（二）冠豸山游客的支付意愿及支付金额分析

调查统计结果显示（具体见表 4-7），在 2012 年的调查样本中，愿意为保护冠豸山景区旅游资源而支付一定费用的游客为 88 人，比重达 68.75%，显示出较强的支付意愿；但从游客整体的意愿支付金额来看，支付意愿在 1~10 元的为 28 人（31.83%），在 11~50 元的为 20 人（22.73%），在 51~100 元的为 16 人（18.18%），101~200 元的为 16 人（18.18%），201~500 以及 500 以上的各为 4 人（4.54%），不难看出，冠豸山景区的游客虽然支付意愿较高，但实际愿意支付的金额却偏低，并随着意愿支付金额的增大，对应游客的占比呈现降低趋势。这一现象也与公众日常的支付心理相一致，即金额低的支付意愿较高。

---

① 林文凯.景区旅游资源经济价值评估方法研究述评［J］.经济地理，2013，（9）：169-176.

表 4-7 冠豸山游客意愿支付金额及其频度分布

WTP 支付金额	频度人数	频度比重（%）	相对频度比重（%）	累计频度比重（%）
1-10	28	21.88	31.83	31.83
11-50	20	15.62	22.73	54.56
51-100	16	12.50	18.18	72.74
101-200	16	12.50	18.18	90.92
201-500	4	3.13	4.54	95.46
500 以上	4	3.12	4.54	100
拒绝支付	40	31.25		
合计	128	100.00	100.00	

就游客的 WTP 值选择而言，卢米斯和巴特曼（Loomis 和 Bateman，1993）指出，鉴于被调查者的 WTP 值在很多情况下比较离散，平均值容易受极端值的影响而发生扭曲，且可能会掩盖被调查者之间偏好的差异。故，采用累计频度中位数通常可以更好地反映样本的整体支付意愿。因此，遵循上述研究思路，本案例采用国内外相关研究使用较多的中位数取值法，即以累计频度为 50% 的支付额度作为个人年均 WTP 值。根据上表冠豸山游客的支付意愿累计频度分布，最接近 50% 的是 54.56%，经计算得到的累计频度中位数为 50 元，即冠豸山游客的人均 WTP 值为 50 元 / 人 / 年。另外，根据游客支付意愿计算公式所得的样本 WTP 平均值为 81.75 元，该值要明显高于中位数法得到的 WTP 值。但是考虑到冠豸山游客支付意愿的分布主要集中于较低金额频度，中位数值法得到的 WTP 值更为贴近实际。

从拒绝支付原因来看，过半数游客认为冠豸山旅游资源的保护应该由政府和景区负责，其中，40% 的游客认为冠豸山景区的门票价格较高，门票价格中理应包含对资源的保护费用；20% 的游客提出保护费应由国家或政府支付，而不应由个人支付；另有 30% 的游客认为自身经济实力有限，收入尚低，无力支付这笔保护费用；另有10%的游客认为，其远离冠豸山，难以享用其资源，故对其存在及保护与否不感兴趣。因此，景区旅游资源作为一种准公共物品，地方政府应在资源保护方面承担主要责任，景区受益方作为旅游资源开发的受益者，理应承担景区资源与环境的保护工作。

（三）冠豸山游客支付动机分析

研究非使用价值的支付动机能为政府及相关管理部门制定科学合理的管理决策提供重要的参考。基于此考虑，进一步对冠豸山游客的意愿支付动机做细致解读。从已有的研究来看，游客的意愿支付动机通常被界定为三类：存在价值动机，遗产价值动机，选择价值动机。循此思路，本案例研究团队调查了那些愿意支付保护费用的游客的支付动机及其偏好。统计结果显示，在游客意愿支付金额中，出于存在价值（为了使冠豸山优美的自然风光和文化遗产等能永远存在）（Exist Value）考虑的支付金额占其总支出的平均比重为50.00%（意即在其支付的保护费用中，基于保护旅游资源存在价值的比重为50.00%）；出于遗产价值（Bequest Value）（为了能够将冠豸山这一自然文化遗产留给子孙后代）考虑的支付金额占其总支出的平均比重为20.68%；出于选择价值（Option Value）（为了自己或他人将来能有机会欣赏、利用冠豸山的资源）考虑的支付金额占其总支出的平均比重为29.32%。出于保护景区旅游资源的永续使用和发展是游客支付资源保护费用所着重考虑的，只有旅游资源自身得到永续合理的使用，其选择价值和遗产价值才有进一步得到实现的机会。

二、冠豸山景区旅游资源非使用价值估算

2012年，冠豸山景区的游客接待量为30万人次。根据前面计算所得的样本 WTP 值为50元/人/年，可求得冠豸山景区旅游资源的非使用价值为1500万元。根据前文所述，景区的非使用价值由存在价值、遗产价值和选择价值等三部分组成，游客对

冠豸山旅游资源的存在价值、遗产价值和选择价值的支付动机所占比重分别为 50.00%、20.68% 和 29.32%，据此，进一步推算出冠豸山景区旅游资源的存在价值、遗产价值和选择价值的货币化估算值分别为 750.0 万元、310.2 万元和 439.8 万元。

第四节　基于旅行费用区间法的冠豸山旅游资源使用价值估算

作为一种揭示性偏好法（Revealed Preference，RP），旅行费用法（TCM）是通过个人的行动结果来分析个人的偏好，并把在旅行中所需要的费用转变成娱乐的货币价值来进行评价的一种常用方法。该方法由美国经济学家霍特林（Hotelling）首先提出，在克劳森（Clawson）和克奈齐（Knetsch）等学者的完善下，逐渐成为一种成熟的、常用的评估无直接市场价格的自然景点或环境资源价值的方法[①]。旅行费用法（TCM）的应用思路是根据游客的实际旅行费用与游客的旅游频次来得出游客的游憩需求曲线，再依此推算其旅游消费者剩余，并以此作为估算旅游资源游憩价值的标准，在景区的经济价值评估中，更适合于说明景区的实际影响力或景区的旅游吸引力。

一、模型选择与确定

为了克服传统 TCIA 估计旅游需求函数仅考虑旅行费用这一个变量的缺陷，本案例引入计数模型的方法与思想来消除这一不足对评估有效性的影响，并将该方法定义为 ATCIA（Adjusted TCIA）。该方法是对 TCIA 的一种改进。与 TCIA 类似，该方法

---

① 彭文静，姚顺波，冯颖.基于TCIA与CVM的游憩资源价值评估——以太白山国家森林公园为例[J].经济地理，2014，34（09）：186-192.

根据游客旅行费用的不同，将游客划分为不同的区间，使每一区间中的游客具有相同或相近的旅行费用，依此推算游客的意愿旅游需求，从而计算游客的消费者剩余，进而计算总旅行费用和总消费者剩余得到旅游资源的游憩价值。其评估的具体思路是认为某一景区旅游资源的游憩价值（TRV）＝游客直接旅行费用（TDC）＋游客旅游消费者剩余（TCS）。用公式表示为：

$$TRV = \frac{(TDC + TCS)}{SN} \times TN = (ADC + ACS) \times TN$$

式中，TCS 为总消费者剩余，TDC 为总旅行费用，ADC 为游客的人均旅行费用，ACS 为游客的人均旅游消费者剩余，SN 为样本游客数，TN 为年游客总量。

根据这一思路，要估算景区旅游资源的游憩价值或使用价值，首先需要对抽样游客的直接旅行花费进行估算，再估算其旅游消费者剩余，然后根据旅游景区游客接待人次，最后求得其游憩价值的估算值。

二、成本确定与处理

（一）直接旅行费用估算

通过绘制游客的直接费用汇总表，再对游客旅游花费进行加权求和，求得游客在冠豸山景区的直接旅行费用为 4.96 万元，游客平均直接旅游花费为 466.67 元。

（二）游客的时间成本及多目的地费用

通常游客的旅行直接花费可以通过具体的调查问卷获得，但却无法对被调查的时间机会成本进行准确统计。在 TCM 应用过程中，较为普遍的做法是将被调查者工资率的 1/3 作为时间的机会成本，即

$$\frac{\text{游客的}}{\text{时间成本}} = \frac{\text{每日}}{\text{工资}} \times \frac{1}{3} \times \frac{\text{停留}}{\text{时间}} = \frac{\text{每月收入}}{30} \times \frac{1}{3} \times \frac{\text{停留}}{\text{时间}}$$

另外，多目的地旅行费用的处理也是在应用 TCM 法时需要注意的，若忽略多目的地旅行费用问题将会对旅游地游憩价值的评估造成误差。因此，如何选择合适的多目的地费用分摊因子就成为解决这一问题的关键。根据以往的研究经验，本案例将以游客在景区停留时间与总游憩时间的比值作为多目的地费用分摊的权重对冠豸山游客的旅行费用进行调整。经计算，冠豸山样本游客时间成本与多目的地均摊的人均费用为 30.37 元，加上之前计算的游客平均直接旅游花费（466.67 元），求得冠豸山游客的旅行费用为 466.67+30.37=497.04 元。

（三）需求函数与消费者剩余

为了对比各模型对旅游需求函数估计的结果，本案例同时构建旅游需求函数的线性模型、非线性模型和计数模型，在对比各模型回归结果的基础上，选择最优模型进行旅游消费者剩余的估算。

其中，线性模型及非线性模型的构建主要参照刘丽萍等（2012）、彭文静等[①]、董雪旺等[②]等学者的既有研究成果，以冠豸山游客的旅游需求为因变量，游客的旅行费用为自变量建立回归模型，进行线性和曲线估计，所用模型包括：一元线性模型（Linear）、二次函数模型（Quadratic）、三次函数模型（Cubic）、对数函数模型（Logarithmic）和指数函数（Exponential）等。

计数经济计量模型，主要结合旅行成本的相关原理，将调查问卷中的旅游次数（$Trips$）作为被解释变量，以游客的旅行费用（$Cost$）、游客停留天数（$Days$）、游客性别（Sex）、游客年龄

---

① 彭文静, 姚顺波, 冯颖.基于TCIA与CVM的游憩资源价值评估——以太白山国家森林公园为例［J］.经济地理, 2014, 34（09）：186-192.

② 董雪旺, 张捷, 刘传华等.条件价值法中的偏差分析及信度和效度检验——以九寨沟游憩价值评估为例［J］.地理学报, 2011, 66（02）：267-278.

（Age）、游客受教育程度（Edu）以及游客收入水平（Income）等作为模型的解释变量，建立估计模型：

$$Ln\lambda_i = c + \beta_1 Cost_i + \beta_2 Days_i + \beta_3 Sex_i + \beta_4 Income_i + \beta_5 Edu_i + \beta_6 Age_i + \varepsilon_i$$

模型中，β_i 为解释变量的待估计参数，模型中各自变量定义如前述，λ_i 是 Y_i（$Trips_i$）的估计参数，Y_i 服从截断泊松分布或截断负二项分布，ε_i 是随机误差项。模型中的待估计参数向量采用极大似然法（MLE）来估计。如果因变量 Y_i 的条件均值等于条件方差，那么截断泊松模型的 MLE 估计将无偏且一致。但若 Y_i 为过度离散，且条件方差远大于条件均值，那么截断负二项分布模型具有更好的估计效果。数据处理及模型估计所用软件主要为 Eviews7.2。

（四）旅游需求函数回归结果与解释

利用 Eviews7.2 对线性模型及计数模型进行系数估计，其中，表 4-8 为冠豸山景区旅游需求函数的线性回归计量结果，表 4-9 为冠豸山景区旅游需求函数的泊松分布回归计量结果，表 4-10 为冠豸山景区旅游需求函数的负二项分布回归计量结果。

表 4-8　冠豸山景区旅游需求函数线性回归计量结果

模型	Linear	Logarithmic	Quadratic	Power	Exponential
Constant	6.533	8.705	11.585	8.026	8.970
b1	−0.886	−4.363	−3.062	−.337	−.340
b2			0.193	−.397	
b3				.035	
R-Square	0.471	.643	.750	.774	.502
F Value	26.727***	54.001***	43.528***	32.022***	30.280***

注：*** 表示系数在 1% 的统计水平上显著。

表 4-9 冠豸山景区旅游需求函数的泊松分布回归计量结果

模型	Coefficient	Std. Error	z-Statistic	Prob.
Cost	−0.3010*	0.1891	−1.6396	0.0991
Days	−0.2378*	0.1382	−1.7210	0.0853
Sex	0.1678	0.2312	0.7256	0.4681
Age	−0.0096	0.1612	−0.0597	0.9524
Edu	0.0769	0.1152	0.6677	0.5043
Income	−0.0579	0.1253	−0.4619	0.6442
Constant	2.5374***	0.6436	3.9423	0.0001
R-squared	0.7727			
Adjusted R-squared	0.7193			
LR statistic	31.5481***			
Prob（LR statistic）	0.0000			

注：*** 表示系数在 1% 的统计水平上显著，* 表示在 5% 的统计水平上显著。

表 4-10 冠豸山景区旅游需求函数的负二项分布回归计量结果

模型	Coefficient	Std. Error	z-Statistic	Prob.
Cost	−0.1437	0.3441	−0.4175	0.6763
Days	−0.2656	0.2917	−0.9108	0.3624
Sex	0.1983	0.4835	0.4102	0.6817
Age	−0.0438	0.3130	−0.1405	0.8882
Edu	0.0818	0.2404	0.3401	0.7338
Income	−0.1083	0.2519	−0.4298	0.6673
Constant	2.2303*	1.2441	1.7927	0.0730

续表

模型	Coefficient	Std. Error	z-Statistic	Prob.
R-squared	0.7375			
Adjusted R-squared	0.6745			
LR statistic	7.3687			
Prob（LR statistic）	0.2881			

注：* 表示在 10% 的统计水平上显著。

对比分析上述各模型的回归结果，我们发现，旅游需求的非负整数和截断性质决定了计数模型和非线性模型的拟合效果明显优于线性回归模型。同时，对比截断泊松分布模型和截断负二项分布模型的计量可以看出，截断泊松分布模型无论是在系数的显著性上，还是在计量模型的拟合优度上，都要显著优于截断负二项分布模型，故此本案例将选取截断泊松分布模型做重点分析。

从截断泊松分布模型的计量结果来看，回归模型的主要参数估计结果基本符合旅游需求理论的要求，参数估计值的符号也与期望相符合。其中，旅行费用（Cost）对被解释变量——游憩次数（Trips）的影响为负向显著影响（系数为 –0.3010，在 10% 的统计水平下显著）。这意味着游客的旅行费用越高，其游憩次数会越低。计量结果支持了旅游价格与旅游需求呈负相关关系的这一旅游经济学基本原理。但是，截断泊松分布模型的回归系数并不能够直接说明解释变量的边际效应，需要进一步测度解释变量的斜率参数（Slope Parameters）来表示变量的边际效应，数理表征即为旅游次数对各个解释变量的偏导数，用公式表示即为 $\partial Y/\partial X$。同时，为了说明旅游需求函数中解释变量和被解释变量之间的关系于现实意义，本案例进一步考察了需求的价格弹性，在模型中的意义即为旅行费用发生变动时，旅游次数（旅游需求）的变动大小，数学定义是旅行次数变动百分比除以旅行费用变动百分比，具体表达公式为（dQ/dp）（P/Q）= eQ/eP。根据上述公式计算得到的截断泊松分布模型各个解释变量的边际效应及需求弹性结果如下表 4-11 所示。

表 4-11　旅游需求函数的需求弹性与边际效应

Variable	$\partial Y/\partial X$	S. E.	95% C.I.		eY/eX	S. E.	95% C.I.	
cost	-0.7894** (-2.51)	0.3143	-1.4056	-0.1733	-1.1928** (-2.21)	0.5401	-2.2514	-0.1340
days	-0.6057*** (-3.64)	0.1662	-0.9314	-0.2799	-0.5648*** (-3.85)	0.1465	-0.8520	-0.2776
sex	0.4273 (1.59)	0.2691	-0.1002	0.9547	0.2359 (1.60)	0.1477	-0.0536	0.5254
age	-0.0245 (-0.10)	0.2412	-0.497	0.4482	-0.0286 (-0.10)	0.2813	-0.5798	0.5227
edu	0.1959 (1.13)	0.1733	-0.1437	0.5355	0.1683 (1.11)	0.1510	-0.1276	0.4642
income	-0.1474 (-0.94)	0.1575	-0.4562	0.1613	-0.2207 (-0.97)	0.226	-0.6645	0.2231

注：*** 表示系数在 1% 的统计水平上显著，** 表示在 5% 的统计水平上显著。

根据表 4-11 的测算结果可知，旅行费用（Cost）的边际效应为 -0.7894，说明游客的平均旅行成本每上升 100 元，游客对冠豸山的平均旅游次数会减少 0.7894 次。同时，值得注意的是，在所有解释变量中，除了旅游费用（Cost）与旅游需求（Trips）呈显著关系外，旅游天数（Days）变量对被解释变量——游憩次数（Trips）也呈现负向显著影响，影响系数值为 -0.2378，在 10% 的统计水平下显著，其边际效应为 -0.6057，这就意味着游客在冠豸山旅游天数每增加 1 次，游客到冠豸山旅游的平均次数就会较少 0.6057 次。这一发现也基本与实际情况相符合，即游客在景区所停留的时间越久，意味着其所支付的费用也就越高，相应的

(五)旅游消费者剩余的估算

根据需求理论,旅游消费者剩余可通过旅游费用函数表示。通过确定旅游需求函数,用马歇尔消费者剩余反映消费者的福利水平,即旅游需求曲线以下,平均旅行成本以上的这部分面积。依据消费者剩余原理,每一价格区间对应的消费者剩余等于该区间内旅游需求曲线与旅游费用之间的乘积,进而可以推导出马歇尔消费者剩余的积分式:

$$CS=\int_{P_A}^{P_0} Q(P,I) \mathrm{d}p$$

在因变量取值满足泊松分布 $Q \sim Poiss(\lambda)$ 或负二项分布 $Q \sim NB(\lambda, \alpha)$ 时,其均值 $E(Q) = \lambda = \exp(\alpha_0 + \beta P + \gamma I + \sum_{j=1}^{n} \alpha_i S_i)$。

再应用海勒斯坦(Hellerstein,1993)的定积分法,同时 $\lambda = \exp(X\beta)$,$X=(P, Y)$,即可求出计数模型的旅游消费者剩余的一般计算公式,如下式:

$$CS = \int_{P_A}^{P_0} Q(P, I) \mathrm{d}p = \int_{P_A}^{P_0} \lambda(X\beta) \mathrm{d}p = \int_{P_A}^{P_0} \exp^{\alpha + \beta P} \mathrm{d}p$$
$$= (\exp^{\alpha + \beta P_0} - \exp^{\alpha + \beta P_A})/\beta = (Q_0 - Q_A)/\beta$$

根据上述公式可以求得冠豸山游客的旅游消费者剩余为 229.40 元 / 人。

三、冠豸山景区旅游资源使用价值估算

2012 年,冠豸山景区的游客接待量为 30 万人次。根据前面计算所得的游客的直接旅行费用为 497.04 元 / 人,根据截断泊松分布模型求得的旅游消费者剩余为 229.40 元 / 人;可求冠豸山景区的游憩使用价值为(497.04+229.40)× 300000=2.18 亿元。其中景区旅游资源直接使用价值为 497.04 × 300000=1.49 亿元人民

币，间接使用价值及旅游消费者剩余价值为 229.40×300000=0.69 亿元人民币。

第五节　结论

一、旅游资源视角下冠豸山经营权价值的总体估算

根据前述求得的冠豸山景区旅游资源的非使用价值为 0.15 亿元人民币，其中，景区旅游资源的存在价值为 750.00 万元人民币，景区的遗产价值为 310.20 万元人民币，旅游资源的选择价值为 439.80 万元人民币；冠豸山旅游资源的游憩使用价值为 2.18 亿元人民币，其中景区旅游资源直接使用价值为 1.49 亿元人民币，间接使用价值（即旅游消费者剩余价值）为 0.69 亿元人民币；据此求得冠豸山旅游资源的总体价值为 2.18+0.15=2.33 亿元人民币。因此，以冠豸山景区旅游资源价值为基准确定的景区经营权转让价格为 2.33 亿元人民币。

二、不同定价方法的结果对比

各方法评估结果如下表所示。

表 4-12　多方法的冠豸山评估结果对比

评估视角	评估方法	评估模型	评估结果	
资源价值视角	旅行费用法	$E_{TCM} = \dfrac{(SCS + STC) \cdot TN}{SN}$	使用价值：	2.18 亿元
			直接使用价值	1.49 亿元
			消费者剩余价值	0.69 亿元

续表

评估视角	评估方法	评估模型	评估结果	
资源价值视角	条件价值法	$E_{TCM}=WTP_m \cdot N \cdot r$	非使用价值：	0.15 亿元
			存在价值	0.075 亿元
			遗产价值	0.031 亿元
			选择价值	0.044 亿元
资产收益视角	收益现值法	$V=\sum_{t=1}^{n}\dfrac{W_t}{(1+r)^{t-1}}$	政府估值	3.78 亿元
			企业估值	1.72 亿元
			本文估值	1.82 亿元
期权视角	实物期权法	$F(V^*)=\dfrac{\beta}{\beta-1}I$	实物期权价值：	2.66 亿元
			期权价值	1.71 亿元
			净现值	0.95 亿元

综合上述几种定价方法的实证评估值及其理论原理，可以发现：

从评估的时间段来看，以旅行费用法与条件价值法为计量手段的评估方法评价的是景区以某一固定年份为计量单位的景区旅游资源价值，不同时间点采用该类方法得到的评估值会存在差异，因此，该类评估值会随着选取时间点的不同而不同，具有动态变动性，是时点性价值；而收益现值法及实物期权法评估的是景区未来一定时间段内的价值，属于时段性价值。

从评估的内容来看，首先，旅行费用法的评估值远远大于条件价值法的评估值，显然其评估的是景区旅游资源给旅游者带来的直接旅游效用价值体现；而条件价值法则出现评估值偏低的情况，这与条件价值法在发展中国家总是倾向于低估游憩价值的应用现状一致；其次，收益还原法是当前景区经营权价格评估的主流方法，但其没有考虑投资柔性价值，会出现评估值低于实际值的情况，有可能造成国有资产的流失；最后，实物期权法不仅考虑了景区预期净收益现值，还考虑了投资期权价值，较为客观地反映了景区经营权的实际价值,能够实现地方政府和投资企业的利益均衡状态,具有非常重要的现实指向性的应用价值。

从评估的结果来看,对比三种不同评估视角的结果可以发现,期权视角下的评估值(2.66亿元)与资源价值视角下的评估值(2.33亿元)较为接近,传统收益现值视角下的评估值仅为1.82亿元,略低于前述两种方法的评估值。结合各方法的评估内容,这一结果基本符合预期:基于景区资源价值视角的评估方法是将景区旅游资源的整体经济价值作为经营权价值,属于资源本体价值;而收益现值的评估之所得可认为是资源市场化后的价格,其值理应小于资源本体价值;而考虑了景区未来投资柔性价值的实物期权评估值也自然要明显高于仅考虑项目现值的评估值。

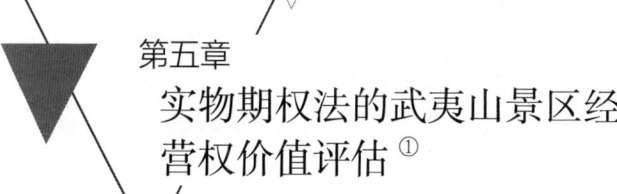

第五章
实物期权法的武夷山景区经营权价值评估[①]

[①] 该案例为本项目负责人于2020年底带领学生到武夷山做的评估案例。由于处于疫情期间,游客稀少,难以采取其他方法进行评估比较,仅采用收益还原法和实物期权法进行评估。本案例主要由郭雪茹执笔。

本评估基于武夷山2008—2019年的历史营业数据,利用收益还原法和实物期权法对武夷山景区的经营权价值进行评估,并对两种评估方法的评估结果进行比较分析,力图为景区和企业的未来合作与发展提供决策依据与建议。

第一节 收益还原法估值

一、评估年限

本评估目的在于对武夷山景区从2021年1月1日至2060年12月30日未来40年的景区收益进行评估测算。在评估方法上,采用当前价值评估领域中最为主流的收益还原法进行估价。

二、评估思路

根据资产评估领域主流的收益还原法的公式:$y=\sum_{i=1}^{i=n}R_i/(1+r)^i$,将未来景区各年的收益分别进行折现(将基期定为2020年),可求得未来各年净收益的现值的总和,即为项目的总净收益现值。

式中:R_i为第i期的收益额;n为收益年期;r为折现率。

三、评估过程

(一)武夷山景区旅游收入及其预测分析

本案例就武夷山景区2008—2019年的游客数量、主营业务收入、主营营业成本、利润总额的数据进行分析,并加以预测。

武夷山景区的旅游人数的变化规律不明显。抛开2020年疫情的影响,2008—2019年,武夷山景区游客数量呈现总体缓速上升，局部波动较大的现象。游客数量平均增速5.65%（平均数），最高增速为34.65%，最低增速为-19.63%。有些年份出现了游客数量与旅游收入下降比较严重的现象，如2013年与2019年，游客数量下降了19.63%和12.09%。为提高预测的准确性，需要烫平异常游客增长或减少给预测带来的影响。分别计算2008—2019年武夷山景区连续三年游客数量的移动平均数，基于此，计算得出平均增速为4.19%（算数平均数）。考虑疫情结束后国内旅游全面恢复可能会迎来的报复性消费和货币通胀的影响，预测疫情结束后，武夷山景区接待游客数量的年增长率为5%。

由于受疫情影响，武夷山景区2020年的数据尚未公布，在本次评估中只能采用预估。武夷山主景区属武夷山市所辖，参考武夷山市2020年数据估计出2020年武夷山景区的游客数量的增长比率。2008—2019年，武夷山市的游客数量与旅游收入呈上升趋势，其中，游客数量平均增长率为11.86%（算数平均数），旅游收入平均增长率为15.14%（算数平均数）。2020年受疫情影响，游客数量下降33.65%，旅游收入下降36.25%。基于此，估计2020年武夷山景区游客数量与主营业务收入下降35%，则2020年武夷山景区接待游客数量为221.715万人次。

表5-1　2008—2020年武夷山市与武夷山景区旅游人数统计表

年份	武夷山景区旅游接待人数（万人次）	同比增长	武夷山市旅游接待人数（万人次）	同比增长
2008	207.2		496.83	
2009	279.0	34.65%	580.58	16.86%
2010	297.5	6.63%	635.25	9.42%
2011	367.5	23.53%	724.39	14.03%
2012	362.7	-1.31%	874	20.65%
2013	291.5	-19.63%	731.59	-16.29%
2014	307.1	5.35%	847.53	15.85%

续表

年份	武夷山景区旅游接待人数（万人次）	同比增长	武夷山市旅游接待人数（万人次）	同比增长
2015	336.0	9.41%	975.81	15.14%
2016	327.5	−2.53%	1093.88	12.10%
2017	381.2	16.40%	1283.11	17.30%
2018	388.0	1.78%	1514.69	18.05%
2019	341.1	−12.09%	1625.66	7.33%
2020	—	—	1078.57	−33.65%

1. 武夷山景区旅游人数预测思路

本案例就武夷山景区的旅游收入参考2008—2019年的数据进行分析推断并加以预测。为提高预测的准确性和考虑疫情影响的情况，本次评估将分为三个阶段，旅游恢复期2021—2026年，中期为2027—2040年，远期2041—2060年，对武夷山的旅游收入进行分析，具体分析如下：

一是旅游恢复期游客数量预测：

2020年武夷山景区核定最大承载量为3.2万人次/天，疫情期间，跨省团队游恢复后，武夷山景区的接待限量调整为核定最大承载量的50%，即1.6万人次/天。考虑疫情恢复期间的限流政策，假定武夷山景区在2021—2026年依旧遵循这一调整，全年以365天计，则旅游恢复期（2021—2026年），武夷山景区的游客量不会超过584万人次。

基于此，本次评估将旅游恢复期间，武夷山景区的游客人数年平均增长速度设定为5%，则至2026年，武夷山景区一年内游客人数为294.29万人次。

二是旅游中期游客数量预测：

该阶段疫情影响将基本消减，武夷山景区游客增长速度放缓，趋于平稳，由此可将中期年均增长率设定为4%。则至2040年，武夷山景区一年内游客人数为490.01万人次。

三是旅游远期游客数量预测：

随着景区的发展，景区的生命周期将逐步靠近巩固期，在没有新的重大项目的投资情况下，武夷山景区的年旅游接待人次将会维持在一个比较稳定的水平上，即490.01万人次。

表5-2 2021—2060年武夷山景区旅游人数预测表

年份	旅游人数	年份	旅游人数	年份	旅游人数	年份	旅游人数
2021	232.80	2031	358.05	2041	490.01	2051	490.01
2022	244.44	2032	372.37	2042	490.01	2052	490.01
2023	256.66	2033	387.27	2043	490.01	2053	490.01
2024	269.50	2034	402.76	2044	490.01	2054	490.01
2025	282.97	2035	418.87	2045	490.01	2055	490.01
2026	294.29	2036	435.62	2046	490.01	2056	490.01
2027	306.06	2037	453.05	2047	490.01	2057	490.01
2028	318.30	2038	471.17	2048	490.01	2058	490.01
2029	331.04	2039	490.01	2049	490.01	2059	490.01
2030	344.28	2040	490.01	2050	490.01	2060	490.01

2. 武夷山景区旅游收入预测分析

2008—2019年，武夷山景区的人均消费在81.32~106.35元/人次区间波动，平均值92.13元/人次，近年来呈下降趋势，说明武夷山的游客消费水平较低。但武夷山市的游客人均旅游消费总体呈上升趋势，说明武夷山游客存在未挖掘的消费潜力。参考武夷山市的人均旅游消费数据，估计2020年武夷山景区的人均旅游消费下降4%，即84.43元/人次。考虑通胀的影响和疫情后经济恢复，以84.43元/人次为人均消费基数，设定武夷山未来四十年的人均旅游消费增长率为3%。未来四十年，武夷山旅游收入等于人均消费与旅游人数的乘积。

表 5-3　2008—2020 年武夷山景区和武夷山市人均旅游消费统计表

年份	武夷山景区人均消费（元）	同比增长	武夷山市人均消费（元）	同比增长
2008	101.35	—	1665.56	—
2009	93.19	-8.05%	1639.05	-1.59%
2010	94.12	1.00%	1677.56	2.35%
2011	89.80	-4.59%	1705.43	1.66%
2012	96.50	7.46%	1719.68	0.84%
2013	106.35	10.21%	1588.87	-7.61%
2014	92.80	-12.73%	1611.27	1.41%
2015	86.31	-7.00%	1627.67	1.02%
2016	94.66	9.67%	1760.98	8.19%
2017	81.32	-14.09%	1875.60	6.51%
2018	81.19	-0.17%	2034.67	8.48%
2019	87.95	8.33%	2209.01	8.57%
2020	—	—	2122.16	-3.93%

（二）武夷山景区经营成本及其预测分析

经过调查，武夷山景区50%的主营业务收入被划定为资源占用费，由政府收取，计入营业成本。因此，在对武夷山未来景区经营成本进行预测前，先对营业成本进行调整。则：调整后的营业成本＝原营业成本－主营业务收入的一半。

对调整后的营业成本进行分析，可以发现，2008—2019年，武夷山景区的营业成本占主营业务收入的比重呈上升趋势，平均比重为54.03%，景区入不敷出。综合考虑武夷山景区历史数据和武夷山景区未来的可持续发展，估计武夷山景区2020年成本占主营业务收入的比重为90%，未来四十年内，若对武夷山的发展持积极态度，预计武夷山景区的成本在合理控制下，每年占主营业务收入的比重占比下降3%，至2026年，最终稳定为72%。

表 5-4　2008—2020 年武夷山景区营业成本统计表

年份	营业成本（万元）	调整后营业成本（万元）	营业成本占收入比重
2008	19 000	8500	40.48%
2009	22 000	9000	34.62%
2010	23 500	9500	33.93%
2011	28 000	11 500	34.85%
2012	32 000	14 500	41.43%
2013	29 000	13 500	43.55%
2014	29 800	15 550	54.56%
2015	33 000	18 500	63.79%
2016	36 000	20 500	66.13%
2017	39 000	23 500	75.81%
2018	38 600	22 850	72.54%
2019	41 000	26 000	86.67%
平均值	30 908.33	16 116.77	54.03%

（三）武夷山景区旅游净收益分析

根据求得的景区收益及其经营成本，可计算武夷山未来各期的净收益，具体计算结果列表所示：

表 5-5　2021—2060 年武夷山景区各期收入及净收益

单位：万元

年份	旅游收入	调整后营业成本	旅游净收益
2021	20 245.03	17 613.17	2631.85
2022	21 895.00	18 391.80	3503.20
2023	23 679.44	19 180.35	4499.09
2024	25 609.31	19 975.27	5634.05
2025	27 696.47	20 772.36	6924.12
2026	29 668.46	21 361.29	8307.17

续表

年份	旅游收入	调整后营业成本	旅游净收益
2027	31 780.86	22 882.22	8898.64
2028	34 043.65	20 426.19	13 617.46
2029	36 467.56	21 880.54	14 587.03
2030	39 064.05	23 438.43	15 625.62
2031	41 845.41	25 107.25	16 738.17
2032	44 824.81	26 894.88	17 929.92
2033	48 016.33	28 809.80	19 206.53
2034	51 435.10	30 861.06	20 574.04
2035	55 097.28	33 058.37	22 038.91
2036	59 020.20	35 412.12	23 608.08
2037	63 222.44	37 933.46	25 288.98
2038	67 723.88	40 634.33	27 089.55
2039	72 545.82	43 527.49	29 018.33
2040	74 722.19	44 833.32	29 888.88
2041	76 963.86	46 178.31	30 785.54
2042	79 272.77	47 563.66	31 709.11
2043	81 650.96	48 990.57	32 660.38
2044	84 100.49	50 460.29	33 640.19
2045	86 623.50	51 974.10	34 649.40
2046	89 222.21	53 533.32	35 688.88
2047	91 898.87	55 139.32	36 759.55
2048	94 655.84	56 793.50	37 862.34
2049	97 495.51	58 497.31	38 998.21
2050	100 420.38	60 252.23	40 168.15
2051	103 432.99	62 059.79	41 373.20
2052	106 535.98	63 921.59	42 614.39
2053	109 732.06	65 839.24	43 892.82
2054	113 024.02	67 814.41	45 209.61

续表

年份	旅游收入	调整后营业成本	旅游净收益
2055	116 414.74	69 848.84	46 565.90
2056	119 907.18	71 944.31	47 962.87
2057	123 504.40	74 102.64	49 401.76
2058	127 209.53	76 325.72	50 883.81
2059	131 025.82	78 615.49	52 410.33
2060	134 956.59	80 973.95	53 982.64

（四）折现率的确定

折现率是将未来收益还原为现在价值的比率。运用收益法进行无形资产评估时，折现率的确定主要有加权平均成本法、市场提取法、安全利率加风险调整值法、复合投资收益率法、投资收益率排序插入法和β系数法等。其中，β系数法由于具有简单、直观和可检验性较强，一直是发达国家衡量风险收益的基本方法，目前国内评估机构也正在运用这一方法，本案例评估根据评估目的及所收集到的资料，也将采用该方法。其计算公式为：

$$R = R_f + \beta(R_m - R_f) + \alpha$$

式中：R 为折现率；R_f 为无风险收益率；R_m 为市场平均收益率；β 为风险系数；α 为企业个别风险调整系数，其中：$\beta(R_m - R_f)$ 为风险收益率。

在本案例评估中：以 2016 年五年期凭证式国债的利率 4.17%作为无风险收益率；以景区类上市公司的总资产收益率反映市场平均风险收益，参考代表性景区类上市公司数据及已有评估经验，取值 6.00%；根据数理统计的线性回归原理，将同一时期内的景区所在行业的平均收益率和市场平均风险进行比较，参考得到景区所在行业的系数为 1.036；利用公式，求得风险收益率为1.90%；根据上述方法得到的折现率仅适用于上市公司评估，由于武夷山景区为非上市公司，而为消除这种影响，需要对多企业个别风险因素进行修正,根据一般评估的惯例,企业个别风险调整系数的取值在0%~5%,参考已有评估经验,本次评估取区间均值2.5%;最终求得的最终折现率为4.17%+1.90%+2.5%=8.57%。

(五)武夷山景区旅游净收益现值分析

根据各年旅游净收益及折现率,求得各年旅游净收益现值,列表5-6展示如下:

表5-6 2021—2060年武夷山景区各期旅游净收益现值估算表

单位:万元

年份	旅游净收益	收益现值	年份	旅游净收益	收益现值
2021	2631.85	2424.108	2041	46 178.31	5475.707
2022	3503.20	2971.975	2042	47 563.66	5194.785
2023	4499.09	3515.568	2043	48 990.57	4928.276
2024	5634.05	4054.911	2044	50 460.29	4675.439
2025	6924.12	4590.028	2045	51 974.10	4435.573
2026	8307.17	5072.173	2046	53 533.32	4208.014
2027	8898.64	5004.432	2047	55 139.32	3992.129
2028	13 617.46	7053.708	2048	56 793.50	3787.319
2029	14 587.03	6959.502	2049	58 497.31	3593.017
2030	15 625.62	6866.555	2050	60 252.23	3408.684
2031	16 738.17	6774.849	2051	62 059.79	3233.807
2032	17 929.92	6684.368	2052	63 921.59	3067.902
2033	19 206.53	6595.096	2053	65 839.24	2910.508
2034	20 574.04	6507.015	2054	67 814.41	2761.19
2035	22 038.91	6420.111	2055	69 848.84	2619.532
2036	23 608.08	6334.368	2056	71 944.31	2485.141
2037	25 288.98	6249.77	2057	74 102.64	2357.645
2038	27 089.55	6166.301	2058	76 325.72	2236.69

续表

年份	旅游净收益	收益现值	年份	旅游净收益	收益现值
2039	29 018.33	6083.947	2059	78 615.49	2121.94
2040	29 888.88	5771.821	2060	80 973.95	2013.078
收益现值总和			181 606.983		

四、收益还原法评估结果

利用资产评估领域中最为主流的收益还原法对武夷山景区2021年1月1日至2060年12月30日的景区收益进行评估测算，求得其净收益现值为181 606.983万元。

第二节 实物期权法估值

一、评估模型

根据前述已有研究，旅游景区经营权投资期权的价值评估问题可以认为是旅游投资者获得了这样一个投资机会，其执行价格为项目初始成本 I，获得的资产是建成的项目，其价值为 V。根据实物期权的思想，上述旅游项目投资问题即可看成是金融理论中的一个美式看涨期权，投资决策等同于何时执行这一期权。

若景区经营权受让者在时刻 t 投资，则来自投资的收益为 $V_T - I$，以 $F(V_t)$ 表示 t 时刻投资机会的价值，即投资者通过作出最优投资决策可获得的最大收益。投资机会的价值确定可以看作为是一个实物期权的定价问题，投资决策即寻求最佳的投资时机：

$$F(V_t) = \max E\left[(V_T - I) e^{-\rho(T-t)}\right]$$

式中，E 为期望价值；T 表示作出投资决策的未来时间，$T \geq t$；ρ 为贴现率。

动态规划决策的思路是把旅游投资者的决策分为两部分：立即投资和等待投资。考虑景区门票经济的特点，项目价值与景区旅游需求紧密联系。假设景区未来旅游需求 D 服从几何布朗运动，则：

$$dD = \alpha D dt + \sigma D dz$$

其中，α（$\alpha > 0$）是漂移参数，表示旅游需求的预期增长率；σ 为方差参数，表示旅游需求的波动率；dz 为维纳增量。

令 $V = f(D) = \delta D^\theta(t)$，其中 θ 景区投资项目价值 V 对旅游需求的弹性，令 δ 为1，根据伊藤引理可得：

$$dV = df = f' dD + \frac{1}{2} f'' (dD)^2$$

对 $f(D)$ 分别求一阶求导和二阶求导得到 $f' = \theta D^{\theta-1}$，$f'' = \theta(\theta-1)D^{\theta-2}$，代入上式可得：

$$dV = \theta D^{\theta-1}(\alpha D dt + \sigma D dz) + \frac{1}{2}\theta(\theta-1)D^{\theta-2}(\alpha D dt + \sigma D dz)^2$$

因为，$dt^2 = 0$，$dz^2 = 0$，$dt dz^2 = 0$，故有：

$$dV = \left[\theta\alpha + \frac{1}{2}\theta(\theta-1)\sigma^2\right]D^\theta dt + \theta\sigma D^\theta dz$$
$$= \alpha' D^\theta dt + \sigma' D^\theta dz$$

其中，$\alpha' = \theta\mu + \frac{1}{2}\theta(\theta-1)\sigma^2, \sigma' = \theta\sigma, D^\theta = V$，故上式可表示为：$dV = \alpha V dt + \alpha V dz$

上述的分析未考虑竞争对手的进入所造成的影响，仅考虑一个旅游投资主体对单个价值为 V 的项目进行的投资。

利用 Dixit 和 Prindyck（1994）提出的动态规划法对旅游景区经营权的实物期权模型进行求解，连续时间内的贝尔曼方程为：

$$\rho F(V)\mathrm{d}t = E\big[\mathrm{d}F(V)\big]$$

利用混合布朗运动与泊松过程的伊藤引理展开 $\mathrm{d}F(V)$，可得：

$$\frac{1}{2}\sigma'^2 V^2 F''(V) + \mu'VF'(V) + \lambda F\big[(1-\phi)V\big] - (\rho+\lambda)F(V) = 0$$

当 $\lambda=0$ 时，表示此时没有其他竞争者进入，同时 $F(V)$ 满足以下边界条件：

$$F(0)=0,\ F(V^*)=V^*-I,\ F'(V^*)=1$$

上述式中 V^* 表示最优投资决策的临界值，满足上述边界条件的微分方程的解为：

$$V^* = \frac{\beta}{\beta-1}I,\ \beta = \frac{1}{2} - \frac{\alpha}{\alpha^2} + \sqrt{\left(\frac{\alpha}{\alpha^2} - \frac{1}{2}\right)^2 + \frac{2\rho}{\alpha^2}}\ (\beta>1)$$

项目价值可以表示为：

$$V(D) = D\mathrm{d}t + E\big[V(D+\mathrm{d}D)e^{-rt}\big]$$

按泰勒展开并化简可得：

$$D - \rho V(D) + \alpha D V'(D) + \frac{1}{2}\sigma^2 D^2 V''(D) = 0。$$

迪克西特和平迪克排除方程的泡沫成分，得到了项目的基本价值部分为：$V(D) = \dfrac{D}{\rho-\alpha}$。

在此基础上，旅游项目投资期权的微分方程及边界条件为：

$$\frac{1}{2}\sigma^2 D^2 F''(D) + \alpha D F'(D) - \rho F(D) = 0$$

$$F(D^*) = V(D^*) - I,\ F'(D^*) = V'(D^*)$$

由此可以得到项目旅游需求的临界值为：

$$D^* = \frac{\beta}{\beta-1}(\rho-\alpha)I$$

二、波动率计算

(一)计算思路

波动率是进行期权定量评估的一个关键要素,波动率取值的准确度直接影响着期权价值的准确度,也关系着项目评价的最终结果。对已开发景区而言,其波动率计算的关键在于得到景区未来旅游需求的数据序列,即需要对其未来旅游需求进行精确预测。基于此,本案例选择预测模型,根据历史数据,选择合适的方法,预测出景区未来旅游需求,从而得到波动率,进而计算出景区的实物期权价值。计算景区的期权价值关键是要选择合适的预测模型进行数据的预测,灰色预测模型可以在历史数据基础上,通过时间序列分析等技术较为准确预测未来收益,比管理经验预测收益更准确可信,在此基础上计算的波动率更符合其含义。灰色预测模型在预测中有独特的优势,它能充分利用已有的不完全信息,将差分方程改为微分方程,在短中期预测中有较高精度。因此,本案例选择灰色预测模型来计算旅游需求的波动率可以更好地满足本文实物期权价值的计算。

(二)灰色预测模型

灰色预测理论认为在现实世界中,许多不确定因素和未知因素不可避免地对分析与决策产生不利影响,而这种不确定性实质上是由于系统信息的不完全所造成的(邓聚龙,1987)。该理论通过系统现有信息,发现系统发展的规律,建立相应的灰色微分方程模型,从而预测系统未来发展趋势。

GM(1,1)模型是应用最广泛的灰色预测模型,其目标之一是建立一阶线性微分方程,具体步骤如下[①]:

假设原始数据列为

$$X^{(0)} = \{X^{(0)}(1), X^{(0)}(2), \cdots, X^{(0)}(n)\}$$

---

① 李恩临.灰色预测方法的应用[J].统计与决策,2010(14):161-162.

i. 生成累计序列 $X^{(1)}$。

$$X^{(0)}(t) = \sum_{k=1}^{t} x^{(0)}(k) \ (t=1, 2, \cdots, n)$$

ii. 构造数据矩阵 B 和数据向量 $Y=B\theta$。

$$B = \begin{bmatrix} -\frac{1}{2}[x^{(1)}(1)+x^{(1)}(2)] & 1 \\ -\frac{1}{2}[x^{(1)}(2)+x^{(1)}(3)] & 1 \\ \vdots & \vdots \\ -\frac{1}{2}[x^{(1)}(n-1)+x^{(1)}(n)] & 1 \end{bmatrix}$$

$$Y = [x^{(0)}(2), x^{(0)}(3), \cdots, x^{(0)}(n)]^T$$

iii. 用最小二乘法（OLS）可得最小二乘求解模型未知参数 a 和 μ

$$\hat{a} = \begin{bmatrix} \hat{a} \\ \hat{\mu} \end{bmatrix} = (B^T B)^{-1} B^T Y$$

iv. 求解微分方程，得到预测模型公式，即响应函数为：

$$\hat{x}^{(1)}(k+1) = \left(x^{(0)}(1) - \frac{\hat{\mu}}{\hat{a}}\right) e^{-\hat{a}k} + \frac{\hat{\mu}}{\hat{a}}$$

v. 模型检验。为衡量预测的精度，进行残差检验和后验差检验。

残差检验分为残差和相对误差：

残差 $\Delta^{(0)}(i) = \left| X^{(0)}(i) - \hat{X}^{(0)}(i) \right|, i=1, 2, \cdots, n$

相对误差 $e(i) = \dfrac{\Delta^{(0)}(i)}{X^{(0)}(i)} * 100\%, i=1, 2, \cdots, n$

后验差检验采用方差比和小概率误差衡量：

方差比 $C=\dfrac{S_2}{S_1}$，式中 S_1 为原始数列的标准差，S_2 为绝对误差序列。

则标准差 $S_2=\sqrt{\dfrac{1}{N-1}\left[\Delta^{(0)}(i)-\overline{\Delta}^{(0)}\right]^2}$，$(i=1,2,\cdots,n)$

小概率误差 $P=P\left\{\left|\Delta^{(0)}(i)-\overline{\Delta}^{(0)}\right|<0.674S_1\right\}$，$(i=1,2,\cdots,n)$

通常根据方差比 C 值和小概率误差 P 值来确定预测精度等级，如表 5-7 所示，即 P 值越大，C 值越小，预测精度越高。

表 5-7 灰色预测模型精度等级评价表

P 值	C 值	精确度等级
≥ 0.95	< 0.35	好
≥ 0.80	< 0.50	合格
≥ 0.70	< 0.65	勉强合格
< 0.70	≥ 0.65	不合格

（三）波动率计算

在已有的研究中，波动率的计算通常使用对数现金流或变异系数法，在对数现金流中，为了达到减少序列的波动性目的，需要做对数转换。但 GM（1，1）灰色预测模型的响应函数：

$$\hat{x}^{(1)}(k+1)=\left(x^{(0)}(1)-\dfrac{\hat{\mu}}{\hat{a}}\right)\mathrm{e}^{-\hat{a}k}+\dfrac{\hat{\mu}}{\hat{a}}$$

式中，已经采用了自然幂指数作为预测手段，若依旧采用对数现金流法，则计算的波动率结果为零，因此基于灰色预算模型进行的波动率的估算不能用对数现金流法。参照以往研究成果（费鹍和袁永博，2013；张永峰，杨树锋，陈汉林和贾承造，2004）可采用变异系数作为波动率的计算值。

$$\sigma = s/\mu = \frac{\sqrt{\frac{1}{n-1}\sum_{i=1}^{n}(y_i - \bar{y})^2}}{\frac{1}{n}\sum_{i=1}^{n}y_i}$$

式中，s 为预测数据标准差；μ 为预测数据均值。

本案例将利用案例景区旅游需求的有限数据对其进行短期预测，再根据短期预测的数据序列，求取预测序列的变异系数，并以此作为本文实物期权评估模型中的波动率，进行实物期权价值评估。

（四）武夷山景区波动率

1. 响应函数

结合灰色预测模型建构思想，根据武夷山 2008—2019 年的年度旅游接待人次数据构建原始序列：

$X^{(0)} = \{336000, 3275000, 3812000, 3880000, 3411000\}$

对其做一次累加得累加序列：

$X^{(1)} = \{3360000, 6635000, 10447000, 14327000, 17738000\}$

构建数据矩阵 $Y = B\theta$，求解模型未知参数 a 和 μ，其中：

$Y = \{3275000, 3812000, 3880000, 3411000\}^T$

$$B = \begin{bmatrix} -4997500 & 1 \\ -8541000 & 1 \\ -1238700 & 1 \\ -16032500 & 1 \end{bmatrix}$$

$$\theta = \begin{bmatrix} \hat{a} \\ \hat{\mu} \end{bmatrix}$$

当 $|B^T B| \neq 0$，用最小二乘法（OLS）可得最小二乘解

$$\begin{bmatrix} \hat{a} \\ \hat{\mu} \end{bmatrix} = (B^T B)^{-1} B^T Y = \begin{bmatrix} -0.0125 \\ 3463083.2194 \end{bmatrix}$$

取 $x^{(1)}(0) = x^{(0)}(1)$，求解白化方程，可得到预测模型：

$$\hat{x}^{(1)}(k+1) = \left(x^{(0)}(1) - \frac{\hat{a}}{\hat{\mu}}\right)e^{-\hat{a}k} + \frac{\hat{a}}{\hat{\mu}} = 279778363.4454e^{0.0125k} - 276418363.4454$$

2. 模型检验

利用上文所求得的灰色预测模型GM（1，1）对武夷山2008—2019年的进行模拟，得到以下结果：

表5-8　GM（1，1）对武夷山2008—2019年旅游需求预测结果和残差检验

年份	2015	2016	2017	2018	2019
原始值	3 360 000	3 275 000	3 812 000	3 880 000	3 411 000
预测值	3 360 000	3 527 227.831	3 571 696.4	3 616 726	3 662 322
残差	0	252 227.831	240 303.63	263 274.5	251 322
相对误差（%）	0	7.70%	6.30%	6.79%	7.37%
平均相对误差（%）	5.63%				

从灰色预测模型GM（1，1）对武夷山2008年至2019年的旅游需求预测结果和残差检验结果来看，利用灰色预测模型得到的结果与原始值的相对误差较小，平均相对误差为5.63%，说明利用灰色预测模型预测结果较好。为了进一步确定灰色预测模型的精度等级对预测数据进行后验差检验，计算可得方差比$C = 0.4065 < 0.5$，小概率误差$P = 0.80 \geq 0.80$，将后验差检验结果对比灰色预测模型精度等级评价表，可知用该模型预测武夷山的需求数据精度合格，因此，该结果是可信的。

3. 模型预测和波动率估值

利用上述所得到的模型预测，在没有疫情阻碍的情况下，武夷山景区未来11年的旅游需求预测结果如下表5-9所示。由表数据计算可得：预测数据的标准差$s = 235044.5167$，预测数据的

均值 μ=3825163.7346,利用公式 $\sigma = s/\mu$,由此可计算得出武夷山旅游波动率 σ =0.061446917,即 6.14%。

表 5-9 武夷山景区未来旅游需求预测表

年份	旅游需求预测值	年份	旅游需求预测值
2015	3 360 000	2023	3 850 531
2016	3 527 228	2024	3 899 076
2017	3 571 696	2025	3 948 232
2018	3 616 726	2026	3 998 009
2019	3 662 322	2027	4 048 412
2020	3 708 494	2028	4 099 452
2021	3 755 248	2029	4 151 134
2022	3 802 591	2030	4 203 468

三、武夷山成本计算

根据前述研究,利用灰色预测模型得到的武夷山旅游波动率 σ =6.14%,根据武夷山景区旅游需求的预测数据可得,武夷山景区旅游需求的预期增长率 α =1.51%;折现率 ρ 的取值为 8.57%;以 2016 年五年期凭证式国债的利率 4.17% 作为无风险收益率。将上述取得的参数的值代入公式:可得 β = 4.0941。

(一)武夷山投资成本规模区间预测

基于推导模型 $D^* = \dfrac{\beta}{\beta-1}(\rho-\alpha)\mathrm{I}$,武夷山景区旅游接待量的临界点与相应投资规模如下:

表 5-10 武夷山景区不同投资额下旅游需求临界表

I（万）	β/(β-1)	ρ-α	D*（万人）	V（万）
100	1.323192	0.0706	9.341736	132.3192
200	1.323192	0.0706	18.68347	264.6384
300	1.323192	0.0706	28.02521	396.9576
400	1.323192	0.0706	37.36695	529.2768
500	1.323192	0.0706	46.70868	661.5961
600	1.323192	0.0706	56.05042	793.9153
700	1.323192	0.0706	65.39215	926.2345
800	1.323192	0.0706	74.73389	1058.554
900	1.323192	0.0706	84.07563	1190.873
1000	1.323192	0.0706	93.41736	1323.192
2000	1.323192	0.0706	186.8347	2646.384
3000	1.323192	0.0706	280.2521	3969.576
4000	1.323192	0.0706	373.6695	5292.768
5000	1.323192	0.0706	467.0868	6615.961
6000	1.323192	0.0706	560.5042	7939.153
7000	1.323192	0.0706	653.9215	9262.345
8000	1.323192	0.0706	747.3389	10585.54
9000	1.323192	0.0706	840.7563	11908.73
10000	1.323192	0.0706	934.1736	13231.92

当旅游人数需求大于 D^* 时，景区经营者选择投资，当旅游人数需求小于 D^* 时，景区经营者选择等待，暂不投资。根据旅游需求临界表的计算结果和武夷山景区未来四十年内预测人流量，景区的投资规模小于 5245.425 万，投资总额若大于这一区间，投资者将很难回收资金，实现利润。

（二）武夷山具体投资成本

武夷山是世界文化与自然双重遗产、世界生物圈保护区、国家重点风景名胜区、国家 AAAAA 级旅游景区、国家级自然保护区，暂无社会资本参与景区的整体运营，未发生过经营权转让事件，成本无从得知，并且目前国内也缺乏同类型景区的相关数据以此来估算武夷山的成本。2001 年至 2003 年，武夷山旅游发展股份有限公司投入 3.27 亿元巨资，完善基础设施，构建智能化管理系统，计划从 2004 年 4 月 1 日起对景区实行封闭式管理。故，在不考虑后续重大旅游项目继续投资的前提下，以此为武夷山投资成本。

通过费雪方程式对 2001—2020 年的通货膨胀率进行计算。费雪方程式为：

$$MV = PT$$

M 为流通中的货币数量，V 为货币周转速度，P 是物价水平，T 是各类商品和劳务交易总量，即 GDP。M 可以理解为广义货币 M2，V 由指数因素决定，而制度因素变化缓慢，因此 V 可以视为常数。两边同时微分之后，扣除货币周转速度的影响，得到公式：

通胀率 = M2 增长率 – GDP 增长率

通过查阅国家统计局的官网得到 2001—2020 年 M2 货币供应数据和 GDP 数据，得到 2002—2020 年的总通货膨胀率为 199.32%，通过计算得出 2001 年的 3.27 亿相当于 2020 年的 9.788 亿。

表 5-11 2002—2020 年通货膨胀率

年份	M2 增速	GDP 增速	通货膨胀率	年份	M2 增速	GDP 增速	通货膨胀率
2002	16.87%	9.13%	7.09%	2012	14.39%	7.86%	6.06%
2003	19.58%	10.04%	8.67%	2013	13.59%	7.77%	5.40%
2004	14.86%	10.11%	4.32%	2014	11.01%	7.43%	3.33%
2005	17.57%	11.39%	5.55%	2015	13.34%	7.04%	5.89%
2006	15.67%	12.73%	2.61%	2016	11.33%	6.85%	4.20%
2007	16.74%	14.23%	2.20%	2017	9.04%	6.95%	1.96%
2008	17.78%	9.65%	7.41%	2018	8.08%	6.75%	1.24%

续表

年份	M2增速	GDP增速	通货膨胀率	年份	M2增速	GDP增速	通货膨胀率
2009	28.42%	9.40%	17.39%	2019	8.74%	5.95%	2.64%
2010	18.95%	10.64%	7.51%	2020	10.88%	2.23%	7.68%
2011	17.32%	9.55%	7.10%				
2002—2020 年通货膨胀率				199.32%			

在不考虑重大旅游项目投资的情况下,景区 2021 年至 2060 年的项目净值为 18.16 亿元,未来投资机会期权价值 V^*=12.95 亿元。武夷山景区经营权价值为 = 收益还原法下的净现值 + 未来投资机会期权价值 =31.11 亿元。

四、评估结果分析

在获得景区经营权之后,经营权受让者现有对景区旅游资源进行延迟、扩大、缩小或转换开发等多项"选择权利",体现为景区经营权经营的灵活性。进行景区经营权价值的评估,有利于企业判断执行何种期权权利。

通过以上分析可知,武夷山景区经营权的价值中包含了收益还原法评估出的净现值(即景区正常运转条件下未来现金流折现)和景区隐含的未来投资机会的期权价值两部分,故,武夷山景区经营权价值为 = 收益还原法下的净现值 + 未来投资机会期权价值。收益还原法和实物期权法两种方法评估的结果存在着显著差异,基于实物期权法下求得的经营权价值考虑了在经营管理过程中的柔性价值以及景区运营期间出现的各种不确定性,而收益还原法仅仅局限于评估基准日时的市场价值,一般会低估景区经营权的真实价值,因此对于投资者来讲,基于实物期权下的经营权价值更能够帮助他们判断一个项目的可行性。

传统收益还原法下的经营权价值为 18.16 亿元。相较而言,基于实物期权视角的评估结果溢价为 71.31%,说明武夷山景区在经营管理中具有较大的不确定性，因此两者差别显著。考虑企业未来四十年的净利润，即未来四十年的资源占用费划出净利润，则净利润始终为负；考虑未来四十年的旅游需求，预测需求为490.1万人，其消费能力无法满足高投资所需回报。基于以上三个角度，理性投资者不应当选择扩大开发。由于目前国有景区经营者一般不能放弃期权，因此，武夷山景区经营者可以选择收缩投资至投资额小于景区的利润总额，或执行转换期权，调整景区目前的市场定位与主营业务，以打破僵局。

第六章
实物期权法的武夷山竹筏漂流经营权价值评估[①]

[①] 本案例研究于2018年完成,由本课题负责人所指导的专业硕士研究生郑稼宏的学位论文修改而成。

第一节 案例的典型性

福建武夷山旅游发展股份有限公司在武夷山风景名胜区管理委员会指导下，负责武夷山景区旅游投资开发和经营管理。该公司成立于1999年12月，注册资本8100万元，经营范围包括景点保护、开发、管理、利用，门票、竹筏业务，酒店，旅游产品贸易，旅游景点及基础设施投资、旅行社、其他旅游服务及相关业务。福建武夷山旅游发展股份有限公司的经营宗旨是充分利用股份制经营机制，提高景区的管理和保护水平，在规划许可范围内合理开发利用武夷山旅游资源、经营旅游相关业务。

表6-1 福建武夷山旅游发展股份有限公司股权结构

股东名称	出资额	持股数量	持股比例
武夷山旅游（集团）有限公司	3321万元	2214万股	41%
福建新华都实业集团股份有限公司（已转让给厦门恒兴集团有限公司）	2835万元	1890万股	35%
武夷山风景名胜区竹筏总公司	810万元	540万股	10%
武夷山旅游（集团）有限公司工会	729万元	486万股	9%
武夷山风景名胜区竹筏总公司工会	405万元	270万股	5%
合计	8100万元	5400万股	100%

资料来源：福建武夷山旅游发展股份有限公司，2018年8月。

景区门票、竹筏漂流项目运营、观光车运营，是福建武夷山旅游发展股份有限公司经营收入的大部分来源。该公司与武夷山风景名胜区管理委员会签订了专营权协议，从公司成立起获得景区门票、竹筏漂流、观光车等主要项目40年专营权，协议同时约定，公司每年需按各项目营业收入的一定比例向景区管委会上缴专营权费和资源保护费，其中：观光车专营权根据经营年限上缴比例分别为 5%、10%、15%；竹筏专营权上缴比例为 49.5%；景区门票专营权上缴比例为 50%。

由于武夷山景区规划审批滞后、建设资金缺乏等原因，区内基础设施相对薄弱。福建武夷山旅游发展股份有限公司自 2010 年起，开始投入资金改善景区内基础设施，累计投入建设资金近 5 亿元。先后完成南入口详细规划、九曲溪竹筏码头详细规划、景区供水专项规划、景区标识系统专项规划、岸上九曲步游道、竹筏回排码头改造、竹筏育制场等专项规划编制，并按照建设程序组织实施。

福建武夷山旅游发展股份有限公司虽早在二十年前就以股份公司形态设立并运营，但至今仍为政府部门实际控制，承担了不少公共服务与管理职能，并垫付大量的资金、人力，真正的市场化经营秩序一直未能建立。多年来，为政府垫付资金的规模在逐年累计增加，福建武夷山旅游发展股份有限公司无力投入资金对现有项目进行升级改造，更缺乏开发新项目的资金，经营收入呈现下降趋势。九曲溪竹筏漂流项目为福建武夷山旅游发展股份有限公司的重点经营项目，由于武夷山风景名胜区竹筏总公司工会是该公司股东之一，竹筏漂流项目的经营相比公司其他项目，具有相对的确定性，因此，我们以该项目为案例，应用实物期权方法对其经营权价值进行评估。

第二节　九曲溪竹筏漂流项目

武夷山脉主峰是黄岗山，九曲溪位于武夷山峰岩幽谷之中。武夷山有三十六峰，九十九岩，九曲溪贯穿其中，全长约 10 公里。游览九曲溪的工具是古朴的水上竹筏（当地人也称其为竹排），青山、绿水、蓝天、白云相映成趣。一筏可乘坐 8 名游客，由 2 名排工使用竹篙驾驭竹筏，沿途可看到奇峰相叠的山峦。武夷山以竹筏为游览交通工具已有一千多年的历史，竹筏漂流，是武夷山旅游的特色项目。

福建武夷山旅游发展股份有限公司设立竹筏分公司，负责竹筏漂流项目运营，通过访谈估计大致基础数据如表 6-2 所列：

表 6-2　九曲溪竹筏漂流项目基础数据

年份	收入（万元）	接待人次（万人）	员工数量（人）
2010 年	9600	107	900
2011 年	10 010	126	930
2012 年	9800	124	890
2013 年	9300	105	880
2014 年	11 100	108	850
2015 年	11 600	105	860
2016 年	11 000	98	860
2017 年	13 000	119	890

九曲溪竹筏漂流项目运营中的几个焦点：

第一，驾驭竹筏工作强度大、有一定技术含量，高度依赖排工，排工来源多为附近村民；武夷山风景名胜区竹筏总公司工会以股东身份可参与管理制度表决，排工通过工会发挥影响力，对工资议价能力较强，竹筏分公司难以建立市场化的绩效考核制度，每年排工工资增幅约为 10%。

第二，游客乘坐竹筏漂流至下游码头后，运营方需要安排车辆将竹筏回运至上游码头，运输成本较高。

第三，竹筏是运营该项目的主要设备之一，制作竹筏和座椅均需使用一定规格的竹料作为生产原料，竹原料的供给取决于民间种植栽培，价格有一定波动。

第四，福建武夷山旅游发展股份有限公司为保持竹筏漂流项目的专营权，每年需向武夷山风景名胜区管理委员会上缴专营权费，上缴比例为该项目营业收入的49.5%，该项费用占营业收入的比例很高，对竹筏漂流项目的盈利能力影响较大。

第五，福建武夷山旅游发展股份有限公司为景区基础设施、公共服务、工程拆迁等垫付了大量资金，很大程度上影响了包括竹筏漂流项目在内的整个公司的现金流。

第三节 武夷山景区竹筏漂流项目经营权价值评估

一、评估思路

根据专营权协议，福建武夷山旅游发展股份有限公司专营权费用比例保持高位，竹筏漂流项目以及公司整体经营均已出现亏损。旅游资源经营权价值评估是实现旅游资源资产化管理、将社会资本引入旅游景区投资开发的关键点之一，社会资本进入旅游产业，是基于对其行业盈利前景的认可，投资者对旅游项目进行投资，也是重点关注项目价值的成长性。因此，过高的成本对本案例评估产生了较大的影响。

本案例已有近二十年的运营历史，近年的市场环境相对早期已经发生了很大变化，因此，本案例选择近八年的历史数据作为实证参考。2010年至2017年，由于缺乏资金，福建武夷山旅游发展股份有限公司用于竹筏漂流项目设备升级改造的资金约为2000万元，假设2010年至2017年间，每间隔三年进行一次设备更新，资金来源为银行三年期借款，规模为1000万元，即2010年和2014年分别获得银行借款1000万元。

按照每间隔三年进行一次的设备设施改造计划，为维持项目正常运营，2018年公司至少应该投入1000万元资金，如果考虑各项成本的提高，假设2018年需要投入的设备设置改造资金为

1500万元，在公司整体经营亏损的情况下，难以获得银行信贷支持，可以考虑采用资产重组方案实现融资。假设武夷山景区管委会牵头协调福建武夷山旅游发展股份有限公司进行资产重组，首选的谈判对象为公司唯一民营股东厦门恒兴集团有限公司。

假设谈判达成的资产重组方案为：2018年福建武夷山旅游发展股份有限公司发行5000万元可转债，由厦门恒兴集团有限公司全额认购。前提条件是：①增加厦门恒兴集团有限公司在公司董事会、经营层中的席位占比，提高对公司的控制力度；②以竹筏漂流项目为市场化改革试点，5000万元融资中有1500万元专项用于竹筏漂流项目升级改造，同时聘用职业经理人、建立市场化的绩效考核制度，对成本加以控制；③景区管委会同意将竹筏漂流项目专营权费用比例由原来的49.5%降低至38%；④2020年末是可转债到期期限，如果厦门恒兴集团有限公司选择将5000万元债权转换为股权，可以获得原由武夷山风景名胜区竹筏总公司工会持有的占公司总股本5%股权，以及原由武夷山旅游（集团）有限公司工会持有的占公司总股本5%股权，持股比例由35%上升至45%，成为公司第一大股东；如果放弃债权转换为股权，由福建武夷山旅游发展股份有限公司以6%年利率归还厦门恒兴集团有限公司5000万元本息，由武夷山旅游（集团）有限公司提供还款担保。

前文已经提到，对传统的折现现金量法（DCF）方法加以扩展，把DCF与资产回报率（ROA）分析结合起来，则成为一套新的分析工具，可反映项目的两部分价值：一是静态项目净现值（NPV），是对项目未来期望现金流的直接度量；二是项目蕴含的期权价值，即战略NPV=静态NPV+期权价值。

可以看到，上述假设的资产重组计划，蕴含着战略成长期权价值。

二、项目净现值

静态NPV的计算即传统的净现值法，是从项目开始投资到项目终结,将各年度的净现金流量以一定的贴现率折现为投资开始时的现值,减去初始投资额,即为净现值,如果净现值大于零则认为项目投资方案可行,如果净现值小于等于零则认为项目投资方案不可行。静态 NPV 计算公式:

$$NPV = \sum_{i=1}^{n} \frac{C_i}{(1+r)^i} - C_0 \qquad (6-1)$$

其中:r 为贴现率;

C_i 为第 i 期现金收入;

C_0 为本期投资支出。

竹筏漂流项目的营业成本较高,排工工资基本每年都要增长,再加之每年上缴景区管委会的专营权费比例高达营业收入的 49.5%,为景区管委会垫付的拆迁费用、公共管理费用等越积越多且迟迟没有解决。由于福建武夷山旅游发展股份有限公司的经营亏损状况尚无解决方案,该公司存在进行资产重组的可能性,现阶段不便公开披露确切的财务数据。但我们通过访谈得知 2010 年营业成本、税金及附加占主营业务收入的比重为 30%,营业费用、管理费用、财务费用等费用总额占主营业务收入的比重为 55%,则成本、费用、税金等现金流出占每年营业收入的 85%。假设其后每年成本、费用、税金等现金流出占营业收入比重比上一年提升三个百分点,即 2010 年 85%,2011 年 88%,2012 年 91%,至 2017 年达到 106%。

根据 2018 年的资产重组方案,景区管委会收取的专营权费用降低至 38%,自这一年起,项目营业费用大幅降低,加之引入职业经理人和市场化考核机制,项目经营成本也开始下降。假设 2018 年的成本、费用、税金等现金流出占每年营业收入的比重与上一年相比降低了 10%,其后每一年相对上年再降低两个百分点,即 2018 年至 2010 年成本、费用、税金等现金流出占当年营业收入的比重分别为 96%、94%、92%。2018 年起,每年项目的营业收入相对上一年增加 1000 万元,则对项目现金流估算如下:

表 6-3　九曲溪竹筏漂流项目现金流量表

单位：万元

序号	1	1.1	1.2	2	2.1	2.2	2.3	3
年份	现金流入	营业收入	借款	现金流出	固定资产投入	成本费用税金	归还借款	净现金流
2010	10 600	9600	1000	10 160	2000	8160		440
2011	10 010	10 010		9809	1000	8809		201
2012	9800	9800		9918	1000	8918		−118
2013	9300	9300		10 742	1000	8742	1000	−1442
2014	12 100	11 100	1000	12 767	2000	10 767		−667
2015	11 600	11 600		12 600	1000	11 600		−1000
2016	11 000	11 000		12 330	1000	11 330		−1330
2017	13 000	13 000		15 780	1000	13 780	1000	−2780
2018	15 500	14 000	1500	14 940	1500	13 440		560
2019	15 000	15 000		14 100		14 100		900
2020	16 000	16 000		14 720		14 720		1280

在访谈中得知，福建武夷山旅游发展股份有限公司为景区基础设施改造垫付了大量资金，何时可从景区管委会收回垫款尚未可知，我们暂以每年 1000 万元固定资产投入列入项目 2010 年至 2017 年的现金流出，2018 年开始由于实行资产重组方案，暂认为不会产生新的垫款。厦门恒兴集团有限公司对本项目的投资为股权投资，如果参考一般国有金融机构对业务部门股权投资回报率的业绩考核底线，以 8% 为贴现率，由上表数据计算出的项目静态 NPV 值为 −2689.81 万元。

三、项目成长期权价值

二项式模型和 B-S 模型都可以用于市场不确定性高的旅游资源经营权价值评估，也都适用于旅游企业的单个项目经营权价值评估。其中二项式模型适用于离散时间状态，可进行多阶段、复合期权的价值评估，B-S 模型适合连续时间状态下的期权价值评估。武夷山九曲溪竹筏漂流项目的资产重组方案是基于连续时间段的设计，而且该项目是具有一定运营年限的成熟旅游项目，相对新开发项目而言涉及的期权种类相对少，我们聚焦于该项目成长期权的确定，所以本案例适合采用 B-S 定价模型进行期权价值评估。

虽然 B-S 定价模型的几个基本假设是比较苛刻的，现实中同时满足这几个基本假设的市场几乎不存在，但是适当放松一些假设可以用该模型对旅游资源经营权价值进行合理评估。因此，本案例使用 B-S 模型中的欧式看涨期权价格公式来测算武夷山九曲溪竹筏漂流项目 2018 年至 2020 年资产重组期的战略成长期权价值：

$$c = SN(d_1) - Xe^{-r(T-t)} N(d_2) \quad (6-2)$$

$$d_1 = \frac{\ln\frac{S}{X} + (r + \frac{\sigma^2}{2})(T-t)}{\sigma\sqrt{T-t}} \quad (6-3)$$

$$d_2 = \frac{\ln\frac{S}{X} + (r - \frac{\sigma^2}{2})(T-t)}{\sigma\sqrt{T-t}} = d_1 - \sigma\sqrt{T-t} \quad (6-4)$$

$N(x)$ 是均值为 0，标准差为 1 的标准正态分布变量的累计概率分布函数，即变量小于 x 的概率。

其中：c 表示成长期权价格；

S 表示项目市场价值；

X 表示期权执行价格或协议价格；

T 表示期权到期时间；

t 表示现在的时间；

r 表示无风险利率；

σ 表示波动率。

（一）关于项目市场价值 S 的确定

项目市场价值是投资当年起，每一年年末的净现金流折现至投资起始期即 2018 年年初的现值之和。2018 年至 2020 年，这三年的净现金流量分别为 560 万元、900 万元、1280 万元，将其分别折现至 2018 年年初的现值是 528.3 万元、1650.05 万元、3421.46 万元，三者之和 5599.81 万元即为项目市场价值。

（二）关于期权执行价格 X 的确定

2018 年，投资者对于该项目投入的初始投资规模 1500 万元即为项目的期权执行价格。

（三）关于无风险利率 r

无风险利率采用假设的项目资产重组计划中设定的借款年利率 6%。

（四）关于波动率 σ 的确定

Black-Scholes 模型的各个参数中，唯有基础资产波动率 σ 是无法直接获得的，该模型中波动率所衡量的是在期权存续期间其基础资产价格的不确定性，需要借助数理统计方法来计算。波动率能够在一定程度上反映期权的潜在获利能力，基于历史数据推算波动率，能反映过去的市场变化，并且不会受到概率分布假定的限制。实际上，应用期权定价思维需要的是基础资产价格未来的波动情况，而不是过去的，所以使用历史数据推测未来波动率仅能作为参考值，其准确性的可靠程度具有局限性。

随着时间推移，资产价格的波动情况会发生变化。对于特定资产特别是旅游资源资产而言，其波动率并非是统一的，这也是应用 Black-Scholes 模型进行实物资产定价中一个值得进一步研究的问题。因为 Black-Scholes 模型的其中一个假设是标的资产价格变化遵循几何布朗运动，且未来收益率成对数分布，而在现实中,这些假设难以在任何时候都成立。

有学者认为,对于已经开发的景区,可以使用景区旅游总收入或旅游资源经营权对应项目产生的旅游收入的历史波动率,作为标的资产价格的波动率;对于未开发景区,可以使用公开查询到的景区类上市公司股价变动作为标的项目资产价格波动率。但实际上,历史数据的时间跨度、准确度等因素对波动率的影响很大,对于旅游景区经营权价值评估中景区标的资产波动率的确定,有待在今后的研究中进行更为深入的探索,在本案例中,我们参考林璧属、林文凯、周春波等学者在其他案例研究中采用的数据,假设波动率为 20%。

表 6-4 资产重组期的项目成长期权价值

单位:万元

参数名称	2018 年至 2020 年
项目市场价值 S	5599.81
期权执行价格 X	1500
无风险利率 r	6%
距期权到期时间 $T-t$	3
波动率 σ	20%
期权价值 c	4346.91

表 6-5 使用 Excel 相关函数功能计算期权价值

表 1 期权基本信息							
股票现价	期权执行价格	无风险连续复利	有效期	年波动率(标准差度量)	股票每年红利	期权类型代码	期权类型
5599.81	1500.00	6.00%	3.00	20.00%	0.00%	1	着涨期权
注:选择期权类型		⊙看跌期权	⊙看涨期权				

续表

表 2 BS 公式参数

d1	d2	N（d1）	N（d2）	exp(-rT)	exp(-qT)		
4.4954	4.1490	1.0000	1.0000	0.8353	1.0000		

表 3 期权价格

4346.91							

第四节　结论与讨论

一、项目经营权评估价值

使用实物期权方法评估得出的景区经营权价值，即战略 NPV= 静态 NPV+ 成长期权价值 =-2689.81 万元 +4346.91 万元 =1657.1 万元。

二、研究结果分析

武夷山九曲溪竹筏漂流项目是武夷山景区的标志性游览项目之一，是武夷山旅游发展股份有限公司经营收入的重要来源。从旅游项目投资的角度来看，投资者高度关注项目的成长性期权，因此，使用传统的净现值法，并不能体现项目隐含的期权价值，而使用实物期权评估方法，则可以计算出项目蕴含的成长期权价值。

旅游项目的经营，一般是以年为时间单位来计算的，对竹筏漂流项目经营权价值的评估，是一种连续时间段的计算，而不是离散的时间点。基于以上考虑，本案例选取了较为适宜本项目的 B-S 实物期权定价模型来计算竹筏漂流项目的成长期权价值。

本案例中项目经营亏损的原因，实质上是由于政府收取高额的资源占用费所形成的。项目本身是一个可行性极高的投资方案。站在投资者的角度，项目静态 NPV 小于零，如果仅以静态 NPV 价值 –2689.81 万元作为投资决策参考，很可能会放弃该项目，如果加上战略性成长期权价值 4346.91 万元，该项目的战略 NPV 值大于零，具有一定投资价值。

本案例的计算结果证明，仅考虑静态 NPV，已经难以满足实践中项目投资决策的需要，旅游景区经营权价值应为其净现值加上期权价值的总和。通过实物期权方法评估得出的景区经营权价值，让投资者看到了项目隐含的期权价值，对于投资决策具有更为可靠的参考意义。对于景区所有权人的代表——各级地方政府而言，本案例对于其引进社会资本、扩大招商引资，也具有参考价值。地方政府不但要在招商上下功夫，更需要帮助旅游企业真正建立市场化经营机制，才是促进就业、打造旅游品牌和振兴地方经济的有效手段之一。

三、研究结论

本案例通过深入分析旅游资源经济价值的内涵，综合运用理论推演、计量分析、案例研究等多种研究方法，以旅游资源经济价值形成机理为入口，着眼旅游资源经济价值实现路径和评估方法，以评估方法的选取和适用性研究为重点，得出以下主要研究结论：

首先，旅游资源经济价值分为两种：一是可直接进行市场交易的旅游资源经营权价值，二是仅能间接进行市场交易的旅游资源游憩价值。在国家大力推动社会资本参与旅游投资的大背景下，本案例重点关注了旅游资源经营权价值的研究。

其次，传统评估方法对于旅游资源评估具有较大局限性。条件价值法和旅行费用法更适用于旅游资源游憩价值评估；收益还原法未考虑到旅游项目隐含的不确定性，忽略了其附带的战略价值和灵活性，已经不能适应当前旅游投资市场的需要。

再次，实物期权方法适用于旅游景区经营权评估。实物期权方法考虑了旅游项目带有的期权价值，相对传统评估方法而言，对于投资决策更具参考价值。但实物期权评估方法在旅游投资领域的研究应用较少，对于不同的旅游项目，其适用的实物期权模型也不尽相同，需要根据项目具体情况使用不同的定价模型。

最后，以武夷山九曲溪竹筏漂流项目为实证案例，其经营权价值为战略NPV，即静态NPV与项目成长期权价值之和。静态NPV值小于零，加上项目成长期权之后，项目战略NPV值大于零，实物期权方法相对传统评估方法更加客观。

第七章
鼓浪屿景区评估——多维方法比较分析[①]

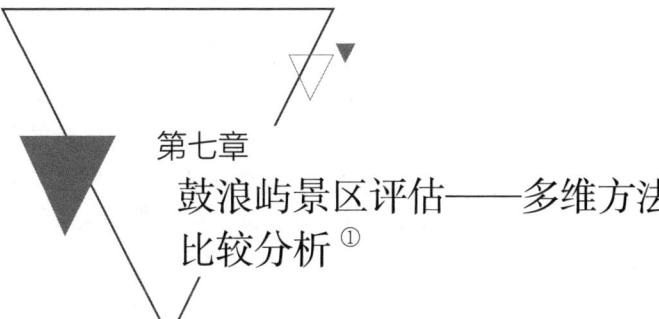

[①] 本研究案例由项目负责人所指导的硕士研究生申莉莉于 2022 年完成的学位论文的基础上修改而成。

第一节 案例的典型性

鼓浪屿地处福建九龙江入海口处的厦门市区，是一座面积仅 1.78 平方公里的小岛屿。鼓浪屿虽然面积不大，但由其独特的地理位置和优越的自然景观，在五口通商之后吸引了大量的西方人选择在鼓浪屿居住。西方人在鼓浪屿上建造别墅、教堂及公共设施等建筑，经过时间的沉淀在鼓浪屿上形成了西方文化遗存。

在 19 世纪末期，回国的华侨不断地来鼓浪屿置办房产，在闽南文化、西方文化和华侨文化的相互交融多重影响下，给鼓浪屿留下了近千座历史文化建筑遗存，涵盖了各类建筑风格，形成了鼓浪屿独特的文化底蕴。

鼓浪屿以得天独厚的历史人文背景以及中西文化并存的建筑风貌，于 2017 年入选世界文化遗产地名录，成为"历史国际街区"。全岛历史建筑 1000 余座，全岛拥有历史道路体系、全岛自然景观要素等一级文物古迹，其中代表性历史建筑 51 组，主要历史道路 4 组，7 个具有代表性的自然生态景观和 2 个具有代表性的文物遗产。

鼓浪屿虽然作为"世界文化遗产"，管理方式以开放型景区为主，既是景区，又是社区，受到鼓浪屿管委会与鼓浪屿街道办事处的双重管理，暂无社会资本参与景区的整体运营。将鼓浪屿作为景区旅游资源经济价值评估的实证调研对象，具有一定的代表性，可为后续鼓浪屿景区进行资本运作提供一定的实践价值。鼓浪屿作为开放型景区，因其优美的自然景观和丰富的历史底蕴以及得天独厚的海岛资源，吸引了大量的游客前来，对于评估鼓浪屿的旅游经济价值也有积极的影响。本案例的评估范围为鼓浪屿景区所有的经济价值。

第二节 数据来源与评估方法

一、一手资料

旅行费用法与条件价值法的评估主要取决于调查问卷所获取的数据，本案例调查问卷获取游客的旅行成本主要用于旅行费用法的计算，游客的支付意愿主要用于条件价值法的计算。正式调研日期是在2021年的12月11日至22日，到鼓浪屿景区进行了现场派发问卷，同时进行了线上网络平台收集，共派发了300份问卷调查，收回调查答卷300份，回收率100%，为提高调查数据的数量，对调查问卷的有效填报情况进行了人工审核，共人工删除了无效答卷12份，有效答卷共288份，调查答卷的有效率为96%，调查答卷的有效数量已经达到了对抽样调查样本的要求，后续对于鼓浪屿景区基于旅行费用法和条件价值法的估值将根据此次调研收集到的数据进行分析和讨论。

二、二手资料

收益还原法和实物期权法的评估依赖鼓浪屿景区经营年限的数据，根据研究的需要，从政府部门报告和统计年鉴中获取的资料和数据如表7-1所示：

表7-1 二手资料与具体数据

资料类型	数据
厦门市经济特区年鉴（2003—2020）	厦门市年度游客量、年度旅游收入
鼓浪屿主要经济指标完成情况报表（2003—2020）	鼓浪屿年度游客量、鼓浪屿年度旅游收入
凤凰县人民政府发布的统（2019）	凤凰古城年度游客量和年度旅游收入

续表

资料类型	数据
中国人口及就业统计年鉴（2020）	全国城镇就业总人口

资料来源：笔者自行整理。

三、评估方法

（一）旅行费用法

在前述有关旅行费用法的综述中可知，有关旅行费用法有六种广泛使用的模型，后续实证部分考虑到本案例选择地鼓浪屿景区其景点数量较多、外地游客重游率不高、吸引远距离的游客等特征，因此，与其他几种模型相比，利用分区旅行费用法（ZTCM）进行鼓浪屿景区游憩价值的使用价值的估算更加准确[①]。于是，本案例使用价值部分采用 ZTCM 方法评估。

ZTCM 基本评估思路为：首先，将问卷调查中旅游者的来源地作为划分标准，将此次调研样本中所有游客根据其来源地划分为不同的区域；其次，测算各个区域游客在食、住、行、游、购、娱等方面的金钱花费以及包括游客来往景区的交通时间和景区停留时间的成本，通过计算出发地到鼓浪屿景区的年旅游人数与出发地的城镇人口比值得出各个区域的旅游率，建立各个区域的旅游率和旅游成本的回归模型进而求得消费者剩余；将求得的消费者剩余与前面计算得到的游客在景区所花费的总支出进行价值汇总即可求得游憩价值中的使用价值部分的估值。

---

① 方世巧，马泓宇，徐少癸.森林旅游生态补偿的机制与对策分析［J］.生态经济，2018，34（05）：207 211.

ZTCM 的评估过程如下[①②]：

①实地调查。实地到景区发放游客调查问卷，获取游客到景区游玩过程中的各种支出情况以及往来时间成本和景区逗留时间，并统计游客个人社会经济特征。

②划分出发区域。景区的游客全国各个省市都有涉及，假设来自同一省市的游客其到景区花费的成本、居民的收入水平以及对旅游目的地的了解和满意程度等都是相同的，根据问卷中游客来源地的选择，将游客划分为不同的区域，分区进行计算既降低了计算的难度，且更加具有可行性，同时减少了过程偏差。

③计算消费者支出。旅游的六要素包括食、住、行、游、购、娱，游客的消费支出可以从旅游的六要素方面来考虑。

④计算各个区域游客的旅游率。

⑤根据区域旅游率与消费者支出的情况，选择合适的回归模型。

根据上述步骤，得出各区域消费者支出对各个区域旅游率的影响。

⑥计算消费者剩余。在各区域旅游者实际支出的基数上追加旅游费用，再按照旅游率与消费者支出求得的回归模型，测算各区域追加费用后的实际出游人次，在得出总人次后再不断地追加，直至实际出游人次为零。使用价值等于消费者支出和消费者剩余加总。

（二）条件价值法

条件价值法（CVM）与旅行费用法不同，并非基于真实的市场环境，而是通过构建一个现实生活中所不存在的市场环境，在这个构建出来的市场环境中通过征询景区中的现实游客对保护某

---

① 吴明鹏，詹丽娟，李鹏艳等.楚雄紫溪山森林游憩价值评估［J］.合作经济与科技，2020（18）：44-47.
② 薛明月，肖景义，高丽文等.湖泊型旅游景区经济价值综合评估——以青海湖景区为例［J］.山西大学学报（自然科学版），2018，41（01）：241-247.

种资源得以永续存在，以便自己和子孙后代得以享用的最高支付意向 WTP，或者因为一些现实原因如资源所在的环境遭到了破坏，导致经济发生了损失的最小补偿意愿 WTA，进而得出旅游者对该区域旅游资源的平均支付意向或补偿意愿，通过官方渠道查找此次调查区域总的人口数量，用总的人口数量乘以平均支付意向或补偿意向就可以得到总的支付意愿[①]。

CVM 评估过程如下[②]：

①创立假想市场。向调查游客详细介绍该调查景区的旅游资源供给状况，以便调查者感觉是处于一种真实的交易环境下，由此得出的支付意愿才具有真实性，据此得出的评估结果才具有一定的可靠性。

②确定调查范围和方式。调查范围要根据研究的区域来确定，关于调查样本量的大小一般要根据精度和置信度两个维度来确定[③]。虽然现在网络技术非常发达且数据的获取也比较快捷，但由于其获取的结果一般存在偏差，其数据的真实性也低于实地调研，因此通过实地调研是一种主要的数据获取方式。

③获取个人支付意愿。在调查过程中获取游客支付意愿主要采用以下四种方法：第一种投标博弈法，通过先规定一个支付金额询问游客是否可以接受该支付金额，若游客同意支付该金额，随即在此基础上进行提高，反复进行此过程，直到提出的金额过高，导致游客不愿意支付为止；第二种直接提问法，事先不给游客规定支付的金额，通过直接提问的方式获取游客的支付金额；第三种支付卡法，该方法介于封闭性和开放性之间，不提供给游客具体的支付金额也不询问游客愿意支付的具体金额，通过给游客提供一定的支付卡，该支付卡上有不同的支付区间，让游客选

[①] 陈红.条件价值法在森林生态旅游产品价值评估中的运用[J].绿色中国，2005（10）：60-62.

[②] 巫先睿，蔡艺祥，夏雪琦等.基于条件价值法的农业景观资源游憩价值评估——以十里蓝山景区为例[J].乡村科技，2021，12（19）：42-45.

[③] 刘青.武夷山国家公园游憩资源价值评估和旅游生态补偿问题研究[D].福建师范大学，2020.

择自己可以接受的区间来获得游客的支付意愿;第四种二分式筛选法,该方法通过确定支付金额,游客是否愿意支付该金额,其获得的结果以"是"和"否"的形式录入分析软件,从而建立合适的模型。

④获取平均支付意愿。利用条件价值进行估算的关键是平均支付意愿的获取,通过将调查结果录入 SPSS 等统计分析软件,利用 SPSS 计算其累计频度达到 50% 所对应的数值,即此次调查的平均支付意愿[1]。

⑤估算景区旅游资源的非使用价值。通过调查人口数量、平均 WTP 值和支付意向之间所占的比例,即可评估出游憩价值非使用部分的价值,愿意支付的游客其支付动机也存在一定的差异,根据支付动机在总支付意愿中所占的比例可进一步细化得到非使用价值中选择价值(自己有机会可以享受到此地的旅游资源)、遗产价值(自己的子孙后代可以享受到此地的旅游资源)和存在价值(此地旅游资源得以永续存在)具体的大小。

(三)收益还原法

收益还原法是以经济学领域的地租理论和生产要素分配理论作为理论溯源,评估思路是通过预测评估期限内该资产所能够带来的净利润,然后选择适用于该评估对象的折现率计算方法,将预测所求得的该资产的净利润通过计算出来的折现率按照以年为单位进行折算得到每年的收益现值,将评估期内每年所获得的收益现值进行加总,即可得到该评估期限内的收益总现值,作为景区旅游资源经营权价值[2]。

利用收益还原法评估景区经营权的过程中的关键是折现率的确定,折现率的确定方法主要有:加权平均成本法(利用账面价

---

[1] 林璧属主编, 林文凯著.旅游景区经营权定价研究——实物期权的视角[M].北京: 旅游教育出版社, 2019.
[2] 周春波.旅游资源经济价值的理论建构与评估优化研究[M].杭州: 浙江大学出版社, 2016.

值或市场价值计算）；市场提取法（通过搜取相同市场上类似资产的价格和净收益）；累加法（又称为安全利率加风险调整值法，在安全利率的基础上根据风险的高低选取不同的数值进行调整）；复合投资收益率法（将资产的抵押和自有资本二者收益率进行加权的平均数）、投资收益率排序插入法和 β 系数法等[112]。

上述几种折现率的计算方法中，β 系数法由于其计算过程简单，可操作性较强，在发达国家中一直选取用此种方法来衡量风险收益，同时随着时间的推移，这一方法也逐渐受到国内评估机构的青睐[①]。本次评估根据评估目的及收集到的资料，也将采用该方法。其计算公式为：

$$R = R_f + \beta (R_m - R_f) + \alpha \qquad (7-1)$$

公式（7-1）中：R 为利用系数法求得的折现率；R_f 为投资没有风险时所获得的收益率；R_m 为在市场平均条件下获得的收益率；β 表示风险程度的大小；α 表示不同行业由于投资风险不同所调整的系数；$\beta(R_m - R_f)$ 为表示投资者考虑到风险的存在而要求对所产生的风险进行补偿的利率。

收益还原法的评估过程可概括为：

①获取现有年份景区的收益类和景区的成本等有关的各种数据；

②根据现有数据预测景区经营权年限内的收益；

③选择适用于该评估对象的折现率计算方法；

④将所求得的数据代入公式计算收益现值；

⑤将经营权年限内的收益现值进行加总，即景区的经营权价值。

---

① 周香泉.景区门票收费权质押贷款评估案例[J].景区门票收费权质押贷款评估案例，2012（03）：58-63

(四)实物期权法

1. 旅游景区经营权实物期权定价模型及其构建

根据前文已有研究,景区经营权的评估可以描述为这样一个问题。参照已有的文献可得到基于实物期权法的评估模型:

$$V^* = \frac{\beta}{\beta-1}I, \quad \beta = \frac{1}{2} - \frac{\mu}{\sigma^2} + \sqrt{\left(\frac{\mu}{\sigma^2} - \frac{1}{2}\right)^2 + \frac{2\rho}{\sigma^2}} (\beta > 1) \quad (7-2)$$

2. 波动率的计算

针对已经开发成熟的景区获得波动率的核心在于通过预测手段获取该景区未来旅游需求的数据序列。本案例选择预测模型,根据历史数据,选择合适的方法,预测出景区未来旅游需求,从而得到波动率,进而计算出景区的实物期权价值[①]。

正确计算景区的期权价值关键是要选取合适的预测模型进行数据的精准预测,灰色预测模型能够在历史数据基础上,利用时间序列分析等技术手段更加精确地预计未来收益率,比传统管理经验预期收益率更加精确可信,并且在此基础上测算的价值波动值也更加适合于其估值。同时,灰色预测模型相比于其他预测模型具有显著的优势,它不需要大量的原始数据,计算量比较小,同时原始数据也不需要有规律的分布,用灰色预测模型进行预测时可以充分利用现有的少量的原始数据,可以实现将差分方程改为微分方程,因此广泛地用于短中期的预测,在短中期预测中其精度也较高[②]。于是,本案例选择灰色预测模型来计算旅游需求的波动率。

灰色预测理论指出在实际生活中,诸多的不确定因素与未知原因都不可避免地对分析和决策过程产生不利影响,而这些不确

[①] 费鹃,袁永博.基于灰色预测理论的实物期权波动率计算——以房地产项目为例[J].工程管理学报,2013,27(05):98-102.

[②] 刘思峰,邓聚龙.GM(1,1)模型的适用范围[J].系统工程理论与实践,2000(05):121-124.

定性因素实质上是因系统信息的不完整而导致的[①]。该理论是利用系统中已有的信息,发掘了信息系统未来发展的规律性,形成了一定的灰色微分方程模型,并以此预言信息系统的未来发展[②]。

GM(1,1)模型是众多灰色预测模型中被大量学者最为广泛应用的模型,其目标之一是构建一阶线性微分方程,具体步骤如下:

原始数据列为:

$$X^{(0)} = \{X^{(0)}(1), X^{(0)}(2), \cdots, X^{(0)}(n)\}$$

①生成累计序列 $X^{(1)}$。

$$X^{(1)}(t) = \sum_{k=1}^{t} x^{(0)}(k) \quad (t=1,2,\cdots,n)$$

②构建矩阵 B 和向量 $Y=B\theta$。

$$B = \begin{bmatrix} -\frac{1}{2}[x^{(1)}(1)+x^{(1)}(2)] & 1 \\ -\frac{1}{2}[x^{(1)}(2)+x^{(1)}(3)] & 1 \\ \vdots & \vdots \\ -\frac{1}{2}[x^{(1)}(n-1)+x^{(1)}(n)] & 1 \end{bmatrix}$$

$$Y = [x^{(0)}(2), \ x^{(0)}(3), \ \cdots, \ x^{(0)}(n)]^T$$

③用最小二乘法(OLS)可得最小二乘求解模型未知参数 a 和 μ。

$$\hat{a} = \begin{bmatrix} \hat{a} \\ \hat{\mu} \end{bmatrix} = (B^T B)^{-1} B^T Y$$

④通过微分方程的计算,可以得到预测模型的响应函数:

[①] 邓聚龙.灰色预测模型GM(1,1)的三种性质——灰色预测控制的优化结构与优化信息量问题[J].华中工学院学报,1987(05):1-6.
[②] 费鹏,袁永博.基于灰色预测理论的实物期权波动率计算——以房地产项目为例[J].工程管理学报,2013,27(05):98-102.

$$\hat{x}^{(1)} = (k+1) = \left(x^{(0)}(1) - \frac{\hat{\mu}}{\hat{a}}\right) e^{-\hat{\mu}k} + \frac{\hat{\mu}}{\hat{a}}$$

⑤模型检验。为了衡量预测的精确度，实行残差检验和后验差检验。

残差检验包括残差和相对误差：

残差 $\Delta^{(0)}(i) = \left|X^{(0)}(i) - \hat{X}^{(0)}(i)\right|, i=1,2,\cdots,n$

相对误差 $e(i) = \frac{\Delta^{(0)}(i)}{X^{(0)}(i)} * 100\%, i=1,2,\cdots,n$

后验差检验通过方差比以及小概率误差衡量：

方差比 $C = \frac{S_2}{S_1}$，式中 S_1 为原始数列的标准差，S_2 为绝对误差序列

标准差 $S_2 = \sqrt{\frac{1}{N-1}\left[\Delta^{(0)}(i) - \overline{\Delta}^{(0)}\right]^2}, (i=1,2,\cdots,n)$

小概率误差
$P = P\left\{\left|\Delta^{(0)}(i) - \overline{\Delta}^{(0)}\right| < 0.674 S_1\right\}, (i=1,2,\cdots,n)$

一般按照方差比 C 值和小概率误差 P 值来判断预测精度度等级，如表 7-2 所示，即 P 值越大，C 值越小，则表示预测精度等级越高。

表 7-2 灰色预测模型精度等级评价表

P 值	C 值	精确度等级
>0.95	<0.35	好
>0.80	<0.50	合格
>0.70	<0.65	勉强合格
≤0.70	≥0.65	不合格

资料来源：李恩临：灰色预测方法的应用，统计与决策，2010 年。

在现有的研究中，大部分学者一般采用对数现金流法或变异

系数法对波动率进行计算，利用对数现金流进行计算时，可以利用对数转换来减少序列的波动性。由于 GM（1，1）灰色预测模型的响应函数：

$$\hat{x}^{(1)} = (k+1) = \left(x^{(0)}(1) - \frac{\hat{\mu}}{\hat{a}}\right)\mathrm{e}^{-\hat{\mu}k} + \frac{\hat{\mu}}{\hat{a}} \qquad (7\text{-}3)$$

公式（7-3）中，已经选择了自然幂指数作为预测手段，如果仍然采用对数现金流法，那么计算的波动率结果仍然为零，因此基于灰色预算模型进行的波动率的估算不能使用这一方法，因此本案例采用变异系数来进行波动率的计算[108,112]。

$$\sigma = s/\mu = \frac{\sqrt{\frac{1}{n-1}\sum_{i=1}^{n}(y_i - \overline{y})^2}}{\frac{1}{n}\sum_{i=1}^{n}y_i} \qquad (7\text{-}4)$$

公式（7-4）中，s 为标准差；μ 为均值。

第三节　鼓浪屿景区旅游经济价值评估

一、旅行费用法评估

（一）问卷调查

旅行费用法与条件价值法的评估主要取决于调查问卷的设计，基于研究所需要的数据，将研究所用的问卷调查大致分成如下四部分：第一部分关于鼓浪屿景区旅游者的感知部分，主要包括旅游者到鼓浪屿游览的总次数、对鼓浪屿景区的熟悉程度、旅行的目的和对鼓浪屿景区整体环境的感兴趣程度；第二部分则是对游客旅行成本的调查，重点研究旅游者在鼓浪屿景区中的消费状况，涉及吃、住、行、游、购、娱等各个方面的消费状况，此部分搜集到的数据大多用于旅行费用法的评估；第三部分主要是对旅游者支出意愿的研究，重点咨询游客在一年愿意为维护鼓浪屿旅游资源支出的数额、支出方法和所愿意支付的动机及其不愿意支付的理由等，此部分搜集到的数据大多用于条件价值法的估算；第四部主要涉及鼓浪屿旅游者的社会经济特点，大致涉及了旅游者的出发地、性别、年龄段、文化教育水平、职业类型、月收入水平等方面。

对问卷调查来讲，调查样本数量的多少对结论的可信度有着很直接的影响，为了确保此次研究结果的准确性，这次调查选择使用了 Scheaffer 抽样公式来确定调查问卷发放量，以保证调查样本的质量和数量，公式为[①]：

$$n = \frac{N}{(N-1)\sigma^2 + 1} \qquad (7-5)$$

公式（7-5）中，n 为抽样样本数；N 为景区年度游客量；σ 为抽样误差率，多数研究中取值为 6%，本案例以 6% 为作为误差率。根据厦门市国民经济和社会发展统计公报和鼓浪屿管委会提供的统计资料，2019 年，鼓浪屿景区的游客接待量为 959.97 万人次[②]，依据 Scheaffer 抽样公式可计算本研究调查问卷的样本数量应为 277.77 份，即 278 份。

预调研时间为 2021 年的 9 月，在实地调查中进行预调研不但可以发现问卷题项设置的不合理之处，以在正式调研以前对问卷进行完善，而且可以保证正式调研过程中所收集到的数据的有效性。本次预调研一共收集了 30 份问卷，对于每一个填写问

---

① 蔡银莺，张安录.武汉市石榴红农场休闲景观的游憩价值和存在价值估算[J].生态学报，2008（03）：1201-1209.
② 2019 年鼓浪屿的游客量是 959.97 万人次，2020 年由于受新冠疫情影响鼓浪屿的游客量为 366.18 万人次下降比重较大，未受新冠疫情影响以前近五年的游客量在 893.76 万至 1021.17 万人次之间，因此选择 2019 年的数据进行估算，计算结果更接近于鼓浪屿景区真实的价值。

卷的游客，都会征求他们的意见，对于问卷中有争议的选项进行了适当的调整。此次预调研过程中，由于疫情管控，所有进入鼓浪屿的外地旅客都必须持四十八小时核酸检测报告才能进岛，同时因为国内疫情频发，个别省份居民处于隔离状态，为了获取更多地区分布的样本，因此采用了实地调研和网络调研相结合的方式。

正式调查日期是在 2021 年的 12 月 11 日至 22 日，去鼓浪屿景区现场派发问卷，同时进行了线上网络平台收集，总共派发了 300 份问卷调查，收回调查答卷 300 份，回收率 100%，为提高调查数据的数量，对调查问卷的有效填报情况进行了人工审核，共人工删除了无效答卷 12 份，有效答卷共 288 份，调查答卷的有效率为 96%，调查答卷的有效数量已经达到了对抽样调查样本的要求，后续对于鼓浪屿景区基于旅行费用法和条件价值法的估值将根据此次调研收集到的数据进行分析和讨论。

（二）统计分析

通过对 288 份调研问卷的数据结果统计（鼓浪屿景区游客的社会经济特征具体如表 7-3 所示），可知鼓浪屿景区旅游者主要以省外旅游者居多，占到总样本的 57%，省内游客占到总样本的 43%，以邻近的厦门市、泉州市和福州市的旅游者居多；由于鼓浪屿为国家 5A 级旅游景区，又是罕见的海岛型世界文化遗产，因此吸引着大量的省外旅游者；从鼓浪屿景区旅游者的年龄占比分析，女性旅游者比例已经显著超过了男性旅游者的占比，这一比例也是符合女性旅游者是游客市场的主力担当这一游客市场结构现状；总体而言，鼓浪屿景区主要调研对象的年龄段分布在 18 至 40 周岁，则以中、青年人旅游者为主，80 后和 90 后则是游客人群中的主力军，未成年人和老年人所占的比重有所偏低，这也符合一般的游客分布规律。

表 7-3 鼓浪屿游客基本构成及出游特征

指标	类别	频次	比重（%）	指标	类别	频次	比重（%）
客源地	厦门市	88	30.50	游客类型	团体游客	22	7.70
	泉州市	12	4.10		非团体游客	266	92.30
	福州市	8	2.70	收入	0~2000 元	78	27.00
	福建省	124	43.00		2001~4000 元	37	12.80
	其他省份	164	57.00		4001~6000 元	45	15.20
性别	男	134	46.53		6001~8000 元	34	11.80
	女	154	53.47		8001~10 000 元	33	11.50
年龄	18 岁以下	5	1.70		10 000 元以上	61	21.10
	18~25 岁	128	44.40	旅游次数	1 次	133	46.10
	26~30 岁	71	24.60		2 次	52	18.20
	31~40 岁	68	23.60		3 次	18	6.20
	41~50 岁	13	4.50		3 次以上	85	29.50
	51~60 岁	3	1.20	了解程度	非常了解	21	7.20
	60 岁以上	0	0		有一定了解	118	40.90
文化水平	高中及以下	16	5.50		了解不多	128	42.20
	大专	40	13.80		不了解	28	9.70

续表

指标	类别	频次	比重（%）	指标	类别	频次	比重（%）
文化水平	本科	137	47.80	旅游目的	观光度假	217	75.30
	硕士及以上	95	32.90		团建	18	6.20
职业	管理人员	37	12.80		公务	15	5.20
	公务员	9	3.30		其他	38	13.30
	普通员工	70	24.30	满意程度	非常满意	64	22.20
	教师	10	3.50		满意	146	50.60
	学生	96	33.30		一般	75	26.30
	退休人员	1	0.30		不满意	2	0.60
	其他人员	65	22.50		非常不满意	1	0.30

注：N=288。
资料来源：笔者根据 SPSS26.0 的结果整理所得。

从受访对象的文化水平分析，鼓浪屿游客的文化程度中所占比重最高的为大学本科生，所占比重达到了 47.8%，其次为硕士生或以上的，所占比重为 32.9%，这一结构表明鼓浪屿旅游市场呈现出较高学历的发展趋势，游客的消费水平和行为方式也比较的理性；从鼓浪屿游客的职业结构分析，到访游客中工作闲余时间比较多，且具备相应经济基础的大学生人群占据了较大的比例，达到了 33.3%；从旅游者的收入分析，旅游者的收入呈两极分化，每月收入水平少于 2000 元的学生人群达到了 27%，但考虑到本次调查的学生人群样本比例达到 33.3%，且大部分学生收入过低或缺乏稳定收入来源，所以这部分比重过低，每月收入水平在 2001~4000 元、4001~6000 元、6001~8000 元的调查对象分配较为平衡，占比在 11%~15%，超过 10 000 元的调查对象占比为 21.3%；从旅游者类型来看主要以散客居多，旅游的目的以观光度假为主，对鼓浪屿景区的满意程度也较高。总体来说，本次研究的调查样本符合基本的要求，适合做进一步的评估。

（三）小区的划分

鼓浪屿景区的游客来源分为国内游客和国外游客，由于受当下新冠疫情的影响，调研样本无境外游客以及国内港澳台区域的游客，因此小区划分只考虑大陆游客。回收的样本数据中，发现有些省份的样本量为 1，甚至有些省份为无，后续用统计软件对收集到的数据进行处理时为了便于此次样本数据的统计，同时为了保证鼓浪屿旅游者的社会经济特点的有效性，此次评估未将这类客源地纳入评估范围。

利用分区旅行费用法评估的核心思路即待评估的旅游地鼓浪屿景区为区域中心，根据样本获取的结果将游客的出发地按照省份或所在的直辖市进行分区划分，并且假设从同一个客源地出发到鼓浪屿景区的旅游费用是等同的。根据此次数据收集结果，将到达鼓浪屿景区的游客出发地划分为如下 23 个小区，具体分为福建省、广东省、浙江省、北京市、上海市、江苏省、安徽省、河南省、辽宁省、山西省、四川省、湖北省、湖南省、江西省、重庆市、宁夏回族自治区、云南省、甘肃省、河北省、广西壮族自治区、山东省、陕西省、天津市。

（四）计算旅游率

根据对问卷调查、厦门市经济特区年鉴、鼓浪屿管委会主要经济指标完成情况报表以及中国人口及就业统计年鉴等的收集和整理，获取到游客人数和各省份的城镇人口数，鼓浪屿的游客人数选取的是 2019 年（疫情发生前的游客量）957.97 万人次，同时根据旅游率的计算方法计算得到鼓浪屿景区游客的旅游率（如表 7-4 所示）。

根据计算结果可以得知鼓浪屿景区游客旅游率最高的区域是福建省,省内游客所占的比重最大,考虑到由于当前疫情,大部分以省内游为主,同时在调研期间了解到外地游客进入鼓浪屿景区需要提供 48 小时核酸报告,这在一定程度上也限制了外地游客的数量;其次是北京市、上海市、广东省、浙江省、宁夏回族自治区、甘肃省、重庆市的旅游率相对较高,北京市、上海市、广东省、浙江省这些区域经济发展迅速,居民收入水平相对来讲比较高,出游动机也比较强烈,宁夏回族自治区、甘肃省、重庆市因为这些省区城镇人口数较低,因此旅游率也相对较高。

表 7-4 鼓浪屿景区游客的旅游率

小区	调查人数	所占比例	游客人数	城镇人口（$\times 10^4$）	旅游率（‰）
福建	124	43.06	4 124 593	2642	1561.16
广东	21	7.29	698 520	8226	84.92
浙江	15	5.21	498 943	4095	121.84
北京	11	3.82	365 891	1865	196.19
上海	11	3.82	365 891	2144	170.66
江苏	10	3.47	332 628	5698	58.38
安徽	8	2.78	266 103	3553	74.90
河南	8	2.78	266 103	5129	51.88
辽宁	8	2.78	266 103	2964	89.78
山西	8	2.78	266 103	2221	119.81
四川	8	2.78	266 103	4505	59.07
湖北	7	2.43	232 840	3615	64.41
湖南	7	2.43	232 840	3959	58.81
江西	6	2.08	199 577	2679	74.50
重庆	6	2.08	199 577	2087	95.63
宁夏	5	1.74	166 314	416	399.79
云南	5	1.74	166 314	2376	70.00

续表

小区	调查人数	所占比例	游客人数	城镇人口（×10^4）	旅游率（‰）
甘肃	4	1.39	133 051	1284	103.62
河北	4	1.39	133 051	4374	30.42
广西	3	1.04	99 789	2534	39.38
山东	3	1.04	99 789	6194	16.11
陕西	2	0.69	66 526	2304	28.87
天津	2	0.69	66 526	1304	51.02

资料来源：笔者根据 SPSS26.0 的结果和相关计算整理所得。

（五）计算消费者支出

游客在鼓浪屿景区游玩过程中的旅游成本，即所花费的时间与费用，主要包括食、住、行、游、购、娱等各个方面的消费情况以及游客在鼓浪屿景区旅行过程中所花费的时间价值的费用。

表 7-5 鼓浪屿景区游客消费支出情况

小区	游客量（人）	人均成本（元）	人均旅游时间（天/人）	年平均工资（元）	人均时间成本（元/人）	人均消费者成本（元/人）	消费支出（×10^8）
福建	4124 593	641.77	1.63	84 374	343.12	984.89	40.62
广东	698 520	2409.29	2.14	110 324	590.00	2999.29	20.95
浙江	498 943	3275.33	3.43	111 722	958.95	4234.28	21.13
北京	365 891	2071.81	2.64	131 700	868.12	2939.93	10.76
上海	365 891	2728.91	2.36	129 795	766.87	3495.78	12.79
江苏	332 628	3065.00	2.27	98 669	559.12	3624.12	12.05
安徽	266 103	1661.25	2.79	82 127	573.18	2234.43	5.95
河南	266 103	2005.00	2.69	71 351	479.39	2484.39	6.61

续表

小区	游客量（人）	人均成本（元）	人均旅游时间（天/人）	年平均工资（元）	人均时间成本（元/人）	人均消费者成本（元/人）	消费支出（×10^8）
辽宁	266 103	3535.00	3.21	82 223	659.50	4194.50	11.16
山西	266 103	3207.50	2.63	72 207	473.86	3681.36	9.80
四川	266 103	2865.00	2.94	69 419	509.80	3374.80	8.98
湖北	232 840	2657.14	2.21	65 912	364.85	3021.99	7.04
湖南	232 840	2025.71	1.77	63 690	282.36	2308.07	5.37
江西	199 577	1759.33	2.56	80 503	514.21	2273.54	4.54
重庆	199 577	3260.15	2.79	73 272	511.38	3771.53	7.53
宁夏	166 314	4036.00	3.53	73 320	647.66	4683.66	7.79
云南	166 314	3022.00	3.25	69 106	561.49	3583.49	5.96
甘肃	133 051	3912.50	3.05	73 704	561.99	4474.49	5.95
河北	133 051	2337.50	2.63	77 323	507.43	2844.93	3.79
广西	99 789	1701.67	2.03	75 916	384.80	2086.47	2.08
山东	99 789	4610.00	2.36	84 089	496.30	5106.30	5.10
陕西	66 526	2925.00	2.58	74 993	484.33	3409.33	2.27
天津	66 526	2775.00	1.92	94 534	452.98	3227.98	2.15
总共							220.35

资料来源：笔者根据SPSS26.0的结果和相关计算整理所得。

根据以上计算过程和依据得出鼓浪屿景区总消费支出为220.35亿元（详细见表7-5）。根据上述表格计算结果可知，上述23个区域中，人均消费支出最少的区域是福建省，福建省游客到达景区鼓浪屿的路程较近，往返时间成本也较低，住宿等方面的消费较少，且厦门居民来往鼓浪屿景区可以走市民码头，交通费用也较低，然而由于在鼓浪屿景区游客接待中福建省游客所占比重较高，因此综合来看游客的总消费支出中最高的还是福建省。

(六)计算消费者剩余

建立旅游率和消费者支出之间的回归模型。消费者余额＝购买者的支付意愿－购买者的实际支出量。由微观经济学的供需理论可知,价格和需求量呈现反方向变动的趋势,因此,景区游客会随着其成本支出的增加,游客量会逐渐减少。

所以本案例选择在人均消费支出和旅游率之间建立回归模型。运用SPSS26.0软件对线性函数、对数函数、逆函数、二次项以及三次项函数进行回归拟合(表7-6)。从表7-6中可知,综合比较R平方、F值、显著性,得到最优拟合回归模型为三次项函数:

$$Y = 4417.066 - 3.97688 \cdot X + 0.001 \cdot X^2 - 1.07 \cdot 10^{-7} X^3 \quad (7-6)$$

公式(7-6)中,Y中表示旅游率,X表示人均消费支出。

表7-6 鼓浪屿景区旅游率与人均消费者支出曲线估计

方程	模型摘要					参数估算值			
	R^2	F	df1	df2	显著性	常量	b1	b2	b3
线性	0.184	4.748	1	21	.041	622.088	−0.142		
对数	0.396	13.754	1	21	.001	4711.617	−566.472		
逆	0.658	40.413	1	21	.000	−376.946	1 544 392.539		
二次	0.67	20.317	2	20	.000	2249.124	−1.271	0	
三次	0.927	80.099	3	19	.000	4417.066	−3.976	0.001	−1.07 E−07

资料来源:笔者根据SPSS26.0的结果整理所得。

选择以追加消费支出为自变量和追加费用之后的游客量为因变量构建回归模型。由微观经济学的供需理论可知,价格和需求量呈现反方向变动的趋势,因此景区游客会随着其成本支出的增加,游客量会逐渐减少。通过在旅游者当前旅游支出的基础上追加旅游收费,一直追加到实际游览人数为零。

表 7-7　追加费用与旅游人次

追加费用	人数
0	9 579 700
100	3 022 519
200	2 462 537
300	1 935 315
400	1 439 161
500	972 378
600	533 272
700	120 150
800	0

资料来源：笔者根据相关计算结果整理所得。

在选择追加数据的大小时，若选择追加费用数值较小如以 50 为一档，可能会造成计算过程过于繁琐，进而会影响到计算结果的正确性；若选择追加费用数值过大如以 500 为一档，可能会因为计算过程过于粗糙，造成评估结果的准确度无法得到保障。因此综合考虑计算过程和计算结果的精确度，本案例选择追加费用的数值以 100 为一个档次。

首先，在实际计算过程中，在每个小区目前旅游支出费用的基础上以 100 为一个档次来追加旅游费用，进而算出每个小区追加费用以后的游客量；其次，将每个小区追加费用以后的游客量进行加总，便可得到鼓浪屿景区的游客量。在实际的操作过程中，不管是数据的取得还是数据的计算过程都存在一定的偏差，因此鼓浪屿景区的游客量只是接近于零数值，不可能完全为零。根据计算结果可知，当鼓浪屿景区游客的支出费用追加到 800 元时，鼓浪屿景区旅游人数接近零如表 7-7 所示。

利用 SPSS26.0 软件将鼓浪屿景区当前游客追加旅游费用与追加旅游费用之后的景区需求人数进行曲线估计得到表 7-8。

表 7-8 鼓浪屿景区追加费用与追加费用后的景区人数的曲线估计

方程	模型摘要					参数估算值		
	R^2	F	df1	df2	显著性	常量	b1	b2
线性	0.997	1802.266	1	5	.000	3430558.21	-4831.634	
对数	0.951	96.435	1	5	.000	10163499.6	1488153.884	
逆	0.777	17.383	1	5	.009	372435.521	303845634.8	
二次	0.999	760857.572	2	4	.000	3606789.801	-6006.511	1.469
三次	0.999	6.76526E+15	3	3	.000	3616957.274	-6122.308	1.808
复合	0.86	30.769	1	5	.003	7058167.799	0.995	
幂	0.669	10.093	1	5	.025	2442608506	-1.333	
增长	0.86	30.769	1	5	.003	15.77	-0.005	
指数	0.86	30.769	1	5	.003	7058167.799	-0.005	
Logistic	0.86	30.769	1	5	.003	1.42E-07	1.005	

资料来源：笔者根据 SPSS26.0 的结果整理所得。

由表 7-8 可知，通过 R^2、F 值、显著性等的比较，建立鼓浪屿景区追加费用与追加费用后的景区人数的之间的回归采用二次项模型具有一定的合理性。

$$Y = 3606790 - 6006.51X + 1.469X^2 \quad （7-7）$$

公式（7-7）中，Y 表示旅游人次，X 表示追加的支出。追加支出与旅游人数曲线下的面积就是指消费者剩余，因此对此模型进行积分处理来计算消费者剩余：

$$CS_{鼓浪屿景区} = \int_0^{800} 3606790 - 6006.51x + 1.469x^2 = 12.14 \times 10^8 \quad （7-8）$$

公式（7-8）中，CS 表示消费者剩余，X 表示追加的旅游费用。根据上述计算结果可知鼓浪屿景区的消费者剩余为 12.14×10^8 元。

（七）旅行费用法评估结果

旅游费用法（使用价值）的估算是将旅游者的总支出和消费者剩余进行加总。根据前文的计算结果，鼓浪屿景区消费者总支出为 220.35×10^8 元，鼓浪屿景区消费者总剩余为 12.14×10^8 元，因此，鼓浪屿景区游憩资源总使用价值为 232.49×10^8 元。

二、条件价值法评估

（一）游客的支付意愿与支付金额分析

按照鼓浪屿景区游客调查问卷的统计结果可知（表7-9），在288份调查样本中，表明自愿为维护鼓浪屿游览资源而支付相应费用的旅游者为157人，占比达到54.51%，而拒绝支付相应费用的旅游者为131人。从旅游者总体的意向支付数额分析，旅游者意愿支付数额在30元以内的比例达到一半以上，为52.22%，其中支付20元的旅游者占比最多，占比达到17.83%，而旅游者意愿支付数额在100元以内的占比达到了91.07%，说明游客总体意愿支付金额不高，符合发展中国家支付意愿偏低的相关研究。

通过查阅相关文献发现，大部分学者选择使用个人累计频度中位数值来解决游客平均支付意愿值容易受到少数支付意愿极端值影响的问题，因此本案例按照现有研究的经验，在评价中使用个人累计频度中位数值来反映此次调查样本中鼓浪屿游客的总体支付意愿，并且根据输出结果将累计频度比重达到50%的数值作为游客个人年平均最高支付意向（WTP）值[1]。

如表7-9所示，鼓浪屿景区游客支付进而累计频度比重比较接近50%有两个，一个累计频度比重是48.40%，其对应的WTP支付金额是20元，另外一个累计频度比重是52.22%，其对应的WTP支付金额是30元，经计算可知，鼓浪屿景区游客个人累

---

[1] 林璧属主编，林文凯著.旅游景区经营权定价研究——实物期权的视角[M].北京：旅游教育出版社，2019.

计频度中位数是24.19元,即鼓浪屿景区游客的人均WTP值为24.19元/人/年。

表7-9 鼓浪屿景区游客意愿支付金额及其频度分布

WTP支付金额（元）	频度人数	频度比重（%）	相对频度比重（%）	累计频度比重（%）
5	28	9.72	17.83	17.83
10	36	12.50	22.93	40.76
20	12	4.17	7.64	48.40
30	6	2.08	3.82	52.22
40	1	0.35	0.64	52.86
50	33	11.46	21.02	73.88
60	1	0.35	0.64	74.52
80	2	0.69	1.27	75.79
100	24	8.33	15.28	91.07
150	1	0.35	0.64	91.71
200	1	0.35	0.64	92.35
250	0	0.00	0.00	92.35
300	0	0.00	0.00	92.35
350	1	0.35	0.64	92.99
400	0	0.00	0.00	92.99
450	1	0.35	0.64	93.63
500	2	0.69	1.27	94.90
500以上	8	2.78	5.10	100.00
拒绝支付	131	45.49		
合计	288	100.00		

资料来源：笔者根据SPSS26.0的结果整理所得。

（二）游客的支付动机和期望用途

为了进一步对非使用价值进行细化，游客在进行调查问卷填写时，若游客具有支付意愿时会进一步询问其支付动机，用以下题项来确定游客的支付动机分别是：本人以后有机会再次享用鼓浪屿景区的旅游资源（选择价值）；希望自己的子孙后代以后有机会享受到鼓浪屿景区的旅游资源（遗产价值）；希望鼓浪屿景区的旅游资源可以永续保存（存在价值）。

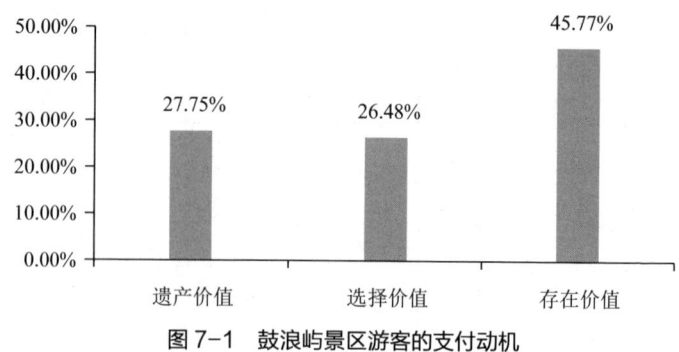

图 7-1 鼓浪屿景区游客的支付动机

资料来源：笔者根据 SPSS26.0 的结果自绘所得。

从图 7-1 中可以看出，遗产价值占总价值的比重为 27.75%，选择价值占总价值的比重为 26.48%，存在价值占总价值的比重最高，达到 45.77%。不难看出，保护景区内旅游资源的永续利用和发展是旅游者支付资源保护费用所着重考量的，而唯有对旅游资源自身进行了永续合理地利用后，其选择价值和遗产价值才有进一步得到实现的机会。

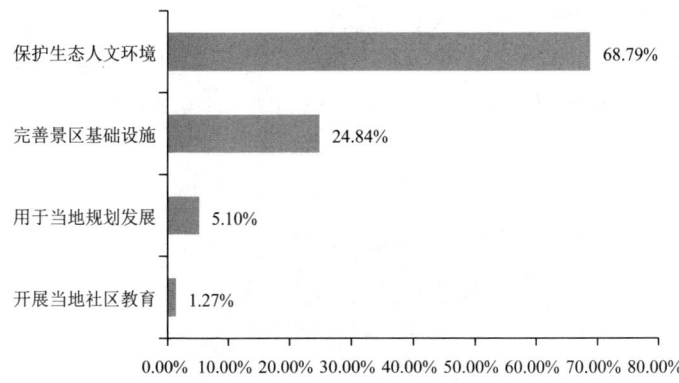

图 7-2　鼓浪屿景区游客对于支付费用的期望用途

资料来源：笔者根据 SPSS26.0 的结果自绘所得。

对于具有支付意愿的游客，会进一步咨询游客对于所支付的资金期望用于景区的哪些方面。如图 7-2 所示，在所调查的游客样本中，认为自己所支付的资金应该用于保护鼓浪屿景区生态和人文环境的游客最多，占比超过一半，达到 68.79%，说明游客对于鼓浪屿景区的保护意识很强；选择支付资金用于完善景区基础设施的游客不在少数，有 24.84% 的游客希望自己所支付的资金可以用于基础设施建设方面，在此次实地调查中，有部分游客反映鼓浪屿景区内交通不便，由于景区内道路复杂，容易迷路，而游客只能徒步旅行，特别是在夏季天气炎热的情况下，徒步旅行大大降低了游客对景区的满意度，不仅浪费大量的时间，游客的体验感也极差，部分游客认为鼓浪屿景区应该适当完善景区交通设施，如可以在固定点摆放共享单车等交通工具，供有需要的游客使用；有 5.10% 的旅游者希望自己对鼓浪屿景区支付的资金可以投入到景区长期的规划发展和环境保护的领域之中；鼓浪屿景区内有 1.27% 的游客希望自己所支付的资金可以投入到社区教育领域，大部分游客认为当地社区居民在景区环境保护方面发挥着首要的作用。

(三)游客拒绝支付的原因

从上面的研究中可以看出,游客对鼓浪屿景区保护的支付意愿不高,游客具体不愿意支付的原因如图 7-3 所示:

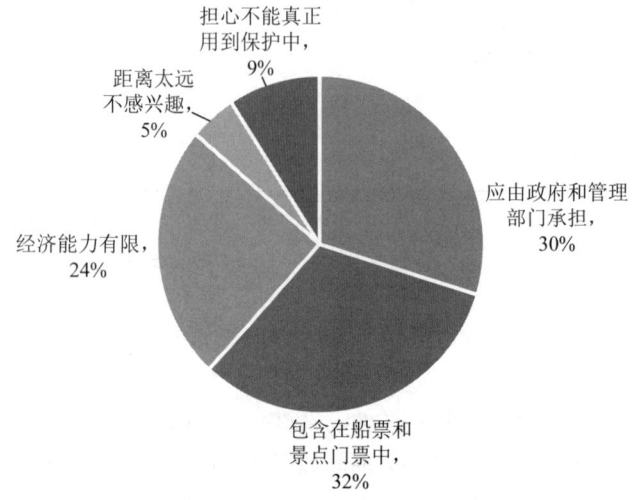

图 7-3 鼓浪屿景区游客不愿意支付的原因

资料来源:笔者根据 SPSS26.0 的结果自绘所得。

由图 7-3 可知,游客拒绝支付的原因主要是以下三个方面:一是认为保护费用已经包含在船票和景点门票中(32%);二是认为应该由政府和管理部门担任主要保护责任(30%);三是经济能力有限,没有多余资金支付(24%)。除了上述占比较大的三种原因以外,还有 5% 的游客认为自己所在居住地距离鼓浪屿景区较远,对该地的旅游以后不会再感兴趣,此外有 9% 的游客对其所支付的费用有一定的担忧,担心这笔费用并不会真正用于保护鼓浪屿景区的旅游资源。

(四)条件价值法评估结果

计算总的游客支付意愿时选择合理的人口样本数尤为重要,

不同类型的人口样本数对估算结果准确度的影响很大。查阅相关文献发现，我国大部分学者估算总 WTP 时都选择了全国城镇就业总人口作为人口样本数[1][2]。鼓浪屿景区的游客来源广泛，全国各地均有分布，而且该景区游客人群由于收入较为稳定且闲暇时间较多，因此具有强烈的出游动机，因此我们根据以往研究并且结合鼓浪屿景区游客分布现状，也采取学者们在研究中普遍使用的全国城镇就业总人口作为本次研究的人口样本数。

通过问卷以及对我国统计局数据年鉴的资料采集、汇总和处理，其中，人均 WTP 中位值依据人均 WTP 值的计算可知鼓浪屿景区人均支付额为 24.19 元；城镇就业人口数来自我国统计局数据年鉴，取 46271×10^4 人；支付率根据游客的支付意愿可得，鼓浪屿景区旅游者的支付率为 54.51%，通过统计分析可得，基于条件价值法下计算的鼓浪屿景区非使用价值为 61.02 亿元。通过进一步对调查问卷中鼓浪屿景区游客的支付动机进行分析，可计算出鼓浪屿景区非使用价值中遗产价值的占比为 27.75%，所对应的价值量为 16.93 亿元；选择价值的占比为 26.48%，所对应的价值量为 16.16 亿元；存在价值的占比为 45.77%，所对应的价值量为 27.93 亿元（详见表 7-10）。

表 7-10　鼓浪屿景区非使用价值分类

价值类型	支付动机所占比例（%）	价值量（$\times 10^8$）
遗产价值	27.75%	16.93
选择价值	26.48%	16.16
存在价值	45.77%	27.93

资料来源：笔者根据 SPSS26.0 的结果计算所得。

---

[1] 薛达元，包浩生，李文华.长白山自然保护区生物多样性旅游价值评估研究[J].自然资源学报，1999（02）：45-50.
[2] 万绪才，丁敏，宋平.旅游资源价值及其货币化评估[J].经济体制改革，2003（06）：155-158.

(五)各因素对支付意愿影响的分析

根据表 7-11 的输出结果可知,游客的支付意愿与游客自身的年龄大小、性别类型、文化程度的高低以及职业的种类相关性不是很大,这和以往学者的研究结果存在一致性。从鼓浪屿景区游客的感知方面可知,游客在鼓浪屿景区的游览次数与游客对鼓浪屿景区的支付意愿无关,游客对鼓浪屿景区的了解程度以及对鼓浪屿景区的满意程度与游客对鼓浪屿景区的支付意愿呈现显著的正相关关系,这也符合以往的研究结果。

表 7-11 各因素对支付意愿的影响

		次数	了解程度	满意程度	性别	年龄	文化水平	职业	月收入水平
是否愿意支付保护费用	皮尔逊相关性	−0.054	0.155**	0.160**	0.013	0.034	−0.113	0.09	−0.044
	Sig.(双尾)	0.361	0.008	0.007	0.822	0.564	0.054	0.126	0.458
	个案数	288	288	288	288	288	288	288	288

注:** 在置信度(双测)为 0.01 时,相关性显著;* 在置信度(双测)为 0.05 时,相关性显著。

资料来源:笔者根据 SPSS26.0 的结果所得。

然而,此次研究发现游客的支付意愿与月收入水平也没有太大关系,这与以往研究有所不同,可能是此次样本学生群体占比较多,而学生群体一般收入水平过低甚至无收入来源,也可能是因为现在的游客支付行为都比较理性,游客比较重视旅游过程中的满意度和好的体验感,反而收入对支付意愿的影响不大。

三、鼓浪屿景区旅游资源游憩价值

鼓浪屿景区的游憩价值等于利用旅行费用法求得的使用价值和条件价值法求得的非使用价值之和,用旅行费用法求得的鼓浪屿景区旅游资源的使用价值为 232.49 亿元人民币，其中景区旅游资源直接使用价值为 220.35 亿元人民币，间接使用价值为 12.14 亿元人民币；用条件价值法求得的鼓浪屿景区旅游资源的非使用价值为 61.02 亿元人民币，其中，景区旅游资源的存在价值 27.93 亿元人民币，景区的遗产价值 16.93 亿元人民币，景区旅游资源的选择价值 16.16 亿元人民币；据此求得鼓浪屿旅游资源的总体价值为 232.49 亿元 +61.02 亿元 =293.51 亿元人民币。由此，可以看出非使用价值的结果远低于使用价值的结果，这与游客支付意愿较低有关。

四、收益还原法评估

（一）评估年限

旅游资源的经营权往往涉及一个特定的经营期限，景区经营权的经营期限一方面由国家相关法规所决定，另一方面要参考该地资源的投资计划，总体而言一般在 30 年到 50 年之间。利用收益还原法进行景区经营权评估时需要对预测未来每年的纯收益选择合适的还原利率折算到估价期日，选择的经营权转让期限越长，数据预测误差偏差会越大，因此本次评估选择以 30 年为转让期限，即从 2021 年 1 月 1 日至 2050 年 12 月 30 日未来 30 年的景区收益进行评估测算。

（二）鼓浪屿景区旅游收入分析

鼓浪屿景区收入是本次评估的重点和难点，由于鼓浪屿景区收入构成比较复杂，从鼓浪屿景区目前的营业项目可知，鼓浪屿景区的收入主要分为船票收入、景区门票收入、食宿等，单独获取各板块的收入存在一定的难度，如景区门票收入分为五大核心景点联票和其他景点门票收入，对于进入五大核心景点的游客是否通过联票的形式或是单独购票进入景点内部分数据无法具体得知，同时除进入五大核心以外的景点人数也无法得知，食宿部分的收入也未找到公开的数据，按照各个模块的收入加总来计算鼓浪屿景区的旅游收入存在一定的困难。

通过检索厦门市经济特区年鉴（2003—2020）、以及鼓浪屿管委会主要经济指标完成情况报表（2003—2020）得到鼓浪屿景区和厦门市年度游客量，计算可得鼓浪屿和厦门市游客同比增长率，厦门市游客数量及厦门市旅游总收入，计算得出厦门市人均旅游消费，用鼓浪屿景区的年游客量乘以鼓浪屿人均旅游消费即可得出鼓浪屿的旅游收入，将每年的旅游收入进行加总可得到鼓浪屿 2021 年至 2050 年未来三十年的旅游收益。

首先，预测经营期限内的旅游人次。参考 2003 年至 2020 年鼓浪屿景区的游客量进行分析推断并加以预测，为提高预测的准确性和考虑疫情影响的情况，本次评估将分为三个阶段，旅游恢复期为 2021 至 2023 年，中期为 2024 至 2038 年，远期 2039 至 2050 年，对鼓浪屿的旅游市场进行分析。

旅游恢复期旅游人次预测。根据厦门经济特区年鉴（2020）和鼓浪屿管委会主要经济指标完成情况报表（2020）的数据来看，因受疫情影响，厦门游客在 2020 年游客量减少到 6994.13 万人次，同比下降了 30.20%。特别是 2020 年的上半年疫情暴发严重期间，鼓浪屿景区接待量极低，截至 2020 年 6 月底鼓浪屿游客量累计才 109.6773 万人[①]，自 2020 年 7 月 21 日起鼓浪屿景区接待限量调整为核定最大承载量的百分之五十，即 1.75 万人次/日[②]。同时国内下半年疫情得到控制，游客量明显有所回升，至 2020 年底鼓浪屿游客量累计为 366.18 万人，同比下降了 61.78%。结合鼓浪屿 2020 年的游客接待量，同时又考虑到疫情恢复期间国家政策对于景区接待量的限制，在 2021 至 2023 年鼓浪屿景区依旧会遵循 2020 年 7 月 21 日制定的最大承载量 1.75 万人次/日规定，全年

---

① 数据来自鼓浪屿管委会 2020 年 6 月主要经济指标完成情况报表。
② 鼓浪屿-万石山风景区厦门市鼓浪屿-万石山风景名胜区管理委员会 2020 年 7 月 19 日通告。

以 356 天计算，则在疫情恢复期鼓浪屿的游客量不会超过 623 万人次/年，在此前提下以 2020 年为基期，本次评估将鼓浪屿前三年处于旅游恢复期的游客年均增长率设定为 5%。

中、远期旅游预测。根据厦门经济特区年鉴（2010—2020）和鼓浪屿管委会主要经济指标完成情况报表（2010—2020）可知，近十年来抛开 2020 年疫情的影响，厦门游客数量一直处于增长状态，同比增长在 12.5%~19.85%。近十年来鼓浪屿景区的游客量在 2010 年爆发式增长到 750 万人次，同比增长了 46%，后续几年增长有所减缓，有些年份出现了游客下降比较严重的现象，如 2015 年游客量同比下降 18.06%，2016 年游客量同比下降 12.48%，为提高预测精度，需要烫平异常游客增长或减少给预测带来的影响，参考其他时期游客同比增长的比重，以及疫情结束国内旅游全面恢复以后可能会迎来报复性的消费，本次评估将鼓浪屿中期（2024—2038 年）年均增长率设定为 10%，且要符合疫情之前日承载量控制在 5 万人次/日，全年游客量不会超过 1825 万人次/年的限制。

远期旅游预测。随着景区的发展，景区的生命周期将逐步靠近巩固期，如果没有新的重大项目的投资，鼓浪屿景区的年旅游接待人次将会维持在一个比较稳定的水平上，且 2038 年游客量已达到 1770 万人次，景区在控制承载量的情况下不会超过 1825 万人次/年，故将 2039 至 2050 年每年游客量预测为 1823.86 万人次/年。

其次，预测经营期限内的人均旅游消费。鼓浪屿岛上不允许走机动车，景区物资都是通过人工板车运载，另外鼓浪屿的商铺都是岛上居民出租的，租金较高，因此鼓浪屿的人均旅游消费一般要高于厦门市的人均旅游消费，如果按照厦门市的人均旅游消费来计算，会使得鼓浪屿的收益估算偏小，请教专家学者后，将鼓浪屿的人均旅游消费定为厦门市的人均旅游消费的 1.1 倍。

通过查找厦门市经济特区年鉴（2003—2020）得到厦门市的旅游总收入以及厦门市的旅游数量，通过计算得出厦门市人均旅游消费，进而得到厦门市人均旅游消费同比增长以及鼓浪屿的人均旅游消费和同比增长。从统计年鉴数据可知，随着经济的发展和人们生活水平的提高，2003至2019年厦门市人均旅游消费一直在不断地增长，因而鼓浪屿的人均旅游消费也处于增长状态，2020年由于受疫情的影响人均消费大幅度地下降，为提高预测的准确性，需要烫平异常情况带给预测带来的影响，选择2004年到2019年鼓浪屿人均旅游消费同比的增加值来预测鼓浪屿后面三十年的人均旅游消费，为了考虑严谨性，先利用算术平均法计算得出2004年至2019年平均增长为1.87%，同时又利用几何平均法算出2004至2019年平均增长为1.82%，两种计算方法计算出来的数值差别很小，但是几何平均数与算术平均数相比较而言，几何平均数克服了极端值的影响，因此本案例选择采用几何平均法计算出来的1.82%作为鼓浪屿2021至2050年的人均旅游消费年增长率。

根据计算公式，代入鼓浪屿的旅游人次和鼓浪屿人均旅游消费，可计算出未来三十年每年的旅游收入，具体如表7-12所示。

表7-12 2021至2050年鼓浪屿旅游收入预测

年份	接待量（万人）	人均旅游消费（元）	收入（万元）	年份	接待量（万人）	人均旅游消费（元）	收入（万元）
2021	384.49	1674.71	643 909.25	2036	1463.42	2195.01	3 212 214.65
2022	403.71	1705.19	688 409.82	2037	1609.76	2234.96	3 597 744.65
2023	423.90	1736.22	735 985.82	2038	1770.74	2275.63	4 029 545.96
2024	466.29	1767.82	824 318.84	2039	1823.86	2317.05	4 225 973.61
2025	512.92	1800.00	923 253.58	2040	1823.86	2359.22	4 302 886.33
2026	564.21	1832.76	1 034 062.48	2041	1823.86	2402.16	4 381 198.86
2027	620.63	1866.11	1 158 170.66	2042	1823.86	2445.88	4 460 936.68

续表

年份	接待量（万人）	人均旅游消费（元）	收入（万元）	年份	接待量（万人）	人均旅游消费（元）	收入（万元）
2028	682.70	1900.08	1 297 174.30	2043	1823.86	2490.39	4 542 125.73
2029	750.97	1934.66	1 452 861.16	2044	1823.86	2535.72	4 624 792.42
2030	826.06	1969.87	1 627 233.55	2045	1823.86	2581.87	4 708 963.64
2031	908.67	2005.72	1 822 534.13	2046	1823.86	2628.86	4 794 666.78
2032	999.53	2042.23	2 041 274.67	2047	1823.86	2676.70	4 881 929.71
2033	1099.49	2079.39	2 286 268.46	2048	1823.86	2725.42	4 970 780.83
2034	1209.44	2117.24	2 560 666.40	2049	1823.86	2775.02	5 061 249.05
2035	1330.38	2155.77	2 867 997.58	2050	1823.86	2825.53	5 153 363.78

资料来源：笔者根据相关数据计算所得。

（三）鼓浪屿景区旅游净收益分析

计算鼓浪屿景区未来的净收益，首先需要知道景区经营成本。旅游景区经营成本项目构成复杂，种类繁多，难以准确测算。考虑到旅游上市公司在景区管理、成本控制等方面一般要优于非旅游上市景区，其经营成本占景区收益的比例可为本次评估确定鼓浪屿景区经营成本提供参考。通过分析已有景区类上市公司的数据，可以发现，大多数景区类上市公司经营成本占景区旅游收入的比重较高，一般为70%~90%，综合考虑将鼓浪屿景区经营成本占旅游收入的比重确定为其平均值，即80%。

根据求得的景区收益及其经营成本，可计算鼓浪屿景区未来各期的净收益，具体如表7-13所示。

表7-13 2021至2050年鼓浪屿各期收入成本及净收益

单位：万元

年份	旅游收入	经营成本	净收益	年份	旅游收入	经营成本	净收益
2021	643 909.25	515 127.40	128 781.85	2036	3 212 214.65	2 569 771.72	642 442.93
2022	688 409.82	550 727.85	137 681.96	2037	3 597 744.65	2 878 195.72	719 548.93
2023	735 985.82	588 788.65	147 197.16	2038	4 029 545.96	3 223 636.77	805 909.19
2024	824 318.84	659 455.07	164 863.77	2039	4 225 973.61	3 380 778.89	845 194.72
2025	923 253.58	738 602.87	184 650.72	2040	4 302 886.33	3 442 309.07	860 577.27
2026	1 034 062.48	827 249.98	206 812.50	2041	4 381 198.86	3 504 959.09	876 239.77
2027	1 158 170.66	926 536.53	231 634.13	2042	4 460 936.68	3 568 749.35	892 187.34
2028	1 297 174.30	1 037 739.44	259 434.86	2043	4 542 125.73	3 633 700.58	908 425.15
2029	1 452 861.16	1162 288.93	290 572.23	2044	4 624 792.42	3 699 833.93	924 958.48
2030	1 627 233.55	1 301 786.84	325 446.71	2045	4 708 963.64	3 767 170.91	941 792.73
2031	1 822 534.13	1 458 027.30	364 506.83	2046	4 794 666.78	3 835 733.42	958 933.36
2032	2 041 274.67	1 633 019.74	408 254.93	2047	4 881 929.71	3 905 543.77	976 385.94
2033	2 286 268.46	1 829 014.77	457 253.69	2048	4 970 780.83	3 976 624.67	994 156.17
2034	2 560 666.40	2 048 533.12	512 133.28	2049	5 061 249.05	4 048 999.24	1 012 249.81
2035	2 867 997.58	2 294 398.06	573 599.52	2050	5 153 363.78	4 122 691.02	1 30 672.76

资料来源：笔者计算所得。

（四）折现率的确定

利用前述公式（7-1）计算折现率，在本案例评估中：无风险收益率选取2020年发布的五年期凭证式国债的利率4.27%；以景区类上市公司的总资产收益率反映市场平均风险收益率，参考代表性景区类上市公司数据及已有评估经验，取值6.00%；对于景区所在行业的系数取值一般基于线性回归的原理，通过求取该景区所在行业内的平均收益率和该市场的平均风险，并将二者进行比较参考得到景区所在行业的系数，根据以上方法求得的系数值为 1.036；利用公式，求得风险收益率为 1.90%；根据上述方法得到的折现率仅适用于上市公司评估，由于鼓浪屿景区为非上市公司，而为了消除这种影响，需要采取多个企业的个别风险因素来对鼓浪屿景区折现率进行修正，根据相关研究成果并结合评估资产领域的惯例，企业个别风险调整系数的取值一般在 0% 到 5% 之间[①]，参考已有评估经验，本次评估取区间均值 2.5%。

最终求得的最终折现率为 4.27%+1.90%+2.5%=8.67%。

（五）收益还原法评估结果

根据各年旅游净收益及折现率，求得各年旅游净收益现值如下表 7-14 所示：

表 7-14　2021 至 2050 年鼓浪屿未来各期旅游净收益现值估算表

单位：万元

年份	旅游净收益	收益现值	年份	旅游净收益	收益现值
2021	128 781.85	118 507.27	2036	642 442.93	169 855.60
2022	137 681.96	116 589.04	2037	719 548.93	175 063.66
2023	147 197.16	114 701.85	2038	805 909.19	180 431.39
2024	164 863.77	118 218.80	2039	845 194.72	174 129.80
2025	184 650.72	121 843.58	2040	860 577.27	163 153.55
2026	206 812.50	125 579.51	2041	876 239.77	152 869.19
2027	231 634.13	129 429.98	2042	892 187.34	143 233.10
2028	259 434.86	133 398.51	2043	908 425.15	134 204.42
2029	290 572.23	137 488.73	2044	924 958.48	125 744.86
2030	325 446.71	141 704.36	2045	941 792.73	117 818.55
2031	364 506.83	146 049.25	2046	958 933.36	110 391.87
2032	408 254.93	150 527.36	2047	976 385.94	103 433.33

---

① 周香泉.景区门票收费权质押贷款评估案例［J］.行政事业资产与财务，2012（03）：58-63.

续表

年份	旅游净收益	收益现值	年份	旅游净收益	收益现值
2033	457 253.69	155 142.77	2048	994 156.17	96 913.42
2034	512 133.28	159 899.70	2049	1 012 249.81	90 804.50
2035	573 599.52	164 802.49	2050	1 030 672.76	85 080.65
收益现值总和			4 057 011.08		

资料来源：笔者根据折现率计算所得。

利用旅游资产评估领域中最为主流的收益还原法对鼓浪屿景区 2021 年 1 月 1 日至 2050 年 12 月 30 日的景区收益进行评估测算，求得其净收益现值为 4057011.08 万元，即收益还原法下景区经营权的估值约为 405.70 亿元。

五、实物期权法评估

（一）波动率计算

结合灰色预测模型建构思想[①]，根据鼓浪屿 2015 至 2019 年的旅游接待人次数据构建原始序列：

$X^{(0)} = \{10211700, 8937600, 9717000, 10037970, 9579700\}$

对其做一次累加得到累加序列：

$X^{(1)} = \{10211700, 19149300, 28866300, 38904270, 48483970\}$

构建数据矩阵 $Y=B\theta$，求解模型未知参数 a 和 μ，其中：

$Y = \{8937600, 9717000, 10037970, 9579700\}^T$

$$B = \begin{bmatrix} -14680500 & 1 \\ -24007800 & 1 \\ -33885285 & 1 \\ -43694120 & 1 \end{bmatrix} \quad \theta = \begin{bmatrix} \hat{a} \\ \hat{\mu} \end{bmatrix}$$

---

① 李恩临.灰色预测方法的应用[J].统计与决策，2010（14）：161-162.

当 $|B^T B| \neq 0$,用最小二乘法(OLS)可得最小二乘解

$$\begin{bmatrix} \hat{a} \\ \hat{\mu} \end{bmatrix} = (B^T B)^{-1} B^T Y = \begin{bmatrix} -0.0229 \\ 8902801.5278 \end{bmatrix}$$

取 $x^{(1)}(0) = x^{(0)}(1)$,求解白化方程,可得到预测模型:

$$\hat{x}^{(1)}(k+1) = 399194582.3657 e^{0.0229k} - 388982882.3657$$

利用上文所求得的灰色预测模型 GM(1,1)对鼓浪屿 2015 年至 2019 年的游客量进行模拟,得到以下结果:

表 7-15　GM(1,1)对鼓浪屿 2015 年至 2019 年旅游需求预测结果和残差检验

年份	2015	2016	2017	2018	2019
原始值	10 211 700	8 937 600	9 717 000	10 037 970	9 579 700
预测值	10 211 700	9 247 030	9 461 231	9 680 392	9 904 631
残差	0	309 430	-255 769	-357 578	324 931
相对误差(%)	0	3.4621	-2.6322	-3.5623	3.3919
平均相对误差(%)	3.0121				

资料来源:笔者根据 GM(1,1)预测数据计算所得。

从灰色预测模型 GM(1,1)对鼓浪屿 2015 年至 2019 年的旅游需求预测结果和残差检验结果分析,利用灰色预测模型得到的结果与原始值的相对误差较小,平均相对误差为 3.0121%,说明使用灰色预测模型的估值结果较好。为进一步判断灰色预测模型的精度等级而对预测数据进行后验差检验,计算可得方差比 $C=0.2927 < 0.35$,小概率误差 $P=1 > 0.95$,将计算得到的后验差检验结果与前文提到的用于评价灰色预测模型精度等级的表格进行比对,可得利用该模型预测鼓浪屿景区的市场需求数据精度较好。

利用上述所得到的模型预测鼓浪屿景区 2015 至 2022 年的旅游需求，所得结果如下表 7-16 所示：

表 7-16　鼓浪屿景区 2015 至 2022 旅游需求预测表

年份	旅游需求预测值	年份	旅游需求预测值
2015	10 211 170	2023	10 854 746
2016	9 247 030	2024	11 106 189
2017	9 461 231	2025	11 363 439
2018	9 680 392	2026	11 626 694
2019	9 904 631	2027	11 896 005
2020	10 134 065	2028	12 171 565
2021	10 368 812	2029	12 453 509
2022	10 608 997	2030	12 741 976

资料来源：笔者根据模型预测结果所得。

表 7-16 利用灰色预测模型得到的数据也符合鼓浪屿最大日承载量控制在 5 万人次 / 日，全年游客量不会超过 1825 万人次 / 年的限制，从而也说明预测的数据具有一定的合理性。

由表 7-16 计算可得到：预测数值的标准差 s=1092098.2599，预测数值的均值 μ=10864436.2910，利用上述公式 $\sigma = s / \mu$，据此可计算得出鼓浪屿旅游波动率 σ=0.1005，即 10.05%。

根据上文利用灰色预测模型得到的鼓浪屿旅游波动率 σ=10.05%，同时通过鼓浪屿景区旅游需求的预测数据可得，鼓浪屿景区旅游需求的预期增长率为 α=1.53%；关于资本化率 μ 的计算参照林璧属等利用加权平均资本成本（WACC）的方法[1]，选取国内 9 家景区上市公司 2014 年至 2018 年资本化率均值 μ 为 8.11% 作为本案例研究的资本化率；折现率的取值为 8.67%，以 2020 年五年期凭证式国债的利率 4.27% 作为无风险收益率。将上述取得的参数的值代入公式：可得 β=3.2493。

（二）成本计算

鼓浪屿作为开放型景区，既是景区，也是社区，受到鼓浪屿管委会与鼓浪屿街道办事处的双重管理，暂无社会资本参与景区的整体运营，未发生过经营权转让事件，成本无从得知，参照既往研究的方法，即类比全国同类型景区的相关数据，以此来估算鼓浪屿的成本。凤凰古城和鼓浪屿都是遗产项目，同时都兼具社区属性和景区属性，用凤凰古城的成本类比鼓浪屿的成本具有一定的合理性和科学性。

表7-17　2016至2020年凤凰古城和鼓浪屿接待人次旅游收入和人均消费统计表

景区	年份	接待人数（万人次）	旅游收入（亿元）	人均旅游消费（元）
凤凰古城	2019	2020.93	200.01	989.69
	2018	1800.10	170.20	945.50
	2017	1442.00	139.90	970.18
	2016	1250.00	115.00	920.00
	2015	1200.02	103.23	860.24
均值		1542.61	均值	937.12
鼓浪屿	2019	957.97	174.27	1819.15
	2018	1003.80	173.95	1732.89
	2017	971.70	159.90	1641.49
	2016	893.76	140.61	1573.21
	2015	1021.17	154.90	1516.93
均值		969.68	均值	1656.734
鼓浪屿/凤凰古城		0.63	鼓浪屿/凤凰古城	1.77

资料来源：凤凰古城相关数据来自凤凰县人民政府发布的2019年统计年鉴。

2001年，凤凰县以8.33亿元将凤凰古城的8个核心景点以

50 年经营权为期限转让给凤凰古城文化旅游投资股份有限公司[①]。通过费雪方程式对 2001 至 2020 年的通货膨胀率进行计算,得到 2002 至 2020 年的总通货膨胀率为 199.32%[②],通过计算得出 2001 年的 8.33 亿相当于 2020 年的 24.93 亿。

通过比较凤凰古城和鼓浪屿 2016 至 2020 年近五年的旅游接待人次和人均旅游消费,得出鼓浪屿的游客量约为凤凰古城游客量的 0.63 倍,鼓浪屿的旅游收入约为凤凰古城旅游收入的 1.77 倍,因此类比凤凰古城如果未来旅游投资公司买断鼓浪屿未来三十年的经营权所产生的成本为:

$$24.93 亿 \times 0.8 \times 0.63 \times 1.77 = 22.24 亿。$$

(三)实物期权法评估结果

以上计算过程确定了评估所需要的参数,将参数 $\beta=3.2493$ 和 $I=22.24$ 亿代入上文根据动态规划法所得出的实物期权模型,可求得鼓浪屿景区实物期权价值为 32.13 亿,鼓浪屿景区经营权的价值中包含了收益还原法评估出的净现值即景区正常运转条件下未来现金流折现和景区隐含的未来投资机会的期权价值两部分,故鼓浪屿景区经营权价值为 = 收益还原法下的净现值 + 未来投资机会期权价值 =405.70 亿元 +32.13 亿元 =437.83 亿元。

六、评估结果对比分析

基于游憩价值层面的旅行费用法和条件价值法以及景区经营权层面的收益还原法和实物期权法,对鼓浪屿景区进行经济价值评估的结果如表 7-18 所示:

[①] 刘昕芳. 凤凰古城公司商业模式创新研究 [D]. 湖南师范大学,2015.

[②] 费雪方程式为 $MV=PT$,M 为流通中的货币数量,V 为货币周转速度,P 是物价水平,T 是各类商品和劳务交易总量,即 GDP。M 可以理解为广义货币 M2,V 由指数因素决定,而制度因素变化缓慢,因此 V 可以视为常数。两边同时微分之后,扣除货币周转速度的影响的话,得到公式:通胀率 =M2 增长率 -GDP 增长率,通过查阅国家统计局的官网得到 2001 至 2020 年 M2 货币供应数据和 GDP 数据,得到 2002 至 2020 年的总通货膨胀率为 199.32%。

表 7-18　鼓浪屿景区旅游经济价值评估方法比较研究

评估方法	评估模型	评估结果（亿元）	
旅行费用法	$UV = TC + CS$	使用价值	232.49
		直接使用价值	220.35
		消费者剩余价值	12.14
条件价值法	$WTP = \sum_{i=1}^{k} AWPi \frac{ni}{N} \cdot M$	非使用价值	61.02
		存在价值	27.93
		遗产价值	16.93
		选择价值	16.16
收益还原法	$V = \sum_{t=1}^{n} \frac{W_t}{(1+r)^t}$	本文估值	405.70
实物期权法	$V^* = \frac{\beta}{\beta - 1} I$	实物期权价值	437.83
		收益现值	405.70
		期权价值	32.13

资料来源：根据上述四种方法评估结果整理所得。

基于分区旅行费用法（ZTCM）模型，求得的鼓浪屿景区旅游资源的使用价值为232.49亿元人民币，其中鼓浪屿景区旅游资源的直接使用价值为220.35亿元人民币，间接使用价值（即消费者剩余价值）为12.14亿元人民币；基于条件价值法求得的鼓浪屿景区旅游资源的游憩非使用价值为61.02亿元人民币，其中存在价值为27.93亿元人民币，遗产价值为16.93亿元人民币，选择价值为16.16亿元人民币，因此，传统评估视角下的鼓浪屿景区旅游资源的总体价值为232.49+61.02=293.51亿元人民币。基于收益还原法的模型所得到的鼓浪屿景区经营权的评估价值为405.70亿元人民币。基于实物期权法得到的鼓浪屿景区经营权的评估价值为437.83亿元人民币，其中包含了收益还原法评估出的收益值405.70亿元人民币和景区隐含的未来投资机会的期权价值32.13亿元人民币。

综合各种评估方法的实证评估值和其理论依托的原理可以发现以下几点：

1. 分层评估结果分析

首先，景区游憩价值层面基于旅行费用法和条件价值法所求得的景区整体游憩价值（293.51亿）小于在收益还原法的景区经营权的估值（405.70亿元）和实物期权所获得的景区经营权价值（437.83亿），景区游憩价值评估的是鼓浪屿景区整体经济价值，属于资源本身所产生的价值，景区的经营权属于景区经过市场化的运作后所产生的价值，从理论上来讲景区资源的整体经济价值应大于景区的经营权价值，然而游憩价值层面的评估主要依赖于调查问卷所获取的游客的消费支出情况和游客的支付意愿，且游憩价值的评估区别于景区经营权时段性的特征，其取决于某一时点的经济价值，随着时间的变化具有波动性，由于受当下疫情防控的影响，实地收集的问卷大多为福建厦门本地游客，因此在利用旅行费用法计算消费者支出的过程中会造成其他区域消费支出的降低，会造成游憩价值低于景区经营权价值的情况。

其次，基于旅行费用法所求得的游憩价值层面的使用价值为232.49亿元人民币，说明了鼓浪屿的游客所愿意直接花费的金额，但通过查找鼓浪屿管委会主要经济指标完成情况报表（2003—2020）可以看出，鼓浪屿景区近几年的旅游收入最高为185.46亿元人民币，通过本次评估一定程度上说明了鼓浪屿景区旅游资源的使用价值还有很大的挖掘空间，未来可在保护旅游资源的基础上进行合理开发，以便更加充分地利用该景区的资源，实现更多的旅游收入；基于条件价值法计算得出的游憩价值的非使用价值可知，鼓浪屿景区游客的支付意愿并不高，这在一定程度上也反映了游客对于鼓浪屿景区的保护意识不够强烈，未来可加强游客对资源保护的意识。

最后，基于景区经营权价值层面考虑景区运营期内不确定性的实物期权法下的评估结果（437.83亿）高于仅考虑现值的收益还原法下的评估结果（405.70亿元），其结果溢价7.92%，收益还原法仅仅评估的是经营期权内得到的市场价值，实物期权法还考虑到了景区运营期内的不确定性，在收益还原法的基础上引入实物期权法进行不确定性调整，增益占比不宜过大，具有一定的合理性。

2. 从游憩价值层面和景区经营权价值层面评估内容分析

首先，游憩价值层面的旅行费用法的估值显然大于基于条件价值法的估值，这是因为旅行费用法主要评估游憩价值中的使用价值，主要涉及游客的消费支出，是游客直接产生的效用价值，反映的是景区带来的旅游经济效应，而条件价值法对景区游憩价值中非使用价值的评估主要取决于游客支付意愿的大小，发展中国家一般不太重视景区旅游资源的保护，因此被调查者的支付意愿较低，这造成条件价值法的估值一般偏低。

其次，景区经营权价值层面的评估以收益还原法得到的景区经营权的估值一般会小于景区经营权的实际价值，这是因为利用收益还原法进行景区经营权评估时未考虑项目经营中的不确定性和投资机会所蕴含的战略价值以及旅游资源的柔性价值，在旅游资源的开发过程中会造成旅游资源这一国家资产的流失。

再次，基于实物期权法求得的鼓浪屿景区的经营权一方面包括了景区经营权的预期收益现值，另一方面还包括了投资柔性价值，能够准确客观地反映经营权的实际价值，因此本案例对于景区经营权价值的评估以实物期权法下的估值为准更具有合理性。

3. 从游憩价值层面和景区经营权价值层面评估周期分析

收益还原法和实物期权法评估的是鼓浪屿景区未来一定时间段的估值，属于时段性的价值范畴，而旅行费用法和条件价值法评估的是景区某一时间点（一般以固定年份为计量单位）的景区旅游资源的游憩价值，在景区不同的时间点采用此计量手段所得到的估值会产生差异，属于时点性的价值范畴，因此旅游费用法和条件价值法不适合用于评估时段性的景区经营权的估值，只适用于评估景区旅游资源经济价值中的游憩价值。

第四节 结论与建议

一、研究结论

本案例综合运用计量分析法、问卷调查法、对比研究法和案例分析法等多种研究方法,探究景区旅游资源经济价值、游憩价值和景区经营权价值评估方法的适用性,并且通过选取适合用于鼓浪屿经济价值评估的方法展开实证研究,得出以下研究结论:

第一,景区旅游资源的经济价值一方面在于包括游憩价值,该价值主要反映旅游资源和环境产生的总效益,该价值只能间接在市场上进行交易;另一方面在于包括景区经营权方面的价值,该价值主要反映运营方在旅游资源的经营管理中,拥有开发旅游资源的权利,这种对旅游资源所产生的权利能够直接在市场进行交易。本案例对景区旅游资源经济价值进行分层评估,不但关注了旅游资源游憩价值的评估,还关注了旅游资源经营权的评估,并且证实了实物期权法用于景区经营权的评估更具一定的优势。

第二,在利用传统的评估方法对景区旅游资源经济价值进行评估时存在很大的局限性,旅游费用法和条件价值法只能评估某一时点的景区旅游资源经济价值,二者更适用于旅游资源的游憩价值评估;利用收益还原法进行景区经营权评估时未考虑由于项目经营中的不确定性和投资机会所蕴含的战略价值,忽视了在旅游资源进行开发过程中的柔性,因此常常会低估景区经营权的价值,造成旅游资源这一国有资产的严重流失。

第三,利用实物期权法进行景区经营权的评估更具有一定的优势。实物期权法考虑了旅游项目的期权价值,相对于传统的评估方法,实物期权法更加具有客观性,对于投资决策更具有一定的参考价值。但是目前来讲,在旅游投资领域应用实物期权模型的研究较少,而且旅游项目的种类繁多,需要根据不同的旅游项目选择不同的实物期权模型。

二、应用讨论

首先，旅游资产与一般物资形态的国有资产存在差异，因此常用的资产评估法规如国务院颁布的《国有资产评估管理方法》不适用于旅游资产的评估，国家以及相关政府部门应该重视有关评估旅游资产方法相关法律法规的制定和完善，针对景区旅游资源经济价值法规的制定也应该区别游憩价值和经营权价值，针对二者制定不同的法律法规，以便评估机构可以根据相关法律法规对景区旅游资源经济价值进行细化评估，以保证评估结果更加公允，以防旅游资源这一国有资产的流失。同时，在对旅游资产进行评估过程中如果缺乏相应的约束和监督机制，很容易便会出现一些不规范的行为，因此国家及政府相关部门应加强完善相关法律法规，保证旅游资产评估朝着规范且健康的方向发展。

其次，从市场层面来讲，应构建旅游资源经营权交易市场，同时做好对旅游资源经营权交易市场的监督和控制。建立和完善旅游资源经营权层面的交易市场是增强旅游资源的可持续供给能力的必然需要，是维护资产化管理旅游资源的良策。同时，也需要对旅游资源经营权交易市场的有效监督和控制，如政府可以建立旅游资源经营权的审查制度、实施资质管理、审批与登记注册，以及严格监管对旅游资源经营权人义务的落实情况等。

最后，从机制层面来讲，应制定景区旅游资源经济价值评估不同层次的评估机制。首先是对于景区旅游资源经济价值的游憩价值评估，由于游憩价值层面的评估方法较多，相关部门应通过比较各种评估方法的适用性范围，最终选择针对不同类型景区科学有效的评估方法。针对旅游资源的经营权价值层面，由于景区的经营权是社会资本投资的一个热点领域，近些年来经营权转让的案例也较多，因此相关部门应加强规范秩序，建立专业的第三方评估机构，为了避免旅游资源这一国有资产的流失，应完善基于传统的收益法下对旅游资源经营权评估的步骤，扩展基于实物期权法下的评估模型,切实推进旅游资源经营权交易的市场化。

三、研究局限与展望

案例地选择问题:本案例为单一案例研究,未进行多案例研究的对比,未来可考虑研究湖泊、山岳、森林等多种类型的景区在进行旅游资源经济价值评估过程中的区别。同时,本案例所选择的案例地未在实际生活中发生经营权转让,未来可考虑研究发生过经营权转让的景区,以便估值可以和实际发生转让的金额进行对比,更能凸显问题。

数据收集问题:调查问卷未进行淡旺季多时段收集。有关鼓浪屿景区游憩价值的评估,数据的收集时间较为短促,未能进行淡旺季等多时间段的多次采集,同时受到新冠疫情反复的影响,省外的游客出游率也较低,因此所获得的样本存在一定偏差,可能在一定程度上会导致评估结果偏低。未来利用条件价值法和旅行费用法时可考虑进行淡旺季多时段收集数据来减少偏差,评估结果也会更合理。同时由于本次评估所用到的二手数据均为新冠疫情暴发之前的数据,未来对景区进行经营权评估时可考虑外部事件对景区经营权估值的影响,如突发的公共卫生事件。

实物期权计算问题:实物期权的关键参数波动率的计算仅利用单一预测手段,未与其他预测方法进行比较,利用实物期权法进行研究时波动率的准确获得是未来重点研究的方向,本案例仅使用灰色预测模型对波动率进行了计算,未来可以利用多种预测手段进行比较研究。同时由于研究水平有限,本案例利用实物期权进行景区经营权评估时采用的是单一期权模型,未来可以考虑运用复合期权模型对景区经营权进行评估。

旅行费用法模型选择问题:旅行费用法包括 ZTCM、ITCM、TCIA、RUM、HTCM、GTCM 等多种模型,本案例结合案例地的特点选择了分区旅行费用模型进行评估,未来可考虑选用其他不同的评估模型进行对比研究,不同的评估方法其结果也会存在差异。

附录　鼓浪屿景区游客调查问卷

尊敬的先生/女士：

您好！欢迎来到鼓浪屿景区！我们是厦门大学管理学院旅游管理硕士研究生，本次调研旨在通过对游客进行访谈，进而对鼓浪屿景区的游憩资源价值作评估，并借此提高人们对游憩价值的认识。您的认真填写对我们的评估至关重要，希望您根据自己真实的意愿进行填写。

厦门大学管理学院旅游与酒店管理系

一、游客感知部分

1. 这是您第几次来鼓浪屿？

A. 1次　　　　B. 2次　　　　C. 3次　　　　D. 3次以上

2. 您对鼓浪屿的了解程度：

A. 非常了解　　B. 有一定了解　C. 了解不多　　D. 不了解

3. 您此次游览目的：

A. 观光度假　　B. 团建　　　　C. 公务　　　　D. 其他

4. 您对鼓浪屿景区整体的满意程度：

A. 非常满意　　B. 满意　　　　C. 一般　　　　D. 不满意

E. 非常不满意

5. 您在鼓浪屿旅游过程中主要不满意的是：

A. 交通　　　　B. 餐饮　　　　C. 娱乐设施　　D. 住宿

E. 购物　　　　F. 景区基础设施　　　　　　　G. 服务态度

二、旅游支出的调查

（一）非团体游客

1. 您从出发地鼓浪屿景区来往交通费用（包含到景区的船票）大约为 ＿＿＿＿＿＿ 元（出发地指旅游前居住省市；自驾游客则

估算耗油费用）

2. 您此次旅游过程中住宿费用大约为 _____ 元。

3. 您此次旅游过程中餐饮费用大约为 _____ 元。

4. 您此次旅游过程中购物费用大约为 _____ 元。

5. 您此次旅游过程中参与核心景点的门票费用大约为 _____ 元。

6. 您从出发地到鼓浪屿景区，交通时间大约为 _____ 小时。

7. 您在景区内游玩停留时间 _____ 天。

（二）团体游客

1. 您向旅行社缴纳费用为 _____ 元/人。

2. 您此次旅游过程中（除了向旅行社缴纳费用外）额外花费大约为 _____ 元。

3. 您从出发地到鼓浪屿景区，交通时间大约为 _____ 小时。

4. 您在景区内游玩停留时间 _____ 天。

三、支付意愿的调查

1. 您是否愿意为保护鼓浪屿旅游资源支付一定的费用？

A. 愿意　　　　B. 不愿意（跳至第6题）

2. 如果愿意的话，您一年愿意支付多少保护费用:（单位：元/年）

5　10　20　30　40　50　60　80　100　150　200　250　300　350　400　450　500　500以上

3. 您更喜欢哪种支付方式？

A. 纳税

B. 直接现金捐款

C. 提高船票和其他服务费

D. 出力出工

E. 设立专项基金

F. 其他方式 _____

4. 您对支付资金的期望用途是：

A. 完善景区内基础设施

B. 保护岛上建筑、空气、水资源等人文和生态环境

C. 用于当地的规划发展

D. 开展当地社区教育，提高当地居民环保意识

5. 您的支付动机是：

A. 本人以后有机会再次享用鼓浪屿景区的旅游资源

B. 希望自己的子孙后代以后有机会享受到鼓浪屿景区的旅游资源

C. 希望鼓浪屿景区的旅游资源可以永续保存

6. 如果不愿意支付，您的理由是：

A. 应该由政府和相关管理部门承担

B. 费用已经包含在船票和景区项目门票中

C. 经济能力有限，无力承担

D. 距离太远，对此类旅游不感兴趣

E. 担心支付的费用无法真正用到旅游资源保护中

四、基本资料

此部分所涉及的个人信息仅作为学术研究之用，不存在个人信息泄露风险，请您放心填写。

1. 您的（旅游出发地）是：_____ 省 _____ 市

2. 您的性别是：

A. 男　　　　　　　　B. 女

3. 您的年龄是：

A. 18 岁以下　　　　　　　B. 18~25 岁

C. 26~30 岁　　　　　　　D. 31~40 岁

E. 41~50 岁　　　　　　　F. 51~60 岁

G. 60 岁以上

4. 您的文化水平：

A. 高中及以下　　　　　　B. 大专

C. 本科　　　　　　　　　D. 研究生及以上

5. 您所从事的职业：

A. 管理人员　　　　　　　B. 公务员

C. 普通员工 D. 教师
E. 学生 F. 退休人员
G. 其他人员

6. 您的月收入水平：

A. 0~2000 B. 2001~4000
C. 4001~6000 D. 6001~8000
E. 8000~10 000 F. 10 000 以上

第八章
基于多维方法的景区类上市公司经营权价值评估[1]

---

[1] 本部分研究由课题负责人所指导的硕士研究生郭雪茹、佘佳杰和博士研究生丁雨馨共同完成,最后由佘佳杰修改而成。

我们在国家自然科学基金面上项目"基于实物期权理论的景区旅游经营权价值评估模型与方法研究"中,基本得出了基于实物期权理论的评估模型与方法研究具有更强的适用性和科学性的结论。但是,为了进一步验证这一模型与方法是否具有更广的适应性,遂以景区类上市公司为例进行经营权的价值评估,特别是对10家景区类上市公司在二级市场上的股价波动进行比较分析。在研究中,我们通过10家景区类上市公司2018至2022年具体数据计算出加权平均资本成本,作为贴现率,再根据现金流折现法、基于经济增加值的评估法和实物期权法,预测未来自由现金流以及经济增加值,从而得出景区类上市公司的评估价值,并进行对比分析。评估的复杂性在于:一是上市公司在实际经营中,通过对相关资源进行整合,在旅游业的健康发展中起决定性作用,换言之,景区类企业经营可以做多种资源整合或兼并收购,评估对象并不恒定,经营手法多种多样,这必然会影响评估结果,更会直接导致股票价格的大幅波动;二是,股价波动是由二级市场无数大众交易者和部分机构投资者经过动态博弈所形成的价格,这一市场交易结果不一定能够反映上市公司的企业价值,换言之,以波动的股价来比较评估价值是否能说明问题?三是,在疫情之下,旅游业遭受了重创,股票交易价格亦深受影响,重大疫情是否直接影响或否定了实物期权评估模型与方法的准确度?

第一节　企业价值评估方法

企业价值评估是指以企业整体为对象,对企业未来产生收益的可持续能力作出估算,从而为相关利益主体提供决策信息的一种活动。① 它不是对单项资产的简单相加,而是综合考虑各种影响因素之间的关联性和协同作用后的科学研究结果。在不同理论的指导下,企业价值评估的假设前提以及适用方法也有所不同。作为评估行业的独立分支之一,企业价值评估在国际上已有近200年的历史,并于20世纪80年代末期受到国内学者关注。成本法、市场法和收益法是三种最常用的企业评估方法,但均存在着不同程度的局限性。其中成本法与收益法相比,无法体现被评估企业中管理团队的管理能力、商誉等无形的软资产,也难以体现评估价值的资产经济性贬值。市场法通常则受到过多条件的制约,需要大量的可信度高的成交案例。所以,收益还原法是国内景区类上市公司经营权价值评估普遍采用的方法。

一、公司自由现金流折现法

自由现金流折现法是收益法中常用的一种方法,也是旅游项目评估最常用的方法之一。它是将企业满足了再投资需求后的自由现金流量加总折现,从而确认企业价值的一种方法。现金流量折现模型在开发运用的早期并不完整,因戈登(Gordon)增长模型(1962)和资本资产定价模型(1964)而有了较系统的理论框架。经过国内外学者对现金流折现法模型的不断改进和实证研究,现金流量折现法目前已经相当成熟并且应用广泛,但在旅游领域,现金流折现法的研究多停留于理论上的分析,实证研究成果极少。黄先开、刘敏(2012)认为在景区经营权价值评估方法中,现金流量折现法的优点是总体科学性较高,缺点是由于涉及的参数较多,计算过程比较复杂,且这些参数的确定往往具有一定的主观性。收益法适用于投资刚性相关的问题。投资刚性指的是,在投资过程中,只能一次性完成投资,也就是说,企业在获取项目之后,只能选择开发或者放弃,而不能考虑在开发过程中

---

① 石晓燕,刘海英,许峰.旅游上市公司自愿性信息披露与业绩相关性研究[J].旅游科学,2012(4):26-38.

对项目的投资和运营进行适当的挑战。而这显然与现实生活中的景区类上市公司的运营情况不符。

自由现金流估值法根据现金流的不同可以分为公司自由现金流折现法和股东自由现金流折现法。公司自由现金流（FCFF）是指公司经营活动产生的税后现金流扣除资本投资和净营运资本后的净现金流，来自于企业经营过程，既包括支付给债权人的现金流，也包括支付给股东的现金流，主要用于企业的持续发展。自由现金流模型适用于任何公司。

现金流折现法的准确性因应用广泛，研究成果丰富已得到验证。它基于往年长时间的经营情况对未来进行预测，便要求企业的目前经营效益较好，企业所在市场较为稳定。此外，现金流折现法在评价过程中并未充分考虑不确定性和投资实际选择之间的关联，未根据市场动态变化所引起的不确定性对管理者的投资决策灵活性价值作出合理评定，亦即以延迟投资、持续投入、增加或降低投资以及放弃和转移投资的灵活性决定价格，以及新冠疫情对旅游业的影响，使得采用现金流折现法的传统投资理论无法对以旅游项目投资为主体的旅游景区类上市公司的经营权价值进行合理评定。

二、基于经济增加值（EVA）的评估法

委托代理机制产生之后，企业的经营权和所有权出现分离，这就有了股东和经理人的概念，企业经营的目标也随之变成了给股东创造更多的财富，而不再是单纯地追求利润最大化。于是美国斯特恩司图尔特（Stern Stewart）公司（1989）基于经济利润和剩余收益理论首次提出经济增加值（EVA）概念。它是指投资收益扣除了企业投入资本成本后的剩余利润，其核心思想是资本投入是有成本的，企业的盈利只有高于其资本成本才会为股东创造价值。这一企业价值评估视角受到了国内外学者的关注。国外对 EVA 的研究主要集中于股东权益最大化、企业价值评估和财务状况分析三个角度。而国内对于 EVA 的研究主要集中在企

业绩效管理和企业价值评估两方面,对EVA进行了适用性分析和实证研究。在旅游领域,EVA的研究集中于公司绩效评价,少数利用EVA进行价值评估的实证研究以携程、中青旅等综合性旅游上市公司为主。

基于EVA评估法的应用领域较窄,研究成果较少。它考虑到市场和个股风险,对会计分录进行调整,理论上提高了评估可信度,但也提高了操作难度。目前EVA的相关理论框架和操作方法尚未达到系统完整的程度,并对评估人员的会计素养有较高的要求,同时基于EVA的评估法也并未考虑到环境不确定性的影响。

三、实物期权法

本课题研究一直主张以实物期权理论为主要研究思路。期权是指在未来一段时期可以买卖的权利,买方向卖方提前支付一定金额后拥有的在未来一段时间或某一特定时点以事先规定好的固定价格向卖方购买或出售一定数量特定标的物的权利。不确定性决定了期权的价值大小。旅游类上市公司的经营权价值内涵是一种可以被资本化定价的收益权的价值,其价值体现于公司对其所拥有的景区旅游资源进行开发建设,并且在未来一定年限内取得的收益现值总和。旅游类上市公司可以通过灵活的管理决策(既包括对景区旅游资源投资开发的灵活性,也包括对景区土地资源的合理利用)创造更多的收益,能够体现出上市公司经营权作为投资期权的期权价值。

1977年,迈尔斯(Myers)以实物资产作为特定标的物,提出实物期权,并将其引入企业价值评估领域[1]。国内的实物期权研究起自1998年,以国外研究成果为基础,进行理论地丰富、定价模型地改进以及扩展多领域应用等。在理论方面,学者探讨了

---

[1] Myers,C. Determinants of corporate borrowing[J]. Journal of Financial Economics, 1977, 5(2): 147-175.

实物期权的核心思想、特性、类型、与其他期权的区别、适用性等。在定价模型方面，国内学者对已有实物期权模型的参数进行评价和修正，如蔡敏等[1]，并引入其他领域理论以改进现有模型，如遗传算法等[2]。在应用方面，实物期权是目前在不确定条件下决策的前沿理论和辅助工具之一，应用领域涉及自然资源、土地开发、技术创新、人力资源、房地产开发等，且日益延展。

国内部分学者将实物期权引入旅游景区经营管理领域，并取得了一定成果。方世敏、赵爽[3]、阎友兵等学者认为实物期权法适用于旅游领域，是对已有决策方法的有效补充，但未对景区经营权价值评估做深入研究[4]。本课题组的林璧属、林文凯、周春波以冠豸山国家重点风景名胜区为例，初步实证了实物期权视角下的景区经营权价值评估方法[5]。郭淳凡以旅游需求作为主要不确定因素，对企业景区投资时机进行分析[6]。

旅游景区类上市公司的运营过程中具有较大的不确定性，且贯串运营的全过程，具体体现在：

①旅游景区类上市公司所在的旅游行业处于起步阶段，市场变化多端，发展潜力巨大，风险与潜在价值并存。

②公司未来现金流对游客流量和门票价格的依赖性较强。游客流量极易受社会环境和竞争市场影响，门票价格近期受政策影响有所波动，甚至部分景区为吸引人流会选择门票免费的政策。

③公司项目具有投资规模大、投资不可逆、运营周期长等特

---

[1] 蔡敏.浅析实物期权定价模型[J].世界经济情况，2009（03）：61-64.
[2] 张坚，陶树人.基于遗传算法的R&D项目实物期权评价模型[J].科学学与科学技术管理，2003（04）：16-19.
[3] 方世敏，赵爽.旅游景区项目投资决策方法优化研究[J].旅游科学，2008，22（05）：33-36+66.
[4] 阎友兵，陈喆芝.基于实物期权理论的景区经营权转让年限制度安排[J].旅游学刊，2010，25（12）：18-22.
[5] 林璧属，林文凯，周春波.旅游景区经营权价值评估——基于实物期权视角的研究[J].经济管理，2013，35（06）：112-122.
[6] 郭淳凡.基于实物期权的企业景区投资最优时机决策分析[J].经济经纬，2013（06）：94-99.

点，极易受到社会经济发展、法规政策和自然环境的影响，如九寨沟地震等。

④公司项目的运营是一个复杂的序列性过程，其收益也随不同的运营阶段有不同的预测结果，难以确定。这就需要投资者根据已有投资成果实时调整项目，选择继续投入或终止运营。

并且，实物期权可以划分为开发期权、延迟期权、扩张期权、收缩期权、放弃期权、停启期权和转换期权[①]。公司根据景区的运营阶段和发展状况，可以选择灵活性的决策方案。这种选择权利相当于赋予了公司一个期权，并因为决策方案的不同，可以和实物期权的类型相呼应，提高了实物期权法的适用性。如面对旅游业发展的环境不确定性，选择延迟启动项目，类似实物期权中的延迟期权。

因此，对旅游景区类上市公司的价值评估分析适合引入实物期权的理念。

第二节　景区类上市公司经营权价值评估

一、样本数据选取

考虑到传统的与企业收益相关的评估方法以及实物期权方法在疫情阶段的应用以及股价的计算问题，本案例验证研究选取旅游行业中最依赖于景区运营的景区类上市公司。根据中国证监会2021年三季度行业分类结果和《上市公司行业分类指引》中的分类标准，本案例验证共选择10家景区类上市公司，采用5年期（2018—2022年）的样本分析。评估基准日为2022年12月31日。数据来自于CSMAR数据库（国泰安数据库）和各公司披露的年

---

① 林文凯.旅游景区经营权定价研究——实物期权视角［M］.北京：旅游教育出版社，2019：188-189.

度报告中经过审计的相关合并报表数据。

筛选原则如下：

①拥有或控制至少一家旅游景区。旅游景区，是指为旅游者提供游览服务、有明确的管理界限的场所或者区域。

②景区经营业务收入在公司收入中的占比不少于40%，或是比其他业务收入的占比超过20%。[①] 景区经营业务收入包含公司从所拥有或控制的景区获得的门票收入，以门票收益为酬金来源的景区管理业务收入和景区内交通运输、餐饮等消费收入，不包含旅游演出、酒店、旅行社等旅游服务收入。在本案例撰写过程中，由于企业2022年年报暂未披露，因此经营业务收入占比数据取2021年的数值进行判断。

③计算期内财务数据可得，完整，无缺失、异常情况。

④经营状况持续稳定，剔除ST类企业。

根据上述原则，筛选出以下10家景区类上市公司进行价值评估：

张家界（000430），上市日期1996/08/29，2021年景区经营业务收入占比73.12%；

峨眉山A（000888），上市日期1997/10/21，2021年景区经营业务收入占比60.79%；

桂林旅游（000978），上市日期2000/05/18，2021年景区经营业务收入占比70.87%；

丽江股份（002033），上市日期2004/08/25，2021年景区经营业务收入占比46.43%；

三特索道（002159），上市日期2007/08/17，2021年景区经营业务收入占比65.59%；

黄山旅游（600054），上市日期1996/11/22，2021年景区经营业务收入占比43.58%；

曲江文旅（600706），上市日期1996/05/16，2021年景区经

[①] 根据上海证券交易所和深圳证券交易所的旅游类上市企业的业务构成整理而成。

营业务收入占比 72.29%；

西藏旅游（600749），上市日期 1996/10/15，2021 年景区经营业务收入占比 85.12%；

长白山（603099），上市日期 2014/08/22，2021 年景区经营业务收入占比 68.98%；

九华旅游（603199），上市日期 2015/03/26，2021 年景区经营业务收入占比 58.10%。

二、加权平均资本成本（WACC）计算

加权平均资本成本可以反映通货膨胀、风险和资本结构的变化，在运用公司自由现金流折现法及基于经济增加值的评估法进行企业价值评估时可以作为贴现率来使用。本案例采用资产定价模型对企业加权平均资本成本进行计算。

总公式为：

$$WACC = \frac{短期负债}{资产} \times 短期债务成本 \times (1-税率) + \frac{长期负债}{资产} \times 长期债务成本 \times (1-税率) + \frac{权益资本}{资产} \times 权益资本成本$$

其中：

$$权益资本成本 = 无风险利率 + 调整后\beta \times 市场风险溢价$$

$$市场风险溢价 = 成熟股票市场的基本补偿额 + 国家风险补偿额$$

$$调整后 \beta = \beta \times 2/3 + 1/3$$

$$\beta = Cov((Rm, Ri))/Var(Rm)$$

债务和权益比重取计算期（2018 年 1 月至 2022 年 9 月）内平均值。短期债务成本取一年期银行贷款利润 4.35%，长期债务成本取五年期银行贷款利率 4.75%[①]。旅游类景区上市公司因所在

---

① 汪淑林，廖宜静.我国旅游类上市公司投资价值研究［J］.辽宁工业大学学报（社会科学版），2017，19（05）：48-50.

地区的不同而有不同的税额减免，为了计算简便，此处统一取25%。无风险利率取1.5%。成熟股票市场的基本补偿额取美国股票与国债的算术平均收益差6.26%，国家风险补偿额取0.98%[①]，β值选择2018年1月至2022年12月的企业月收益率和所在交易所的月收益率计算，并以计算结果的平均值求出企业的年β值，数据来自CSMAR数据库。由于这一计算值所反映的是历史数据，需要进行调整。本案例选择常用调整系数1/3[②]，计算调整后β如表8-1所示。

表8-1 加权平均资本成本参数汇总表

公司简称 Initial of companies	短期负债比重 Ratio of short-term liabilities	长期负债比重 Ratio of long-term liabilities	权益比重 Ratio of equity	调整后β Adjusted β	加权平均资本成本 WACC
张家界	21.89%	21.88%	56.23%	1.00	6.38%
峨眉山A	11.31%	10.90%	77.80%	0.87	6.79%
桂林旅游	19.38%	28.28%	52.34%	0.95	6.04%
丽江股份	6.22%	0.10%	93.68%	0.39	7.79%
三特索道	34.59%	20.27%	45.14%	0.97	5.65%
黄山旅游	9.30%	1.21%	89.49%	0.87	7.32%
曲江文旅	36.60%	25.03%	38.37%	1.00	5.36%
西藏旅游	20.52%	6.49%	72.99%	1.15	8.06%
长白山	7.57%	9.49%	82.94%	1.14	8.67%
九华旅游	13.47%	0.05%	86.48%	0.89	7.36%

---

① 杨成炎，张洁.现金流折现法与实物期权估价法之比较及运用——以隆平高科公司价值评估为例［J］.财会月刊，2016（19）：26-31.
② 姜毅.基于自由现金流量折现模型的上市公司价值评估——以青岛啤酒为例［J］.价值工程，2019，38（32）：1-4.

三、自由现金流折现法

自由现金流折现法在评估企业价值时，根据自由现金流量的分布情况不同，有两种估值模型。一种是固定增长模型，要求企业长期稳定存在，并且按照一定的增长率一直增长，增长率始终保持不变；一种是多阶段增长模型，将企业价值分为快速增长期和稳定期两个增长率不同的阶段。由于旅游景区类上市公司已经脱离了最初成立时的快速增长期，故选用固定增长模型来估计最终价值，评估思路为：根据历年数据，计算企业计算期内自由现金流。公司自由现金流基数取预估的 2022 年 12 月 31 日数据为基数，预测增加率取计算期平均增长率，并采用销售百分比法编制未来五年（2023 年至 2027 年）的报表，预测企业未来自由现金流。稳定增长率 g 取 3%，计算企业价值。

公司自由现金流计算公式为：

$$\text{公司自由现金流} = \text{EBIT}(1 - t_c) + \text{折旧} - \text{资本化支出} - \text{NWC 的增加} \quad (8\text{-}1)$$

其中，EBIT 为息税前利润；t_c 为公司税率；NWC 为净营运资本

固定增长模型公式为（贴现率为加权平均资本成本）：

$$\text{企业价值} = \sum_{i}^{n} \frac{\text{第 } i \text{ 期自由现金流}}{(1+\text{WACC})^{i}} + \frac{\text{第 } n\text{+}1 \text{ 期自由现金流}}{(\text{WACC-}g)(1+\text{WACC})^{n}} \quad (8\text{-}2)$$

根据现有报表，预测旅游景区类上市公司 2022 至 2026 年的财务报表指标，根据公式（8-1）计算得未来五年的自由现金流。其中，预测期息税前利润增长率取 2018 至 2022 年增长率平均值；预测期资本化支出和净营运资本等项目取 2018 至 2022 年中具体项目在营业收入中的比重的平均值。根据公式（8-2）计算得企业自由现金流折现价值。计算结果如表 8-2 所示。

表 8-2　未来预测自由现金流和评估价值汇总表

公司简称 Initial of companies	2023 年	2024 年	2025 年	2026 年	2027 年	评估价值 Value（亿元）
张家界	2.37	2.62	2.84	3.03	3.20	84.47
峨眉山 A	5.75	6.03	6.32	6.60	6.89	162.20
桂林旅游	3.02	3.33	3.62	3.89	4.14	122.36
丽江股份	2.50	2.61	2.72	2.82	2.92	54.01
三特索道	1.25	1.40	1.55	1.69	1.81	65.27
黄山旅游	3.62	3.94	4.28	4.62	4.98	192.99
曲江文旅	6.07	6.38	6.71	7.05	7.42	71.09
西藏旅游	0.52	0.49	0.47	0.45	0.43	7.36
长白山	1.98	2.01	2.05	2.08	2.11	32.99
九华旅游	2.31	2.47	2.63	2.81	2.99	61.85

四、基于经济增加值的评估法

经济增加值（EVA）为税后净营业利润（NOPAT）扣除资本总额乘以加权平均资本成本（WACC）的值。

评估思路为：根据历年数据 EVA 值，并以计算期内平均增长率预测未来五年的税后经营净利润和投入资本。通过预测值计算企业未来 EVA 值，稳定增长率 g 取 3%，计算企业价值。

EVA 估值模型的公式为：

$$EVA = 税后经营净利润 - 资本总额 \times WACC \quad (8-3)$$

其中：

税后经营净利润 = 营业利润 - 所得税费用 + [利息支出（非金融机构）+ 资产减值损失 + 开发支出] × (1- 企业所得税税率) + 递延所得税负债增加额 - 递延所得税资产增加额；

资本总额＝所有者权益合计＋资产减值准备－在建工程减值准备－在建工程净额＋递延所得税负债－递延所得税资产＋短期借款＋交易性金融负债＋一年内到期非流动负债＋长期借款＋应付债券＋长期应付款；

EVA估值模型公式为：

$$\text{企业价值} = \text{资本总额} + \sum_{i}^{n} \frac{\text{第}\,i\,\text{期EVA值}}{(1+\text{WACC})^{i}} + \frac{\text{第}\,n+1\,\text{期EVA值}}{(\text{WACC}-g)(1+\text{WACC})^{n}} \quad (8-4)$$

根据现有报表，预测旅游景区类上市公司2022至2026年的财务报表指标，根据公式（8-3）计算得未来五年的EVA值，其中预测期税后经营净利润和投入成本增长率取2018至2022年的平均增长率。根据公式（8-4）计算得企业评估价值。计算结果如表8-3所示。

表8-3 未来预测经济增加值和评估价值汇总表

公司简称 Initial of companies	2023年	2024年	2025年	2026年	2027年	评估价值 Value（亿元）
张家界	(2.69)	(2.55)	(2.45)	(2.38)	(2.36)	(34.43)
峨眉山A	(2.03)	(2.18)	(2.34)	(2.51)	(2.69)	(41.26)
桂林旅游	(3.17)	(2.46)	(2.04)	(1.79)	(1.77)	(27.24)
丽江股份	(2.06)	(2.07)	(2.07)	(2.08)	(2.10)	(17.74)
三特索道	(3.59)	(3.45)	(3.34)	(3.25)	(3.20)	(87.26)
黄山旅游	(2.48)	(2.39)	(2.29)	(2.17)	(2.04)	(1.99)
曲江文旅	(1.16)	(1.15)	(1.13)	(1.11)	(1.07)	(13.58)
西藏旅游	(1.00)	(1.09)	(1.19)	(1.26)	(1.33)	(13.28)
长白山	(1.39)	(1.35)	(1.31)	(1.27)	(1.24)	(9.93)
九华旅游	(0.18)	(0.17)	(0.14)	(0.12)	(0.09)	10.88

五、基于实物期权的评估法

（一）模型及参数的确定

业界和学界中的基本观点认为传统的 NPV 分析法忽略了企业在接受项目后可以进行适当的调整这一能动性，因此 NPV 法低估了项目的真实价值，这一调整被称为实物期权。实物期权法按市场不确定性与技术不确定性的大小，可以分为四类[1]。旅游景区类上市公司在经营过程中市场不确定性高、技术不确定性低，因此选择无套利定价法。

无套利定价模型在实践应用中最具代表性的有两类：连续性实物期权的定价方法和离散型实物期权的定价方法[2]。连续型模型中常被选用的是基于偏微分法的 Black-Scholes（B-S）模型，通过解析方法求出期望的表达式。离散型模型中常用的是基于动态规则法二叉树定价模型和三叉树定价模型，通过数值方法计算期望。相较于离散型定价模型，B-S 模型需要同时满足八个假设，假设条件较为严苛。但一旦满足这些假设，后续的过程只需代入公式，操作简便。而二叉树定价模型中决策树的每一层节点计算复杂，而且二叉树方法是一种近似方法，随着期权分割期数的变化，其近似值也会发生改变。综合考虑之下，B-S 模型有着推理过程严谨、参数较少、数据可得性高、计算便利等优点，评估结果误差率低于二项式定价模型。因为本研究选择 B-S 模型进行运算。

模型如下：

$$C = S \cdot N(d_1) - Xe^{-rt} \cdot N(d_2) \quad (8-5)$$

$$d_1 = \frac{\ln(S/X) + (r + \sigma^2/2) \cdot t}{\sigma\sqrt{t}} \quad (8-6)$$

---

[1] 陈金龙.实物期权定价理论与应用研究[M].北京：机械工业出版社，2007.
[2] 林文凯.旅游景区经营权定价研究——实物期权的视角[M].北京：旅游教育出版社，2019：188-189.

$$d_2 = d_1 - \sigma\sqrt{t} \qquad (8-7)$$

C 为当前看涨期权价值，也就是企业评估价值。S 为标的资产价值。N（d）是标准正态分布变量的累计概率分布函数，即标准正态分布小于 d 的概率。X 为期权执行价格。r 为无风险利率（与期权到期期限相同的安全资产连续复利的年收益率，与离散时时间的收益率不同）。σ 为标的资产波动率，即股票连续复利的年收益率的标准差。t 为期权到期时间，按年计。

模型的求解思路是：假设市场有效，评估企业的期权价值变动符合几何布朗运动且预期收益率的波动率为常数，以评估企业为载体，通过期权头寸的选取，建立一个无风险资产组合来消除布朗运动过程[①]。计算思路是通过确定模型中各参数的具体数值，并代入（8-5）、（8-6）、（8-7）式求出标的企业价值。

1. 标的资产价值 S

已有研究成果所选取的标的资产价值一般是直接采用评估对象资产总额或应用传统评估法后得到的企业未来现金流现值总和。企业资产总额这一数据具有权威性，有利于同时对多家公司进行对比分析。缺点在于无法反映企业未来（预测的）经营状况，从而与公司的真正价值存在偏差。由于理论上旅游景区类上市公司的经营状况并不稳定，所预测的未来现金流也会存在偏差，影响评估结果，因此，选取评估对象评估基准日 2022 年 9 月 30 日的资产总额作为标的资产价值。

2. 期权执行价格 X

实物期权的执行价格主要是指企业维持旧市场，开拓新市场而生的费用。在金融期权中，当标的资产的现值大于其执行价格时，看涨期权的持有者具有正的收益权利。在实物期权中，企业的资产大于负债时，股东具有获得剩余收益的权力。因此取 2022 年 9 月 30 日评估基准日，公司的负债总额作为期权执行价格。

---

① 何晓斌, 吴泱, 赵晓慧. BS 与 SV 模型在欧式和美式期权定价中的比较研究 [J]. 上海金融, 2015（09）: 87-93.

3. 标的资产波动率 σ

标的资产的价格波动率是旅游景区类上市公司的股价波动率和债务价值波动率之和。根据评价对象计算期内的收盘价数据计算得到股票日回报率的标准差，即日波动率，再与每年平均交易日数平方根相乘得到企业股价波动率。债务价值波动率可以视为 0[①]。

4. 距离期权到期日时间 t

理论上，公司经营旅游景区的时间越长，期权价值越高。但在实际经营过程中，景区承包时间过长可能带来旅游资源的不合理开发和后续保护不力，因此，本研究采用较短的距离期权到期日时间。观察年报可知，除三特索道之外，其他企业投资旅游项目的建设时间一般不超过 5 年。考虑到无风险利润和后文与传统评估法的比较，t 选取为 5 年。

5. 无风险利率 r

已有研究成果一般参照国债利率。考虑所选取的 t 值，本研究采用 2022 年 12 月 31 日发行的 5 年期国债利率，即 2.64%。假定所选定的无风险利率在所评估企业期权的存续期内始终保持固定值。

（二）计算结果

将以上各参数值分别代入公式（8-5）、（8-6）和（8-7）中，得到企业柔性评估价值，如表 8-3 所示。进而得到企业总价值如表 8-4 所示。

[①] 刘平.基于实物期权的新能源汽车企业价值评估研究[D].首都经济贸易大学，2018.

表 8-4 实物期权评估模型参数汇总表

公司简称 Initial of companies	S	X	r	σ	t	d1	d2	评估价值 Value（亿元）
张家界	28.59	16.53	2.64%	0.53	5	1.18	（0.02）	18.10
峨眉山A	31.46	7.72	2.64%	0.50	5	1.94	0.83	25.25
桂林旅游	24.49	10.48	2.64%	0.59	5	1.40	0.09	17.61
丽江股份	27.20	1.72	2.64%	0.56	5	2.93	1.68	25.72
三特索道	19.11	7.02	2.64%	0.53	5	1.55	0.37	13.99
黄山旅游	52.30	8.59	2.64%	0.44	5	2.45	1.47	44.94
曲江文旅	36.51	25.08	2.64%	0.72	5	1.12	（0.49）	24.82
西藏旅游	13.73	3.63	2.64%	0.54	5	1.81	0.59	10.95
长白山	10.98	1.57	2.64%	0.44	5	2.38	1.22	9.66
九华旅游	14.48	1.90	2.64%	0.49	5	2.54	1.45	12.86

第三节　评估结果与研究结论分析

一、与实际证券市场股价波动的比较分析

对企业的经营权价值评估，无论是现金流折现法、基于经济增加值的评估法，还是实物期权法，结果都依赖于主动代入的参数，这就需要选择市场普遍认可的企业市值与三种方法得出的评估价值进行对比，故，本研究选用实际证券市场的股价与评估价值得到的股价进行对比，检验三种评估方法得出的评估价值与市场认可的企业市值之间的接近程度。

将企业评估价值与A股流通股数相除，得到每股评估价值，如表8-5所示。股数与收盘价数据来自CSMAR数据库。

表 8-5 每股评估价值汇总表

公司简称 Initial of companies	2022年股价均值 Average prices of stocks	2021年股价均值 Average prices of stocks	收盘价 (2021/12/31) Closing prices	实物期权法 Real option	现金流折现法 FCCF	EVA法
张家界	6.43	5.36	8.97	5.46	25.46	(10.37)
峨眉山A	7.53	6.23	9.47	4.79	30.78	(7.83)
桂林旅游	6.62	5.41	9.17	4.89	33.98	(7.56)
丽江股份	8.07	6.32	12.1	4.68	9.82	(3.23)
三特索道	11.45	11.23	17.5	10.13	47.30	(63.22)
黄山旅游	10.72	9.65	12.74	8.76	20.07	0.56
曲江文旅	10.52	6.79	13.34	9.77	75.97	(5.36)
西藏旅游	11.79	10.15	12.99	4.82	3.24	(5.85)
长白山	9.00	9.11	10.86	3.62	12.37	(3.72)
九华旅游	23.84	20.44	28.43	11.62	55.88	9.83

综上可见，三种评估方法得出的企业市值以及股价各不相同，甚至相差较大，证明不同评估方法的适用性有所不同。

用于对比的实际股价选取2022年与2022年全年收盘价的平均值、2022年12月31日的收盘价。从2022年与2021年的年均收盘价可知，尽管在一年的不同时间段证券市场对旅游业的市场预期有所不同，但平均值依旧能稳定在一定的范围之内。由此可以证明：波动的股价不仅体现市场预期，也体现了市场层面上各机构以及交易者认可的企业市场价值。股价会围绕着各机构及交易者所认可的企业市场价值上下波动。尽管2021年是旅游业受疫情严重打击的一年，旅游市场不景气暂时影响了股价，但是疫情好转的趋势以及旅游市场的回暖使平均收盘价回归到稳定的范围之内。因此，从股价的角度对企业价值评估是否准确具有一定的参考意义。

与实际的股价相比发现，在景区类上市公司中，大部分使用实物期权评估方法所评估的企业价值及计算出的股价比传统的现金流折现法及 EVA 法更为接近实际股价，从股价这一层面考虑而言，实物期权评估模型有着更佳的适用性。并且在实物期权模型中评估价值得到的股价低于实际股价，并不意味着实物期权模型的不准确，而是因为股价是由市场决定的，众多交易者与投资机构的博弈必定会受市场情绪的影响，而本研究所选取的实际收盘价的日期处于疫情影响逐渐减弱、旅游市场回暖的时期，大众对于市场的回暖有着良好的预期，对企业收益有着更好的期盼，在上市企业本身价值体现的基础之上，股价随之上涨，这是合理的风险溢价的体现，也是由波动的股价来评估企业实际价值时需要考虑到的影响因素。实物期权评估模型没有将市场影响纳入考虑，因为计算出的股价会偏低，这是合理的，因为实物期权评估方法评估出的企业价值实际上从模型的角度而言，与企业的账面价值是有所挂钩，并且通过实物期权的视角进行改良。通过实际股价所评估出的企业价值为企业的市场价值，涵盖了企业的无形资产和市场对于企业发展前景的预测，因此，实际股价比实物期权评估方法得出的股价更高是合理的。相比于其他的评估方法，实物期权评估方法也更为接近实际股价，即通过实物期权视角进行改良后计算所得的账面价值会更接近市场认可的景区类上市公司的市场价值。换言之，基于实物期权视角的评估方法建立起了从账面价值过渡到市场价值的桥梁，更容易获得多方的认可，对景区类上市公司的经营权价值评估而言是更为优越也更为市场接受的方法。

企业自由现金流折现法评估出的价格却大部分远高于实际股价，这从股票市场的角度上来考虑是不合理的。实际上，采用企业自由现金流评估方法的计算模型进行分析，对于景区类上市公司而言，是具有较大的不合理之处。因为根据景区类上市公司的评判标准可以分析出，景区类上市公司普遍具有较大的固定资产，常用的预测自由现金流的销售百分比法中，预测的折旧与摊销会因为固定资产占有过高的比例，使自由现金流的预测数值偏高，从而使企业评估价值偏高。与此同时，在疫情影响之下的息税前利润的变化情况会因所加折旧过高，难以体现，更加难以实现通过自由现金流进行市场所认可的企业价值的评估。换言之，对于固定资产所占比例普遍偏高的景区类上市公司而言，以自由现金流折现法来预测企业的市场价值较难具备可行性。但也有些许例外，例如选取的长白山，在数据的表现上，自由现金流折现法的预测会比实物期权法更接近实际股价。这是因为长白山与前8家景区类上市公司相比，成立和上市的时间较晚，因此固定资产的累计和所占比例相对之下较少，而且在疫情期间，这家企业的经营状况相对于早期上市的8家景区类上市公司而言较好。所以，对以企业的盈利情况为主导的现金流折现法而言，长白山以自由现金流折现法评估的价值更接近市场价值。

基于 EVA 值的评估法的评估结果普遍出现了负数。这是由于疫情反复的原因，游客跨省流动的数量减少，旅游业受到多次冲击，景区经营业绩不善，导致企业的税后净营业利润大多为负值。而且旅游景区类上市公司的投入资本总额往往较大，导致基于 EVA 值的评估法出现负值。并且在现实生活中，所选的10家评估企业在2021年及2022年的实际评估中，EVA 值也均为负数。这说明，企业过往的实际经营情况对基于 EVA 值的评估方法有较大的影响，在对受外部环境影响较大的景区类上市公司进行估值时，准确性的波动较大，换言之，在疫情对旅游业产生灾难性打击的背景下，基于 EVA 的评估方法无法实际体现出企业的市场价值，亦即用基于 EVA 的评估方法对受疫情影响较为严重的景区类上市公司进行价值评估是不合理的。实物期权评估模型在计算旅游景区类上市公司价值的过程中可以在较大程度上减少由于疫情给景区类上市公司带来的影响，相较于传统评估法，实物期权评估模型在疫情的影响下依然不失其方法的准确度，比传统的评估法更适合于受疫情影响下的旅游类上市企业。

将实物期权模型得到的每股评估价值与评估基准日（2022年12月31日）的收盘价进行比较，大部分企业基于实物期权法的平均估值低于收盘价,这并不意味着实物期权分析方法的不准确。因为证券的价格很难做到理性地、无偏地估计企业的内在价值,市场普遍的心理因素会对股价产生影响,有风险溢价的因素存在。在疫情稳定后和物价上涨期,投资者推断未来价格稳定并愿意承担相应的风险,风险溢价收水导致资产的价格进一步上涨,因此,市场对于股票价格的期望变得更加乐观。而实际情况,疫情确实趋于稳定,旅游市场的景气度提升,因此在股价上的反应便会高于评估价值,而通过实物期权的评估方法可以更好地对企业的股价以及市场价值进行评估预测。

二、结论与讨论

(一)结论

本研究通过实物期权的评估方法,分析了实物期权法与传统的估值方法计算出的股价不同的原因,并得出以下结论:

①旅游景区类上市公司的经营权价值评估具有一定的实物期权特征。景区类上市公司在做各种资源整合、兼并收购以及施行不同经营方法的过程中,会因为评估对象和评估内容的不恒定导致评估价值的波动,而实物期权模型评估出的企业价值最接近市场认可的价值,即由实际的股价所估计出的企业价值。

②尽管股价是由市场中的交易者和投资机构在动态博弈的过程中形成的,但都围绕着社会面中普遍受大众接受的企业实际价值上下波动,事实证明,尽管股价有时会有较大波动,但在市场情绪稳定后会回归一个稳定的区间。通过结合实物期权模型计算出的企业评估价值得到的股价,能够较好地排除市场情绪的影响,能够判断出市场普遍情绪导致的风险溢价的可能反应,在排除这类影响之后就能估计出较为准确的企业评估价值。而且对介于弱式有效和半强式有效市场的我国股票市场而言,基于实物期权模型的评估方法不仅能对股价的合理区间进行判断,也能由此判断出市场情绪,方便投资者进行参考。

③采用传统的现金流折现法和基于经济增加值的评估方法对企业进行估值时，一是较多地考虑了企业的盈利情况，二是现金流折现法常用预测手段销售百分比法中的折旧计算，对于固定资产所占比例较高的景区类上市公司，会造成预测的企业自由现金流偏高。作为受疫情及其他灾害影响严重导致盈利情况波动较大的旅游景区类上市公司，不一定能一直适用。而基于实物期权模型的分析法则可以较大程度地避免特殊情况的影响，在新冠疫情影响导致旅游业受到重大打击的情况下，对景区类上市公司更客观准确地进行估值，实物期权评估模型与方法的准确度受疫情影响的程度相较于传统的评估方法都较小。

（二）不足与展望

为了计算得简便，本研究对所选取的 10 家企业采用了同一评估模型和参数，忽视了不同企业之间的差异性。所选取的 B-S 模型参数较少，不能全面反映公司整体价值的复杂情况。在实际应用中，应当针对企业的财务情况对实物期权法的模型选择和参数确定进行必要调整。根据已有文献，在选取 B-S 模型中标的资产价值 S 和期权执行价格 X 两个参数时，存在两种选择，一是所预测的未来五年现金流的折现值总和，与销售费用和管理费用净增加额折现值总和；二是评价基准日的资产总额和负债总额。在计算过程中，考虑到疫情对企业现金流的影响因素，选择了第二种参数值，可能会造成评估结果的误差。

实物期权并非是一劳永逸的，在实际企业价值评估过程中，应当考虑公司每年的管理决策、市场环境变化等多种柔性因素，对企业价值进行再评估，确保公司的价值评估结果始终客观如实地反映当年及未来的运营情况。

第四篇

▼

"剧本游"的满意度与接受度研究

课题说明

近年来，旅游业态发生了急剧的变化：一是逐渐成长为消费主体的Z世代旅游者的消费观念发生了巨大的变化；二是世界自然文化遗产地、国家重点文物单位等名胜古迹严格执行国家的保护政策，人文景区旅游开发空间和旅游用地越来越少，原有的旅游经营业态很难突破；三是各地方政府和经营者为实现旅游业的新发展，只能强化叠加虚拟现实的场景业态，构建了一个个沉浸式的体验世界，亦即向沉浸式的虚拟和现实相结合的元宇宙方向发展，由此进一步催生出的新的虚实共生旅游业态，将场景化旅游铸造成旅游业的主要产品和重要旅游资产。面对新趋势、新发展、新业态，既产生了新的发展机遇，为文旅产业高质量发展提供了途径与方法，也为已经出现的虚实共生资产的知识产权保护和虚拟资产的估值带来了新难题。由此，我们发现了新的科学问题：即当前的景区旅游经济价值评估对象是以景区有形的旅游资源为基础所形成的门票收入和各类有形资产的经营性收益为估值依据，未来景区新业态中所产生的大量的虚拟场景、虚拟旅游和虚拟业态等虚实共生的旅游场景和旅游经营业态，既不属于原来的景区资产，也不属于品牌等无形资产，但又是能够产生巨大经济效益的虚实共生资产。虚实共生业态是实现旅游业高质量发展的重要途径，具有无比广阔的发展前景，成为未来旅游发展中的主要产品和重要旅游资产，既为景区发展带来新机遇，又不可避免地会出现虚实共生旅游资产纠纷等问题，那么，如何准确地评估景区虚实共生旅游业态的资产价值？这已是一个迫切需要研究和解决的现实的科学问题。于是，本项目以"基于多维复合方法的景区虚实共生资产评估研究"为题，面对人民向往美好生活的重大需求和经济主战场，为文旅经济发展提供新的思路与动力，具有鲜明的需求导向、问题导向和目标导向，能够通过解决评估的核心科学问题，促使基础研究成果走向应用领域。

本书采用的以下 2 章内容为第一年的部分研究成果。第九章所研究的《神奇剧本游》与第十章研究的《神奇旅行》为厦门市小签科技开发的同一个 APP 的两个不同版本。第十章的《神奇旅行》为第一个版本，为了更好地进行市场推广，该公司又开发了第二个版本《神奇剧本游》，以此作为该 APP 的升级版本。本研究对其满意度和接受度分别进行了调研与深入研究，形成了以下第九章和第十章的研究成果。

第九章
旅游演艺体验对游客满意度影响——以《神奇剧本游》为例[①]

[①] 本研究由课题组负责人林璧属教授指导的贾琳方学位论文修改而成。

第一节 问题提出

随着人们生活水平和支付能力的逐步提升,旅游需求出现新趋势:旅游目的从"游览观光"向"身临其境感受文化和历史"的场景旅游发展。在这个新的旅游发展趋势下,旅游演艺开始成为旅游地的部分标配产品和主要吸引物之一。为了满足旅游者深层次、多样化的需求,我国旅游演艺在过去的十五年间,经历了从老旧的剧院式表演到实景的山水式表演,发展成当今最热门的意义旅游演艺。具体可以表现为:游客的消费需求从简单的"上车睡觉,下车拍照"模式演变为倾向于追求复杂的、高端的旅游品质,能否获得深度体验也就成为人们是否会购买旅游产品的重要影响因素。比如:人们在选择酒店时,更喜欢去有特色的民宿;在选择景点时,更中意新颖的、创新的场景旅游目的地。于是,如何实现高标准、重享受的深度体验成为旅游发展中的主要关注点,实现提升旅游地的知名度和美誉度,建设知名品牌,提升经济效益,激发市场效能,促进旅游可持续发展,也就成为最主要的问题之一。场景旅游的发展,促使旅游演艺必须转型升级,旅游演艺将 5G、交互技术、VR 等新兴技术融入进去,这对旅游演艺产业来说是难得的发展机遇。

本研究拟以叙事传输理论及精细加工可能性模型为理论框架,探究意义体验对游客满意度的影响机制,期待能够深化现有文献中的结论,并作进一步的解读。

本研究拟从文献入手,判别旅游体验对游客个体态度偏好的形成途径,验证认知评价和情感反应在意义旅游体验中对游客满意度的影响,以期提高开发商和运营商对意义体验和游客满意度重要性的认识,并提出提升游客意义体验价值的措施。在理论上,本研究以叙述传输理论和精细加工可能性理论为基础构建了理论框架，有利于进一步理解旅游演艺游客满意度的形成机制。在游客参与演艺活动时，不仅仅会被叙事方式和内容影响，也会被旅游者分析和处理信息的能力所影响。本研究将叙事加工模型和精细加工可能性模型结合起来，克服了既有研究缺乏整合分析的缺陷，在强调演绎产品故事性的核心作用的基础上，解读了两条不同的信息加工路径（即中心路径和边缘路径），为旅游演艺游客满意度的形成途径提供了创新的理论切入点。在案例研究中，笔者在研读相关文献的基础上，以厦门小签科技有限公司推出的《神奇剧本游》为例，对旅游演艺的定义和分类、旅游演艺游客体验、旅游演艺游客满意度、意义体验、旅游演艺游客动机进行归纳整理。在研究思路上，笔者依据精细加工模型，进一步分析和证实了情感反应和认知评价在意义体验与游客满意度影响机制中的中介作用。通过研究意义体验带给游客的情感态度和认知判断对游客满意度的影响，丰富旅游演艺意义体验与游客满意度的理论框架。

本研究以《神奇剧本游》为例进行了旅游演艺意义体验的研究，通过分析影响因素，归纳总结其优点和劣势，以期能对提升演艺产品设计水平、游客体验感受、游客满意度起到积极作用，亦即本研究力图实现如下实践价值：首先，本研究希望能够帮助投资商提高对旅游演艺游客意义体验的认识，明确意义体验的核心地位和关键作用。投资者在演艺产品的创作和设计中往往会忽视意义体验的作用，过于强调新技术带给人们的具身体验[①]。实际上，不仅要重视游客参与过程中的情感价值，更要发挥基于特色文化内容而产生的游客认知作用。其次，本研究期待能有助于促进旅游演艺的内容发展。在产品开发过程中，强化沉浸体验和意义体验的叠加效应，可以通过运用全息投影技术和多媒体视听技术来丰富演艺内容的表演形式，将展现历史文化、人文特色和风俗习惯作为旅游演艺的目标任务，建立起游客与旅游演艺文化价

---

① 具身体验指全身心投入其中的体验。

值的纽带，提升游客满意度和获得感。再次，本研究希望能有助于提高演艺产品的叙事水平和互动能力。格外注重产品的叙事能力，丰富故事结构、强化演员表演，提高认知流畅性；提倡增加游客互动，实现产品、演员和旅游者之间的接触，拉近三者距离和关系，以引发主客主体间性之间的共鸣和共情。

本研究主要采用以下三种研究方法：

文献研究法。通过中国知网、ScienceDirect（Elsevier）、EBSCO 等数据库，搜集国内外有关旅游演艺产品、意义体验、游客满意度、旅游体验等方面的相关文献资料，阅读并较为全面地掌握这些领域现有的研究结果和研究方法。通过对文献的回顾完成相关的文献综述，发现不足之处，并梳理出相关的概念、定义。同时根据实际的旅游演艺意义体验，提出假设，构建变量之间的概念模型。

问卷调查法。本研究样本的获取方式以问卷为主，通过问卷星平台设计问卷，对参与《神奇剧本游》综艺式剧场游玩的游客实地发放问卷。问卷对意义体验、情感反应、认知评价、游客满意度这四个方面进行调查，其中意义体验和游客满意度这两个测试题项采用 Likert 7 点量表进行测量，情感反应、认知评价这两个测试题项采用语义差异量表进行测量。为了避免问卷存在语义错误和保证问卷可行性，量表借鉴国内外成熟且经过实证检验的测试题项，并在此基础上根据预调研结果修改翻译生硬、语义错误的题项，形成最终问卷。

统计分析法。本研究利用 SPSS26.0 统计软件对问卷数据进行处理和分析，在对样本数据进行描述性分析、信度分析、效度分析、相关性分析的基础上，建立结构方程模型检验和修改理论模型，检验旅游意义体验对游客满意度的影响路径，验证研究假设，最终得出研究结论。

本研究的主要内容如下：

本研究采用结构方程模型，剖析意义体验对旅游演艺游客满意度的影响机制，具体可以细分为以下几方面：通过对相关文献的梳理，总结和列举已有的研究成果和研究内容，确定本研究的方向和目标。辨析旅游演艺意义体验的概念，构建以情感反应和认知评价为中介变量，探究意义体验对游客满意度的作用机理和影响机制。本研究在提炼意义体验特征的基础上，采用建构主义理论构建研究框架以及提出合理假设。运用结构方程模型检验研究模型和研究假设的可行性，除了检验测试模型的信度和效度，还对比了意义体验对情感反应和认知评价之间影响作用的差异。

第二节　文献述评

一、概念释义

旅游演艺是指将旅游地特有的历史文化资源、名人故居、地理优势和城市发展历程作为产品的主要组成部分，能够给旅游者和本地居民带来积极体验的娱乐表演活动，这样的活动形式主要目标是展示和发扬旅游地独特的旅游资源和文化[1]。张国川认为，旅游演艺指的是在主题旅游景点和旅游地其他场地进行的艺术表演，例如采用情景剧、话剧、杂技等表现形式，来展现当地的风土人情、历史背景和发展历程，是一种面向游客的商业性质演出[2]。郑（Zheng）等指出旅游演艺主要用户群体是游客，这种形式会通过创新和原真的文化表达方式，立志于将演艺与娱乐相结合[3]。马敏辉认为，旅游演艺本质上是面向旅游者的长时间驻场演出，主要分布于一些热门的旅游景区[4]。

---

[1] 刘小同，刘人怀，文彤等.认同与支持：居民对旅游演艺地方性感知的后效应[J].旅游学刊，2021，36（05）：42-54.
[2] 张国川.厦门旅游演艺业发展研究[D].厦门大学，2017.
[3] Zheng D, Ritchie B W, Benckendorff P J, et al. The role of cognitive appraisal, emotion and commitment in affecting resident support toward tourism performing arts development [J]. Journal of Sustainable Tourism, 2009, 27（11），1725-1744.
[4] 马敏辉.国内外旅游演艺概述及案例[J].新世纪剧坛，2022，105（06）：46-50.

总的看来，对于旅游演艺的定义有差别，但大体上说明了旅游演艺是将表演活动和旅游行为联系起来，包括受众群体、演出地点、演艺形式和演出内容这四个方面。本研究采用的旅游演艺的定义是在旅游景区和热门旅游地等场所进行，用于展示旅游地的历史文化和风土人情，以游客为主要参与者的演出活动[①]。

关于旅游演艺发展历程及分类问题。通过查阅文献，发现我国的旅游演艺类型在不同时间阶段发展形成了多种演出类型。20世纪80年代，我国的旅游演艺初现雏形，但主要作用是接待宾客，尚未能在公众市场中得到广泛认同，这一阶段以《仿唐夜舞》等为代表。到了1990年左右，旅游演艺开始向市场渗透，逐步成为主题旅游景区的热门旅游吸引物，促进了景区的多元化发展，这一阶段以《宋城千古情》等为代表。2000年以后，山水实景类旅游演艺开始掀起了热潮，出现了一大批以大型山水演艺为主题的项目，演艺企业数量暴增，标志着行业的市场化程度达到新的节点，这一阶段以《印象刘三姐》等为代表。近几年来，我国的旅游演艺成功案例越来越多，特点在于将游客体验放在首要位置，将VR技术和全息投影技术与演出内容紧密结合起来。这一阶段旅游演艺实现了形式和内容的创新。

也有学者认为我国的旅游演艺产业的认知发生了转变，开始从以政治性接待为主要目的变为向国内外游客展示和宣传中国传统特色文化为使命的演艺产品[②]。从整体上看，旅游演艺主要分为以下四个类别：第一是注重主题乐园形式的"主题乐园演艺节目"[③]，第二是推崇景区参与的"景区文娱演艺"[④]，第三是针对

---

① 施思, 黄晓波, 张梦.沉浸其中就可以了吗? ——沉浸体验和意义体验对旅游演艺游客满意度影响研究 [J].旅游学刊, 2021, 36 (09): 46-59.

② 毕剑.旅游演艺：认知、脉络及机理 [J].四川师范大学学报（社会科学版）, 2020, 47 (04): 72-77.

③ 徐菊凤.中国主题公园及其文娱表演研讨会综述 [J].旅游学刊, 1998 (05): 18-22.

④ 周玲强, 周天斌, 周永广等.旅游景区活动的市场化运作模式探析 [J].商业经济与管理, 2004 (06): 63-65.

旅游者的主体感知的"文化旅游产品"[①]，第四种是主张文化性归属感的"旅游演艺"[②]。杨艺（2008）按照演出场所差异将旅游演艺产品分为酒店类、实景类、剧院类和景区类这四种。黄晓波（2021）按照产品的文化类型、展示形式和产品特征将旅游演艺的类型总结分类为山水实景类、民族风情类以及文化遗产类。喻春艳（2021）认为，这几年互联网新兴技术在演艺产业中的运用越来越灵活，能够轻易地将观众和演员之间的壁垒打破，使得观众能够在游玩过程中身临其境，从而诞生出了意义旅游演艺。不同旅游演艺划分依据及分类对比见下表9-1。

表9-1 旅游演艺划分依据及分类对比

划分依据	演艺类型	具体描述	作者及年份
演艺产品存在不同的文化类型、展示形式和特征	山水实景类	以保留下来的文化遗迹和历史遗迹或天然的山水景观为演出背景的演艺产品	黄晓波（2021）
	民族风情类	对不同民族独有的文化风情和特色歌舞等资源进行开发的旅游演艺产品	
	文化遗产类	对当地丰富的物质和非物质文化遗产资源进行开发的演出	
旅游演艺会在不同的场所进行表演	酒店类	旨在满足住客的娱乐需求的演艺项目	杨艺（2008）
	实景类	以旅游地特色、热门的自然实景为活动场所，用于展示当地的风俗历史和当代精英文化艺术表现形式的新颖旅游演艺产品	
	剧院类	有固定的演出场所，目标客户是旅行团游客，通过表演地方杂耍特技，弘扬当地独有历史文化	
	景区类	主要集中在景区内和主题公园内的娱乐演出	

---

① 徐祖莺.意义式旅游演艺游客体验研究[D].华中师范大学，2020.
② 常佳月，刘爱利.旅游演艺研究的核心议题及发展趋势[J].资源开发与市场，2023，39（02）：208-216+249.

续表

划分依据	演艺类型	具体描述	作者及年份
随着网络技术的发展和高科技产品的生产,开始出现能够让游客感受意义体验的旅游产品	密闭空间体验类	场所虽是封闭式的,但已经不局限于让游客入座观看演出,变为允许随意走动,给予游客更多的主动权和自由度	喻春艳(2021)
	途中景色感知类	与以往的实地景观观赏性的表演不同,这类演出通过交通工具的使用,穿梭在行进的景点中参观,更能够将旅游者带入到空间和时间的变换中去	
	技术支持影音类	使用先进的投影设备和交互设备,充分采用VR和全息技术,将科技融入到旅游演艺中去	

资料来源:根据文献资料整理而来。

从上表可以看出,我国的旅游演艺经历了原生态山水类型演出、固定式剧院类型演出、实地景观类型演出和游客意义体验类型演出这四个阶段,也见证了旅游演艺产业的高速发展。当前,我国的旅游演艺项目在这四个阶段的基础上,能够充分把握地域内文化优势和科技创新优势,为游客带来更深层次的感官刺激,为游客呈现出超自然的体验。优秀的旅游演艺已经能够为我们提供全方位、立体化的表演,该类旅游演艺将在旅游产品中占据龙头地位。

二、旅游演艺的游客体验与满意度问题

关于旅游演艺游客体验框架和满意度相关研究,笔者梳理如下:

首先是关于旅游演艺的游客动机研究。动机,将这一心理学概念运用到旅游中,主要包括基础的需要层次理论和旅游生涯理

论（TCL）等①。旅游动机是推动人们参与到旅游活动中来的重要需求因素②。廖佰翠等认为旅游者的文化体验动机与实践求知动机组成了游客动机维度③。从心理场的角度分析，参与旅游演艺活动中的个体感知动机和由此引发的心理活动组成了演艺场中的心理场，并且将旅游者观看表演的动机分为兴奋、念旧、自我发展和价值认定四种，这四个类型是游客内在动机的主要内容④。

学术界也研究在不同的演艺情境下旅游者产生的不同的旅游动机。郑春霞在探究观看芗剧的游客动机时发现，这一类游客更加追求对留下来的宝贵文化财富的感悟，推动旅游者对当地的共性文化产生归属感和认同感，最终能够坚定自身对祖国和民族情怀的认同。①李文明等在对《寻梦牡丹亭》这一演艺产品的调查中发现，观看演出的游客追求表演所体现出的温馨的人文魅力和观赏价值，能够丰富人们的内心世界，获取情感和认知价值⑤。

关于旅游演艺的游客体验。研究发现，影响旅游演艺中旅游体验的主要组成部分是具体的体验对象及其感知价值。孙业飞以《文成公主》这一演艺剧目作为研究对象，得出旅游演艺的感知价值维度分为四层，分别为美学价值、文化价值、功能价值和服务价值，并通过不同方式作用于游客在演艺活动中的体验⑥。邓鹏飞探究了方特《聊斋》表演中的旅游者体验，提出了影响游客对旅游演艺产品和服务评价的因素是演艺内容、演艺形式、演艺

---

① 郑春霞，丁霜青，陈晓亮，等.民俗文化旅游动机与文化认同关系研究——以闽南芗剧为例［J］.华南师范大学学报（自然科学版），2022，54（05）：90-98.

② Pizam A, Neumann Y, Reichel A. Dimentions of tourist satisfaction with a destination area［J］. Annals of Tourism Research, 1978, 5（3）：314-322.

③ 廖佰翠，王雨桐，张梦瑶，等.旅游演艺的游客动机、感知和满意度研究——以《大宋·东京梦华》为例［J］.宁波大学学报（人文科学版），2017，30（03）：94-99.

④ 李广宏，王连明.旅游演艺场中旅游者行为发生机制研究［J］.齐齐哈尔大学学报（哲学社会科学版），2015，217（03）：44-46.

⑤ 李文明，裴路霞，孙玉琴，等.旅游演艺项目游客游后推荐行为影响因素与机理——以抚州《寻梦牡丹亭》演艺为例［J］.经济地理，2022，42（10）：216-223.

⑥ 孙业飞.基于网络文本分析的旅游演艺产品感知价值研究［D］.西南财经大学，2021.

服务和演艺技术四个方面，且技术手段对体验的影响最为明显[①]。通过不断创新增强演艺产品的视觉、听觉和感官冲击，是演艺技术通过与时代发展相结合的成果，对游客体验产生显著积极的正向影响[②]。张婉盈[③]以《ERA——时空之旅》这一演艺产品为研究对象，发现感知整体维度的构成要素分别是吸引物、环境氛围、表演内容和配套设施，其中环境和氛围是影响体验的重要条件，演艺内容是游客重要的感情依托。由此可见，游客在进行旅游活动时，会根据自己看到和感受到的事物产生对旅游演艺产品的内心评价，会根据景区和产品的特征以及游客自身个性、性格产生知觉心理[④]。

总的来说，对于旅游演艺中的体验内容和质量价值的研究表明：游客对演艺产品和配套服务的体验，主要包括服务、设施、内容、技术等内容，可以进一步理解为与主要产品相关的主要服务和与场地环境、游客管理、基本服务相关的外部支持属性。

关于旅游演艺游客满意度。除了研究游客参与演艺活动时的体验，还探讨了旅游演艺内外部要素对游前、游中和游后游客满意度的形成和影响因素并进行了归纳总结。谭冰在对山水实景类演艺产品的研究过程中发现，剧场类产品游客满意度测量维度主要包括游客个人基本信息、游客参与动机、游客游前期望和实际感知价值这四个方面[⑤]。林和本德尔（Lim & Bendle）发现了游客在首尔参与演艺活动时影响艺术满意度的因素：一是表演状况，包括内容的质量、情节的丰富程度、演员的表演效果和舞美等等；

---

① 邓鹏飞.数字化旅游演艺游客感知、体验与行为意向关系研究——以方特《聊斋》项目为例[J].旅游论坛，2022，15（05）：60-71.
② 同上.
③ 张婉盈.剧场类旅游演艺投射形象与感知形象对比研究[D].上海师范大学，2022.
④ 喻春艳.意义式旅游演艺场中具身体验对游客行为意向的影响研究[D].中南财经政法大学，2021.
⑤ 谭冰.山水实景类旅游演艺产品的游客满意度实证研究[D].湖南师范大学，2012.

二是配套服务，例如价位是否合理、时间是否适合以及人员是否专业；三是基础设施，包括座椅新旧程度、标志明显程度和交通便捷程度[1]。潘雨晨在研究三江县《坐妹》这款演艺产品时，利用ACSI模型搜索和调研到以下三个变量会影响顾客满意程度：顾客预期、感知质量、感知价值，这一模型可以实现同一产品的横向和纵向比较，也可以作为分析市场竞争状况的得力工具[2]。

在分析和确定不同的构成元素对满意度的影响方面，谭冰以《天门狐仙》为例，研究不同项目对满意度的影响程度，指出了浓厚的文化氛围感知对满意度的影响最深，其次是项目互动和参与程度、节目创新程度和演员的表演水平等[3]。廖佰翠和王雨桐等通过研究《大宋·东京梦华》这一旅游演艺产品，发现游客文化性感知、创意性感知和观赏性感知这三部分共同对游客满意度产生正向的影响，且第三部分对满意度的影响最为显著[4]。也有一些外部条件是导致游客满意度变化的因素。常佳月和刘爱利认为，对于场所外部环境因素，环境、设施、服务、互动和门票价格这五方面影响感知满意度[5]。

综上可知，学者们主要将旅游演艺游客满意度的影响因素分为服务水平、基础设施和表演状况等方面，但缺少对演艺核心服务属性、游客内心意义感知、游客分析加工程度和外围影响因素的比较分析。

---

[1] Charles C L, Lawrence J B. Arts tourism in Seoul: tourist-orientated performing arts as a sustainable niche market [J]. Journal of Sustainable Tourism, 2012, 20 (5): 667-682.

[2] 潘雨晨.基于ACSI的旅游演艺产品游客满意度指数模型构建和实证研究[D].桂林理工大学, 2019.

[3] 谭冰.山水实景类旅游演艺产品的游客满意度实证研究[D].湖南师范大学, 2012.

[4] 廖佰翠,王雨桐,张梦瑶,等.旅游演艺的游客动机、感知和满意度研究——以《大宋·东京梦华》为例[J].宁波大学学报（人文科学版）, 2017, 30 (03): 94-99.

[5] 常佳月,刘爱利.旅游演艺研究的核心议题及发展趋势[J/OL].资源开发与市场: 1-14 [2023-02-15].

三、意义体验问题

如何定义意义体验,主要根据人们自身对生命价值和意义的追求和探讨。譬如,旅游演艺开发时,不能只注重提升游客参与时的畅爽感受和享受的精神状态,而要保证游客接受表演所带来的情感价值。这种发自内心的认同感和满足感,是提高游客满意度的重要影响因素,这也说明了内感是构成游客体验框架的主要组成部分。赵刘等指出,意义体验的概念是主体通过内省对事物进行深层次的思考,使用意识力透过表面看本质,把握现象背后蕴含的信息和意义[1]。施思等认为,意义体验的内涵是人们对于自己正在经历的事情所产生的有意义的感受以及对实践本身的深入理解和价值判断,这个过程贯串演艺活动过程,并一直持续到游后体验依然存在[2]。

本研究倾向于确定意义体验的定义为:意义体验的本质是"知、情、意"三者相互依存、共同作用的结果。首先,对意义的认识是从"情感"层面开始的,根据获得的情感体验形成对事物的初步感性态度,是认识的前提和诱因。其次,根据个体的兴趣倾向形成"知性"结论,主张对外在的价值进行评价和判断,是意识思维活动的重心;最后,在二者相互结合的背景下达到"志性"层面,是人们实现情绪释放、形成智慧和感悟道德的过程,同时也是最终的意义发展过程和信念树立过程[3]。

四、意义体验影响因素

从意义建构来看,学者们更加关注内心层面的积极因素。杨钦芬认为,信念是影响意义体验的重要因素,只有满足个体的认知需要、良好的态度和坚定信念,才能达到积极表达自身情感和

---

[1] 赵刘,程琦,周武忠.现象学视角下旅游体验的本体描述与意向构造[J].旅游学刊,2013,28(10):97-106.

[2] 施思,黄晓波,张梦.沉浸其中就可以了吗?——沉浸体验和意义体验对旅游演艺游客满意度影响研究[J].旅游学刊,2021,36(09):46-59.

[3] 杨钦芬.知识的文化内涵及其文化意义建构[J].教育研究与实验,2011,142(05):17-21.

价值观,但在很多情况下存在不同心理年龄和思维活跃程度会导致分析事物时具有很大的不确定性和臆断性,最终影响真实信念的形成[1]。迪金森等(Dickinson et al.,2011)认为,游客倾向于与他人和自然之间进行互动,获得社会连结层面下的人与自然相辅相成的意义体验。但目前仅有少数学者研究了游客意义体验的影响条件,主要集中在游客社会关系、外部社会因素和游客个体原因等因素。也有学者证实了意义体验的重要性,解释了旅游中的意义体验不仅仅被演艺设施、演艺场景符合期待和游客自我的感受认知影响,也被个体内在自我教育、自我提升的高层次需求影响。

第三节 模型构建与假设

一、理论基础

(一)叙事传输理论

格林(Green)和布洛克(Brock)于2000年提出了叙事传输理论,将这一理论解释为整合了注意力、情绪感知和行动意向的特殊心理变化[2]。该理论认为,叙事传输强调的是将演艺产品的故事情节进行加工,即通过创造故事的方式来传递信息。当人们全身心沉浸在故事中时,能够体验到高水平的认知和情绪参与,同时会引发心理表象[3]。这种表象会促进个体意识和情感的联系,让受众感受到明确的"沉浸感",调动其自身的认知努力和意志力。

---

[1] 杨钦芬.知识的文化内涵及其文化意义建构[J].教育研究与实验,2011,142(05):17-21.

[2] Green M C, Brock T C. The role of transportation in the persuasiveness of public narratives [J]. Journal of personality and social psychology, 2000, 79(5): 701-21.

[3] 施思,黄晓波,张梦.沉浸其中就可以了吗?——沉浸体验和意义体验对旅游演艺游客满意度影响研究[J].旅游学刊,2021,36(09):46-59.

叙事是旅游演艺产品常用的艺术表现形式，受到许多观众的喜爱。从叙事传输理论的定义来看，当游客沉浸在旅游演艺表演时，会融入到剧情安排中去，导致观众认为自己脱离了现实世界，而是将注意力集中到了演员表演、舞美灯光、现场气氛和情节脉络中去，也会因为情节的推进和故事的深入产生情绪上的剧烈波动。这一理论也说明了演艺产品的叙事方式不应该只是利用视觉语言带来分散的感官刺激和短暂的沉浸式快感，而是应该将文化符号与实践紧密结合起来，使参与者能在过程中感知到积极的意义、价值和演艺展示的力量。在叙事传输理论中，沉浸体验和意义体验共同作用于游客满意度，以文化内涵、故事情节为核心内容的意义体验是旅游演艺中叙事传输的核心。

（二）精细加工可能性模型

关于叙事传输理论更多的是认可了叙事加工和信息传递的过程，说服参与者的效果却受到叙事传输和受众分析和加工信息的能力二者同步的影响[1]。裴蒂（Petty）和卡乔波（Cacioppo）认为，精细加工可能性模型是一种信息处理模型，主要通过两条不同的信息加工路径（即中心路径和边缘路径）来解释个体态度偏好的形成。此模型主张人们认知信息中表现的论点的强弱程度等重要内容通过高认知精力的中心路径来加工信息，或依据例如信息源吸引力之类的显性特征通过低认知精力的边缘路径来加工[2][3][4]。马赫斯瓦兰（Maheswaran）和柴肯（Chaiken）发现，在

---

[1] 黄晓波.旅游演艺游客沉浸体验和意义体验的影响及作用机制研究[D].西南财经大学，2021.

[2] Petty R E, Cacioppo J T. Issue involvement can increase or decrease persuasion by enhancing message-relevant cognitive responses [J]. Journal of Personality and Social Psychology, 1979, 37 (10): 1915-1926.

[3] Petty R E, Cacioppo J T. Source Factors and the Elaboration Likelihood Model of Persuasion [J]. Advances in Consumer Research, 1984, 11 (1): 668-672.

[4] Cyr D, Head M, Lim E, et al. Using the elaboration likelihood model to examine online persuasion through website design [J]. Information & Management, 2018, 55 (7): 807-821.

精细加工模型中，信息可以同时通过中心路径和边缘路径处理，不同模式的共现可以通过三种不同的效应来描述：加成效应、削弱效应和偏见效应[1]。

在游客观看旅游演艺的过程中，通过叙事加工产生的旅游体验会通过个体的内心信息加工而对满意度产生不同的影响[2]。当观众全身心沉浸在故事情节中时，注意力的投入并不需要付出特别的意志力，就可以很轻松地获得良好的沉浸体验。演出结束后，游客对故事情节、寓意和人物进行反思时，就需要调动自身认知和一致的努力，进而与情节和人物建立起情感的联结。

根据精细加工可能性模型，当游客的旅游动机得到激发和满足时，或自身目标和自我价值得到高度实现时，就倾向于通过中心路径来深度反思演艺产品传达的内涵，从而产生认知评价；当游客的意识和认知处于游离状态时，会重点以边缘路径作为自身对演艺内容评价的途径，紧接着会产生情感反应。总的来说，情感反应和认知评价共同影响游客满意度。

二、研究模型

由上可见，旅游演艺游客意义体验影响了游客的认知评价和情感反应，并以二者为中介变量作用于游客满意度。根据这一认知，以叙事传输理论和精细加工可能性模型为理论基础，本研究构建了以意义体验为自变量，情感反应和认知评价为中介变量，游客满意度为因变量研究模型（图9-1）。

---

[1] Maheswaran D, and Chaiken S. Promoting systematic processing in low-motivation settings: effect of incongruent information on processing and judgment [J]. Journal of personality and social psychology, 1991, 61（1）: 13-25.
[2] 施思, 黄晓波, 张梦. 沉浸其中就可以了吗?——沉浸体验和意义体验对旅游演艺游客满意度影响研究 [J]. 旅游学刊, 2021, 36（09）: 46-59.

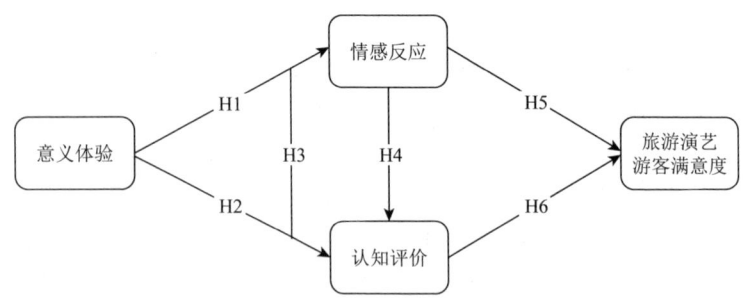

图 9-1 意义体验对旅游演艺游客满意度的影响模型

三、研究假设

(一)意义体验对情感反应和认知评价的影响

区别于其他丰富多彩的旅游项目,旅游演艺随着空间和时间的变化,逐渐成为游客喜闻乐见的一种旅游休闲活动。游客会在观看演艺产品的过程中,不断表现出积极的、强烈的参与感,并且通过在旅游世界中与他人进行紧密的互动,从演艺环境带来的刺激和个体的感知价值来获得内省背景下的满足感[①]。游客对旅游演艺产品的判断和评价多是取决于产品的功能、蕴含的文化和观众意义连结的结果,并进一步引发游客产生积极的精神释放和愉快的情感反应。

本研究认为,观众会在观看旅游演艺产品时受到视觉、听觉氛围的影响,产生客观的、短暂性的具身体验。在此之后,这种独特的感官体验将会被分析、加工,形成个体的主观认识。这就表示了游客会先产生意义体验,之后会引发积极的情感反应。

当个体从故事情境中剥离出来,回到现实的世界之后,其对旅游演艺的认知和评价将会持续存在,且这种对于故事的理解和

---

① 高夏丽.老年旅游的发生机制及旅游体验的意义建构——基于活动理论的视角[J].云南民族大学学报(哲学社会科学版),2020,37(03):116-123.

感受将会直接作用于情感反应。所以，游客体会到的多种价值将满足个体在审美、认知方面的需求，最终产生积极的情感反应。因此，提出以下假设：

H1：意义体验显著正向影响情感反应。

根据认知评价理论可知，基于价值解析的意义体验不仅可以唤起游客情感反应，还能激发游客的认知评价[①]。克拉夫（Claffey）和布雷迪（Brady）认为，个体通过参与沉浸体验后产生的评价和态度取决于体验过程中对意义的认知和感受。研究者还发现当游客的旅游动机被满足时，例如开阔视野、增长见识这一类具有意义的动机，都能够正向促进个体意义体验价值评价的产生[②]。

游客在观看旅游演艺时，会尝试寻找愉悦、享受和舒缓的体验，如果能实现个体自我实现和自我满足的动机，会根据良好的意义体验产生更为积极正面的认知评价。在旅游演艺的情境下，游客能否获得丰富的意义体验决定着其对演艺效果、价值等方面的认知。于是，本研究认为游客的意义体验正面影响认知评价。因此，提出以下假设：

H2：意义体验显著正向影响认知评价。

根据上述假设，意义体验能够影响情感反应和认知评价这两方面，但实际上，意义体验对二者的影响程度是有差异的，导致差异的主要原因是意义体验的形成机制和本质特征。在通常情况下，旅游演艺中的认知评价可以看作是游客反思演艺产品所传达的内涵和力量的过程，同时也受到游客的理性看法和自我意识发展的影响。根据精细加工可能性模型可知，游客的情感反应主要是通过边缘路径进行分析，这不能满足意义体验的特征，满足不了游客实现价值、发展成长的需求。因此，本研究认为，意义体

---

① 坚斌.少数民族神话传播内容的叙事传输研究——从藏族创世神话谈起［J］.西北民族大学学报（哲学社会科学版），2020，235（01）：181-188.

② Claffey E, Brady M. Examining Consumers' Motivations to Engage in Firm-Hosted Virtual Communities［J］. Psychology & Marketing，2017，34（4）：356-375.

验会更加作用于旅游演艺背景下产生的认知评价。由此提出以下假设：

H3：意义体验对认知评价的影响程度高于情感反应。

（二）情感反应对认知评价的偏见效应

关于精细加工可能性模型，偏见效应是指基于启发式线索的边缘路径对基于认知的中心路径产生影响，即个体对于客观事实的认知结论受到自身情绪、自我评价的偏差影响。在旅游演艺情境下，当游客获得了积极的情感反应，就会导致游客进行评价时产生正向的结果。罗盛锋等通过对《印象刘三姐》这一实景演艺产品的研究发现，情感反应显著正向作用于个体的感知价值，而感知价值又是认知评价的重要组成部分[①]。综上可知，旅游演艺中游客产生的情感反应将会继续影响游客的认知评价。因此，提出以下假设：

H4：情感反应显著正向影响认知评价。

（三）情感反应与认知评价影响满意度具有加成效应

罗盛锋和黄燕玲等[②]认为，游客旅游演艺满意度是同时受到情感和认知两个因素的影响。情感反应在游客满意度影响机制中的地位逐渐提升。美国学者维斯布鲁克（Westbrook）于1980年第一次对消费者的情感反应与满意度之间的关系进行了研究和解释，得出消费时产生的情感直接作用于消费者满意度，同时得出情绪和感知因素与认知评价对满意度的影响水平基本一致[③]。罗佳（Rojas）与卡马雷若（Camarero）将遗产旅游地作为研究对象，

---

① 罗盛锋，黄燕玲，程道品，等.情感因素对游客体验与满意度的影响研究——以桂林山水实景演出"印象·刘三姐"为例[J].旅游学刊，2011，26（01）：51-58.

② 罗盛锋，黄燕玲，程道品，等.情感因素对游客体验与满意度的影响研究——以桂林山水实景演出"印象·刘三姐"为例[J].旅游学刊，2011，26（01）：51-58.

③ Westbrook R A. Intrapersonal Affective Influences on Consumer Satisfaction with Products. Journal of Consumer Research[J］．1980，7（1）．49-34.

检验了情感反应对游客旅游体验的影响路径,明确了情感反应在旅游演艺情境中对旅游演艺游客满意度产生积极显著的影响[1]。通过梳理相关的研究发现,大部分学者重视研究游客的情感反应对满意度的影响。因此,提出以下假设:

H5:情感反应是意义体验对游客满意度影响的中介变量。

布兰达(Brenda)出,在意义建构理论研究中,意义体验能够促使游客对于旅游动机的满足和价值的获取等方面产生主观评价,个体受益进而作用于游客满意度[2]。施思等发现,游客会主动建立与演艺产品故事情节的联结,并且及时对演艺产品价值进行个体的思考和判断,最终产生的认知评价将会影响游客的满意度[3]。往往真正的优秀意识是从内心发出并影响内心活动的,一切的可感性因素以及意象、想象和对现实的揭示、批判等内容都可以通过具有丰富情感的形象化舞台产生,且上述内容都包含在意义体验内。由此可知,意义体验能够激发个体的思考和判断,促进个体成长和教育的需要,从而影响满意度。因此,提出以下假设:

H6:认知评价是意义体验对游客满意度影响的中介变量。

第四节　研究设计和问卷调研

一、案例的典型性

近几年,元宇宙(Metaverse)受到了各界的关注,最知名的事件就是脸书(Facebook)董事长扎克伯格将企业改名为 Meta,

---

[1] de Rojas C, Camarero C. Visitors' experience, mood and satisfaction in a heritage context: Evidence from an interpretation center. Tourism Management [J], 2008, 29(3): 525-537.

[2] Brenda D. Users as Research Inventions: How Research Categories Perpetuate Inequities. Journal of Communication [J], 1989, 39(3): 216-232.

[3] 施思,黄晓波,张梦.沉浸其中就可以了吗?——沉浸体验和意义体验对旅游演艺游客满意度影响研究 [J].旅游学刊,2021,36(09): 46-59.

从而成为爆炸性的焦点。在中国信息通信研究院2022年发布的元宇宙图谱中，小签科技作为新生代企业顺利上榜，与微软、苹果、阿里巴巴等全球科技巨头同上榜元宇宙图谱，是元宇宙、AI产业的一匹黑马。

小签科技成立于2015年，总部在厦门，目前已获得谷银基金、老鹰基金、AC基金等数千万融资。小签科技是国内老牌元宇宙企业，研发了全球首个文旅元宇宙智能引擎。其中，神奇旅行元宇宙剧本游平台是小签科技基于AR+AI技术，面向文旅实体场景展开的综艺式剧本杀。其中包括剧本沉浸、AR探秘、实景推理和户外体验这几个方面，该平台旨在为各类旅游景点部署大众户外实景剧本玩乐平台，打造独特的IP剧本。

案例的选择与研究目标是密切相关的，本研究旨在探究旅游演艺意义体验对游客满意度的影响机制。《神奇剧本游》这种独特的旅游演艺形式能够为游客提供更加情绪化、沉浸式的体验，也可以帮助游客从旅游演艺中获取更大的价值。将《神奇剧本游》作为研究案例，有以下几个理由：

《神奇剧本游》将数字科技与旅游业紧密结合了起来，实现线上线下相互贯通。不仅能为旅游者带来交互体验和沉浸体验，让游客更好地感受旅游目的地，还能为旅行社和旅游地带来经济和社会效益。

《神奇剧本游》具有典型的地域性和不可复制性。每个景点的演艺产品都是独特的，与同类产品具有很大的差异性。例如：《鼓浪屿·领事馆风波》这一产品就是根据鼓浪屿这一旅游目的地的实际状况和真实的街区分布来安排点位的（图9-2），其他产品同理。

《神奇剧本游》这种"元宇宙＋旅游"类型的综艺式演艺产品可以丰富游客的旅游体验内容。通过这种新颖的互动模式，可以帮助游客感受新事物、开阔新视野。将游客与演艺内容联结起来，产生意义体验，满足自我发展需求，最终提高游客满意度。

图 9-2 《鼓浪屿·领事馆风波》路线点位图

旅游演艺产业当前必然面临着转型升级的挑战,体验经济成为旅游产业的核心竞争力。同时,随着虚拟与现实世界的界限越来越模糊,底层技术和应用技术迅速地迭代更新,《神奇剧本游》这种综艺式旅游演艺将会成为发展的风向标之一。

因此,选取《神奇剧本游》作为研究案例,是由于这一旅游演艺产品可以通过元宇宙技术使游客获得良好的意义体验,从而产生强烈的感知情绪以及形成积极的认知评价,最终正向影响游客满意度。因此笔者针对《神奇剧本游》综艺式剧本杀展开建构实证研究具有典型意义。

二、问卷设计

(一)研究维度和测量项目构建

根据问卷假设的提出,本研究中需要测量的变量包括意义体验、情感反应、认知评价、旅游演艺游客满意度。问卷内容设计分为四部分。第一部分测量游客参与《神奇剧本游》项目后的意义体验情况；第二部分测量游客游后的情感反应和认知评价；第三部分收集了游客对于此次参与旅游演艺活动的满意程度；第四部分分析了游客的人口统计学特征。

本研究问卷为了更加严谨，测试量表（表9-2）中所有题项均来源于SCI权威期刊中已经发表的优秀实证研究论文，但由于具体情境的不同，根据专家意见和实际情况进行了修订，但基本的内涵与量表来源相同。具体情况如下：

表9-2 研究维度、测量项目和文献来源

研究维度 Construction	编码 Code	测量项目 Items	文献来源 Reference
意义体验 ME	ME1	参与《神奇剧本游》让我发现了新的事物	苏（Suh）等 （2017）
	ME2	参与《神奇剧本游》让我的视野开阔	
	ME3	参与《神奇剧本游》让我学习到了新的知识	
	ME4	参与《神奇剧本游》对我自己很重要	
	ME5	参与《神奇剧本游》让我感觉有意义	
	ME6	参与《神奇剧本游》可以帮我更深入地了解旅游目的地	
	ME7	参与《神奇剧本游》深化了我对旅游目的地的认识	
情感反应 AFF	AFF1	参与《神奇剧本游》让我很憎恨／喜爱	王（Hwang）等（2011），克里斯（Crites）等（1994）
	AFF2	参与《神奇剧本游》让我很悲伤／高兴	
	AFF3	参与《神奇剧本游》让我很气愤／开心	
	AFF4	参与《神奇剧本游》让我很紧张／放松	
	AFF5	参与《神奇剧本游》让我很无聊／有趣	
	AFF6	参与《神奇剧本游》让我很忧伤／愉悦	
	AFF7	参与《神奇剧本游》让我很讨厌／喜欢	
	AFF8	参与《神奇剧本游》让我很悲哀／欣喜	

续表

研究维度 Construction	编码 Code	测量项目 Items	文献来源 Reference
认知评价 COG	COG1	参与《神奇剧本游》是无用的/有用的	汉（Han）等（2018），杰亨（Jeaheng）等（2019），克里斯（Crites）等（1994）
	COG2	参与《神奇剧本游》是愚蠢的/明智的	
	COG3	参与《神奇剧本游》是有害的/有益的	
	COG4	参与《神奇剧本游》是无价值的/有价值的	
	COG5	《神奇剧本游》是不完善的/完善的	
	COG6	《神奇剧本游》是不健康的/健康的	
旅游演艺游客满意度 SAT	SAT1	与预期相比，我对此次参与《神奇剧本游》的决定是满意的	翁（Wong）和万（Wan）（2013）、休莫（Hume）和莫特（Mort）（2010）
	SAT2	与预期相比，我选择参与《神奇剧本游》是非常明智的	
	SAT3	与预期相比，我对《神奇剧本游》这一演艺产品很满意	

意义体验借鉴了苏（Suh）等[1]的实证结论，情感反应借鉴了王（Hwang）等[2]和克里斯（Crites）等[3]的实证结论，认知评

---

[1] Suh A, Cheung C M K, Ahuja M, et al. Gamification in the Workplace: The CentralRole of the Aesthetic Experience [J]. Journal of Management Information Systems, 2017, 34 (1): 268-305.

[2] Hwang J, Yoon Y S, Park N H. Structural effects of cognitive and affective responses to web advertisements, website and brand attitudes, and purchase intentions: The case of casual-dining restaurants [J]. International Journal of Hospitality Management, 2011, 30 (4): 97-907.

[3] Crites S L. Measuring the Affective and Cognitive Properties of Attitudes: Conceptualand Methodological Issues [J]. Personality and Social Psychology Bulletin, 1994, 20 (6): 619-634.

价借鉴了汉（Han）等[①]、杰亨（Jeaheng）等[②]和克里斯（Crites）[③]等的实证结论，旅游演艺游客满意度借鉴了翁（Wong）和万（Wan）[④]与休莫（Hume）和莫特（Mort）[⑤]的实证结论。由于外文文献可能存在语义的不同，从而导致结论出现偏差，故本研究通过不同途径多次翻译，并结合本案例的研究情境，对量表进行了改进和完善。

（二）问卷设计

本研究在设计问卷时，采用的是李克特（Likert）7点量表，旨在收集更加丰富、准确的信息。其中，意义体验和旅游演艺游客满意度通过李克特（Likert）7点量表测量（1表示完全不同意，7表示完全认同），情感反应和认知评价通过语义差异量表测量（1表示符合题项中的消极情绪，7表示符合题项中的积极情绪）。另外，此问卷题项中设计了注意力测试的项目，更好地保证问卷的质量和答题的真实性。

为了保证问卷的可行性和有效性，本研究在正式发放问卷之前进行了预调研。2023年3月，笔者在小签科技公司的配合下进行了预测试问卷的发放，共回收问卷73份，其中有效问卷70份，

---

① Han H, Kiatkawsin K, Kim W, et al. Physical classroom environment and student satisfaction with courses[J]. Assessment & Evaluation in Higher Education, 2018, 43（1）: 110-125.

② Jeaheng Y, Al-Ansi A, Han H. Halal-friendly hotels: Impact of halal-friendly attributes on guest purchase behaviors in the Thailand hotel industry [J]. Journal of Travel & Tourism Marketing, 2019, 36（6）: 730-747.

③ Crites S L. Measuring the Affective and Cognitive Properties of Attitudes: Conceptualand Methodological Issues [J]. Personality and Social Psychology Bulletin, 1994, 20（6）: 619-634.

④ Wong I A, Wan Y K P. A systematic approach to scale development in tourist shopping satisfaction: Linking destination attributes and shopping experience [J]. Journal of Travel Research, 2013, 52（1）: 29-41.

⑤ Hume M, Mort G S. The consequence of appraisal emotion, service quality, perceived value and customer satisfaction on repurchase intent in the performing arts [J]. Journal of Services Marketing, 2010, 24（2）: 170-182.

有效率 96%。

根据预调研结果可知,各维度和整体量表的 Cronbach's α 系数均在 0.70 以上,说明量表整体的信度较高。因子分析显示,各因子的 KMO 值 >0.7 且 P<0.01,表明量表的建构效度较好。因此,此量表可以用于正式的调研。

第五节 数据分析和研究结果

一、数据收集

本研究的目标是细化现有的旅游演艺意义体验框架,探究意义体验对旅游演艺游客满意度的影响机制,证实情感反应和认知评价的中介作用,从而最终帮助开发商和运营商推出满足游客意义体验的举措。在此基础上,本研究以问卷调查的方式进行正式的调研,问卷通过问卷星平台制作生成,并将带有问卷二维码的海报打印出来发放。为了确保被试对象群体的准确性,问卷发放是在小签科技公司的配合下完成的。截至 2023 年 4 月份,共回收问卷 423 份,根据问卷中注意力测试的答题状况和填写质量删除了不合格问卷 22 份,最终得到有效问卷 401 份。

二、描述性统计

为了探究 401 份有效问卷的人口学结构特征,笔者对研究对象进行了描述性统计分析。具体分析结果见表 9-3。

表 9-3 样本描述性统计结果

样本统计变量 Type		样本数 Number	百分比 Percentage
性别 Gender	男	151	37.7%
	女	250	62.3%

续表

样本统计变量 Type		样本数 Number	百分比 Percentage
年龄段 Age	18 岁以下	6	1.5%
	18~25 岁	129	32.2%
	26~30 岁	108	26.9%
	31~40 岁	115	28.7%
	41~50 岁	22	5.5%
	51~60 岁	15	3.7%
	60 岁以上	6	1.5%
月收入 Monthly income	2000 元及以下	29	7.2%
	2001~4000 元	57	14.2%
	4001~6000 元	205	51.1%
	6001~8000 元	62	15.5%
	8001~10 000 元	32	8.0%
	10 000 元以上	16	4.0%
学历 Education	高中及以下	20	5.0%
	大学专科	72	18.0%
	大学本科	280	69.8%
	研究生及以上	29	7.2%
职业 Occupation	学生	51	12.7%
	企事业单位工作人员	276	68.8%
	离退休人员	10	2.5%
	文职/办事人员	33	8.2%
	个体	30	7.5%
	其他	1	0.2%

注：有效样本量 N=401

如表 9-3 所示，本研究样本以女性为主，18~40 岁青壮年群体占比大，受教育程度大部分是大学本科学历。很大一部分样本的职业是企事业单位工作人员且月收入 4001~6000 元。

三、量表信度分析

本研究运用 SPSS26.0 对有效样本进行信度分析，检验结果如表 9-4 所示。通过表 9-4 可以看出，整个量表的 Cronbach α 系数为 0.942 大于 0.70，表明量表内部一致性较好。其中，所有变量维度的信度系数均在 0.70 以上，表明了本研究设计的测量表格能够对被测维度进行准确的检验。

表 9-4 正式调研维度变量的信度系数

研究维度	项目数	克隆巴赫系数 Alpha
意义体验 ME	7	0.833
情感反应 AFF	8	0.827
认知评价 COG	6	0.800
旅游演艺游客满意度 SAT	3	0.728
总计	24	0.944

四、量表效度分析

效度分析可以用于检验问卷量表的可靠性和有效性，如果测量结果与考察内容非常吻合，则效度越高。本研究通过探索性因子分析（EFA）方法验证问卷设计的有效性，在分析结果时首先要验证 KMO 系数值是否越趋近 1 且大于或等于 0.7，则各个变量之间越相关。其次，要计算巴特利特球形度检验中 P 值是否小于 0.05，即结果显著。如表 9-5 所示，KMO 量数为 0，913 ≥ 0.7，P 值为 0.000 ≤ 0.05，表明问卷量表适合进行探索因子分析。

表 9-5　KMO 和巴特利特检验

KMO 取样适切性量数		.938
巴特利特球形度检验	近似卡方	5327.695
	自由度	276
	显著性	.000

在市场研究中,所测的因子载荷能够超过 50%,所有公因子累计方差解释大于 50%,说明维度划分比较合理,具有良好的结构效度。因子分析结果得出,5 个公因子总方差比例是 63.211%>50%,说明了提取的公因子能够解释的问卷比例。另外,如表 9-6 所示,量表中旋转后的成分矩阵中 24 个题项的因子载荷系数均大于 0.5,证明这个问卷能够有效进行研究维度的测量。

表 9-6　旋转后的成分矩阵

		成分				
		1	2	3	4	5
意义体验	ME1					.799
	ME2				.723	
	ME3					.784
	ME4				.767	
	ME5				.731	
	ME6				.734	
	ME7				.713	

续表

		成分				
		1	2	3	4	5
情感反应	AFF1			.715		
	AFF2		.702			
	AFF3			.727		
	AFF4		.728			
	AFF5			.777		
	AFF6		.771			
	AFF7			.775		
	AFF8		.776			
认知评价	COG1	.620				
	COG2	.672				
	COG3	.689				
	COG4	.710				
	COG5	.707				
	COG6	.651				
旅游体验游客满意度	SAT1	.785				
	SAT2	.717				
	SAT3	.742				

提取方法：主成分分析法。
旋转方法：凯撒正态化最大方差法。
a. 旋转在 8 次迭代后已收敛。

表格中意义体验维度在第四、第五个因子上有较高的载荷，其中 ME1 和 ME3 表现出了更为密切的联系，原因在于游客通过参与不同旅游演艺互动，能够了解到更多新的历史文化和故事传说，进而帮助游客学习更多的新知识。情感反应维度在第二、第三个因子上有较高的载荷，其中 AFF1、AFF3、AFF5、AFF7 联系紧密，AFF2、AFF4、AFF6、AFF8 这四个题项相关性强。原因在于前一部分是游客通过意义体验而产生的浅层情绪，例如：高兴、紧张、忧伤和欣喜等；后一部分则是多出现在游后个体通过内省对事物进行深层次的思考而引发的深层感受，例如：喜爱、气愤、讨厌和有趣等。所以，同一维度出现了两个成分。

五、量表相关性分析

本研究用 SPSS 对各构念维度两两一组进行了相关性分析，旨在衡量各个变量元素之间的相关密切程度。由于本案例是定量数据，且数据满足正态分布，故采用的 Pearson 相关系数的计算方法。如表 9-7，分析结果显示 Pearson 相关系数均大于 0，且 Sig.（双尾）均小于 0.001，则可以说明构念之间存在显著正相关的关系。具体如下：

表 9-7 各构念相关关系分析结论

		ME	AFF	COG	SAT
意义体验 ME	皮尔逊相关性	1	.844**	.838**	.787**
	Sig.（双尾）		.000	.000	.000
	个案数	401	401	401	401
情感反应 AFF	皮尔逊相关性	.844**	1	.859**	.765**
	Sig.（双尾）	.000		.000	.000
	个案数	401	401	401	401
认知评价 COG	皮尔逊相关性	.838**	.859**	1	.794**
	Sig.（双尾）	.000	.000		.000
	个案数	401	401	401	401
旅游演艺游客满意度 SAT	皮尔逊相关性	.787**	.765**	.794**	1
	Sig.（双尾）	.000	.000	.000	
	个案数	401	401	401	401

注：** 在 0.01 级别（双尾），相关性显著。

六、回归分析

（一）意义体验对情感反应的回归分析

本研究采用回归分析验证意义体验和情感反应这两个标准化变量之间的函数关系，以及判断模拟方程的拟合程度。将意义体验作为自变量，情感反应作为因变量进行线性回归分析之后，得到的分析结论图 9-3 和如表 9-8 所示。

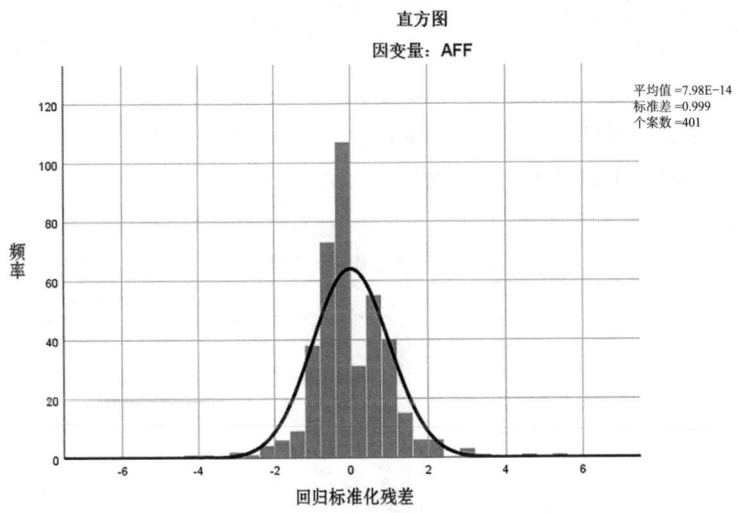

图 9-3　意义体验与情感反应的标准化残差直方图

如图 9-3 所示，可观察到方程的残差服从正态分布，满足了线性回归模型对于残差正态性的要求，可以进行拟合优度的检验。

表 9-8　意义体验对情感反应的回归分析结果

自变量	因变量	R^2	调整后 R^2	$ANOVA^a$ 显著性	标准化系数 $Beta$
意义体验	情感反应	.720	.719	.000^b	.849***

注：* 表示 $P<0.05$，** 表示 $P<0.01$，*** 表示 $P<0.001$

表9-8结果显示,意义体验调整后的R^2为0.719,说明模型的解释能力较强,模型的拟合情况较好。意义体验的回归系数为0.849,显著大于0,且$P<0.001$,另外,方差分析中模型的检验显著性等于$0<0.05$,说明回归系数a显著。由此可知,意义体验显著正向影响情感反应,对情感反应的预测能力强。验证了假设H1。

(二)意义体验对认知评价的回归分析

本研究采用回归分析验证意义体验和认知评价这两个标准化变量之间的函数关系,以及判断模拟方程的拟合程度。将意义体验作为自变量,认知评价作为因变量进行线性回归分析之后,得到如图9-4和表9-9所示的分析结论。

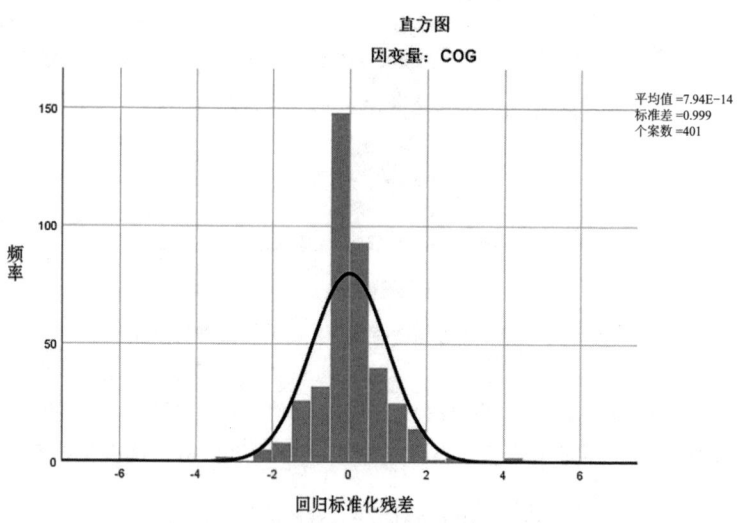

图9-4 意义体验与认知评价的标准化残差直方图

如图 9-4 所示，回归方程的残差服从正态分布，满足了线性回归模型对于残差正态性的要求，可以进行后续的解释能力检验。

表 9-9 意义体验对认知评价的回归分析结果

自变量	因变量	R^2	调整后R^2	$ANOVA^a$ 显著性	标准化系数 $Beta$
意义体验（a）	认知评价	.830	.830	.000[b]	.911***

注：* 表示 $P<0.05$，** 表示 $P<0.01$，*** 表示 $P<0.001$。

表 9-9 结果显示，首先，在满足残差正态分布的前提下，模型调整后的 R^2 为 0.830，接近 1，说明模型的拟合度很高。其次，模型的显著性（Sig）<0.5，有 95% 的概率拒绝原假设，说明意义体验与认知评价的回归系数均显著。最后，回归系数 b 为 0.911 接近 1，且 $P<0.001$，说明意义体验显著正向影响认知评价。验证了假设 H2。

（三）意义体验对旅游演艺游客满意度的回归分析

本研究将意义体验作为自变量，旅游演艺游客满意度作为因变量，检验模型的回归系数 c，得出回归模型的解释程度。如图 9-5 所示，模型残差呈现出正态的分布趋势，满足检验的前提要求。

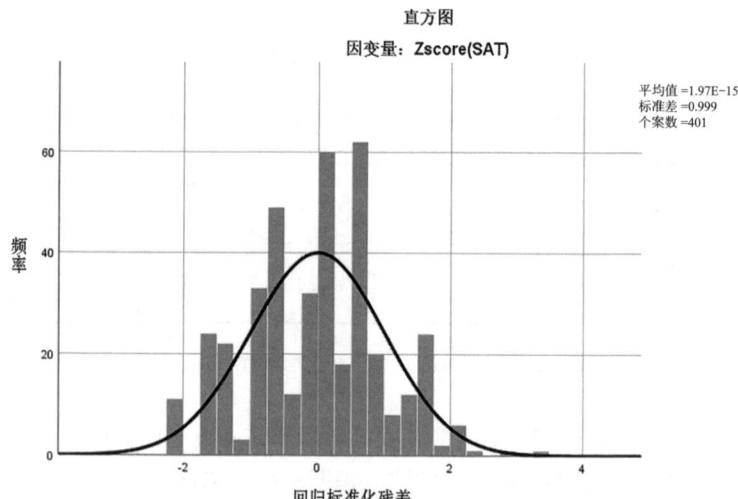

图9-5 意义体验与旅游演艺游客满意度的标准化残差直方图

表9-10 意义体验对旅游演艺游客满意度的回归分析结果

自变量	因变量	R^2	调整后 R^2	$ANOVA^a$ 显著性	标准化系数 $Beta$
意义体验（c）	旅游演艺游客满意度	0.621	0.620	0.000^b	0.788***

注：* 表示 $P<0.05$，** 表示 $P<0.01$，*** 表示 $P<0.001$。

从上表9-10可知，将ME作为自变量，而将SAT作为因变量进行线性回归分析，可以看出，模型 R^2 值为0.621，意味着ME可以解释SAT的62.1%变化原因。对模型进行F检验时发现模型F=653.914，p=0.000<0.05，也即说明ME一定会对SAT产生影响关系，最终具体分析可知：ME的回归系数值c为0.788（t=25.572，p=0.000<0.001），意味着ME会对SAT产生显著的正向影响关系。

(四)意义体验与情感反应和认知评价的路径分析

本研究对于意义体验与情感反应和意义体验与认知评价这两条路径进行了路径分析,结果如表9-11所示。通常情况下,标准化路径系数用于说明不同路径间自变量对因变量的影响程度。结果表明,意义体验与情感反应的标准化路径系数为0.849,意义体验与认知评价的标准化路径系数为0.911>0.849。因此,意义体验对认知评价的影响程度高于情感反应。验证了假设H3。

表9-11 模型回归系数汇总表格

X→Y	非标准化路径系数	SE	z(CR值)	p	标准化路径系数
$ME \rightarrow AFF$	0.802	0.025	32.117	0.000	0.849
$ME \rightarrow COG$	0.907	0.020	44.330	0.000	0.911

注:→表示路径影响关系。

(五)情感反应对认知评价的偏见效应

本研究采用精细加工可能性模型,假设情感反应和认知评价这两个变量之间存在偏见效应,即说明游客在参与旅游演艺过程中产生的情感会显著影响游客产生的认知和评价。因此,将情感反应作为自变量,认知评价作为因变量,进行回归分析检验情感反应对认知评价路径的显著性,验证提出的假设。结果如图9-6和表9-12所示。

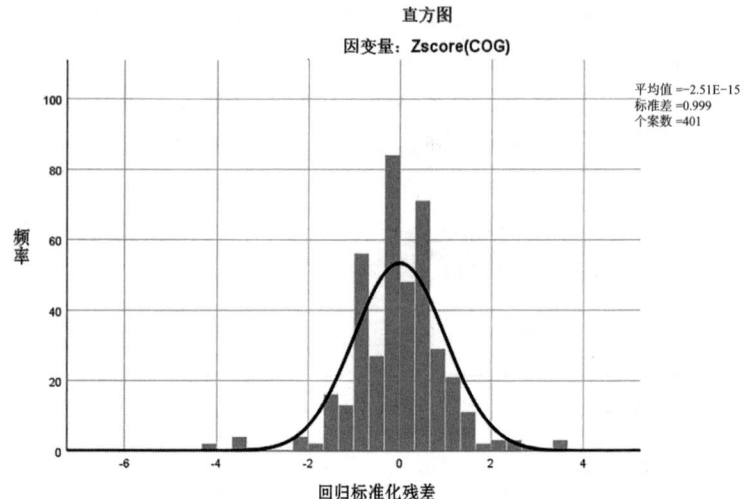

图 9-6　情感反应与认知评价的标准化残差直方图

图 9-6 显示，模型残差呈现出正态的分布趋势，说明回归模型满足残差标准，能够继续检验其路径显著性和回归系数。

表 9-12　情感反应对认知评价的回归分析结果

自变量	因变量	R^2	调整后 R^2	$ANOVA^a$ 显著性	标准化系数 $Beta$
情感反应	认知评价	0.706	0.705	0.000^b	0.840^{***}

注：* 表示 $P<0.05$，** 表示 $P<0.01$，*** 表示 $P<0.001$

表 9-12 说明，回归模型的标准化系数为 0.840 显著大于 0 接近 1，显著性大于 0，并且 $P<0.001$。可以得出情感反应显著正向影响认知评价的结论，情感反应拥有良好的预测能力。验证了假设 H4。

（六）意义体验与情感反应和认知评价对旅游演艺游客满意度的回归分析

在检验完意义体验与旅游演艺游客满意度的回归系数 c 的显著性小于 0.001 和意义体验与认知评价的回归系数 a 的显著性小于 0.001 的基础上，需要检验意义体验、认知评价和情感反应对旅游演艺游客满意度的回归系数 b 和 c′ 的显著性，从而判断意义体验、认知评价和旅游演艺游客满意度之间存在中介效应。表 9-13 结果显示，回归系数 b 为 0.379，c′ 为 0.448，且二者 $P<0.001$，意义体验和认知评价的回归关系显著。

表 9-13 意义体验与情感反应和认知评价对旅游演艺游客满意度的回归结果

自变量	因变量	R^2	调整后 R^2	$ANOVA^a$ 显著性	标准化系数 Beta
意义体验（c′）	旅游演艺游客满意度	0.673	0.671	$.000^b$	.248***
情感反应（d）					.268***
认知评价（e）	旅游演艺游客满意度	0.673	0.671	$.000^b$	.342***

注：* 表示 $P<0.05$，** 表示 $P<0.01$，*** 表示 $P<0.001$

（七）意义体验与情感反应和认知评价影响满意度加成效应分析

根据意义体验与认知评价对旅游演艺游客满意度的回归结论，可知回归系数 c′ 显著，同时 c′<c，说明模型的中介效应不是完全中介效应（full mediation），而是部分中介效应（partial mediation）。目前，国内外学术界已经十分认可使用 Bootstrap 进行中介效应的检验，其优势就是不要求数据的正态分布，敏感性更高，从而更容易出现显著的结果。因此，本研究通过 SPSS 的 Process 插件完成中介作用的分析，从原有的 Bootstrap 样本中有

放回的抽取 5000 个样本，同时规定置信区间为 95%。得出中介效应模型如图 9-7 所示，中介效应结果如表 9-14。

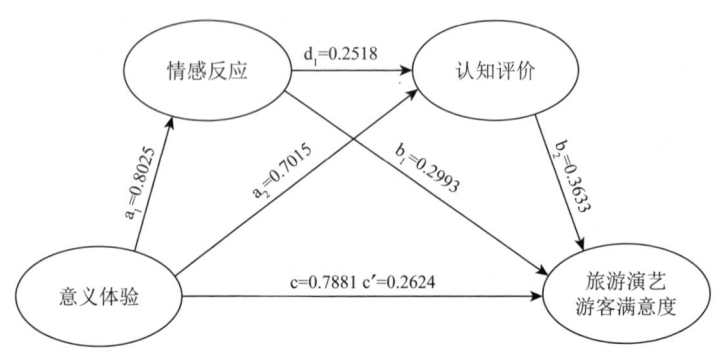

图 9-7 中介效应模型图

表 9-14 中介效应结果表

	效应值	Bootstrap95% 置信区间	P 值
总效应	0.8322	［0.7682，0.8961］	0.0000
直接效应	0.2624	［0.1006，0.4181］	0.0010
间接效应	0.5698	［0.4297，0.7045］	

根据表 9-14 的结果可知，中介模型的总效应是 0.8322（P<0.01），直接效应为 0.2624（P<0.01），间接效应为 0.5698。

首先要看间接效应的三条路径总中介效应为 0.5698，置信区间 BootLLCI 和 BootULCI 之间不包含 0 且显著，说明中介效应是存在的。本次实验中 Bootstrap95% 的置信区间为［0.4297，0.7045］，不含 0，说明中介效应显著。其次，在中介效应存在的基础上，观察直接效应的结果，置信区间同样不包含 0，说明这是部分中介效应。本次实验中 Bootstrap95% 的置信区间为［0.1006，0.4181］，不含 0，说明是部分中介效应。具体路径结果如下：

路线 1：意义体验→情感反应→旅游演艺游客满意度，此路径间接效应为 0.2402，Bootstrap95% 的置信区间为 [0.1402, 0.3437]，不含 0，说明情感反应的中介效应显著。

路线 2：意义体验→认知评价→旅游演艺游客满意度，此路径间接效应为 0.2562，Bootstrap95% 的置信区间为 [0.1472, 0.3674]，不含 0，说明认知评价的中介效应显著。

路线 3：意义体验→情感反应→认知评价→旅游演艺游客满意度，此路径间接效应为 0.0734，Bootstrap95% 的置信区间为 [0.0341，0.1217]，不含 0，说明情感反应和认知评价同时作为链式中介的中介效应显著。

最后，通过计算总中介效应的效应值/总效应的效应值的比例为 68.5%，路线 1 相对中介占比 28.9%，路线 2 相对中介占比 30.8%，路线 3 占比 8.82%。如表 9-15 显示：

表 9-15　意义体验影响旅游演艺游客满意度过程中的链式中介效应检验

效应	路径关系	效应值	95% 置信区间	效应量 %
直接效应	ME→SAT	0.2624	[0.1006，0.4181]	31.531
中介效应	ME→AFF→SAT	0.2402	[0.1402，0.3437]	28.863
	ME→COG→SAT	0.2562	[0.1472，0.3674]	30.786
	ME→AFF→COG→SAT	0.0734	[0.0341，0.1217]	8.820
总中介效应		0.5698	[0.0341，0.1217]	68.469
总效应		0.8322	[07682，0.8961]	100.000

由此可知，情感反应和认知评价是意义体验对旅游演艺游客满意度影响机制的链式中介变量。验证了假设 H5 和 H6。

第六节 研究讨论

一、研究结果

本研究主要利用精细加工可能性模型对意义体验与旅游满意度的影响机制进行研究,以及明确情感反应和认知评价在作用路径中起到的中介作用。在此过程中,会对比意义体验对情感反应和认知评价二者的影响程度大小,还会探究情感反应是否会对认知评价产生偏见效应。

为了验证提出的研究假设,本研究首先采用文献研究法,梳理国内外学术界提出的旅游演艺、意义体验、旅游演艺游客满意度等相关的文献资料;其次,利用问卷调查法对游客的体验情况、情感态度和认知水平进行实地调研,保证了研究的真实性和准确性;最后采用 SPSS 软件对问卷量表收集到的数据进行处理和分析,检验研究假设,得出研究结果,总结研究结论。

本研究构建了意义体验与情感反应和认知评价对旅游演艺游客满意度的影响模型,其中结构方程模型借鉴了国内外学者的研究结论。模型主要由测量模型和结构模型两部分构成,包括 4 个潜变量,24 个观测变量,这 4 个潜变量分别是意义体验、情感反应、认知评价和旅游演艺游客满意度。各变量之间存在的关联假设有 6 种,且都得到验证,说明模型的解释能力较强。

最终得出的主要研究结果如下:

意义体验显著正向影响情感反应,意义体验→情感反应的标准化路径系数 β 为 0.849。可以理解为游客在参与《神奇旅行》剧本游的过程中,是能够感知旅游演艺产品的视觉和听觉氛围给个体带来客观的、短暂的具身体验。在此之后,游客将获取到的信息进行加工和分析,形成个体的主观认知且持续到游后。这使得游客能够在游玩的过程中与故事情节形成情感的联结,从而获得满足感、幸福感和认同感。

意义体验显著正向影响认知评价，意义体验→认知评价的标准化路径系数 β 为 0.911。游客会因为可以从旅游演艺中收获良好的体验和达到预期的目标，从而产生对《神奇旅行》剧本游这一演艺产品的价值、质量和水准等方面的评判，最终实现自我价值提升和自我心理教育的目标。

意义体验对认知评价的影响程度高于情感反应，对比二者路径系数 $\beta=0.911>\beta=0.849$。意义体验指的是游客在旅游体验过程中去追求自我价值的实现，满足个体丰富自我、提升自我的高层次需求，最终会根据需求的实现程度形成个体评价。这种自我实现的高层次需求不仅仅会影响游客的情绪价值和情感体验，更会进一步地影响游客的判断和认识，从而促进游客自省和自知，最终帮助游客实现自我价值和自我教育。

情感反应显著正向影响认知评价，情感反应→认知评价的标准化路径系数 β 为 0.840。游客通过参与旅游演艺能够产生不同的情绪感受，例如高兴、悲伤、惊讶等。这些情感会显著影响游客对旅游演艺文化内容、价值观、情节和主题的思考和判断，产生理性和感性的认知。

认知评价和情感反应是意义体验对游客满意度的中介变量，以情感反应为中介变量的路线间接效应为 0.2402，以认知评价为中介变量的路线间接效应为 0.2562，两条路径 Bootstrap95% 置信区间都不含 0 显著。意义体验主要由可认知因素构成，例如参与演艺活动产生的情绪和态度以及演艺内容对现实的批判和表扬、对民族大义和爱国胸襟的激发等等，这都能够使个体满足自我教育的需要，从而进一步提升游客的旅游演艺满意度。

得出的数据结论可以很好地说明人们在选择旅游演艺产品时，会更加倾向于购买新颖的、创新的演艺产品。原因在于这类产品更能带来良好的意义体验，从而产生独特的情感和认知，促使游客满意度得到较大提升。同时，也进一步证明了意义体验在旅游演艺游客体验情景下的重要性，帮助旅游演艺企业认识到旅游演艺仅注重沉浸体验的开发模式存在缺陷,应该将沉浸体验和意义体验的开发结合起来,提升演艺产品的创作水平,从而将引发的游客共鸣和共情效果作用于旅游演艺游客满意度。

二、结果评价

本案例研究结果跟预期一致。像《神奇剧本游》综艺式实景剧本游这种旅游演艺模式,是一种区别于传统形式旅游演艺产品的创新产品,更容易为游客提供猎奇的体验和视野的扩展。同时《神奇剧本游》通过 VR 的形式,让游客能跟随 APP 的指引投入到剧本地图和剧情线索中去,形成合理的想象和态度,激发游客的认知,游客也会因为这种良好的情绪态度和新奇的认知产生良好的满意感受。

裴蒂(Petty)等表示,旅游演艺能够展示出"诗化"的想象和意境,整个游玩过程不仅是游客反思的过程,同时也成为游客获取感知、进行评判的重要来源,可以更深层次地激发游客自我意识的觉醒[1]。在参与实景剧本游时,游客不仅能感受到真实的场景、环境和天气,更是能体会到丰富的故事细节、悬疑的情节逻辑和新奇的技术,产生更加深刻的个体认知和评价,这也很好地证明了游客对旅游演艺的审视和分析更多地是基于认知的自我教育的中心路径。

相较于传统剧本杀形式能够将玩家聚集在一个固定场所内,实景剧本游的沉浸体验较差。以《鼓浪屿·领事馆风波》这个剧本为例,整个线路长达 1.5 公里,贯穿鼓浪屿几大著名的历史街道和建筑,可以很好地感受鼓浪屿的人文风情和美丽海景,但有很大的概率会被周围的游客转移情绪和视线。笔者通过实地考察也了解到许多玩家认为这种形式不能很好地沉浸到剧情中去,这也是笔者为什么不探究沉浸体验而是追求意义体验对游客满意度

---

[1] Petty R E, Cacioppo J T, David S. Central and peripheral routes to advertising effectiveness: The moderating role of involvement [J]. Journal of Consumer Research, 1983, 10(2): 135-146.

影响的原因。

（一）意义体验显著正向影响情感反应

意义体验能够将旅游地的实际功能、历史文化价值和游客的意义价值联系起来，同时意义体验的好坏影响着游客参与旅游演艺产生的判断和评价。根据本案例研究结论，游客在参与《神奇剧本游》的过程中，首先会通过感受到的视听内容产生当下的临时情感体验，这不仅是联系产品与游客的过程，也是产生个体意义体验的过程。随着游玩行为的深入，这种浅显的具身体验会借助《神奇剧本游》中不同剧本传达的文化价值和情感价值逐渐演变成游客的主观认识，影响游客的情感和态度。根据问卷分析结论，可以直观地看到意义体验对情感反应的影响是显著的，与相关文献的研究结论相符合。

（二）意义体验显著正向影响认知评价

科尔赫德（Kolhede）和麦斯-阿里亚斯（Gomez-Arias）认为游客在参与旅游演艺时，主要渴望满足个体享乐、教育和社交的需求，当游客满足自我发展和自我意识觉醒等旅游动机时，会获得更加深刻和良好的意义体验，从而给出积极的评价和判断[1]。孙小龙指出，在旅游演艺体验的阶段下，基于情感认知评价过程，游客会将观看旅游演艺而产生的暂时性情绪感受通过功能性路径和主观化路径处理这些情绪，最终会形成个体的合理解释和认识[2]。本案例通过研究发现，游客选择参与《神奇剧本游》的主要动机包括社交、寻找新奇体验、放松心情等方面。在这个过程中，个体反馈这次的游玩行为让他们觉得是有价值的，体会到了与以往剧本杀体验不同的创新形式，能够满足自己的求新、求异的高层次动机和需求，会给出《神奇剧本游》较高的评价。这与

---

[1] Kolhede E J, Gomez-Arias J T. Segmentation of infrequent performing arts consumers [J]. Arts & the Market, 2016, 6（1）: 88-110.
[2] 孙小龙. 旅游体验要素研究 [D]. 厦门大学, 2018.

相关的文献结论是吻合的,能够反映出意义体验是正向影响认知评价的。

(三)意义体验对认知评价的影响程度高于情感反应

游客在旅游演艺领域中的情感态度和认知测评普遍遵循"意义体验→质量与价值判断→游客满意度"这一路径[①]。这也说明了在大部分情境下,虽然意义体验同时影响情感反应和认知评价二者,但其总是更加积极显著地影响认知评价,导致这种现象的原因主要是意义体验的独特形成机制和显著的个体特征。杜威(Dewey)发现,意义体验可以揭示为个体在体验过程中感受到的价值并且深层次挖掘事物本质属性的精神状态[②]。黄晓波指出,意义体验主要满足游客的高层次旅游需要,而不仅仅是当下的情绪和感受,一旦满足高层次需求,则会促使游客进一步产生理性的认识和中肯的评价[③]。本研究发现,游客能够在参与《神奇剧本游》的过程中,感受到朋友之间的一种互动和联系,也能够体验到原创的新科技旅游产品。这一方面体现了《神奇剧本游》产品标签的渗入,另一方面体现了此旅游演艺产品能够帮助参与者实现社交、开阔视野、学习知识的高层次动机。综上所述,意义体验对情感反应和认知评价的影响程度是存在差异的,且后者影响作用更强。

(四)情感反应显著正向影响认知评价

这一部分的结果主要是借助精细加工可能性模型中的偏见效应,即个体会根据自己的情绪、态度和自我反思程度来判断客观事物,从而形成最终的认知。心理学教授福加斯(Forgas)研究

---

① 罗盛锋,黄燕玲,程道品等.情感因素对游客体验与满意度的影响研究——以桂林山水实景演出"印象·刘三姐"为例.旅游学刊[J],2011,26(01):51-58.
② Dewey J. Art as Experience [M]. New York: Berkeley Publishing, 1934.
③ 施思,黄晓波,张梦.沉浸其中就可以了吗?——沉浸体验和意义体验对旅游演艺游客满意度影响研究[J].旅游学刊,2021,36(09):46-59.

发现，情绪和心理会显著作用于个体的认知判断，情感因素确实对认知评价产生重要影响，并且在后续的结构模型检验中得以验证[①]。克洛尔（Clore）和帕尔默（Palmer）认为，个体完成以任务为导向的行为时，高兴、兴奋等积极的情绪可以正向作用当前的认知内容和判断，最终帮助个体产生自上而下的认知评价结果[②]。在研究《神奇剧本游》的背景下，参与者会根据剧本的线索和剧情产生不同的情绪和态度。当剧本进行情感升华时，玩家往往会产生感动、悲伤、高兴等多样化情绪，导致对演艺产品也会产生多样化的认知评价。总的来说，情绪反应对认知评价的影响存在偏见效应，且通过边缘路径进行处理。

（五）意义体验与情感反应和认知评价影响满意度具有加成效应

营销学者威斯布鲁克（Westbrook）研究得出，情感因素在游客满意度的影响机制中占据的地位越来越高，个体的情感可以直接对满意度产生影响，情感反应和认知评价影响满意度的程度大致相同[③]。当顾客参与到旅游演艺活动时，游客的满意程度是认知和情感共同作用的结果，情感→价值、质量评价→满意程度的测评路径得到实证的检验[④]。由此可知，游客参与旅游演艺而产生的积极强烈情感反应会使游客具身体验得到满足，同时感受到的意义体验也会满足游客自我成长需要而引发积极的评价，最终二者共同作用于满意度。这也证明了情感反应和认知评价在意义体验对旅游演艺游客满意度的影响路径中起到了链式中介效应。

---

① Forgas J P, Bower G H. Mood effects on person-perception judgments[J]. Journal of Personality and Social Psychology, 1987, 53（1）: 53 — 60.
② Clore G L, Palmer J. Affective guidance of intelligent agents: How emotion controls cognition [J]. Cognitive Systems Research, 2009, 10（1）: 21-30.
③ Westbrook R A. Intrapersonal Affective Influences on Consumer Satisfaction with Products. Journal of Consumer Research [J]. 1980, 7（1）: 49-54.
④ 罗盛锋，黄燕玲，程道品等.情感因素对游客体验与满意度的影响研究——以桂林山水实景演出"印象·刘三姐"为例[J]. 旅游学刊, 2011, 26（01）: 51-58.

三、实践启示

在旅游演艺情境下，意义体验显著正向影响情感反应和认知评价，其中意义体验对认知评价的影响程度高于情感反应，且情感反应和认知评价是意义体验对旅游演艺游客满意度影响机制的中介变量。本研究构建的结构关系模型是一个动态模型，模型的可行性和广泛性需要更长的时间和更丰富的案例来检验，模型还需要根据实际问题进一步地构建和完善。未来的研究目标是完善测量工具，借助多种测量方法修正原有模型，旨在提高数据的准确度，增加研究深度。

本案例研究虽然对意义体验与旅游演艺游客满意度的影响模型进行了验证，且结果为显著正向影响。但旅游者基数大，不同旅游者之间的受教育情况、性格特征、人生经历、思维模式和人格特征存在着很大的差异，这些因素也会影响游客对意义体验的判断和满意度的感知，个体差异因素的影响也成为后期研究的重点内容。

本案例的研究对象只适用于《神奇剧本游》这一类型的旅游演艺产品，并不能一概而论地解释现实中多样的旅游演艺项目。旅游演艺的类型丰富，会存在不同的表演形式、舞美设施和主题内容。在今后的研究中，应该注重这些差异因素对本研究模型的影响方式，从而完善模型的内容。

当然，本研究没有全面地考虑游客的旅游动机、接受程度和产品知名度等调节因素，这些因素可能也会影响模型的准确性。

总的看来，本研究结论构建了以叙事传输理论和精细加工可能性理论为基础的模型框架，有利于更深入地理解意义体验对旅游演艺游客满意度影响机制，以及情感反应和认知评价的中介作用，丰富了旅游演艺的理论框架。在实践上，本研究结论一方面可以借助《神奇剧本游》综艺式实景剧本杀这个案例帮助投资商和运营商增加对游客产生意义体验和满意度形成机制的认知，设计合适演艺内容，增强演艺产品的叙事传输能力，从而为游客提供良好的意义体验最终影响游客满意度；另一方面，本研究内容有利于促进旅游演艺产业的转型升级。许多类型的旅游演艺产品更加重视带给游客的沉浸体验，而忽视了意义体验对于游客满意度的影响作用。本研究也许能够帮助提升演艺产品的内容质量和深层次内涵，将沉浸体验与意义体验二者联系起来，提升演艺产品的游客满意度。

诚然，本研究以小签科技旗下的《神奇剧本游》为研究案例，进行意义体验与游客满意度影响机制的分析，但在实地调查和问卷分析的结果中，发现《神奇剧本游》仍存在不足和缺陷。本研究根据该产品的缺点提出了相应的建议，如下：

相较于传统室内剧本杀，《神奇剧本游》实景剧本杀的游客接受程度较低。从理论上看，《神奇剧本游》在具有独特的市场竞争优势的同时具有不可复制性，但从实际的游客反馈情况分析，普遍的参与者还是熟悉传统的室内形式，且仍继续参与。面对这种情况，《神奇剧本游》应该通过抖音、小红书和公众号等自媒体形式进行大范围的营销，将"新旅游、新演艺、新体验"作为演艺产品的 IP，介绍产品的卖点，从而吸引更多的潜在游客。

相较于传统室内剧本杀，《神奇剧本游》实景剧本杀的互动体验较差。这种 VR 实景剧本杀更多地依靠手机中的 VR 动画和线索提示完成项目，这必然会导致参与者之间的沟通交流少，从而互动体验水平低。这就需要提升产品的叙事传输能力，可以设置一些真人 NPC，或者可以准备符合剧本主题的服饰和妆造，让游客能够更加深入理解产品的内容。另外，可以将剧本与厦门特色历史文化、华侨文化结合起来，注重艺术性和故事性的结合，帮助游客产生意义体验，最终影响游客满意度和重游行为。

相较于传统室内剧本杀，《神奇剧本游》沉浸体验的具身感受较差。《神奇剧本游》产品是完全将户外（商圈、景区、科技园）作为活动地点，游客的旅游体验容易受到外界因素的影响，例如：天气、温度、距离等客观因素，降低了游客的沉浸体验满意度。在此基础上，《神奇剧本游》可以将重心逐渐转移到剧情的发展和升华,促进游客产生积极的评价,以及满足游客自我教育、自我发展的需要。在设计内容方面,可以加入欧亨利式结尾,留下悬念。一方面有利于游客出现重游的行为,另一方面也可以引发游客的自我反思和自我思考,更有利于游客产生良好的意义体验。

第七节 研究结论与建议

一、研究结论

本研究根据现有的文献资料总结和探讨了旅游演艺情境结果。主要研究结论如下:

首先,旅游演艺中的意义体验能够积极正向影响游客的满意度。根据梳理过的文献发现,意义体验的基本内涵就是游客在参与旅游演艺项目过程中,通过内省进行深层次的思考,使用意志力透过现象看本质,能够抓住现象背后蕴含的信息和意义。这种意义体验可以持续延伸到游后,是游客满意度的重要来源和途径之一。在旅游演艺行业中,大多数演艺产品仅局限于为游客提供依托于具身体验和情绪感知的沉浸体验,这种体验感受是短暂的,是难以维持的。反观意义体验,其主要是以剧情走向、文化内涵和游客个体主动联结等因素作用于游客满意度的,相较于传统的沉浸体验,意义体验影响程度和实际作用更强。本研究证实了旅游演艺中意义体验对游客满意度的重要作用,反映了提升意义体验成为项目发展和完善过程中的重中之重。同时,本研究也检验了以《神奇剧本游》为例的实景 VR 旅游演艺项目是可以将提升游客意义体验作为项目设计的规划和发展方向,实现提升游客满意度、增加游客重游概率的目的。

其次,意义体验的过程中会同时产生情感反应和认知评价。通过进一步研究,完善和丰富了当前旅游演艺相关文献中的结论，提出在旅游演艺情境下，游客根据情绪态度或体验产生的情感反应路径和根据自身评价和判断而产生认知评价路径，说明意义体验是情感反应和认知评价重要来源。根据数据分析结果可知，意义体验对于二者的影响程度存在着一定的差异，意义体验对认知评价的影响和作用更强。游客在意义体验状态下，会积极主动地与演艺内容建立联系，根据演艺产品所传达出来的思想、价值观产生自己的认知和判断，引发灵魂上的碰撞，从而最终影响游客对于此次游玩行为的满意程度，这就是前面提到的基于中心路径处理信息的结果。结合实际案例来看，游客会随着剧情的推进和主旨的升华，产生相应积极和消极的情绪波动和情感共鸣，最后根据情感的发展影响个体态度。同时也会因为将自己融入到演艺项目的故事背景中，从自身的角度出发产生认知，这也成为未来旅游演艺意义体验发展过程中的重要方向。

再次，游客在意义体验中产生的情感反应影响其对于演艺产品的评价和判断。回顾学者们关于旅游演艺和游客体验的研究结论，可以发现情感因素已经比单纯的物质因素更能促进游客体验。通过对情感因素、游客体验和满意度这几个影响因素的研究发现，情感因素对参与者的感知价值产生真实的影响，其中包括体验评价和产品属性评价。当游客从旅游体验中产生积极的情感时，会提升游客的判断能力和理性思考能力，能够使游客形成积极的评价。最终能够证实在旅游演艺情境下，游客的情感反应对游客的认知评价产生了偏见效应。

最后，在意义体验影响游客满意度模型中，情感反应和认知评价具有加成效应。通过对模型进行中介效应检验，发现意义体验通过情感反应和认知评价均可以影响满意度水平，验证了这两条路径中介效应的真实性。从数据分析的结论可知，意义体验引发认知评价，从而影响满意度的中心路径的间接效应数值大于意义体验诱发情感评价，从而影响满意度的边缘路径的间接效应数值。这一发现说明当游客将自身与演艺内容进行意义联结的同时，会更加注重通过认知评价影响来反映自己的满意程度。

二、不足与展望

本研究仍存在一些不足,未来将会继续就不足之处进行改进。

首先,本研究通过对意义体验与游客满意度等内容的相关论文的总结概括,对存在一定争议的意义体验和沉浸体验,基于叙事模型进行了分析和验证。由于旅游者是独立的个体,每个个体都有自己的价值观、情绪态度、性格特征和社会经验,这就导致了这些内在影响因素可能会影响游客的满意程度。本研究没有考虑到个体的特殊影响因素,仅从大视角进行推理和论断。在未来的研究中,会更加注重人格特征对于意义体验的影响,而不是仅停留在高层级的概述内容。

其次,本研究更加注重分析实景剧本杀这一旅游演艺类型,忽视了不同主题、不同内容和不同形式的演艺项目。其他的旅游演艺类型是否对实景综艺式剧本杀产生调节作用,还需要在后续的研究中进行分析。由此可知,未来可以寻找不同的目标人群、不同的演艺形式来进一步探究意义体验对于游客满意度的影响作用。

再次,本研究在模型的构建和检验过程中,没有全面地考虑调节因素对模型的影响。例如,游客对于旅游产品的熟悉程度决定着人们观看后的积极情绪和评价;旅游演艺的品牌价值和品牌影响力成为人们判断产品质量的重要因素,知名的品牌往往会激发游客的积极期望和自我满足感。所以在之后的研究中,对于游客满意度的边界调节因素的检验还需要更加深入。在旅游演艺情境下产生的沉浸体验和意义体验之间的关系,通过结构模型探究如何将二者紧密结合起来,共同作用于游客的情感反应和认知评价,最终更进一步提升游客满意度。

最后,基于上述的缺陷,研究模型和路径还需要进一步地完善和检验。由于《神奇剧本游》目前刚刚投放市场,还处于发展的初级阶段,所以为了保证研究结论的真实程度和可靠程度,应该更大范围地收集更多的数据,同时通过多视角探究游客满意度的形成机制。

附录　调查问卷

尊敬的女士、先生：

您好！我是厦门大学旅游管理专业的学生。非常感谢您在百忙之中参加此次调查！本研究致力于调查旅游演艺意义体验对游客满意度的影响，完成此问卷大约需用五分钟的时间。所有答案没有对错之分，您的宝贵意见将成为我毕业论文的重要参考依据。此次调查完全匿名进行，不涉及任何个人隐私和商业意义，仅用于科研，请您放心作答。

谢谢您的大力支持！祝您生活愉快，家庭幸福！

第一部分：您参与《神奇剧本游》的感知和体验

序号	测试项目	完全不同意→中立→完全同意
1	参与《神奇剧本游》让我发现了新的事物	1　2　3　4　5　6　7
2	参与《神奇剧本游》让我的视野开阔	1　2　3　4　5　6　7
3	参与《神奇剧本游》让我学习到了新的知识	1　2　3　4　5　6　7
4	参与《神奇剧本游》对我自己很重要	1　2　3　4　5　6　7
5	参与《神奇剧本游》让我感觉有意义	1　2　3　4　5　6　7
6	参与《神奇剧本游》可以更深入地了解旅游地	1　2　3　4　5　6　7
7	参与《神奇剧本游》深化了我对旅游地的认识	1　2　3　4　5　6　7

第二部分：您参与《神奇剧本游》的反应

序号	测试项目	完全不同意→中立→完全同意
1	参与《神奇剧本游》让我很憎恨/喜爱	1 2 3 4 5 6 7
2	参与《神奇剧本游》让我很悲伤/高兴	1 2 3 4 5 6 7
3	参与《神奇剧本游》让我很气愤/开心	1 2 3 4 5 6 7
4	参与《神奇剧本游》让我很紧张/放松	1 2 3 4 5 6 7
5	参与《神奇剧本游》让我很无聊/有趣	1 2 3 4 5 6 7
6	参与《神奇剧本游》让我很忧伤/愉悦	1 2 3 4 5 6 7
7	参与《神奇剧本游》让我很讨厌/喜欢	1 2 3 4 5 6 7
8	参与《神奇剧本游》让我很悲哀/欣喜	1 2 3 4 5 6 7

第三部分：您参与《神奇剧本游》的评价

序号	测试项目	完全不同意→中立→完全同意
1	参与《神奇剧本游》是无用的/有用的	1 2 3 4 5 6 7
2	参与《神奇剧本游》是愚蠢的/明智的	1 2 3 4 5 6 7
3	参与《神奇剧本游》是有害的/有益的	1 2 3 4 5 6 7
4	参与《神奇剧本游》是无价值的/有价值的	1 2 3 4 5 6 7
5	《神奇剧本游》是不完善的/完善的	1 2 3 4 5 6 7
6	《神奇剧本游》是不健康的/健康的	1 2 3 4 5 6 7

第四部分：您观看旅游演艺的整体态度

序号	测试项目	完全不同意→中立→完全同意
1	参与《神奇剧本游》是无用的/有用的	1 2 3 4 5 6 7
2	参与《神奇剧本游》是愚蠢的/明智的	1 2 3 4 5 6 7
3	参与《神奇剧本游》是有害的/有益的	1 2 3 4 5 6 7

第五部分：个人基本信息

1. 您的性别：[单选题]*

○男　　　　　　　　　　　○女

2. 您的年龄段：[单选题]*
○ 18 岁以下　　　　　　　○ 18~25 岁
○ 26~30 岁　　　　　　　○ 31~40 岁
○ 41~50 岁　　　　　　　○ 51~60 岁
○ 60 岁以上

3. 您的月收入 [单选题]*
○ 2000 元及以下　○ 2001~4000 元
○ 4001~6000 元　　　　　○ 6001~8000 元
○ 8001~10 000 元　　　　○ 10 000 元以上

4. 您的学历 [单选题]*
○高中及以下　　　　　　○大学专科
○大学本科　　　　　　　○研究生及以上

5. 您目前从事的职业：[单选题]*
○学生　　　　　　　　　○企事业单位工作人员
○离退休人员　　　　　　○文职/办事人员
○个体　　　　　　　　　○其他 _____*

第十章
游客对增强现实(AR)+剧本类旅游 APP 接受度研究——以《神奇旅行》为例[①]

[①] 本研究由课题组负责人林璧属教授指导的旅游管理专业硕士研究生宋馨雨的学位论文修改而成。

第一节 问题的提出

近年来,受疫情影响,旅游业态发生了急剧的变化:一是逐渐成长为消费主体的 Z 世代旅游者的消费观念发生了巨大的变化,他们已不再满足于游山玩水的观光游;二是世界自然文化遗产地、国家公园、国家重点风景名胜区、国家重点文物等名胜古迹严格执行国家的保护政策,其旅游开发空间和旅游用地越来越少,原有的旅游经营业态很难突破;当地政府和经营者只能向叠加虚拟现实的场景发展,构建一个个沉浸式的体验世界,亦即向沉浸式的虚拟和现实相结合的"元宇宙"方向发展,由此进一步催生新的虚实共生(Virtual Reality)的旅游经营业态,简言之,称之为场景旅游;三是在数字化发展趋势中,各地借助科学技术手段催生了大量的沉浸式体验场景,在元宇宙的影响下,虚实共生的旅游景区如雨后春笋般蓬勃兴起。面对新趋势、新发展、新业态,既产生了新的发展机遇,为文旅产业高质量发展提供了途径与方法,也为可能出现的虚实共生资产的知识产权保护和虚拟资产的估值带来了新难题。

因此,在此发展趋势中,我们发现了新的科学问题:即当前常用的景区旅游经济价值评估对象是以景区有形的旅游资源为基础所形成的门票收入和各类有形资产的经营性收益为计算依据,未来的景区经营新业态中将产生大量的虚拟场景、虚拟旅游和虚拟业态等虚实共生的旅游场景和旅游经营业态,这些完全不同于传统业态的虚实共生业态,是未来旅游发展中的主要产品和重要旅游资产,必将是景区未来经营业态中增值量最大且可能实现无线裂变叠加的全新业态,既带来发展机遇,又不可避免地会出现虚实共生旅游资产纠纷等问题,那么,如何准确地评估景区虚实共生旅游业态的资产价值?这已是一个迫切需要研究解决的现实的科学问题。

针对这一新的科学问题，我们又发现，消费者是否认可这种新的旅游模式，将直接影响这类产品的生命周期，更直接决定其估值。本研究遂以厦门市小签科技《神奇旅行》APP为例，研究其接受度问题。

一、研究背景

（一）现实背景

首先，以Z世代为代表的未来消费群体热衷于个性化的旅游产品，对其进行深入研究方能更好地把握旅游发展趋势。根据2018年人口普查数据，在中国14亿人口中，出生于1995—2009年人口占比达19%，约2.6亿人，由此可见，他们是一个庞大的消费群体，未来十年有着巨大的消费潜力。Z世代性格特质受信息技术、互联网、智能设备产品、数字化产品影响较大，他们的性格主要表现为个性鲜明、见多识广、思想独立、开放包容、理性务实，他们的消费习惯与80后、70后甚至95前都明显不同，他们以兴趣导向消费，看重消费体验，更有品位，接纳消费符号，拒绝奢靡浪费，他们将消费定义从基本的生活需求上升为对生活方式的追求。由于Z世代的父母多是70后、80后，生活条件良好，受到了优质的教育，他们普遍表现为具有良好的创造力和自我表达能力，他们自主学习能力更强，更热衷于自我挑战。对于旅游，Z世代追求与众不同。根据马蜂窝发布的《2021年国庆旅游数据报告》，出游人群中Z世代人群总数占到了约50%，调查显示，这些游客出行喜欢"不按常理出牌"，他们把旅游的过程作为自我展示的窗口，他们会在社交网站上分享自己"很酷"的经历，毫无保留地展现自己行程的"与众不同"，他们喜欢深度探索小众路线，喜欢追求新玩法，喜欢打卡和拍照，作为一名在途的旅游者，他们展现出的可能是与平时工作、学习时完全不同的一面。对于旅游产品，除了吃、住、行等刚需型的旅游产品，Z世代对旅游体验要求更高，对沉浸式体验情有独钟，他们追求的是能否为他们打造新颖玩法、个性化体验、内容不断推陈出新的旅游产品。

其次，满足诗和远方的观光旅游逐步向场景旅游发展，本地社区参与的旅游市场需求持续扩大，"瓤"比"壳"重要的内容营销成为发展的关键。

本地游成为人们日常生活的选择。各地方政府也积极出台了一系列指导政策，倡导旅游从业者挖掘本地旅游资源，拓展本地游市场，用创新玩法、新模式、新技术赋能旅游业，盘活景区资产。发展本地游，内容打造是关键。本地游客一般倾向于前往本地市民生活休闲场所进行游玩，极少会选择去传统景区。本地游客对传统景区来说属于存量客户，如何让存量客户再次前往观光消费，必须从内容和内容的表现形式上进行创新。盘活传统景区，打造新玩法，激活本地存量游客，提高传统景区人流量，内容营销是关键。其中，剧本杀游戏是内容营销成功模式的代表之一。自2017年起逐渐风靡全国的剧本杀游戏受到了当代年轻人特别是Z世代的追捧，根据美团网的数据显示，剧本杀游戏在2021年实现了150亿市场规模。剧本杀游戏令人着迷的最主要原因在于其内容丰富，海量剧本内容千变万化，剧本情节跌宕起伏，玩家可以择一角色进行扮演，与自己的三五好友一起沉浸式地寻找线索，揭开谜题。剧本杀游戏既需要玩家具有一定的知识储备，又考验玩家的表达能力、推理能力、共情能力，同时兼备良好的社交属性，让当代年轻人情有独钟。

再次，移动APP和5G移动互联网快速发展奠定了基础。为满足用户的差异化需求，弥补智能手机出厂时的局限性，移动APP应运而生，它是介于智能手机终端与用户之间的第三方应用。移动APP的种类众多，从即时通信到社交，从购物到餐饮，从学习到决策，从娱乐到旅游，有需求的地方就有移动APP。移动APP有着便捷、高效的特点，移动APP的广泛应用，为各个机构节约了大量的人力成本。据中国互联网信息中心[①]统计，休闲游戏类约占APP总数量的26%，休闲游戏类APP规模的快速增长反映出了当代人对移动APP使用偏好的变化趋势。中国5G发展速度全球领先。移动互联网数据显示，从2013年至2021年，中国的移动互联网用户增长速度经历了从高速到平稳的转变，2021年底，用户数量达11.74亿，大约占中国总人口数量的83%[②]。随人们对移动互联网使用频率不断增加，需求不断升级，高速网络成为了生活的必需品，5G互联网应运而生。5G具有可靠性强、连接性强、覆盖面广、延时性低等独有优势，网速是4G的10倍以上，高速的5G为人们的未来网络世界提供了无限可能性[③]。从2019年起中国5G正式投入商用[④]，中国5G发展速度全球领先。

总的来看，移动APP的普及与5G的快速发展，为以《神奇旅行》为代表的增强现实（AR）+剧本游类旅游APP的持续发展研究奠定了良好的基础条件。

（二）理论背景

首先，在元宇宙浪潮下，科技赋能文旅打造虚实共生沉浸游是大势所趋。2020年，文旅部就提升文旅数字化发展提出要求，指出要开发沉浸式娱乐体验产品，将沉浸式旅游产品应用于城市公共空间（例如景区、历史街区、公园等），全方位地提升文旅业数字化水平。2022年，文旅部针对"5G+文化旅游"提出，推进三维重建等关键技术研发，开发适配5G网络的AR、VR沉浸式体验等应用，鼓励定制、体验、智能、互动等文化和旅游消费

---

① 纵横，雅君，夏蝉，红山，望舒. 2020年度App分类排行［J］. 互联网周刊，2021（03）：24-35+22-23.
② 中国移动互联网流量季度分析报告2020Q3［C］，2020：35-101.
③ Zhihan L, Jaime L, Houbing S. 5G for mobile augmented reality［J］. International Journal of Communication Systems，2022，35（5）：1-12.
④ 唐维红，唐胜宏，廖灿亮. 跨入5G时代的中国移动互联网——《中国移动互联网发展报告（2020）》发布［J］. 中国报业，2020（17）：32-35.

新模式发展，打造沉浸式文化和旅游体验新场景。在文旅元宇宙的具体实践中：旅游景区是载体，提供场景；文化内容是基础，更是核心要素；AR等数字技术是手段，是促进因素；创意与灵感是画龙点睛之笔，是引领要素。科技赋能文旅，提升效果显著。近年来，无论是从旅游基础设计智能化，还是旅游项目表现形式科技化，对实际的旅游体验提升都有显著效果。打造沉浸式文旅体验，更离不开科技的加持。未来，增强现实、虚拟现实、元宇宙等科技元素将为旅游业带来更多创新产品。在5G的基础上，将增强现实技术与文旅业相结合，创新旅游新业态，开发沉浸式的虚实共生的旅游产品是大势所趋。

其次，增强现实技术可通过移动终端实现推广与普及。增强现实技术适合应用于旅游领域。增强现实技术是一种通过多媒体以三维建模的方式，结合跟踪注册等技术，将虚拟信息与景区画面同时通过手机屏呈现给游客。在旅游应用中，增强现实可以将真实世界中不可能出现的内容如历史人物、古代物品，以及当下场景无法满足的内容以虚拟的方式叠加到真实世界中，达到对真实世界的"增强"显示效果。增强现实在旅游领域的应用将为游客带来更加精彩的画面与体验。传统的增强现实技术设备无法实现技术的普及。虽然增强现实技术具有丰富的应用场景，但是一直以来都无法实现民用方面的普及，究其原因，是因为受设备的限制。传统的AR设备通常是指AR头盔或者AR眼镜，这种专业的设备通过将使用者的眼睛完全遮盖，更容易让使用者沉浸其中，可以让人全神贯注地感受"逼真"效果。但是专业的AR设备问题也非常明显，其一就是高昂的价格，由于功能的不兼容性，购买该设备对用户来说是一笔额外的开销；其二就是产品体积较大，不易携带，从而限制了用户的使用范围。智能手机可以实现增强现实技术的普及应用。在智能手机上使用增强现实技术是通过APP向手机摄像头发起任务请求，然后通过卫星定位对用户所在的位置和场景进行识别，根据算法指令将虚拟信息等叠加到手机拍摄中的真实画面中。智能手机可以最大限度地降低用户使用增强现实技术的初始成本。截至2022年3月，中国已经有9.5亿人使用上了智能手机，约占中国总人口三分之二，中国智能手机普及程度已走在世界前列，为增强现实技术在中国进行推广与应用奠定了硬件基础。

再次，《神奇旅行》是增强现实+剧本类旅游APP的典型代表之一。《神奇旅行》是厦门市小签科技开发的一款增强现实（AR）+剧本类旅游APP，从2018年12月起到2022年10月，在不断的推广过程中，结合用户的反馈与需求，产品经过了多轮的迭代提升，从最初的"增强现实（AR）+导览"模式到现在的"增强现实（AR）+剧本游"模式，产品在不断更新和与时俱进中逐渐贴合市场需求。以Iphone的应用软件商店（App Store）数据及用户评价来看，与《神奇旅行》APP类似的产品有"增强现实（AR）+旅游导览+领地游戏"的随便走APP，"增强现实（AR）+导览"的搜蛙APP，"增强现实（AR）+旅游导览+自定义游戏"的爱闯闯APP，以南京园博园为创作背景的"增强现实（AR）+旅游导览"的悦游园博APP，"增强现实（AR）+旅游导览"的灵图游APP，以厦门胡里山炮台为蓝本的"增强现实（AR）+互动小游戏"的文保奇妙夜APP，由上海雪橇网络开发的"增强现实（AR）+故事游"魔法特工APP，相对来说《神奇旅行》的用户群体与用户体验都远超相似产品。

通过与相似产品的对比可见，目前"增强现实（AR）+"类旅游APP普遍存在功能不完善，系统不稳定，未找准市场需求，未明确产品定位等问题，《神奇旅行》也或多或少存在这些问题，很多相似产品在未推广成功之前已经选择放弃开发，而《神奇旅行》通过对产品的不断打磨，已经找到了明确的产品定位。基于对产品未来的良好预期，多家投资公司注资《神奇旅行》，使该产品具有持续的开发能力，截至2022年10月，多人剧本游版本已进入测试阶段。

由此，本研究选取《神奇旅行》APP作为研究案例，因为它既是增强现实（AR）+剧本类旅游APP的典型代表，也是虚实共生文旅的典型代表，现阶段具有不可替代的独特性。

最后，科技＋文旅产品对景区有良好宣传作用，对外地游客有明显引流作用。

全球最大的在线旅游公司 Expedia 曾发布过一个数据，有近80%的游客会因目的地或旅游产品所发布的信息影响他们的出行选择，而游客通常会被信息量大的内容或广告吸引，虚拟旅游无疑可以为游客在线提供关于景区的最大信息量，游客可以通过移动设备在出游之前就进入虚拟的景区、展馆、博物馆等进行游览，就像买衣服前的"试穿"一样，先进行"试游"，从而大大降低真正抵达景区的"落差感"，降低出游试错率。通过虚拟旅游对景区的"试游"，不但可以帮助计划出游者作出决策，还可以吸引潜在出游者产生出游计划。

虚拟旅游在景区宣传方面效果显著，其优势主要体现在：让身处各地的游客以最低的成本提前"前往"景区，体验到不止是全景地图的沉浸式体验，虚拟旅游就像在玩游戏，游戏的场景即是虚拟景区，游客以自身视角在虚拟景区中游走、观赏，甚至可以进行旅游项目的体验。虚拟旅游可以让景区与游客保持持续的联系，进行线上营销，让游客可以足不出户，游遍世界。其优势同时蕴含其最大的劣势，那就是游客可能仅限于线上游玩，放弃前往真实景区。

本案例研究的增强现实（AR）＋剧本类旅游 APP 具有虚拟旅游部分内容，但与虚拟旅游有很大不同，它的虚拟功能实现前提是抵达真实景区，对景区有良好的宣传引流作用。游客虽然不能以第一人称视角提前沉浸式游览景区，但在对剧本游产品的宣传过程中，会结合剧本内容与景区实景融合介绍，特定的景区对应的特定剧本，创造了景区的独特性，以致有提供剧本游的景区比没有提供剧本游的景区形成了差异化优势和独具特色的竞争力。通过产品在各社交媒体上的宣传推广，将吸引全国各地的游客认识景区，了解景区，前往景区，对景区有良好的宣传、推广、引流的作用。

二、研究问题

文旅元宇宙的必经之路是"虚实共生",AR 等技术提供"虚",景区提供"实",再通过某种媒介将"虚、实"进行结合,达到虚实共生的效果。本案例的研究问题从大的概念来说属于旅游 APP、"虚实共生"文旅和景区与目的地管理研究,从需求端出发得出的结论可为供给端提供管理启示。本案例研究的增强现实(AR)+剧本类旅游 APP 是"虚实共生"文旅的典型产品类别,具体以典型产品《神奇旅行》为例,对增强现实(AR)+剧本类旅游 APP 的市场接受度进行研究。围绕着现阶段旅游消费者对"虚实共生"旅游产品的接受程度与影响因素,复购意愿与影响因素等问题,本研究将接受度细分为用户使用前对产品的使用意愿和用户使用后对产品的持续使用意愿,最后对用户使用产品的频次进行分析。

增强现实(AR)+剧本类旅游 APP 功能的实现需实景与虚拟相结合,与以往研究中纯粹的虚拟旅游不同,游客必须抵达景区才能使用其虚拟功能。以《神奇旅行》为例,是一款通过对实景进行复原搭建,形成数字孪生的"神奇地图",以景区历史人文背景为素材创作的剧本为脉络,设计旅游路线,通过增强现实技术提升游客游览体验,实现景区 AR 剧情模式、AR 寻宝模式、AR 导览模式等的"游中"服务型旅游 APP。

在学术界,关于旅游 APP 的使用意愿一直是一个较受关注的研究领域,相关研究较多,理论模型通常采用技术接受模型及其演化升级模型等,研究对象是我们日常熟知的传统类型旅游 APP,如预订类、攻略类、分享类旅游 APP 等,但是作为旅游 APP 的细分产品,即增强现实(AR)+剧本类旅游 APP 暂无相关研究,暂无适用的研究模型,因此,本案例将根据产品特性设计研究两个新模型,分两个阶段实证研究增强现实(AR)+剧本类旅游 APP 的游客使用意愿。

三、研究意义

随着科技的发展，新技术的迭代升级，旅游者的需求更加多元化、个性化，科技赋能旅游，提升旅游品质是大势所趋。近年来，人工智能（AI）、虚拟现实（VR）、混合现实（MR）、增强现实（AR）等技术的应用逐渐广泛，其中增强现实可以通过调动普通的智能手机摄像功能与真实文旅场景中加入虚拟元素，虚实结合，呈现"增强"效果，为旅游APP的创新带来更多契机，赋予传统文旅业更多新生活力[1]。

对文旅业来说，其发展需要不断创新，开发新的旅游体验模式。传统的文旅业，景区主要是围绕着静态的文物、古迹进行导览讲解，缺乏趣味性、体验感和游览深度，对游客黏性小。增强现实（AR）+剧本类旅游APP通过历史人物的虚拟呈现，历史故事的创新演绎等功能，创造了旅游体验新模式[2]，有助于解决传统文旅景区游客引流难、停留时间短、主动消费少等痛点。

对旅游APP开发者来说，在传统的旅游APP竞争激烈的环境下，预订类、攻略类、分享类等旅游APP已在各自的领域有成熟稳定的市场份额，后来者需要做出差异化、推陈出新。增强现实（AR）+剧本类旅游APP则是一种旅游APP的差异化产品。

对产品受众来说，增强现实（AR）+剧本类旅游APP是一种现有旅游消费的升级选择和个性化选择[3]，通过本研究可以发现游客看重此类产品哪些要素，从而有针对性地进行产品设计优化，以使游客需求得到满足。

---

[1] Shih N-J, Diao P-H, Chen Y. ARTS, an AR Tourism System, for the Integration of 3D Scanning and Smartphone AR in Cultural Heritage Tourism and Pedagogy [J]. Sensors, 2019, 19 (17): 3725.

[2] Ger A, Cf B, Na B. Effects of mixed-reality on players' behaviour and immersion in a cultural tourism game: A cognitive processing perspective [J]. International Journal of Human-Computer Studies, 2018, 114: 69-79.

[3] Basir A, Abdullah M H L, Zakaria M H. User Experience Guidelines of Augmented Reality Application for Historical Tourism [J]. International Journal on Advanced Science, Engineering and Information Technology, 2022, 12 (3): 1196-1025.

对学术研究来说，本案例对增强现实（AR）+剧本类旅游APP的用户首次使用意愿与持续使用意愿的研究模型分别进行了创新，研究方法上也做出了一定的创新。研究对象符合当下文旅发展趋势，拓展了研究领域，学术结论更具现实意义。

（一）理论意义

从理论意义来说，本研究具备以下理论意义：

首先，构建旅游APP首次使用意愿的研究新模型。本研究根据增强现实（AR）+剧本类旅游APP的产品特点，将心理学中的自我决定理论的三个方面（自主性、胜任性、归属性）和相关研究引入到旅游学领域中，将个体胜任属性、个体归属需求、个体自主驱动作为调节变量测量各潜变量与用户首次使用意愿间的影响关系。通过对文献的梳理与阅读，笔者发现之前对首次使用意愿的研究大多是停留在个人感知作用层面，很少有对个人感知形成因素进行研究。因此，本研究通过将外部因素与个人内部主观能动性进行结合，对用户的首次使用意愿进行分析，在一定程度上丰富了心理学在旅游产品市场接受度研究方面的适用范围，对旅游APP的传统研究模型进行了一定的拓展与创新。

其次，构建旅游APP持续使用意愿的研究新模型。本研究根据增强现实（AR）+剧本类旅游APP的特性，以使用与满足理论、沉浸理论为基础，将需求满足、感知沉浸纳入持续使用意愿的研究模型，研究需求满足、服务质量、感知沉浸、价值权衡四个潜变量对用户持续使用意愿的影响关系。笔者发现以往相关研究中大多是针对传统旅游APP功能和特性进行研究，多是对系统安全、系统质量、系统满意度方面的研究，对产品内容方面的研究较少。增强现实（AR）+剧本类旅游APP涉及在不同场景、不同人文背景下创作的剧本故事，产品内容质量的高低对用户的持续使用意愿影响密切。不同于传统旅游APP，增强现实（AR）+剧本类旅游APP的设计思路是以满足文旅产业提升游客沉浸式消费体验为目标，因此用户在使用过程中是否能感知沉浸对用户的持续使用意愿有相关性。因此，本研究构建了持续使用意愿研究新模型，以适应此类产品的研究，在一定程度上丰富了旅游APP市场接受度研究的模型，拓展了使用与满足理论、沉浸理论的适用范围。

最后，丰富了游中旅游APP的研究和虚实共生文旅方向的研究。本案例所研究的增强现实（AR）+剧本类旅游APP属于游中阶段旅游APP，"游中"指的是旅游者在到达旅游目的地后，游览旅游目的地的过程。游中阶段旅游APP旨在为处于游览过程中的游客提供服务、提供解决方案、提升游客体验等。以往学者关于旅游APP的研究缺乏对游中阶段旅游APP的研究，因此，本研究可以在一定程度上丰富对游中旅游APP的研究。增强现实（AR）+剧本类旅游APP属于"虚实共生"文旅范畴，是传统文旅模式的创新，"虚实结合"文旅的大胆尝试，符合"文旅元宇宙"的发展方向，能够为后续的相关研究提供参考。

（二）实践意义

本研究具有以下实践意义：

首先，丰富了"虚实共生"文旅趋势下具体应用的调查案例。"文旅元宇宙"正在让文旅行业从观光购物游升级到文化体验深度游，打造"文旅元宇宙"的目标就是增加景区客流量、延长游客旅游时长、提升游客满意度、提高游客主动消费意愿、增强景区对游客的黏性。"文旅元宇宙"的必经之路是"虚实共生"，以《神奇旅行》为例，增强现实（AR）+剧本类旅游APP正是"虚实共生"文旅的典型代表产品。目前，"文旅元宇宙"[①]有三层框架模式，分别是数字孪生模式、在地创新模式、虚实共生模式。数字孪生模式即将现有的景区和展示标的通过数字化处理，打造出一个一模一样的在线版本，就像孪生兄弟一样，让游

---

① 石培华，王屹君，李中.元宇宙在文旅领域的应用前景、主要场景、风险挑战、模式路径与对策措施研究［J］.广西师范大学学报（哲学社会科学版），2022，58（04）：98-116.

客可以在线游览，足不出户体验景区和产品，是初级阶段的产物；在地创新模式即将科技与文化相结合，打造科技元素的文化旅游产品，丰富在地旅游文化内容的演绎，主要体现为赋能传统景区表演；虚实共生模式即将数字技术生成的图像叠加在真实的景区场景中，做到虚实共生，增强文化体验感受，是目前的重点发展方向。本案例研究的增强现实（AR）+剧本类旅游APP即属于"文旅元宇宙"的三层框架模式中的虚实共生模式，研究这种模式被市场认可与接受程度，游客在这种模式下对产品的使用强度、频度、难度，对供需双方很有价值。

其次，游客对增强现实（AR）+剧本类旅游APP的接受度研究结论对此类产品改进、提升、市场推广具有指导意义。本研究通过首次和持续使用意愿模型设计调查问卷，分别对使用前游客和使用后游客进行调查取样，再以结构方程模型对样本进行实证分析，系统性地研究各潜变量对游客使用前的首次使用意愿和使用后的持续使用意愿的影响程度。本案例的研究结果将对《神奇旅行》后续的优化和改进方向以及市场推广提供可行性建议，并对增强现实（AR）+剧本类旅游APP提供普适性的建议，对具体产品以及整个行业具有一定的参考价值。

最后，游客对增强现实（AR）+剧本类旅游APP的接受度研究结论与建议对相关从业者有借鉴意义。本研究采用跟踪调查法对三个月内的《神奇旅行》用户进行跟踪调查，将仅只使用过1次《神奇旅行》的用户与使用过2次及以上的用户进行区分，来观察三个月内选择再次使用《神奇旅行》的用户比例（即产生了持续使用行为的用户比例）和各潜变量的变化程度。通过游客对产品的真实使用情况和使用意愿来反映游客对此类产品的接受度以及关注点，研究结论对想要采用增强现实（AR）+剧本类旅游APP提升游客体验的相关从业者有一定的借鉴作用，助力相关从业者为游客提供更好的旅游产品和服务。

四、研究方法

为了系统性地对增强现实（AR）+剧本类旅游 APP 的市场接受度进行研究，本研究分为游客首次使用研究和持续使用研究两个部分，即使用前研究与使用后研究。笔者在阅读大量文献的基础上，将之前学者对相关领域的研究进行了梳理、总结，针对本案例研究的对象与研究问题，分别就使用前与使用后提出了相对应的研究模型与研究假设。在设计好调查问卷后，通过分阶段、分人群问卷调查的方法对样本数据进行收集，后用结构方程法、方差分析等方法进行数据分析，得出最终的结论并找出存在问题，最后通过与行业从业者和相关专家的探讨提出对策建议。具体研究方法如下：

①文献研究法。通过对前辈学者对该领域及相关领域的研究成果做大量的查询与阅读，总结现有研究的不足与局限性。同时查阅与本案例研究旅游产品类型相似的其他产品相关研究以及心理学相关著作，总结提出研究模型与研究假设。

②调查分析法。本案例在具体的实证研究中主要采用调查分析法，首先通过渠道发放、网络发放、面对面发放、跟踪发放等方式，收集本案例研究数据样本，分别将首次使用意愿问卷和持续使用意愿问卷有针对性地向使用前用户和使用后用户进行发放。在向使用前用户发放时，对产品及价格进行充分的介绍，保证回收的问卷质量达标。网络发放指的是通过朋友圈、微信群进行发放，再通过朋友的朋友进行扩散发放，网络发放主要是针对未使用过《神奇旅行》的潜在用户进行发放。渠道收集指的是通过《神奇旅行》开发者的客户渠道，由其运营管理部通过微信进行一对一的问卷发放，主要是针对使用后用户进行发放；面对面发放，指线下问卷发放，笔者通过打印问卷二维码的方式在鼓浪屿向游客进行问卷填写邀请，在填写前向游客介绍产品，主要也是针对未使用过《神奇旅行》的潜在用户进行发放；跟踪发放指的是笔者组织 30 人体验产品，并在两个月后、三个月内进行一对一的问卷发放。问卷收集完成后用描述性统计分析法对数据进

行测算并对结果进行分析。

③结构方程模型分析法。本研究采用国内外学者普遍认可结构方程模式分析法对样本数据进行分析。分别设计了使用前和使用后用户使用意愿模型并对模型进行了评估，后依次对样本数据进行信效度检验、路径分析、调节变量分析、频率方差分析等，最后对测算结果进行总结和分析。

五、研究框架

本研究框架如下：

问题提出分为这几个部分：研究背景、研究问题、研究意义、研究方法、研究框架、技术路线、研究创新。研究背景分为几个话题：一是移动 APP 和 5G 移动互联网快速发展；二是增强现实技术（AR）可通过移动终端实现推广与普及；三是本地游市场需求大，内容营销是关键；四是科技赋能文旅打造实景沉浸游是大势所趋；五是 Z 世代热衷于个性化的旅游产品。研究问题是对本研究的对象、拟探索的问题进行介绍。研究意义分别从理论和实践两个角度进行介绍。研究方法主要是介绍三个研究方法。研究框架是将本案例的研究计划和研究步骤进行系统罗列与展示，将本研究的框架结构进行介绍。研究创新对本研究的创新点进行介绍。

文献综述分为四个部分：接受度研究、增强现实技术（AR）研究、剧本旅游研究、旅游 APP 研究。分别将这几个领域的研究成果进行梳理和介绍，按照时间顺序进行排序，对既有使用的研究方法进行借鉴与学习，总结研究中存在的不足，从而确定本案例研究的方向与研究模型的搭建。

理论基础分为五个部分，分别为概念界定部分和四个理论基础。概念界定部分分别对增强现实（AR）+ 剧本类旅游 APP、首次使用意愿、持续使用意愿、持续使用行为进行定义，以便于读者理解本案例所要研究的对象与目标。理论介绍部分分别从理论起源、概念、演变、内涵、组成部分等方面将本研究所用理论进行描述,为后文的研究假设做好铺垫。

首次使用意愿影响因素分析。本节是对未使用过《神奇旅行》的游客进行使用意愿影响分析。在本章研究中,笔者通过研究假设、研究模型、问卷设计、调研过程、数据分析、总结六个步骤进行论述。研究假设,笔者对本节模型所涉及的四个核心变量(社会影响、价值权衡、个体创新性、绩效期望)以及三个调节变量(个体自主驱动、个体胜任属性、个体归属需求)进行描述,并对它们之间的影响关系进行假设。研究模型部分,笔者根据研究对象的产品特性,结合整合技术接受模型、自我决定理论设计了一个首次使用意愿分析模型。问卷设计部分,从设计思路开始介绍了整个问卷的结构,并展示了具体题项。调研过程部分介绍了发放方式与渠道和收集结果。数据分析部分,笔者介绍了数据收集后对其信度、效度的检验,采用结构方程分析的过程以及最终得出的结果,并对首次使用意愿数据分析结果进行总结与简要分析。

持续使用意愿影响因素分析。本节就游客对《神奇旅行》使用后的持续使用意愿进行分析。在这节中,笔者通过研究假设、研究模型、问卷设计、调研过程、数据分析、总结六个步骤进行论述。研究假设,笔者对本节模型所涉及的四个核心变量(需求满足、服务质量、价值权衡、感知沉浸)进行描述,并对它们之间的影响关系进行假设。研究模型部分笔者根据研究对象的产品特性设计了持续使用意愿分析模型。问卷设计、调研过程、数据分析等与第四章相同。

总结与建议分为三个部分,在总结部分中本研究分别总结了以《神奇旅行》为例,游客首次使用增强现实(AR)+剧本类旅游 APP 和持续使用增强现实(AR)+剧本类旅游 APP 各变量间关系及其对使用意愿的影响程度等结论;在对策建议部分中笔者根据研究结论提出了有针对性的对策,并提出了行业研究启示;在不足与展望部分中笔者提出了三个局限性问题以及相对应的后续可以继续研究的展望。

从研究方法来说，本研究除了常用的调查分析法、结构方程分析法以外，将采用实操性较强的跟踪调查法对游客进行使用前首次使用意愿至使用后持续使用意愿与使用频次的全流程跟踪调查与分析，更加准确、客观地对游客使用增强现实（AR）+剧本类旅游 APP 的意愿、强度、难度进行分析。

第二节 文献述评

一、接受度研究

关于接受度研究一般是指市场、用户接受度研究，研究对象多是新技术、新产品、新商业模式等。接受度研究一般会结合具体研究对象的特点，设计不同的外部变量、调节变量来研究各潜变量对用户接受度的影响强弱程度。研究模型大多是以技术接受模型作为基础模型，结合研究对象特点对变量进行调整，形成新的模型；少数会采用计划行为理论模型、信息系统成功模型等进行研究。对接受度大小的衡量多以用户对某一新生事物，或新应用场景主观接受意愿强弱程度和间接促成的使用行为进行衡量。

（一）按研究模型分类

1. 以技术接受模型为基础模型的接受度研究

曾婧基于整合技术接受模型Ⅱ（UTAUT2），设计出移动语言学习用户接受度研究模型，研究用户对移动语言学习的接受度[①]。陈坚等以整合技术接受模型（UTAUT）为基础，通过各因素与乘客乘车意愿之间的影响关系来研究乘客对无人驾驶公交的

---

① 曾婧.基于UTAUT2模型的移动语言学习用户接受度研究［J］.外语电化教学，2019（06）：16-24.

接受度[1]。王钰彪等直接引用整合技术接受模型（UTAUT）对中小学教师对机器人相关教育方式接受度进行研究，采用了性别、年龄、教龄和教师对机器人等技术的掌握程度作为调节变量，研究结果显示教师对机器人相关技术的掌握程度仅对社会影响有差异性，不同教龄的教师在绩效期望上有显著差异，促成条件对接受度影响最为显著[2]。胡畔等以技术接受模型为基础，研究中小学生对数字教材的接受度及影响因素[3]。最终研究结果发现中小学生对数字教材的接受度取决于数字教材整体结构的科学性、功能完整性、感知有用性、易用性的综合评价，对用电子产品学习的使用经验也对接受度产生一定的正向影响。李世瑾等通过整合技术接受模型（UTAUT）、结构方程模型、差异检验等方法，研究中小学教师对人工智能（AI）赋能教育的接受度，结果显示在四个调节变量中，性别调节不明显，学历、经验、教授科目对接受度起正向调节作用[4]。景鹏等基于技术接受模型，模拟了两个场景测量老年人对自动驾驶技术的接受度，通过态度、感知有用性、信任和感知风险几个变量测量老年人对自动驾驶汽车接受度的影响因素关系，研究结果发现对老年人来说，信任对接受度影响显著性最强，感知有用性的影响作用最弱，而对行人来说，信任的影响效果最弱[5]。孙龄波等以技术接受度模型为基础，研究乘客对无人驾驶出租车的接受度[6]。高索芬等基于技术接受模型，研究北京

---

[1] 陈坚,李睿,傅志妍.基于UTAUT的无人驾驶公交乘客接受度模型[J].交通运输系统工程与信息,2019,19(06):38-44.
[2] 王钰彪,万昆,任友群.中小学教师机器人教育接受度影响因素研究[J].电化教育研究,2019,40(06):105-111.
[3] 胡畔,蒋家傅.中小学生对数字教材的技术接受度及其影响因素研究[J].现代远距离教育,2019(04):77-83.
[4] 李世瑾,顾小清.中小学教师对人工智能教育接受度的影响因素研究[J].现代远距离教育,2021(04):66-75.
[5] 景鹏,王伟,吴麟麟.老年人对自动驾驶汽车接受度研究[J].中国公路学报,2021,34(06):158-171.
[6] 孙龄波,唐秋生,游宇.基于改进TAM的无人驾驶出租车接受度研究[J].铁道科学与工程学报,2022,19(06):1540-1549.

市驾驶员（用户）对纯电动出租车换电技术的接受度，研究结果显示外部影响因素中驾驶员的接受度排序为内燃机汽车、充换模式电动车、纯换模式电动车，目前用户对换电技术的接受度还是远低于传统汽车的接受度[1]。

2. 以其他模型作为基础模型的接受度研究

张长海等以计划行为理论模型，设计大学生慕课接受度模型，通过调查分析法进行实证研究[2]。赵建民等整合了计划行为理论和任务技术适配模型，对高校教师对混合教育接受度进行研究[3]。顾小清引用信息系统成功模型与技术接受模型的结合模型，采用模拟评估法研究移动学习的接受度[4]。温惠英等采用相关分析和交叉分析法，以累积概率的有序多分类 Logistic 模型研究出行者对互联网公路的接受度[5]。

（二）按研究对象分类

1. 以新型教育模式作为研究对象

主要研究成果有：顾小清研究用户对移动学习的接受度，张长海等研究大学生慕课接受度[6]，曾婧研究用户对新型移动语言学习的接受度[7]。胡畔等研究中小学生对数字教材的接受度[8]，赵建民

---

[1] 高索芬, 郝瀚.北京市纯电动出租车换电技术用户接受度研究[J].汽车安全与节能学报, 2022, 13（01）：176-185.

[2] 张长海, 焦建利.地方高校大学生慕课接受度影响因素研究[J].中国电化教育, 2015（06）：64-68+91.

[3] 赵建民, 张玲玉.高校教师对混合式教学接受度的实证研究——基于DTPB与TTF整合的视角[J].现代教育技术, 2017, 27（10）：67-73.

[4] 顾小清, 付世容.移动学习的用户接受度实证研究[J].电化教育研究, 2011（06）：48-55.

[5] 温惠英, 梅家骏.出行者对"互联网+公路客运"接受度特性研究[J].重庆交通大学学报（自然科学版）, 2018, 37（10）：100-109.

[6] 张长海, 焦建利.地方高校大学生慕课接受度影响因素研究[J].中国电化教育, 2015（06）：64-68+91.

[7] 曾婧.基于UTAUT2模型的移动语言学习用户接受度研究[J].外语电化教学, 2019（06）：16-24.

[8] 胡畔, 蒋家傅.中小学生对数字教材的技术接受度及其影响因素研究[J].现代远距离教育, 2019（04）：77-83.

等[1]研究教师对混合教学的接受度,许丽丽等[2]研究职业高校学生对网络学习接受度,李中旗研究高校师生对可视化教育平台接受度[3],任平等研究学生对高职创新课堂的接受度[4],王义保等研究疫情间大学生对在线教学接受度[5],李世瑾等研究中小学教师对人工智能(AI)赋能教育的接受度[6]。

2. 以新型驾驶技术及交通模式作为研究对象

此方面主要研究成果有:温惠英等研究互联网+公路客运的接受度[7],陈坚等研究乘客对无人驾驶公交接受度[8],李振龙等研究驾驶员对车路协调系统的接受度[9],景鹏等研究老年人对自动驾驶的接受度[10]。高索芬等研究电动车换电技术接受度[11]。

3. 以用户对手机 APP 使用意愿作为研究对象

主要研究成果有:陈颖等以技术接受模型为基础,研究展商

---

[1] 赵建民,张玲玉.高校教师对混合式教学接受度的实证研究——基于DTPB与TTF整合的视角[J].现代教育技术,2017,27(10):67-73.

[2] 许丽丽,朱德全.职业院校学生网络学习空间接受度的实证研究[J].清华大学教育研究,2019,40(06):109-116.

[3] 李中旗,文灿,高士娟,文朝阳.高校师生对可视化教学支持平台的接受度研究[J].现代教育技术,2021,31(05):97-103.

[4] 任平,郭清瑶.高职创新创业课程学生接受度影响因素研究——基于技术接受模型的视角[J].职教论坛,2021,37(05):49-56.

[5] 王义保,王天宇,刘卓,李居超,刘星雨.疫情期间大学生在线教学接受度调查研究——以江苏某大学为例[J].现代教育管理,2021(05):100-106.

[6] 李世瑾,顾小清.中小学教师对人工智能教育接受度的影响因素研究[J].现代远距离教育,2021(04):66-75.

[7] 温惠英,梅家骏.出行者对"互联网+公路客运"接受度特性研究[J].重庆交通大学学报(自然科学版),2018,37(10):100-109.

[8] 陈坚,李睿,傅志妍.基于UTAUT的无人驾驶公交乘客接受度模型[J].交通运输系统工程与信息,2019,19(06):38-44.

[9] 李振龙,邢冠仰,李佳,赵晓华,张靖思.基于扩展TAM的车路协同系统驾驶人接受度研究[J].中国公路学报,2021,34(07):188-200.

[10] 景鹏,王伟,吴麟麟.老年人对自动驾驶汽车接受度研究[J].中国公路学报,2021,34(06):158-171.

[11] 高索芬,郝瀚.北京市纯电动出租车换电技术用户接受度研究[J].汽车安全与节能学报,2022,13(01):176-185.

和观众对展会APP的接受度[①]，王孟孟等通过文献研究、深度访谈、问卷调查法，研究老年人对短视频学习APP的接受度[②]。

二、增强现实技术（AR）在旅游业应用的研究

国内关于增强现实技术（AR）的研究相较于国外起步较晚，早期研究主要集中于工业制造方面的维修、医疗手术方面的演示教学、各领域的培训教育、休闲娱乐游戏等领域，近年来，开始更多地转向关注古迹的复原、数字化文化遗产保护、文化旅游景区的体验提升、非物质文化遗产的展示与传播等。

增强现实技术（AR）在文化遗产类旅游中的应用。迭科（Dieck）等以技术接受模型和霍夫斯泰德文化为基础，以系统质量、感知有用性、感知易用性、信息质量、使用成本、感知风险、个体创新性、评价系统和便利性九个变量的关系，研究增强现实在城市历史文化遗产中的应用被游客接受程度，以主题分析、田野调查等研究方法得出所有变量都对使用意愿具有显著影响，该研究扩展了技术接受模型主要变量之外的其他影响使用意愿的因素变量[③]。

增强现实技术（AR）在不同国家的应用对比。李（Lee）等以技术接受模型的变量结合个人主义、权利距离、不确定性规避、男性化社会四个调节变量，通过结构方程的研究方法得出，在韩国和爱尔兰不同国家的不同文化背景下，各个变量对增强现实（AR）持续使用的影响程度不同[④]。研究发现爱尔兰社会相对

[①] 陈颖.基于科技接受模型理论的展会APP接受度及前置因素分析[J].商业经济研究，2018（05）：183-186.

[②] 王孟孟，曾凡桂.基于用户接受度的老年人短视频学习APP设计研究[J].包装工程，2022，43（04）：203-209.

[③] Dieck M C T, Jung T. A theoretical model of mobile augmented reality acceptance in urban heritage tourism[J]. Current Issues in Tourism, 2015, 21（2）：154-174.

[④] Tussyadiah I, Inversini A. Information and Communication Technologies in Tourism 2015 ‖ Examining the Cultural Differences in Acceptance of Mobile Augmented Reality: Comparison of Korea and Ireland[J]. 2015, 10.1007/978-3-319-14343-9（Chapter 35）：477-491.

于韩国社会更加偏重于男性化社会,韩国相对于爱尔兰对不确定性规避的倾向更高,爱尔兰相对韩国更偏向于个人主义社会。

增强现实技术(AR)在博物馆的应用。周波等通过将技术意愿与技术接受模型进行结合,研究新技术给游客带来的缺乏安全感、不舒适感、对技术意愿的创新性、对技术意愿的乐观性、对新技术的感知有用性与感知易用性几个变量对游客关于增强现实技术(AR)的态度及其旅游意向的影响,他们以故宫博物院(故宫博物院是国内较早使用增强现实技术(AR)的景点,有比较成熟的应用场景,增强现实技术(AR)主要应用在文物的修复、历史场景再现、游客交互体验等方面)作为研究对象,主要以问卷调查的方式与结构方程分析方法进行实证研究,最后得出的结论是游客对增强现实技术(AR)的态度对使用意愿有显著的影响,呈现正相关性,增强现实技术(AR)有助于提升游客的游览意愿[1]。戴克清等通过对故宫博物院衍生的相关科技产品的研究,以及相关文献资料的总结,对相关旅游者与从业者进行访谈与问卷调查,结合层次分析方法,设计出旅游产品(增强现实技术类)的开发条件模型,并且总结出了增强现实(AR)类旅游产品应该具备三个开发条件,分别是资源、保障、产品,以及相关的六个成功要素:一是产品本身资源价值(必要条件),应首先准确识别出该旅游场景的核心价值点,才能将增强现实技术(AR)与之有效结合;二是产品的相关保障体系,一款成功的科技旅游产品离不开多个相关主体的密切配合,如果单一地将增强现实技术(AR)应用在产品上而没有其他模块功能的互动,也必定会是一款不实用的失败产品;三是产品的市场接受度,产品的功能与市场的接受度息息相关,科技含量再高、服务再好的产品,如果市场没有与之相符合的使用意愿与接受能力,也是无法

---

[1] 周波,周玲强,吴茂英.智慧旅游背景下增强现实对游客旅游意向影响研究——一个基于TAM的改进模型[J].商业经济与管理,2017(02):71-79.

维持产品生存[①]。

增强现实技术（AR）在旅游地图中的应用。吴榕华等研究了将增强现实技术应用于旅游地图游戏功能开发的案例，举例说明了借助增强现实技术实现旅游地图综合应用系统开发，实现增强现实景区、增强现实导航、增强现实游戏、电子解说等功能，简单介绍了相关系统开发的实施路径与关键技术，最后介绍了系统研发的测试效果与市场分析以及增强现实技术在旅游 APP 中的开发应用前景[②]。姚孺婧研究分析了增强现实技术在位置叙事中的应用，研究分析了增强现实技术在位置叙事应用中的优势，增强现实技术在位置叙事应用中的可实现性以及对市场前景的展望进行描述，比较清晰地说明了游客对位置叙述应用的需求和增强现实技术在旅游地图中发挥的作用[③]。

对增强现实技术（AR）产品与用户交互方式的研究。王嘉琪等[④]采用实验法和访谈法研究分析了游客在使用移动增强现实旅游产品过程中与设备的交互方式以及游客性别差异对游客情绪和设备操作容易程度的影响，结果显示在使用移动增强现实旅游产品或设备过程中，与设备交互方式对产品的操作容易度产生显著影响，其中触摸型的交互方式游客反馈体验感最好，设备易操作程度最高，从而引发的游客情绪愉悦度和对产品支配度最高；空中手势和基于设备的交互方式在游客操作方面、情绪影响方面的表现都弱于触摸交互。

增强现实技术（AR）在具体旅游产品中的应用。柏佳瑶等[⑤]

[①] 戴克清，陈万明.增强现实型科技旅游产品开发的条件模型及评价——以故宫博物院为例[J].贵州社会科学，2019（07）：142-149.

[②] 吴榕华，阮嘉俊，詹坤展，胡奕纯，卢嘉裕，杨晋吉.基于增强现实技术的游戏旅游地图系统开发[J].现代计算机（专业版），2018（18）：80-84.

[③] 姚孺婧.增强现实在位置叙事中的应用——以旅游地图中民俗建筑再现为例[J].海南热带海洋学院学报，2020，27（04）：111-115.

[④] 王嘉琪，陈嬿，杭璐.交互方式与性别差异对旅游增强现实用户体验的影响研究[J].图书情报工作，2021，65（17）：117-130.

[⑤] 柏佳瑶，赵嘉栋，段锋，孙启星，何鎏.一款基于增强现实技术的"再现长安城"旅游 APP［J］.电脑知识与技术，2019，15（09）：194-196.

介绍了一款还在开发阶段的基于增强现实的旅游APP《再现长安城》，产品在展现大唐长安城的历史风貌同时，利用增强现实技术加入一些娱乐元素，再现当年的一些人文历史场景，在一定程度上丰富了游客出游的趣味性和便捷性。陈均亮等[1]以案例分析的方式介绍了以南音为对象的一款增强现实互动旅游系统的设计思路，作者分析了游客喜好的变化与非物质文化遗产传播模型创新的趋势，在设计中融入了提升游客沉浸感、交互、体验感、参与感的元素与功能。

三、剧本游研究

剧本游是近两年才兴起但增长迅猛的商业模式、新业态，其主要形式是指将"剧本杀"模式与"旅游"相结合，是一种纯"线下"的旅游模式。剧本游以景区、民宿、街区、博物馆、房车等为场景载体，围绕特定剧本开展沉浸式旅游体验，截至目前相关的学术研究还非常少，目前可以查阅的文献资料主要以报刊新闻、行业评论为主。

对剧本游的评论与展望：吴丽云[2]总结了剧本杀与旅游融合的四个关注点：一是注意旅游消费场景开拓。剧本与旅游结合可以拓宽传统剧本杀游戏的应用场景和体验场所，形成新旅游消费场景。二是注意高质量的剧本内容。剧本旅游的核心还是剧本，高质量剧本是剧本旅游持续发展的基石。三是注意整合上下游产业链。剧本旅游应从剧本开发创作到游客体验剧本游形成产业链的闭环，并结合旅游餐饮、纪念品等相关业态，形成产业生态圈。四是注意在监管下规范化发展。剧本旅游作为新兴事物，发展速度快，行业需加强规范化管理，避免劣币驱逐良币。

---

[1] 陈均亮，王荣海，陈柏言.虚拟与增强现实互动旅游系统的设计与实现——以非物质文化遗产南音为例[J].软件工程，2021，24（05）：47-50.
[2] 吴丽云：深化剧本杀与旅游融合需重点关注四个方面[N]，2022-04-06.

四、旅游 APP 研究

（一）旅游 APP

不同的旅游 APP 分别可以帮助游客进行游前、游中、游后的各阶段服务，例如旅游前帮助游客形成规划，提供旅游攻略查询、旅游信息查询、机票酒店预订、金融保险等；旅游中帮助游客查询路线，提供景区服务与导览，帮助游客丰富体验、加强互动社交等；游后给游客提供分享平台、评价系统、交流社区等。

旅游 APP 大致分为以下几类：

1. 预订类

这类产品在旅游 APP 中属于刚需型产品，旅游者出行必须提前安排好的就是住、行两大事项，主要代表性 APP 有携程旅行、Airbnb 爱彼迎、穷游、途牛旅游、途家民宿、同程旅行、艺龙旅行等，预订型的旅游 APP 商业模式清晰，最早是在电脑网页端起家，后来随着移动终端的不断发展拓展到移动手机端，其本质是属于机票、火车票、酒店、民宿等旅游相关业务的专门类别电子商务平台，面对的客户既有消遣型的游客，也有商务型旅客，有稳定的合作伙伴与商业生态环境，属于旅游 APP 中最主流的板块。

2. 工具类

这类产品一般多种功能叠加或者专注于单一功能，目前单一功能的 APP 较多，例如 iTranslate Converse 语音翻译，用于实时对话翻译，解决出行的语言交流问题；飞常准，是一款专业的航班查询软件，用于旅途中合理规划时间；一嗨租车，专业提供租车服务，解决旅途中自驾车的租用问题；世界迷雾，记录旅行者走过世界的每一个角落，每到一个地方打卡即可获得勋章。多种功能叠加的工具型软件旅游 APP 相对比较少，并且成功的不多，例如随便走，这款软件是 AR 导航叠加智能定位功能，用手机摄像头扫描四周，实现 3D 导航，周围的美食、电影、景点、公交、酒店等信息就会出现实景展示，并且与商家进行合作，可以直接在地图上进行下单支付。

3. 导览类

这类产品主要是针对游中游客在具体某个景区内部使用的导览需求设计，一般有提供景点地图、路线推荐和语音讲解功能。例如颐和园语音导游APP，通过GPS与景区导览技术为游客提供专业的语音讲解、文字介绍、路线导游和地图功能，解决了雇专业导游价格昂贵的问题，轻松实现随时随地电子导游讲解。类似的APP还有悦游园博、口袋导游、美景听听、故宫语音导游等。本研究的《神奇旅行》从广义上讲也包含导览类旅游APP的功能。

4. 分享攻略类

这类产品主要是通过旅游者在旅游结束后在个人主页上以游记的方式图文并茂地分享自己的旅游经历，从而为后来的旅游者提供攻略，主要的代表性APP有马蜂窝、穷游锦囊、小红书、大众点评、去看看（游记手账）、游侠客、KKday等。

（二）旅游APP研究

目前对旅游APP的研究多集中于对旅游APP大类的研究，细分领域旅游APP的研究相对较少。总结来看，旅游APP研究主要方法以接受模型为基础，再结合具体研究对象建立新模型，采用结构方程模型进行数据分析。研究目标主要是用户对旅游APP的使用意愿。

1. 对用户一般使用意愿的影响因素研究

旦（Dan J K）等通过技术接受模型，以用户信任感与感知风险程度作为主要变量，研究用户进行网上消费意愿的影响因素，结论显示网站信誉与声誉以及网站所提供的内容质量都对用户信任感有强烈影响[1]。杨（Young）等将技术接受模型作为基础模型，

---

[1] Dan J K, Ferrin D L, Rao H R. A Trust-Based Consumer Decision-Making Model in Electronic Commerce: The Role of Trust, Perceived Risk, and Their Antecedents [J]. Decision Support Systems, 2008, 44 (2): 544-564.

将用户的动机按享乐性与功利性进行分类，分别以用户使用动机和用户认同感作为变量研究用户使用意愿。潘澜以智慧旅游作为背景，通过结构方程模型对感知有用性、满意度、服务质量、信任对用户持续使用意愿进行研究，研究结果显示各潜变量均对持续使用意愿有显著正向影响，服务质量的影响程度最为显著[1]。转换成本作为调节变量对三个变量起到正向的调节作用。作者建议开发者走精品路线，不要打价格战。

2. 地图导览类旅游 APP 使用意愿的研究

卢（Lu）等以技术接受模型为基础，研究游客对地图导航类 APP 使用意愿，得出产品兼容性、用户期望满足程度均对游客对地图导览类旅游 APP 使用意愿有较大影响[2]。赖（Lai）通过整合技术接受模型各原始变量增加信息有效性变量，对游客对导航类旅游 APP 使用意愿进行测量，通过调查分析和结构方程的研究方法得出各变量除了娱乐性均对使用意愿有显著的正向影响[3]。

3. 对旅游 APP 系统界面的研究

潘澜用实验法对设计好的四种旅游 APP 信息系统进行检验，分别对信息质量和信息系统的影响程度进行检验，结果显示，信息质量和信息系统对旅游 APP 来说缺一不可，二者两全其美才能留住用户[4]。

4. 游客对新技术使用意愿研究

黄（Huang）以技术接受模型为基础，结合自我决定理论中的"胜任"、"自主"两个内在因素，研究游客对旅游+虚拟技术

---

[1] 潘澜，林璧属，方敏，陈梅. 智慧旅游背景下旅游 APP 的持续性使用意愿研究 [J]. 旅游学刊，2016，31（11）：65-73.

[2] Lu J, Mao Z, Wang M, Hu L. Goodbye maps, hello apps? Exploring the influential determinants of travel app adoption [J]. Current Issues in Tourism, 2015, 18（11）: 1059-1079.

[3] Lai, Kw I. Traveler Acceptance of an App-Based Mobile Tour Guide [J]. Journal of Hospitality & Tourism Research, 2015, 39（3）: 401-432.

[4] 潘澜. 旅游 APP 系统交互对用户使用意愿的影响研究——基于用户体验的实验 [J]. 中国管理信息化，2019，22（18）：161-167.

的使用意愿[①]。以五个变量通过实验法、调查分析法和结构方程的研究方法得出对旅游+虚拟技术的使用意愿影响程度排序是自我管理、感知有用性、关联性,文章对如何更好地理解虚拟技术等新技术应用于旅游业发挥了一定启示作用。

五、研究述评

通过对以上四个研究方向文献的整理与总结,发现存在以下不足:

首先,在接受度研究方面:在以往关于市场接受度的研究中,研究对象集中在对新技术、新科技、新模式的接受度研究,关于 APP 接受度的研究很少,更没有针对增强现实(AR)+剧本类旅游 APP 接受度的研究。从研究的深度来看,大多数接受度研究都比较浅,只是从社会层面对潜在用户的使用意愿(首次与持续性)进行衡量,没有研究用户的使用意愿是否真正转化为使用行为。用户具有持续使用意愿并不能完全代表用户会产生持续使用行为,因此这方面的研究尚不充分。在研究模型的选择上,技术接受模型是被广泛选择使用的模型,对新技术、新科技、新模式的研究来说非常适用,但是多数研究的模型还是相对简单,缺乏多个理论之间的结合,对最后研究结论的解释力度有一定程度的不足。

其次,在增强现实技术应用研究方面:关于增强现实技术应用的研究涉及的领域相对比较分散。增强现实技术作为一种新兴技术,可以与多种场合、多种设备进行结合,实现多种用途,现有的研究主要是从技术应用的角度介绍增强现实技术的应用前景和设计思路,而目前增强现实技术在旅游 APP 应用方面的研究还非常少。由于增强现实技术还未实现大范围的普及,用户规模很小,因此,由于样本收集难度较大,关于增强现实技术的市场接

---

① Huang. Exploring the Implications of Virtual Reality Technology in Tourism Marketing: An Integrated Research Framework [J]. International Journal of Tourism Research,2015, 18(2):116-128.

受度研究也比较欠缺。另外，增强现实技术应用于剧本游类旅游APP的研究目前还没有。

再次，在剧本游研究方面：从国内来看，关于剧本游的研究目前可以查阅的文献资料非常有限，大多数都是传媒杂志、报刊上以新闻的方式呈现，相对比较有深度的文献是关于剧本游的评论文章。从国外来看，目前没有查阅到关于剧本游研究的学术论文。由此可见，关于剧本游方面的学术研究目前还有一定的空白。

最后，在旅游APP研究方面：以往的旅游APP研究中使用的模型都相对简单，理论基础一般是采用技术接受模型及其演化升级模型，创新性有限，测量的结果具有一定的局限性。在个体感知变量的设计中，对产品的有用性、易操作性、信任度、趣味性、风险性是常用的衡量标准，但是对这些内容变量形成的内在动机研究较少，缺少个体内在驱动因素对个体感知的影响分析。以往对于旅游APP的研究几乎都是围绕着传统旅游APP进行整体大类别的研究，针对某一种细分功能的旅游APP进行研究的较少，更没有针对增强现实（AR）+剧本类旅游APP在国内市场接受度的研究，因此，这方面的研究存在一定程度的空白。

第三节　理论基础

通过对增强现实（AR）+剧本类旅游APP概念进行分解与介绍，根据产品特性与游客心理选取相关理论作为理论基础，并对所选理论在与本研究对象有相关性领域的研究进行梳理。

一、概念界定

本研究涉及的概念有增强现实（AR）+剧本类旅游APP、首次使用意愿、持续使用意愿和持续使用行为。

（一）首次使用意愿

本研究的首次使用意愿指的是游客在未使用过增强现实（AR）+剧本类旅游APP《神奇旅行》前，通过图文、视频介绍对这款APP有一个初步的了解后，对首次尝试使用这款软件的意愿，这表现为一种用户的心理状态，可能会转化为实际行为。

（二）持续使用意愿

本研究的持续使用意愿指的是游客在首次使用过增强现实（AR）+剧本类旅游APP《神奇旅行》后（即至少使用了1次），通过对这款APP的真实使用感受与体验效果进行评估后，继续使用软件的意愿，这表现为一种用户的心理状态，可能会转化为实际行为。

（三）持续使用行为

本研究的持续使用行为指的是游客在首次使用过增强现实（AR）+剧本类旅游APP《神奇旅行》后，在对服务质量、需求满足、价值权衡、感知沉浸几个方面感到比较满意并产生了持续使用意愿的基础上，再次或多次使用该软件的行为（即至少使用了2次及以上），这个概念不仅表现为用户的一种心理状态，还表现出了实际行为。

二、关于虚拟旅游

关于以往虚拟旅游的研究方向[①]主要总结为以下几个方面：

关于虚拟旅游应用研究。首先是出于景区营销目的网页版、移动终端的虚拟旅游，表现为游客可以"足不出户"在线游览景区，通过在线景区的游览，吸引游客实地旅游；其次是虚拟现实（VR）、增强现实（AR）等技术在酒店管理中的应用，表现为

---

① 赖勤,钱莉莉,应天煜,陈业玮.虚拟旅游研究综述——基于Scopus数据库的文献计量与内容分析[J].旅游科学，2022,36(01)：16-35.

酒店客房内的 3D 设施，订房环节的线上虚拟预览，服务环节的在线互动等；然后是虚拟技术（VR、AR）在博物馆的应用，表现为历史场景的虚拟呈现，利用可穿戴设备为游客进行互动、讲解、导览等服务，与游客进行游戏互动等。

关于虚拟旅游与实地旅游间的关系研究。首先是探讨虚拟旅游是否会取代实地旅游；其次是实地旅游相比虚拟旅游具有哪些不可替代性；然后是二者如何更好的结合，互相补充。

关于虚拟旅游体验研究。主要是围绕着游客的硬件体验、服务体验、心理感受、使用意愿、体验差异等来研究。

关于虚拟旅游的研究理论要从供给研究和需求端研究来分别探讨：

①供给端主要是以案例分析的方法进行定性描述，一般没有与理论结合也没有对应的研究方法，多是在介绍讨论新技术在具体场景的应用。

②需求端则多是研究游客（用户）使用感受、技术接受评价、产品接受程度、个体感受差异等，使用的理论及模型主要有：技术接受模型、沉浸理论（心流理论）、创新扩散理论、享乐理论等，个别研究使用了自我决定理论、临场理论等。

从研究方向和研究对象来看，增强现实（AR）+ 剧本类旅游 APP 与以往虚拟旅游的研究方向和研究对象有显著差别，以往研究中的理论与方法并不适用于本研究，因此笔者将以增强现实（AR）+ 剧本类旅游 APP 的典型代表产品《神奇旅行》为抓手，分析其产品特性，选取更加契合的研究理论，以构建更加适用的研究模型。笔者先对《神奇旅行》的开发者进行了访谈，对产品的基本情况进行调研，随后采用专家评分法选取了相对合适的模型与理论。下文将分别对笔者选取的模型与理论进行介绍。

三、整合技术接受模型

整合技术接受模型（简称 UTAUT）最早是 2003 年由文卡泰什（Venkatesh）和戴维斯（Davis）研究提出的，之所以称之为

"整合",是因为它是从技术接受模型不断演化且整合多种理论后形成的集合体,在整合了这些理论和模型后,将变量集中表现为四个核心维度和四个调节变量[①]。绩效期望(PE)是指用户感觉某个软件、系统或某项技术对他及他所做的事情的帮助程度,其类似于技术接受模型中的感知有用性;努力期望(EE)指用户顺利使用某个软件或系统所需要花费的精力和努力程度,其类似于技术接受模型中的感知易用性[②];社会影响(SI)是指用户在使用某个软件或系统时(前)受到周围人群的影响程度,主要包括主观规范、社会因素和公众形象三方面;便利条件(FC)是指用户在顺利使用某个软件或系统时得到的来自组织的和其现有技术的支持程度。

由于整合技术接受模型整合了各个模型和理论中的核心部分[③],克服了传统单一理论和模型的局限性与不足,算是一个比较完善的关于用户对新技术、新产品、新软件等的使用意愿的研究理论模型。经过大量的实证检验后得出该模型能够对使用意愿及使用行为进行比较充分的解释,其解释力度可以达到70%。

随着研究的不断深入和新产品的不断涌现,整合技术接受模型也根据新的研究对象不断改造,扩充了变量和研究范围,使模型能够适用更多场景。2012年,文卡泰什等又提出了整合技术接受模型Ⅱ(UTAUT2),在原有的UTAUT模型的基础上又增加了三个变量。其中享乐动机(HM)是指用户使用某个软件或系统所感受到的愉悦和快乐感;价格权衡(PV)是指用户使用某个软件或系统的时候对感受到的价值与其所支付的价格之间的权衡;习惯(HB)是指用户形成的对某个软件或系统惯性行为的程度。

通过对相关文献的查阅,暂无整合技术接受模型(UTAUT)

---

① 陈渝,杨保建.技术接受模型理论发展研究综述[J].科技进步与对策,2009,26(06):168-171.
② 韩啸.整合技术接受模型的荟萃分析:基于国内10年研究文献[J].情报杂志,2017,36(08):150-155+174.
③ 张培.技术接受模型的理论演化与研究发展[J].情报科学,2017,35(09):165-171.

在增强现实（AR）+剧本类旅游APP及相似方向的研究案例。与本研究相关性较大的有UTAUT在APP和智慧旅游服务平台方面的研究。关于UTAUT在APP方面的研究，刘劲达以UTAUT模型为基础，设计了线上办公APP影响因素模型，经调查分析和数据分析结果表明：努力期望对使用意愿影响不显著，其余变量均有正向影响[①]。张坤以TTF与UTAUT理论结合研究用户使用旅游APP的影响因素，得出任务与技术匹配度影响绩效期望，进而影响使用意愿，因此要重视用户任务需求开发[②]。关于UTAUT在智慧旅游服务平台方面的研究。梁太鑫以UTAUT模型研究了旅游信息平台的影响因素，在传统变量如绩效期望等变量基础上新增了变量，即产品与服务权威性，并显示对游客使用意愿有正向影响[③]。徐若然以UTAUT为基础研究UGC类智慧旅游平台，通过对杭州、南京等四个城市的问卷调查结果表明除感知风险外，其余变量均正向影响使用意愿[④]。综上可见，整合技术接受模型（UTAUT）在以往研究中关于旅游方面的研究应用很少，暂无在虚实共生旅游方面的研究，主要是关于传统旅游APP和线上旅游服务平台方向的研究，通常是在原有变量基础上增加一到两个变量形成一个新的研究模型。

四、使用与满足理论

使用与满足理论（Use and Gratifications Theory，U&G）研究起源于20世纪40年代，是美籍以色列社会学家伊莱休·卡茨（Elihu Katz）首次提出的，该理论在传播学领域应用较为广泛，

[①] 刘劲达，李全喜，王珺.基于UTAUT模型的线上办公APP用户使用行为影响因素研究[J].情报科学，2020，38（09）：49-55+68.

[②] 张坤，张鹏，张野.基于UTAUT和TTF理论的旅游APP用户使用影响因素及行为研究[J].企业经济，2016（09）：150-156.

[③] 梁太鑫，刘世峰.基于UTAUT模型的旅游信息服务平台用户使用意愿研究[J].情报科学，2022，40（02）：162-168+176.

[④] 徐若然.UGC类智慧旅游服务平台用户使用行为探究——基于UTAUT模型[J].经济与管理研究，2021，42（06）：93-105.

它主要是从受众（用户）的角度出发，整合了心理学、社会学等学科知识与理论，分析用户在使用媒介时的心理动机和相关需求满足程度[①]。该理论将用户看作有特定需求的个体，由于不同个体之间存在差异，不同个体在选择媒介的时候是为了满足其不同的需求，通过这种需求的满足从而影响个体对媒介的选择和使用意愿。该理论从时间上划分，经历了两个时期：20世纪六七十年代以前，被称为是"传统"时期，这个时期主要研究个体在使用媒介时其动机或需求是什么，其结论是个体接触媒介、使用媒介的动机是为了满足信息获取需求、娱乐需求、社交需求等；20世纪六七十年代以后，被称为是"现代"时期，这个时期主要研究个人需求、内在动机、使用行为之间的相互作用，个人的需求主要表现为内容需求（获得信息、知识等）、情感需求（美好或愉悦的体验）、社会需求（强化与周围人的接触互动）等。关于使用与满足理论在APP使用意愿方面的研究不多，并且暂无在虚实共生旅游方面的应用，下面进行举例。

关于使用与满足理论，国内文献暂无在增强现实（AR）+剧本类旅游APP以及旅游领域的应用。该理论与本研究相关的应用主要有在APP方面、内容消费方面和网络社交方面的应用。关于使用与满足理论在APP方面的应用，王茜利用使用与满足理论框架，分析用户使用运动类社交APP的动机，得出结论显示社交动机最为显著[②]。邓仲华以使用与满足理论研究读书APP的书籍分享行为，在理论基础上增加了形象调节变量影响用户满足间接影响分享行为[③]。任卓异基于使用与满足理论，总结引用满意度、黏

[①] 张慧.问题与边界：关于使用与满足理论的思辨[J].当代传播，2019（06）：47-50.

[②] 王茜.社交化、认同与在场感：运动健身类App用户的使用动机与行为研究[J].现代传播（中国传媒大学学报），2018，40（12）：149-156.

[③] 邓仲华，王博雅，李立睿.社会化阅读中的书目分享行为研究——以移动阅读APP为例[J].图书馆论坛，2015，35（08）：90-98.

性、用户参与变量对移动 APP 使用意愿进行分析[1]。关于使用与满足理论在内容消费方面的应用,陶程成等通过使用与满足理论研究发现社交需求、认知需求和自我展示需求对用户对短视频的持续使用意愿有显著性影响,而娱乐需求只对内容消费行为有显著影响,对内容生产行为没有显著影响[2]。李华莹以使用与满足结合传媒相关理论,对以内容来创业的 APP 生产机制进行研究,总结出其传播的特征[3]。关于使用与满足理论在网络社交方面的应用,代婷婷等基于使用与满足理论选取了社交满足、阅读体验作为研究维度,研究了图书 APP 的发展现状,提出优化建议[4]。陆洪磊等基于使用与满足理论,研究用户使用短视频 APP 的动机,围绕社交动因进行探讨[5]。

五、自我决定理论

自我决定理论(简称 SDT)是在大约 1980 年由美国罗切斯特大学心理学家德西·爱德华(Deci Edward L)和瑞恩·理查德(Ryan Richard M)等首次提出的[6],它是一种过程理论,它对人们自我决定行为产生的动机与过程进行探讨[7],重点研究人的行为在自我决定方面的强弱程度。自我决定理论将人们做某件事的动力

---

[1] 任卓异,姜凌.价值感知、用户参与对APP持续使用意愿的影响[J].企业经济,2020(04):91-98.

[2] 陶程成,朱立冬.移动短视频App用户持续使用意愿影响因素研究——基于使用与满足理论[J].洛阳师范学院学报,2020,39(08):34-39.

[3] 李华莹.新媒体环境下内容创业类APP的生产与传播模式研究[J].中国编辑,2018(10):66-71.

[4] 代婷婷,沈祥胜.基于阅读体验和社交满足的图书APP发展现状与对策[J].图书馆理论与实践,2018(04):24-27.

[5] 陆洪磊,黄一洋.用户使用短视频社交平台的影响因素[J].青年记者,2019(33):43-45.

[6] 马培艳,张瑞林,李凌.自我决定理论视角下驱动持续性滑雪消费的动机研究[J].天津体育学院学报,2018,33(06):485-491.

[7] Nikou S A, Economides A A. A model for Mobile-based Assessment adoption based on Self-Determination Theory of Motivation [C]. International Conference on Interactive Mobile Communication Technologies & Learning, 2014:86-90.

划分为外部动机和内部动机[①]，其中内部动机，就是指人们在做某件事的过程中，是发自内心的愿意去做[②]；外部动机是指人们在做某件事是出于外部环境的压力，比如是为了获得某种利益或者是为了避免某种惩罚。其核心理论是基本心理需求理论，提出个体内部动机主要来自于人们的三大天生的心理需要，分为三个维度：自主、胜任、归属，由于个体间天然存在差异，则不同个体在这三方面也存在明显差别，从而对个体行为的影响程度也会不同。自主是指个体在从事某件事项的过程中，可以自主决定事情安排的程度。胜任是指个体在做某件事感觉自己能够展示出才能，能够发挥出作用，对自己能够达到某一个高度有充分自信的程度。归属是指个体从属于其他个体或团体的安全感，期望自己能够归属于某个团体，并尊重团体的意见。关于自我决定理论在使用意愿与动机方向的研究，马培艳[③]用自我决定理论研究滑雪消费的动机，以不同层面的动机来解释滑雪消费层面的动机和滑雪情感层面的动机。通过实证发现，内在动机对滑雪持续行为起主要作用，外在动机对内在动机起促进作用，在滑雪的持续情感方面，内在动机与外在动机均起到显著作用。

关于自我决定理论，以往的研究暂无在增强现实（AR）+剧本类旅游APP以及虚实共生旅游领域的应用，与旅游相关的应用目前也非常少，其应用主要集中在用户行为动机的研究。关于自我决定理论在用户动机方面，高海利分别从自主、胜任、归属三个方面分析个体身体素养发展的动机关系，得出结论显示需要从

[①] 简云龙，刘源.动机的结构与效应：基于动机连续体的视角[J].心理科学进展，2022，30（07）：1589-1603.

[②] Assadi V, Hassanein K. Consumer Adoption of Personal Health Record Systems: A Self-Determination Theory Perspective[J]. Journal of medical Internet research, 2017, 19（7）：e270.

[③] 马培艳，张瑞林，李凌.自我决定理论视角下驱动持续性滑雪消费的动机研究[J].天津体育学院学报，2018，33（06）：485-491.

三个方面进行良好的搭配，三者具有同等的重要性①。关磊通过自我决定理论和学习投入理论，建立图书馆信息翻转课堂学习影响因素模型，结构方程验证结果显示：心理需求、自主学习动机、翻转课堂教学质量均显著正向影响学习投入②。关于自我决定理论与旅游相关的应用，赵丽君等研究了基于自我决定理论的背包客自我身份认同影响因素③。涂红伟等研究了基于自我决定理论的旅游业一线工作人员退缩行为与游客不当态度之间的影响关系④。王晓蓉等通过自我决定理论以及其他相关理论研究旅游体验分享的相关影响因素，对游客体验分享动机进行了剖析⑤。

六、沉浸理论

沉浸理论是1975年由匈牙利籍心理学家米哈里·契克森米哈（Mihaly Csikszentmihalyi）首次提出的，又名心流理论⑥，该理论的提出可以较好地解释人们在进行某些活动或事项时，将精力高度集中于事项本身，过滤掉其他与事项本身不相关的思想和意识，在这种高度集中注意力的过程中，人们产生了强烈的愉悦感受和充实感觉⑦。沉浸感对于个体来说是一种积极的情绪体验，处于沉浸状态的人完全关注其正在参与的活动本身，心无杂念，全

---

① 高海利，卢春天，张葆欣，陈保学.身体素养发展的自主性动机生成的理论探究——基于自我决定理论的分析［J］.西安体育学院学报，2021，38（03）：307-314.

② 关磊.图书馆信息素养翻转课堂学习投入和学习效果模型研究——以自我决定理论和学习投入理论为视角［J］.图书馆工作与研究，2021（02）：56-67+112.

③ 赵丽君，陈钢华，胡宪洋.背包客身份认同对主观幸福感的影响［J］.浙江大学学报（理学版），2022，49（02）：249-260.

④ 涂红伟，江梓铭.旅游业顾客不当对待与一线服务员工工作退缩行为——基于基本心理需要满足视角［J］.旅游学刊，2022，37（03）：121-133.

⑤ 王晓蓉，彭丽芳，李歆宇.社会化媒体中分享旅游体验的行为研究［J］.管理评论，2017，29（02）：97-105.

⑥ Zhou, Tao. The effect of flow experience on user adoption of mobile TV［J］. Behaviour & Information Technology, 2013, 32（1-3）: 263-272.

⑦ Zhang X, Pablos P O D, Wang X, Wang W, Sun Y, She J. Understanding the users' continuous adoption of 3D social virtual world in China: A comparative case study［J］. Computers in Human Behavior, 2014, 35: 578-585.

身心地投入活动中，享受活动的过程。沉浸理论以沉浸体验为基础，沉浸体验是指人们在参与一项活动时所感受到的一种十分积极的情绪体验，处于沉浸体验中的人会感受到其自我意识、行为与活动情形、内容融为一体，具体表现为注意力高度集中、感到时间飞逝、感知愉悦等。用户的沉浸感越强，则身心越愉悦，持续使用产品的意愿也越强[1]。以整合技术接受模型为基础，再结合沉浸理论，适合研究沉浸体验科技型产品的市场接受度[2]。

关于沉浸理论大多应用于个体内在动机与教学领域的研究，目前暂无在增强现实（AR）+剧本类旅游APP以及虚实共生旅游方向的研究，与本研究相关的主要是在用户使用意愿方向的应用。关于沉浸体验与用户使用意愿关系的研究：张红霞等研究指出沉浸作为内在动机能有效提高使用意愿，超越现实、享受乐趣是促进沉浸形成的重要因素，社会交际、自我效能是提升使用意向的重要动机[3]。徐娟等研究提出沉浸体验可以直接或者间接地通过提升满意度从而影响用户的使用意愿和使用行为[4]。丁怡琼研究指出沉浸体验对用户对旅游平台使用意向产生正向影响，在沉浸体验的前因变量中，生动性对沉浸体验的影响最强，信息质量对沉浸体验的影响弱[5]。总结来说，在使用旅游产品过程中，特别是对基于网络的旅游产品使用过程中，沉浸体验可以为用户带来高峰体验的感觉，能让用户忘记烦恼和时间，产生愉悦感和充实

---

[1] Alwahaishi S, Snasel V. Consumers' Acceptance and Use of Information and Communications Technology: A UTAUT and Flow Based Theoretical Model [J]. Journal of Technology Management and Innovation, 2013, 8（2）: 61-73.

[2] Faroqi A, Pribadi S A, Lathif M. Exploring Online Shoppers' Acceptance of Electronic Marketplace Using UTAUT and The Flow Theory [J]. Journal of Physics: Conference Series, 2020, 1569（2）: 1-6.

[3] 张红霞, 谢毅.动机过程对青少年网络游戏行为意向的影响模型[J].心理学报, 2008, 40（12）: 1275-1286.

[4] 徐娟, 黄奇, 袁勤俭.沉浸理论及其在信息系统研究中的应用与展望[J].现代情报, 2018, 38（10）: 157-166.

[5] 丁怡琼.在线旅游平台用户行为意向研究[J].旅游研究, 2019, 11（06）: 82-95.

感，这种感觉越强烈，用户继续使用产品的意向也会越强烈。换言之，感知沉浸是提升用户使用意愿的内在动力，用户在进行某项活动中感受到的沉浸感越强烈，使用意愿转化为实际使用行为的可能性也越大。

通过对增强现实（AR）+剧本类旅游 APP 概念的明晰，此类产品特性的分析，用户心理与动机的分析，以及对以上理论在有相关性领域研究的梳理，最终选取以上理论作为本研究的理论基础来研究游客对此类产品的接受度。

第四节　首次使用意愿研究

一、研究假设

（一）绩效期望

绩效期望（Performance Expectancy，PE）是指用户感觉某个软件或者系统对他和他所做的事情的帮助程度，该变量用来衡量用户对某个产品、技术或服务的预期期望值的高低。当这个期望值增高，则用户接受这个新产品的意愿也相应增高。增强现实（AR）+剧本类旅游 APP《神奇旅行》是一款新产品，那么游客在对产品功能进行初步了解但还没有实际使用之前，游客会对产品给自己的出行带来的用处、帮助、效率提升等事项进行评估，当游客对这款产品的绩效期望越高，则游客选择尝试使用这款产品的意愿也越强烈。而绩效期望高表示游客对产品的预期非常好，在未使用产品之前内心已经给产品打了良好的分数，觉得花钱购买产品并花时间使用是有价值的，值得的。关于绩效期望变量在旅游方面的研究在本章第三节整合技术接受模型部分已经介绍，绩效期望非常适合衡量用户对一款软件或系统的态度，游客对产品绩效期望越高，则游客对产品的价值权衡也越高。

假设 A1：绩效期望对首次使用意愿呈显著正向影响。
假设 A2：绩效期望对价值权衡呈显著正向影响。

（二）社会影响

社会影响（Social Influence，SI）是指用户在使用某个软件或系统时（前）受到周围人群的影响程度。以往有较多关于社会影响在使用意愿方面的研究，研究对象涉及各个领域，崔馨玥等[1]研究全自动驾驶汽车中社会影响对感知收益的内部影响，将受访者分组进行实验，研究特定群体中社会影响的影响程度。王保乾等通过社会影响变量研究共享电动汽车的用户使用意愿[2]。张庆杰以社会影响作为变量之一研究用户对人脸识别支付的接受度。万君以 UTAUT 模型为基础以社会影响作为变量之一研究移动互联网的用户意愿影响因素[3]。

每个人都会受到来自社会环境的影响，但是由于个体的差异，每个人受社会影响的程度不同，这里的社会影响则是来衡量个体受社会影响的程度高低。在本研究中，由于增强现实（AR）+剧本类旅游 APP《神奇旅行》是一款新产品，采用了增强现实技术（AR）配合剧本来给游客提供一种全新的服务，对绝大多数人来说是十分陌生的，面对这种完全没接触过甚至没听说过的产品，社会影响对其首次使用意愿可能会有比较明显的影响。当周围的人中有人介绍使用该产品，或者周围有越来越多人开始尝试使用该产品，那么个体对产品的首次使用意愿则越高。而社会影响高也会影响绩效期望升高，当用户周围的社会关系对一款产品作出积极的评价，并且推荐邀请用户尝试使用，则用户很容易对这款产品产生较高的期望值，即口碑效应。

---

[1] 崔馨玥，赵胜川.考虑细化用户群体的全自动驾驶汽车使用意愿［J］.大连理工大学学报，2022，62（05）：476-484.
[2] 王保乾，邵志颖.基于修正UTAUT模型的共享电动汽车市场用户意愿研究［J］.软科学，2018，32（11）：130-133+144.
[3] 万君，郭婷婷，吴正祥.基于UTAUT模型的消费者移动互联网业务使用意愿影响研究［J］.资源开发与市场，2015，31（10）：1224-1227.

假设 A3：社会影响对首次使用意愿呈显著正向影响。

假设 A4：社会影响对绩效期望呈显著正向影响。

（三）个体创新性

个体创新性来自于创新扩散理论，它是指由于个体对新生事物态度的差异性，则对新生事物的接受程度会呈现显著的不同。每款新产品问世，都会有一批人先行尝试使用，他们对新产品的不确定性持较大的包容态度，而随着这些"先行者"的体验、反馈与产品技术的不断改进提升，则会有越来越多的人加入使用。个体创新性源自个体先天的性格差异，对个体在新产品、新技术的首次尝试使用意愿中有显著的影响。关于个体创新性在使用意愿方面的研究，邓子豪通过个体创新性等变量研究患者对移动医疗服务的使用意愿[1]。高雁等以个体创新性等变量研究用户对公共图书馆内设置创客空间的使用意愿[2]。赵保国等将个体创新性作为一个外部因素，研究其对感知有用等变量的影响程度，进而研究各变量对使用意愿的影响[3]。通常来说，创新性高的个体，对未知事物探索的欲望会更加强烈，对新生事物的包容性也更大、期望更高，对新产品、新技术有更加强烈的尝试欲望。

假设 A5：个体创新性对绩效期望呈显著正向影响。

假设 A6：个体创新性对首次使用意愿呈显著正向影响。

（四）价值权衡

在首次使用意愿的模型中，价值权衡是指游客在使用产品前，预期产品带来的价值与其实际需要支付的价格成本之间的权

---

[1] 邓子豪,陈志锋,曾淼坤,邓朝华.武汉市患者移动医疗服务使用意愿及影响因素研究[J].中国卫生统计,2020,37(02):206-209.

[2] 高雁,盛小平.公共图书馆创客空间用户使用意愿影响因素实证研究[J].图书情报工作,2018,62(09):89-96.

[3] 赵保国,勾建康.互联网社交借贷用户接受行为影响因素研究[J].北京邮电大学学报（社会科学版）,2016,18(05):43-53.

衡。关于价值权衡在使用意愿方向的研究中，曾婧基于UTAUT2与使用统一理论，将价值权衡和享乐动机作为外部因素影响绩效期望与使用习惯，综合分析不用专业、年龄、经验的用户在日语移动学习方面的接受度影响因素[①]。本研究中的价值不仅包含金钱方面的价值，还包含了时间成本。当游客在有限的空闲时间内面对多种的出行选择时，如果产品让游客感觉值得花费时间去尝试，则表现为价值权衡较高；如果产品让游客感觉不值得花费时间去尝试，则表现为价值权衡较低。当游客对产品的预期价值低于其实际需要支付的价格成本时，游客对产品会感到"不值得"，其使用意愿将显著降低；当游客对产品的预期价值接近或者高于其实际需要支付的价格成本时，游客对产品会感到"值得"，其使用意愿将显著升高。因此，本研究假设价值权衡会对首次使用意愿有显著的正向影响。

假设A7：价值权衡对首次使用意愿呈显著正向影响。

（五）个体自主驱动、个体胜任属性和个体归属需求

在本研究中，笔者将个体自主驱动、个体胜任属性和个体归属需求作为模型中的调节变量。这三个调节变量取自基本心理需求理论（自我决定理论的基础理论）中的个体三大内部动机：自主（Autonomy）、胜任（Competence）、归属（Relatedness）[②]。关于自我决定理论在使用意愿方面的研究，张建民等以自我决定视角，将自主、胜任、归属几个内部属性引申为创客的个体特质，即自主定向、控制定向、集体定向，来研究用户对创客空间的使用意愿[③]。孟猛等以自我决定理论为基础，引申出移动社交媒体的内部动机即感知自主性、感知关系性和感知胜任性，研究用户各

[①] 曾婧.基于UTAUT2模型的移动语言学习用户接受度研究［J］.外语电化教学，2019（06）：16-24.

[②] 高海利，卢春天，张葆欣，陈保学.身体素养发展的自主性动机生成的理论探究——基于自我决定理论的分析［J］.西安体育学院学报，2021，38（03）：307-314.

[③] 张建民，陈雅惠，李亚玲.众创空间用户持续使用意愿形成机理：基于自我决定理论的一个研究框架［J］.科技管理研究，2020，40（04）：232-238.

内部动机对使用意愿的影响程度[1]。王冰等选取自我决定理论填充其理论框架中的认知系统与结构系统、关系系统共同作用于社交网络依恋,进而影响用户对移动社交的使用意愿[2]。

自主是指个体能够感知到自己做出的行为是出于自己自愿的、发自内心的,是由自我来决定的,不受他人影响的,即个体的行为是出于自愿且能够自我掌控的。本研究将自主的概念引申为个体自主驱动,即游客在决定使用增强现实(AR)+剧本类旅游APP《神奇旅行》时,是出于自愿的选择,不受他人的影响,可以自行掌控的程度,具体表现为游客感觉到使用《神奇旅行》的自主程度,时间、频率支配自由等。个体自主驱动高的人对自己的行为有更高的自我掌控要求,行事更希望自主做决定,不易受到他人意见的左右,社会影响对其使用意愿影响较弱;个体自主驱动低的人对自我决定、自我掌控的要求较低,对于决策更多表现出一种"随大流"的态度,更容易跟随他人的意见行事,社会影响对其使用意愿影响较强。

胜任是指个体在从事某项活动时感觉自己是有效的,感到自己所参与的活动能够表现自己的才能,对自己的能力能够达到一定高度或相信自己能够胜任一项任务的信念。增强现实(AR)+剧本类旅游APP《神奇旅行》这款旅游APP的特色既包含了新技术,又包含了各式各样的剧本内容,想完整地体验该产品必须要将剧本中的"案件"侦破或破解"谜题"。本研究将胜任的概念引申为个体胜任属性,个体胜任属性高的人,对《神奇旅行》这类新兴产品所带来的"挑战"会持一种积极的态度,在游玩过程中解决难题会给他们带来胜任的满足感,个体胜任属性越高,则其对新产品的绩效期望越高;个体胜任属性低的人,更加不愿意进行自我挑战,他们更倾向于停留在"舒适圈"内,对《神奇

---

[1] 孟猛,朱庆华.移动社交媒体用户持续使用行为研究[J].现代情报,2018,38(01):5-18.

[2] 王冰,吴剑琳,古继宝.基于自我决定理论的社交网络用户持续使用影响因素研究[J].大连理工大学学报(社会科学版),2017,38(04):74-80.

旅行》这类新兴产品所设置的难题更倾向于采取回避态度，则其对新产品的绩效期望也会更低。个体胜任属性的高低影响绩效期望的强弱，从而绩效期望影响使用意愿。

归属是指个体从属于其他个体或者团体的安全感，个体从团体中获得支持、理解、关爱的需要[1]。本研究将归属的概念引申为个体归属需求。个体归属需求高的人，他们更加注重团体的利益而非个人的利益，在决策时会更加考虑团体需求，弱化个人需求，其个体创新性会因其较高的归属需求退居次要位置，从而对新产品的使用意愿减弱；个体归属需求低的人，他们更加看重自己的个人需求，团体对他们来说更加次要，面对选择他们更相信自己的行为决策，其个体创新性会因其较低的归属需求而得到加强，从而对新产品的使用意愿加强。

假设A8：个体自主驱动在社会影响与首次使用意愿的关系之间起负向调节作用。

假设A9：个体胜任属性在绩效期望与首次使用意愿的关系之间起正向调节作用。

假设A10：个体归属需求在个体创新性与首次使用意愿的关系之间起负向调节作用。

二、研究模型

根据各个变量之间的关系，本研究提出以下模型，用于研究游客对增强现实（AR）+剧本类旅游APP《神奇旅行》的首次使用意愿。具体如图10-1所示：

---

[1] 刘智强，潘晓庆，卫利华，许玉平.集体心理所有权与创造力：自我决定理论视角[J].管理科学学报，2021，24（11）：98-115.

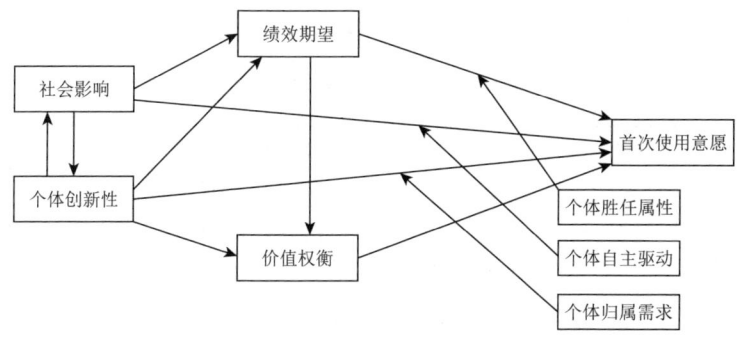

图 10-1 首次使用意愿模型

资料来源：笔者绘制，2022 年 8 月。

三、问卷设计

本节进行用户首次使用意愿研究，问卷发放的对象是没有使用过《神奇旅行》的游客，考虑到该类型的旅游 APP 目前市场上十分罕见，大多数人对增强现实技术（AR）还完全没有概念，完全没有接触过，对增强现实（AR）+剧本类旅游 APP 也是不知所云，故笔者在问卷设计上在问卷的最顶端以图文介绍的方式简单阐明了《神奇旅行》这款产品的功能和使用场景。

本节的问卷是根据相关理论学者的成熟量表进行摘取，并根据本研究的对象特点对问题进行细节上的改编，在编制问卷之前，分别访谈了《神奇旅行》开发者与创始人，对《神奇旅行》有一个更加深入的认识。编制完成后，向身边的朋友进行了小范围的发放，请他们反馈填写意见，陆续将题项进行了数次的修正，形成最终问卷。

问卷量表采用李克特量表（Likert scale），分为五级（1~5），请填表人根据对《神奇旅行》的印象进行评分，数字越大，代表填表人越同意该项问题描述，5 代表"非常同意"、4 代表"同意"、3 代表"一般"、2 代表"不同意"、1 代表"非常不同意"。各个变量对应的题项如下表 10-1 所示。

表 10-1 首次使用意愿测量题项

变量名称	测量题项
绩效期望	PE1 我觉得《神奇旅行》在旅游过程中是很有用的
	PE2 使用《神奇旅行》可以有效地提升旅游体验
	PE3 使用《神奇旅行》可以在行程中提升效率
社会影响	SI1 周围人的态度会影响我使用新技术与接受新产品的态度
	SI2 在元宇宙的浪潮下,我应该主动接触 AR 技术产品
	SI3 使用新产品让我感觉很酷,有面子
个体创新性	II1 通常而言,我会积极去尝试新的技术或产品
	II2 跟身边人比起来,我总是最先试用新技术或者产品
	II3 我愿意付出一些时间或金钱,去使用新技术或者产品
价值权衡	PV1《神奇旅行》产品价格设置合理 (目前单个景区剧本游价格范围在 39 元至 69 元每人不等)
	PV2 付费使用《神奇旅行》是值得的
	PV3 花费时间、精力使用《神奇旅行》是值得的
个体胜任属性	CN1 面对陌生场景与事物,我不会感到焦虑或紧张
	CN2 我喜欢新产品或未知领域带来的挑战
	CN3 迎难而上、解决问题能给我巨大的满足感
个体归属需求	AD1 相比个人意见,我更愿意听取大家的意见
	AD2 相对于个人利益,人们应该更加关心群体利益
	AD3 个人需求应该服从群体需求
自主驱动	IA1 关于是否使用《神奇旅行》,我完全不用考虑他人意见
	IA2 我可以自主决定什么时候使用《神奇旅行》
	IA3 我可以自主决定使用《神奇旅行》的频率
首次使用意愿	BI1 我愿意体验它
	BI2 我愿意持续使用它
	BI3 我愿意向他人推荐它

资料来源:笔者绘制,2022 年 8 月。

四、调研过程

本研究的问卷发放分为前期和后期,前期主要采用面对面发放的方式,发放对象为普通游客,发放地点为笔者所在的单位、学校,为了保证问卷质量,尽可能地向被调查者介绍产品,确保他们在填写问卷前对该产品有一个比较清晰的认识与了解。

从 2022 年 5 月 3 日至 2022 年 7 月 30 日,笔者陆续完成了 300 份问卷的发放,剔除掉 25 份答案不完整的和所有选项全部选同一个的无效问卷,合格问卷 275 份。

五、数据分析

(一)描述性统计分析

本研究首先对 275 份样本进行了人口学统计描述分析。如表 10-2 所示,在 275 份有效样本中,在性别方面,男性的数量为 154 人,占比 55.8%,女生的数量为 121 人,占比 43.8%;在受教育方面,硕士及以上的人数有 26 人,占比 9.5%,本科的人数有 101 人,占比 36.7%,大专的人数有 75 人,占比 27.3%,中专或高中的人数有 51 人,占比 18.5%,初中及以下的人数有 22 人,占比 8.0%;在职业类型方面,公务员或事业单位的人数有 39 人,占比 14.2%,企业的人数有 99 人,占比 36.0%,个体的人数有 40 人,占比 14.5%,自由职业者的人数有 50 人,占比 18.2%,全职太太的人数有 7 人,占比 2.5%,学生的人数有 26 人,占比 9.5%,其他职业的人数有 12 人,占比 4.4%;在月收入水平方面,3000 元以下的人数有 60 人,占比 21.8%,3001~5000 元的人数有 95 人,占比 34.5%,5001~8000 元的人数有 64 人,占比 23.3%,8001 元及以上的人数有 56 人,占比 20.4%;被调查者对剧本杀游戏的经验方面,从未玩过很感兴趣的人数有 100 人,占比 36.4%,从未玩过且没兴趣的人数有 90 人,占比 32.7%,非常感兴趣且经常玩的人数有 9 人,占比 3.3%,很感兴趣但玩的不多的人数有 76 人,占比 27.6%;被调查者对增强现实技术(AR)

的经验方面,从未玩过很感兴趣的人数有 117 人,占比 42.5%,从未玩过且没兴趣的人数有 88 人,占比 32.0%,非常感兴趣且经常玩的人数有 7 人,占比 2.5%,很感兴趣但玩的不多的人数有 63 人,占比 22.9%。从人口描述分布情况来看,基本符合现实状况,由此说明本次问卷发放基本成功。

表 10-2 首次使用意愿人口学分类统计表

类别	题目选项	样本量	占比
性别	男	154	55.8%
	女	121	44.0%
年龄	21 岁以下	28	10.2%
	22 岁至 32 岁	93	33.7%
	33 岁至 42 岁	108	39.3%
	43 岁至 52 岁	33	12.0%
	53 岁及以上	13	4.7%
教育程度	初中及以下	22	8.0%
	中专或高中	51	18.5%
	大专	75	27.3%
	本科	101	36.7%
	硕士及以上	26	9.5%
职业类型	公务员/事业单位	39	14.2%
	企业	99	36.0%
	个体	40	14.5%
	自由职业者	50	18.2%
	全职太太	7	2.5%
	学生	26	9.5%
	退休	2	0.7%
	其他	12	4.4%

续表

类别	题目选项	样本量	占比
月收入水平	3000 元以下	60	21.8%
	3001~5000 元	95	34.5%
	5001~8000 元	64	23.3%
	8001 元及以上	56	20.4%
对剧本杀游戏的经验	从未玩过很感兴趣	100	36.4%
	从未玩过且没兴趣	90	32.7%
	非常感兴趣且经常玩	9	3.3%
	很感兴趣但玩的不多	76	27.6%
对增强现实技术（AR）的经验	从未玩过很感兴趣	117	42.5%
	从未玩过且没兴趣	88	32.0%
	非常感兴趣且经常玩	7	2.5%
	很感兴趣但玩的不多	63	22.9%

资料来源：笔者绘制，2022 年 8 月。

（二）信度分析

本研究的信度分析使用 IBM SPSS 23.0 statistics 软件进行测量，本研究采用的检验内在信度的方法是克隆巴赫阿尔法系数（Cronbach's Alpha 系数），以下简称 Cronbach α 系数，正常情况下，Cronbach α 系数超过 0.70 以上被认为是一个可以接受的信度量表，有的学者认为 Cronbach α 系数低于 0.70 属于较低的水平，低于 0.65 则最好舍弃，而 Cronbach α 系数高于 0.70，则说明量表信息非常好，高于 0.80 时，量表的信度则是相当好。

表 10-3　Cronbach 信度分析

项数	变量	Cronbach α 系数
3	绩效期望	0.86
3	社会影响	0.822
3	个体创新性	0.831
3	价值权衡	0.826
3	个体胜任属性	0.84
3	个体归属需求	0.831
3	个体自主驱动	0.771
3	首次使用意愿	0.851

资料来源：笔者绘制，2022 年 8 月。

根据表 10-3 各维度的 Cronbach Alpha 结果，本研究模型中所设计的绩效期望、社会影响、个体创新性、价值权衡、个体胜任属性、个体归属需求、个体自主驱动和首次使用意愿 7 个维度所对应的 Cronbach Alpha 值分别为 0.86、0.822、0.831、0.826、0.84、0.831、0.771、0.851，除个体自主驱动维度外均大于 0.8，由此可见本问卷题项数据一致性良好，调查数据信度较好。

（三）效度分析

本研究效度分析是通过 IBM SPSS 23.0 statistics 软件进行测量。

1. 探索性因子分析

在进行探索性因子分析前，首先对题项做 KMO 检验和 Bartlett（巴特利特）球形检验，以检测量表是否具备做因子分析的条件，具体分析如下：

（1）KMO 和 Bartlett 检验。KMO 数值介于 0 到 1 区间，各变量间相关性随 KMO 数值接近 1 而变大，换言之，KMO 数值越接近 1 越好，不能小于 0.5，当 KMO 超过 0.7 时，才适合进行后续的因子分析。本研究用 IBM SPSS 23.0 statistics 软件对数据进行了测算，结果如表 10-4 所示，本研究的 KMO 检验值为 0.922，大于 0.7，Bartlett 检验值为 3881.505，显著性小于 0.001，拒绝 Bartlett 球形检验原假设，这个结果表明本样本数据矩阵具有公因子，变量之间具有相关性，适合做后续的探索因子分析。

表 10-4　KMO 和 Bartlett 检验结果

KMO 和 Bartlett 检验结果		
KMO 取样适切性量数		0.922
巴特利特球形度检验	近似卡方	3881.505
	自由度（df）	276
	显著性（P 值）	0.000

资料来源：笔者绘制，2022 年 8 月。

（2）主成分抽取和最大方差旋转法分析。接下来本研究使用 IBM SPSS 23.0 statistics 软件对所有的变量题项通过主成分分析法进行探索性因子分析，结果如表 10-5 所示。从主成分法计算出来的成分矩阵中加粗部分的数值可以看出来，被抽取出来的 8 个因子中，各个因子均有对应加粗数值的因子载荷系数均大于 0.6 的题项，说明各题项能较好收敛于各个变量，8 个因子分别对应 8 个变量，8 个因子的累计方差解释率为 76.88%，达到了大于 60% 的标准，因此问卷量表的结构效度检验合格。为进一步验证数据的有效性，我们接下来进行验证性因子分析。

表 10-5　主成分分析法测量结果

名称	因子载荷系数							
	因子 1	因子 2	因子 3	因子 4	因子 5	因子 6	因子 7	因子 8
PE1	0.204	0.139	0.222	0.175	**0.781**	0.14	0.165	0.18
PE2	0.162	0.324	0.153	0.145	**0.733**	0.175	0.171	0.156
PE3	0.253	0.141	0.262	0.138	**0.702**	0.176	0.133	0.128

续表

名称	因子载荷系数							
	因子1	因子2	因子3	因子4	因子5	因子6	因子7	因子8
SI1	0.08	0.08	0.121	0.206	0.207	0.199	0.169	**0.774**
SI2	0.205	0.361	0.224	0.074	0.062	0.185	0.098	**0.685**
SI3	0.13	0.149	0.209	0.173	0.162	0.126	0.212	**0.757**
II1	0.108	0.052	0.158	**0.805**	0.176	0.186	0.16	0.162
II2	0.127	0.319	0.138	**0.698**	0.151	0.183	0.152	0.144
II3	0.181	0.206	0.252	**0.753**	0.095	0.093	0.131	0.139
PV1	0.141	0.128	0.321	0.138	0.088	0.097	**0.767**	0.133
PV2	0.035	0.231	−0.005	0.151	0.185	0.299	**0.745**	0.164
PV3	0.112	0.16	0.28	0.176	0.184	0.119	**0.728**	0.194
CN1	**0.796**	−0.107	−0.065	0.116	0.194	0.1	0.071	0.151
CN2	**0.877**	0.026	−0.063	0.083	0.099	0.061	0.067	0.091
CN3	**0.821**	−0.092	−0.005	0.1	0.105	0.101	0.064	0.04
AD1	−0.16	**0.695**	0.068	0.223	0.256	0.163	0.238	0.21
AD2	−0.024	**0.78**	0.272	0.129	0.093	0.226	0.136	0.11
AD3	−0.141	**0.687**	0.099	0.214	0.244	0.166	0.161	0.194
IA1	−0.082	0.138	**0.686**	0.214	0.235	0.249	0.206	0.196
IA2	−0.082	0.216	**0.742**	0.179	0.188	0.236	0.165	0.172
IA3	−0.072	0.128	**0.767**	0.215	0.218	0.143	0.218	0.197
BI1	0.195	0.191	0.215	0.183	0.158	**0.749**	0.164	0.166
BI2	0.115	0.358	0.242	0.123	0.117	**0.689**	0.153	0.143
BI3	0.092	0.113	0.167	0.187	0.204	**0.77**	0.19	0.213
特征根值	2.491	2.388	2.377	2.274	2.262	2.256	2.215	2.188
累积方差解释率%	10.38%	20.33%	30.23%	39.71%	49.13%	58.53%	67.76%	76.88%

资料来源：笔者绘制，2022年8月。

2. 验证性因子分析

本研究通过 IBM SPSS 23.0 statistics 软件进行验证性因子分析，分别进行了聚敛效度分析与区分效度分析，具体结果见表格 10-6 所示。根据表格中模型 AVE（平均方差抽取量）和 CR（组合信度值）指标结果可以看出，绩效期望的 AVE 为 0.68，社会影响的 AVE 为 0.61，大于 0.5，个体创新性的 AVE 为 0.621，大于 0.5，价值权衡的 AVE 为 0.616，大于 0.5，个体胜任属性的 AVE 为 0.639，大于 0.5，个体归属需求的 AVE 为 0.622，大于 0.5，个体自主驱动的 AVE 为 0.554，大于 0.5，首次使用意愿的 AVE 为 0.657，大于 0.5，总的来看，各潜在变量的 AVE 的值均大于 0.5，符合要求。绩效期望的 CR 值为 0.864，社会影响的 CR 值为 0.824，大于 0.7，个体创新性的 CR 值为 0.831，大于 0.7，价值权衡的 CR 值为 0.828，大于 0.7，个体胜任属性的 CR 值为 0.841，大于 0.7，个体归属需求的 CR 值为 0.832，大于 0.7，个体自主驱动的 CR 值为 0.787，大于 0.7，首次使用意愿的 CR 值为 0.851，大于 0.7，总的来看，各变量的 CR 值均大于 0.7，说明量表的聚敛效度比较理想。

表 10-6 首次使用意愿模型 AVE 和 CR 指标结果

因子	AVE 值	CR 值
绩效期望	0.68	0.864
社会影响	0.61	0.824
个体创新性	0.621	0.831
价值权衡	0.616	0.828
个体胜任属性	0.639	0.841
个体归属需求	0.622	0.832
个体自主驱动	0.554	0.787
首次使用意愿	0.657	0.851

资料来源：笔者绘制，2022 年 8 月。

接下来本研究进行了区分效度检验，首先对 AVE 进行了开平方处理，然后将 AVE 平方根值对比各变量之间的相关系数，如表 10-7 所示。

表 10-7 Pearson 相关性系数与 AVE 平方根值对比表

	绩效期望	社会影响	个体创新性	价值权衡	个体胜任属性	个体归属需求	个体自主驱动	首次使用意愿
绩效期望	0.825							
社会影响	0.538	0.781						
个体创新性	0.527	0.522	0.788					
价值权衡	0.534	0.541	0.517	0.785				
个体胜任属性	0.379	0.293	0.292	0.232	0.799			
个体归属需求	0.525	0.525	0.523	0.526	-0.047	0.789		
个体自主驱动	0.563	0.547	0.546	0.574	0.006	0.553	0.744	
首次使用意愿	0.563	0.57	0.542	0.56	0.28	0.567	0.584	0.81

注：加粗部分为 AVE 平方根值
资料来源：笔者绘制，2022 年 8 月。

从表 10-7 可以看出，绩效期望的 AVE 平方根值为 0.825，大于该变量与其他变量间的相关系数，社会影响的 AVE 平方根值为 0.781，大于该变量与其他变量间的相关系数，个体创新性的 AVE 平方根值为 0.788，大于该变量与其他变量间的相关系数，价值权衡的 AVE 平方根值为 0.785，大于该变量与其他变量间的相关系数，个体胜任属性的 AVE 平方根值为 0.799，大于该变量与其他变量间的相关系数，个体归属需求的 AVE 平方根值为 0.789，大于该变量与其他变量间的相关系数，个体自主驱动的 AVE 平方根值为 0.744，大于该变量与其他变量间的相关系数，首次使用意愿的 AVE 平方根值为 0.81，大于该变量与其他变量间的相关系数。由表可以明显看出，各变量之间相关系数值均小于各变量的 AVE 平方根值，由此可以说明首次使用意愿模型中的各潜变量之间的区分效度良好。

（四）假设模型分析

本研究使用 Amos 24.0 软件进行假设模型分析。

首先制作首次使用意愿模型路径图，如图 10-2 所示。

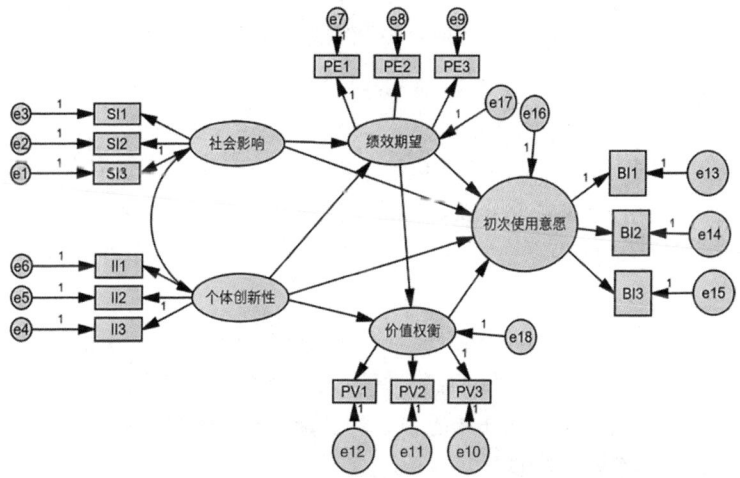

图 10-2　首次使用意愿模型路径图

资料来源：笔者绘制，2022 年 8 月。

1. 模型评价分析

将样本数据导入模型进行检验，输出模型的标准化评估路径图，如图 10-3 所示。

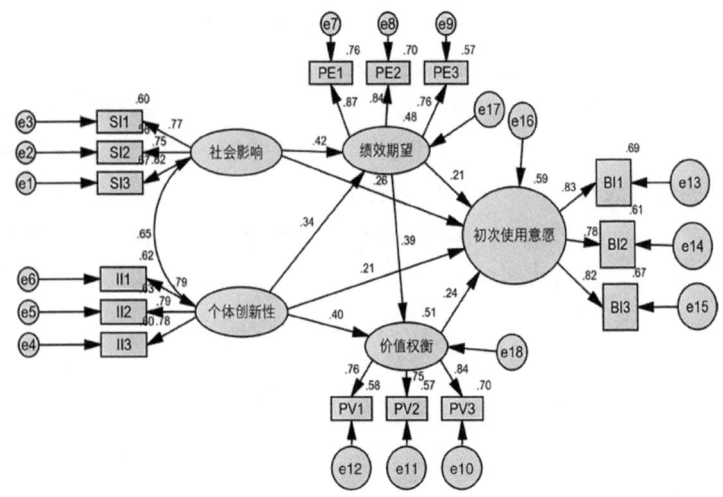

图 10-3　首次使用意愿模型标准化评估路径图

资料来源：笔者绘制，2022 年 8 月。

如图 10-3 模型的标准化评估路径图显示良好，接下来本研究继续使用 Amos 24.0 软件将模型的绝对适配指标、相对适配指标、简约适配指标分别进行了测量运算，具体数值如表 10-8 所示。

由表 10-8 可以看出，绝对适配指标的各个值均大于推荐值，均达标；相对适配指标的各个值均大于推荐值，均达标；简约适配指标的各个值均大于推荐值，均达标。总体来看，本模型拟合适配评价显示适配良好。

表 10-8　模型拟合结果适配评价表

指标类型	指标名称	推荐值	实际值	适配评价
绝对适配指标	CMIN/DF	小于 3	1.129	适配
	GFI	大于 0.9	0.957	适配
	AGFI	大于 0.9	0.937	适配
	RMSEA	小于 0.08	0.022	适配

续表

指标类型	指标名称	推荐值	实际值	适配评价
相对适配指标	TLI	大于0.9	0.994	适配
	IFI	大于0.9	0.995	适配
	RFI	大于0.9	0.948	适配
	NFI	大于0.9	0.96	适配
	CFI	大于0.9	0.995	适配
简约适配指标	PNFI	大于0.5	0.74	适配
	PGFI	大于0.5	0.646	适配
	PCFI	大于0.5	0.768	适配

资料来源：笔者绘制，2022年8月。

2. 模型路径分析

本研究通过Amos 24.0软件进行路径分析，如表10-9所示，在利用结构方程模型对各路径进行测算后，得出社会影响对首次使用意愿的P值为0.003（$P<0.01$），标准化路径系数为0.265，表明社会影响对首次使用意愿有显著的正向影响；绩效期望对首次使用意愿的P值为0.016（$P<0.05$），标准化路径系数为0.205，表明绩效期望对首次使用意愿有显著的正向影响；个体创新性对首次使用意愿的P值为0.021（$P<0.05$），标准化路径系数为0.206，表明个体创新性对首次使用意愿有显著的正向影响；价值权衡对首次使用意愿的P值为0.007（$P<0.01$），标准化路径系数为0.235，表明价值权衡对首次使用意愿有显著的正向影响。

由表10-9可以看出，P值越小对应的变量关系影响关系就越显著，以P值从小到大排列，绩效期望、社会影响、价值权衡、个体创新性四个变量对首次使用意愿影响程度强弱由大到小排列顺序为：社会影响、价值权衡、绩效期望、个体创新性，由此可见，社会影响对首次使用意愿影响程度最大。

表 10-9　首次使用意愿模型路径分析

路径关系			路径系数	标准化路径系数	S.E. 值	C.R. 值	P 值	检验结果
绩效期望	←	社会影响	0.439	0.424	0.09	4.882	***	支持
绩效期望	←	个体创新性	0.387	0.341	0.098	3.967	***	支持
价值权衡	←	个体创新性	0.46	0.4	0.097	4.733	***	支持
价值权衡	←	绩效期望	0.399	0.394	0.083	4.802	***	支持
首次使用意愿	←	绩效期望	0.194	0.205	0.081	2.406	* 0.016	支持
首次使用意愿	←	社会影响	0.259	0.265	0.087	2.965	** 0.003	支持
首次使用意愿	←	价值权衡	0.219	0.235	0.082	2.687	** 0.007	支持
首次使用意愿	←	个体创新性	0.221	0.206	0.096	2.303	* 0.021	支持

注：$P < 0.001$ 为 ***，$P < 0.01$ 为 **，$P < 0.05$ 为 *
资料来源：笔者绘制，2022 年 8 月。

再看表 10-9 各个潜变量之间的影响关系，社会影响对绩效期望的 P 值为 0，标准化路径系数为 0.424，表明绩效期望对首次使用意愿有显著的正向影响；个体创新性对绩效期望的 P 值为 0，标准化路径系数为 0.341，表明个体创新性对绩效期望有显著的正向影响；个体创新性对价值权衡的 P 值为 0，标准化路径系数为 0.4，表明个体创新性对价值权衡有显著的正向影响；绩效期望对价值权衡的 P 值为 0，标准化路径系数为 0.394，表明绩效期望对价值权衡有显著的正向影响。

（五）调节效应检验

1. 个体胜任属性调节变量检验

本研究使用 IBM SPSS 23.0 软件进行个体胜任属性调节效应分析，如表 10-10 所示。从表 10-10 可知，调节作用测量涉及三个模型，模型 1 即绩效期望自变量（x）与首次使用意愿因变量（y）关系模型，从表中可以看出模型 1 的回归系数（0.553）显著；在模型 1 的基础上，模型 2 将个体胜任属性作为调节变量加入到线性方程中；最后在模型 2 基础上，模型 3 加入绩效期望自变量与个体胜任属性调节变量的交互项，可以看出交互项（0.252）呈显著性，由于交互项与绩效期望自变量（x）都为正，说明为正向调节效应。

表 10-10 个体胜任属性调节效应分析结果

	模型 1	模型 2	模型 3
常数	3.561**	3.561**	3.475**
绩效期望	0.553**	0.524**	0.818**
个体胜任属性		0.078	-0.006
绩效期望 * 个体胜任属性			0.252**
R^2	0.316	0.321	0.393
F 值	$F(1, 273)$ =126.295, p=0.000	$F(2, 272)$ =64.431, p=0.000	$F(3, 271)$ =58.456, p=0.000
△F 值	$F(1, 273)$ =126.295, p=0.000	$F(1, 272)$=2.072, p=0.151	$F(1, 271)$ =31.876, p=0.000

注：因变量：首次使用意愿。
资料来源：笔者绘制，2022 年 8 月。

2. 个体自主驱动调节变量检验

本研究使用 IBM SPSS 23.0 软件进行个体自主驱动调节效应分析,如表 10-11 所示。从表 10-11 可知,社会影响与个体自主驱动的交互项呈现出显著性,且交互项回归系数(-0.242)为负,社会影响自变量(0.567)为正,说明此次调节效应为负向调节。

表 10-11 个体自主驱动调节效应分析结果

	模型 1	模型 2	模型 3
常数	3.561**	3.561**	3.678**
社会影响	0.567**	0.355**	0.354**
个体自主驱动		0.391**	0.349**
社会影响 * 个体自主驱动			-0.242**
R^2	0.324	0.43	0.561
F 值	$F(1, 273)$ =130.857, p=0.000	$F(2, 272)$ =102.469, p=0.000	$F(3, 271)$ =115.407, p=0.000
△F 值	$F(1, 273)$ =130.857, p=0.000	$F(1, 272)$ =50.401, p=0.000	$F(1, 271)$ =81.005, p=0.000

注:因变量:首次使用意愿。
资料来源:笔者绘制,2022 年 8 月。

3. 个体归属需求调节变量检验

本研究使用 IBM SPSS 23.0 软件进行个体归属需求调节效应分析,如表 10-12 所示。从表 10-12 看出,个体创新性与个体归属需求的交互项呈现出显著性,且交互项的回归系数(-0.260)为负,个体创新性自变量(0.549)为正,说明此次调节效应为负向调节作用。

表 10-12　个体归属需求调节效应分析结果

	模型 1	模型 2	模型 3
常数	3.561**	3.561**	3.677**
个体创新性	0.549**	0.342**	0.340**
个体归属需求		0.396**	0.364**
个体创新性 * 个体归属需求			−0.260**
R^2	0.293	0.404	0.554
F 值	$F(1, 273)$ =113.167, p=0.000	$F(2, 272)$ =92.135, p=0.000	$F(3, 271)$ =112.185, p=0.000
△F 值	$F(1, 273)$ =113.167, p=0.000	$F(1, 272)$ =50.560, p=0.000	$F(1, 271)$ =91.187, p=0.000

注：因变量：首次使用意愿。
资料来源：笔者绘制，2022 年 8 月。

从以上的实证研究过程以及数据分析结果可以看出：

（1）潜变量：社会影响、价值权衡、绩效期望、个体创新均对用户的首次使用意愿有显著正向影响，其中社会影响的显著性最高，这说明人们在尝试新产品前，他人的意见会对其决策起到较大的影响作用；价值权衡对首次使用意愿也呈现出显著的影响，说明价格还是人们在接受新产品时首先要考虑的问题，产品定价以及产品在用户心里评价、心里估值对其首次使用意愿有较大影响。个体创新性对价值权衡有较显著正向影响，这说明潜在客户的个体内在特质中的创新特质加强了其对新产品的价值感知。

（2）调节变量：在自我决定理论的三个维度中，个体自主驱动、个体胜任属性、个体归属需求作为调节变量均表现出较明显的调节作用。个体自主驱动是社会影响与首次使用意愿之间的调节变量，调节方向为负向，呈现显著效应。这说明，具有更高自主驱动型人格的人，受到社会影响的程度会更低。个体胜任属性在绩效期望与首次使用意愿的关系之间起正向调节作用,这说明具有更高胜任力驱动的人,对新事物、新产品也会有更加乐观的预期,从而在绩效方面有更高的期望。个体归属需求在个体创新性与首次使用意愿的关系之间起负向调节作用,这说明归属需求高的人将集体的意愿看得更加重要,对个体内在的需求有一定削弱作用。受社会影响程度高的个体,会有较强的从众心理,即便对产品或服务本身没有很强的使用意愿,但出于个体服从群体的心理,依旧会跟风使用,这种跟风使用,由于不是发自内心真正的内在动机,则后续可能会不能持久,体验一次便不会持续使用。受社会影响程度低的个体,认为个人主义高于集体主义,选择首次尝试使用产品是出于个体自发动机,则后续更有可能会持续使用。

第五节　持续使用意愿研究

一、研究假设

(一)需求满足

使用与满足理论作为一种受众(等同于本研究的游客/用户)行为理论,该理论认为用户基于某些特定需求作为动机去接触某些产品,主动利用产品及服务去满足其特定需求,接触或使用产品或服务后,有两种结果,一种是其需求得到了很好的满足,一种是其需求没有得到很好的满足,故,需求满足与否直接影响着用户对产品的使用意愿与使用行为。关于需求满足变量对使用意愿方面的影响研究,张敏等将需求满足变量引申为内容质量需求满足变量,将需求满足变量分解为内容情绪性、内容显著性和内容契合性三个方面,以平台情感依恋与功能有用性共同测量用户使用意愿[①]。杨方铭等以需求满足理论为基础，将需求满足细化为三个方面，分别是内容、社交互动、休闲娱乐，结合UTAUT2模型中的相关变量对用户对电子书使用意愿进行研究[②]。

本研究中增强现实（AR）+剧本类旅游APP并不是刚需型旅游APP，它的核心成功要素与剧本内容以及剧本游览体验密切相关，笔者通过与体验过该产品的游客/用户以及开发者进行访谈交流，总结出游客基于对内容的需求、情感的需求、社交互动的需求这些内在的动机（原因）选择使用神奇旅行，与使用与满足理论所关注的需求契合。游客在使用产品过程中评估其需求是否能够得到满足，如果感到满足，则会进一步强化游客继续使用产品的意愿，反之游客则会去寻求其他类型产品或通过其他方式满足需求。因此，基于对使用与满足理论内涵的研究，笔者将使用与满足研究的核心内容即个人的需求主要表现中的内容需求（获得信息、知识等）、情感需求（美好或愉悦的体验）、社会需求（强化与周围人的接触互动）这三个方面摘取出来，作为游客使用神奇旅行的特定需求。游客为满足特定的需求，从而引发了特定的行为，游客在使用产品的过程中，需求满足的程度越高，则越感觉"物有所值"，进而对产品的价值有更高的评价，因此，本研究假设需求满足对价值权衡有着显著的正向影响。只有需求被满足，才会产生持续使用的意愿和持续使用的行为；需求被满足的程度越高，游客对产品持续使用的意愿则越强烈，因此，本章作出假设：

假设C1：需求满足对价值权衡呈显著正向影响。

假设C2：需求满足对持续使用意愿呈显著正向影响。

---

① 张敏，龙贝妮，邵欣，刘盈，张艳.短视频APP用户持续使用意愿之形成机理及其治理展望——基于拟态陪伴的分析视角［J］.现代情报，2021，41（07）：49-59.

② 杨方铭，张志强.电子书用户使用意愿影响模型构建与实证［J］.图书情报工作，2020，64（09）：85-94.

（二）服务质量

对服务质量的衡量是通过用户对使用产品过程中商家提供的服务作出评价，用户一般通过服务提供方的服务态度、服务细节、服务响应速度、解决问题的能力等方面进行评估。关于服务质量在使用意愿方面的研究，陈月盈等认为服务质量和社群建设是影响用户持续使用意愿的重要因素，相比其他因素例如内容、情景、氛围更加重要[1]。孙晋海等以保健、激励两个因素研究运动类APP用户使用意愿，认为服务质量是保健因素的组成部分，间接影响用户对风险的感知程度，良好的服务质量可以降低用户的风险感知，但相比来说激励因素的影响程度大于保健因素[2]。潘澜等通过实证分析，认为服务质量在用户持续使用旅游APP意愿影响因素中影响程度最大，产品开发者应更加注重产品服务，提升用户满意度[3]。

增强现实（AR）+剧本类旅游APP《神奇旅行》是一款刚推向市场的产品，目前还处于推广阶段，运营商给用户提供的服务质量与用户的持续使用意愿有较强的相关性。当代社会，旅游业早已从过去的观光旅游向度假旅游、休闲旅游纵深发展，游客消费档次不断升级，"花钱买服务"的理念深入人心，"用户为王"、"宠客"成为很多商家的座右铭。旅游APP面对的是大众旅游者，坚持服务至上是保持产品良好口碑和不断自我提升的关键，虽然目前与《神奇旅行》同类的成熟产品非常稀少，但随着同类产品的不断开发，竞争也将愈演愈烈，除了打造出优质的产品，服务质量也至关重要。游客在使用产品过程中对服务质量的满意程度越高，则感觉产品越有价值，持续使用产品的想法也会越强烈。因此，本章作出假设：

---

[1] 陈月盈，张潇潇.仅仅是"知识"吗？——服务质量、社群建设与知识付费用户的持续使用意愿[J].中国出版，2022（06）：58-62.

[2] 孙晋海，蔡捷，李拓键.基于双因素理论的运动健身APP用户使用意愿研究[J].体育学刊，2019，26（05）：71-78.

[3] 潘澜，林璧属，方敏，陈梅.智慧旅游背景下旅游APP的持续性使用意愿研究[J].旅游学刊，2016，31（11）：65-73.

假设 C3：服务质量对价值权衡呈显著正向影响。
假设 C4：服务质量对持续使用意愿呈显著正向影响。

（三）价值权衡

在持续使用意愿的模型中，价值权衡是指游客在实际使用增强现实（AR）+剧本类旅游APP《神奇旅行》前预期的产品价值、实际支付的价格成本与其在使用过程中真实感受到的产品价值之间的权衡。价值权衡在使用意愿方面的研究第四章已作介绍，这里不再赘述。当游客实际感受到的产品价值低于其使用前预期的产品价值时，游客对产品会感到"不值得"，其继续使用意愿将显著降低；当游客实际感受到的产品价值接近或者高于其使用前预期的产品价值时，游客对产品会感到"值得"，其继续使用意愿将显著升高。游客对产品感到"不值得"的程度越高，则对产品的持续使用意愿越低；游客对产品感到"值得"的程度越高，则对产品的持续使用意愿越高。因此，本章作出假设：

假设 C5：价值权衡对持续使用意愿有着显著的正向影响。

（四）感知沉浸

沉浸体验是沉浸理论的核心概念，是指人们在参与一项活动时所感受到的一种积极的情绪体验，处于沉浸体验中的人会感受到其自我意识和行为与活动情形和内容场景融为一体，具体表现为注意力高度集中、感到时间飞逝、感知愉悦等。关于感知沉浸在使用意愿方面的研究，佩勒特（Pelet）等发现，感知沉浸能够加强用户对社交网站的持续使用意愿，并且沉浸体验对使用意愿的作用对男性的影响大于女性[1]。马颂蒂（Masoudi）等研究发现，

---

[1] Pelet J-É, Ettis S, Cowart K. Optimal experience of flow enhanced by telepresence: Evidence from social media use [J]. Information & Management, 2017, 54（1）: 115-128.

感知沉浸能有效促进用户再次访问网站,并且具有直接的影响[1]。周(Zhou)等研究显示,感知沉浸将给用户带来愉悦感,间接提升用户满足感与满意度,从而促进持续使用行为[2]。

使用增强现实(AR)+剧本类旅游APP《神奇旅行》时游客需要佩戴耳机,根据APP的语音指示配合地图导览寻找剧本故事线索,破解谜题。在游览过程中,APP会根据剧情的发展变换不同的背景音乐,将游客更快地带入到剧情之中。随案情发展,期间会出现各色人物,通过APP与游客进行对话,给游客提供线索,带领游客分析问题,让游客更好地"入戏"。感知沉浸是提升用户使用意愿的内在动力,用户在进行某项活动中感受到的沉浸感越强烈,使用意愿转化为实际使用行为的可能性也越大。基于增强现实(AR)+剧本类旅游APP《神奇旅行》的产品特征,游客是否能够感知沉浸,影响着游客对产品的满意程度。通常来说,游客在使用产品过程中沉浸的感知程度越高,则意味着游客对产品的参与程度越高;游客对产品的参与程度越高,其"获得感"则越强,身心越能够得到放松并产生愉悦感;游客在使用产品的过程中身心越能够得到放松并产生愉悦感,则游客感知到的产品价值也越能够凸显,游客感知到的需求满足程度也会越高,则使用意愿越强。因此,本章作出假设:

假设C6:感知沉浸对需求满足呈显著正向影响。

假设C7:感知沉浸对价值权衡呈显著正向影响。

假设C8:感知沉浸对持续使用意愿呈显著正向影响。

二、研究模型

根据各个变量之间的关系,本研究提出以下模型,用于研究游客对增强现实(AR)+剧本类旅游APP《神奇旅行》的持续使

---

[1] Masoudi M, Shekarriz F, Farokhi S. The effect of web interface features on consumer online purchase intentions [J]. Management Science Letters, 2015, 5 (7): 709-714.

[2] Zhou T. Examining continuance usage of mobile Internet services from the perspective of resistance to change [J]. Information Development, 2014, 30 (1): 22-31.

用意愿。具体如图 10-4：

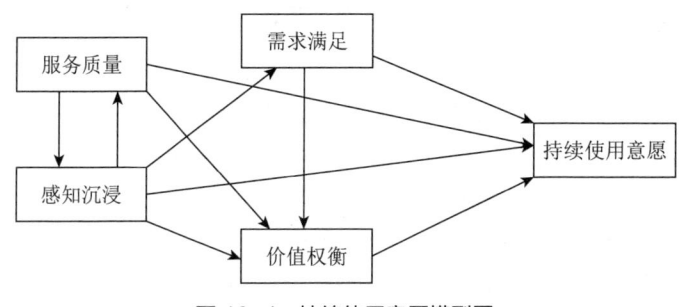

图 10-4 持续使用意愿模型图

资料来源：笔者绘制，2022 年 8 月。

三、问卷设计

本章问卷发放的对象是真实使用过《神奇旅行》的游客。持续使用意愿研究的问卷设计题目中第一题为使用次数选项，被调查者填写问卷前要先行选择已使用软件的次数。本研究定义 3 个月内使用过 2 次及 2 次以上神奇旅行的游客具有持续使用行为。本章节的问卷是根据相关理论学者的成熟量表进行摘取，并根据本研究对象的特点对问题进行细节上的改编，在编制问卷之前，分别访谈了 APP 开发者与创始人，对 APP 有一个更加深入的认识。编制完成后，向身边的朋友进行了小范围的发放，请他们反馈填写意见，陆续对题项进行了数次的修正，形成最终问卷。问卷量表采用李克特量表（Likert scale），分为 1、2、3、4、5，共五级，请填表人根据对《神奇旅行》的真实体验感受与经验进行评分，数字越大，代表填表人越同意该项问题描述，5 代表"非常同意"、4 代表"同意"、3 代表"一般"、2 代表"不同意"、1 代表"非常不同意"。各个变量对应的题项如表 10-13 所示。

表 10-13 持续使用意愿测量题项

变量名称	测量题项
需求满足	DS1 它能满足我：充实旅程，加深对景区人文历史背景了解的需求
	DS2 它能满足我：社交互动与自我表达的需求
	DS3 它能满足我：休闲、娱乐、放松身心的需求
服务质量	SQ1 服务态度非常好
	SQ2 提供了专业、周到的服务
	SQ3 客服回复很及时，解决问题很迅速
价值权衡	PV1 产品价格设置合理（目前单个景区剧本游价格范围在 39 元至 69 元每人不等）
	PV2 付费使用《神奇旅行》是值得的
	PV3 花费时间、精力使用《神奇旅行》是值得的
感知沉浸	FI1 使用过程中我会感觉时间过得很快
	FI2 使用过程中我会暂时忘记其他人和事
	FI3 使用过程是一种非常愉快的体验
持续使用意愿	BR1 我还在继续使用它
	BR2 我多次使用它
	BR3 我持续向他人推荐使用

资料来源：笔者绘制，2022 年 8 月。

四、调研过程

与首次使用意愿情况一样，由于这款 APP 产品目前处于推广阶段，绝大部分游客还不知道有这款产品并且未使用过这款产品，笔者先是找到了这款产品的开发者，通过一对一的用户回访的方式请用户（近 3 个月内至少使用过 1 次产品的用户）填写问卷，为了进行更加准确地调查、了解用户的真实感受，本研究还邀请了 30 名被试游客体验该产品，并在 2 个月后、3 个月内请这 30 名被试填写问卷。从 2022 年 2 月 15 日至 2022 年 7 月 30 日，笔者从带领跟踪调查对象体验产品到联系督促开发者客服帮忙发放问卷，陆续完成了130份问卷的发放与回收，保留126份有效问卷，剔除4份答案不完整的和所有选项全部选同一个的无效问卷，问卷合格率97%。

五、数据分析

（一）描述性统计分析

本研究首先对126份样本进行了人口学统计描述分析。从表10-14可以看出，在126份有效样本中，在性别方面，男性的数量为73人，占比57.94%，女性的数量为53人，占比42.06%；年龄结构比较复杂；教育程度中，学历越高，人数越多；职业类型不明显；月收入水平不明显；被调查者对剧本杀游戏的经验不足。从人口描述分布情况来看，基本符合现实状况，由此说明本次问卷发放比较成功。

表10-14 持续使用意愿样本人口学分类统计表

名称	选项	频数	百分比（%）
性别	女	53	42.06
	男	73	57.94
年龄	21岁以下	18	14.29
	22~32岁	47	37.3
	33~42岁	39	30.95
	43~52岁	18	14.29
	53岁及以上	4	3.17
教育程度	中专或高中	34	26.98
	初中及以下	7	5.56
	大专	29	23.02
	本科	44	34.92
	硕士及以上	12	9.52

续表

名称	选项	频数	百分比（%）
职业	个体	18	14.29
	企业	36	28.57
	全职太太	6	4.76
	公务员/事业单位	20	15.87
	其他	8	6.35
	学生	16	12.7
	自由职业者	17	13.49
	退休	5	3.97
月收入水平	3000元以下	30	23.81
	3001~5000元	34	26.98
	5001~8000元	39	30.95
	8001元及以上	23	18.25
体验《神奇旅行》前，您对剧本杀游戏的经验是：	从未玩过且没兴趣	21	16.67
	从未玩过但很感兴趣	44	34.92
	很感兴趣但玩的不多	43	34.13
	非常感兴趣且经常玩	18	14.29
体验《神奇旅行》前，您之前对AR（增强现实）的使用经验是：	从未玩过且没兴趣	17	13.49
	从未玩过但很感兴趣	50	39.68
	很感兴趣但玩的不多	46	36.51
	非常感兴趣且经常玩	13	10.32
合计		126	100

资料来源：笔者绘制，2022年8月。

（二）信度分析

本研究的信度分析使用的是IBM SPSS 23.0 statistics软件进行测量，采用检验内在信度的方法是克隆巴赫阿尔法系数（Cronbach's Alpha系数），该系数值高于0.80时，量表的信度则是相当好。如表 10-15，各维度的 Cronbach Alpha 结果，本研究所设计的 5 个维度对应的值分别为 0.874、0.897、0.877、0.896、0.924，均大于 0.8，由此可见本问卷题项数据一致性良好，调查数据信度较好。

表 10-15　Cronbach 信度分析

项数	变量	Cronbach α 系数
3	需求满足	0.874
3	服务质量	0.897
3	感知沉浸	0.877
3	价值权衡	0.896
3	持续使用意愿	0.924

资料来源：笔者绘制，2022 年 8 月。

（三）效度分析

本节效度分析是通过 IBM SPSS 23.0 statistics 软件进行测量。

1. 探索性因子分析

在进行探索性因子分析前，首先对题项做 KMO 检验和 Bartlett（巴特利特）球形检验以检测量表是否具备做因子分析的条件，具体分析如下：

表 10-16　KMO 和 Bartlett 检验结果

KMO 和 Bartlett 检验结果		
KMO 取样适切性量数		0.778
巴特利特球形度检验	近似卡方	1286.061
	自由度（df）	105
	显著性（P 值）	0.000

资料来源：笔者绘制，2022 年 8 月。

由表 10-16 可见，本研究的 KMO 检验值为 0.778，Bartlett 检验值为 1286.061，显著性小于 0.001，拒绝 Bartlett 球形检验原假设，表明本样本数据矩阵具有公因子，变量之间具有相关性，适合做后续的探索因子分析。接下来对所有的变量题项通过主成分法进行探索性因子分析。结果如表 10-17 所示。

表 10-17　主成分法测量结果

名称	因子载荷系数				
	因子1	因子2	因子3	因子4	因子5
SQ1	0.152	0.104	0.191	0.122	0.855
SQ2	0.078	0.095	0.159	0.103	0.855
SQ3	0.097	0.073	0.12	0.066	0.879
DS1	0.126	0.879	0.122	0.138	0.116
DS2	0.129	0.877	0.128	0.116	0.125
DS3	0.039	0.905	0.107	0.059	0.036
FI1	0.149	0.125	0.174	0.872	0.117
FI2	0.076	0.078	0.139	0.843	0.088
FI3	0.102	0.11	0.161	0.874	0.088
PV1	0.877	0.072	0.171	0.078	0.092
PV2	0.871	0.091	0.173	0.11	0.114
PV3	0.869	0.138	0.193	0.146	0.13
BR1	0.242	0.166	0.825	0.211	0.202
BR2	0.196	0.157	0.873	0.194	0.185
BR3	0.179	0.101	0.879	0.155	0.165
特征根值	5.807	1.92	1.752	1.707	1.238
累积方差解释率%	38.71%	51.51%	63.19%	74.57%	82.82%

资料来源：笔者绘制，2022 年 8 月。

从加粗部分的数值可以看出来，矩阵中同一个因子下面聚合同一变量的三个题项，并且其载荷系数都高于 0.6，说明样本聚合效度良好。没有聚合在同一因子下面的部分载荷系数均低于 0.3，说明样本区分效度良好。

样本数据通过了探索性因子分析以后，为进一步验证数据的有效性，我们接下来进行验证性因子分析。

2. 验证性因子分析

接下来进行验证性因子分析，分别进行了聚敛效度分析与区分效度分析，具体结果如表 10-18 所示。

表 10-18　持续使用意愿模型 AVE 和 CR 指标结果

因子	AVE 值	CR 值
需求满足	0.699	0.874
服务质量	0.745	0.898
感知沉浸	0.709	0.879
价值权衡	0.744	0.897
持续使用意愿	0.805	0.925

资料来源：笔者绘制，2022 年 8 月。

根据表 10-18 中持续使用意愿模型的 AVE 和 CR 指标结果可以看出，需求满足的 AVE 为 0.699，大于 0.5，服务质量的 AVE 为 0.745，大于 0.5，感知沉浸的 AVE 为 0.709，大于 0.5，价值权衡的 AVE 为 0.744，大于 0.5，持续使用意愿的 AVE 为 0.805，大于 0.5，总的来看，各潜在变量的 AVE 的值均大于 0.5，符合要求。需求满足的 CR 值为 0.874，服务质量的 CR 值为 0.898，大于 0.7，感知沉浸的 CR 值为 0.879，大于 0.7，价值权衡的 CR 值为 0.897，大于 0.7，持续使用意愿的 CR 值为 0.925，大于 0.7，总的来看，各变量的 CR 值均大于 0.7，说明量表的聚敛效度比较理想。

接下来本研究进行了区分效度检验，首先对 AVE 进行了开平方处理，然后将各变量之间的相关系数与 AVE 平方根值进行对比，如表 10-19 所示。

表 10-19　Pearson 相关性系数与 AVE 平方根值对比表

变量	需求满足	服务质量	感知沉浸	价值权衡	持续使用意愿
需求满足	0.836				
服务质量	0.247	0.863			
感知沉浸	0.269	0.272	0.842		
价值权衡	0.296	0.265	0.297	0.862	
持续使用意愿	0.418	0.337	0.422	0.459	0.897

注：加粗数字为 AVE 平方根值
资料来源：笔者绘制，2022 年 8 月。

从上表可以看出，需求满足的 AVE 平方根值为 0.836，大于该变量与其他变量间的相关系数，服务质量的 AVE 平方根值为 0.863，大于该变量与其他变量间的相关系数，感知沉浸的 AVE 平方根值为 0.842，大于该变量与其他变量间的相关系数，价值权衡的 AVE 平方根值为 0.862，大于该变量与其他变量间的相关系数，持续使用意愿的 AVE 平方根值为 0.897，大于该变量与其他变量间的相关系数。由表可以明显看出，各变量之间相关系数值均小于各变量的 AVE 平方根值，由此可以说明持续使用意愿模型中的各潜变量之间的区分效度良好。

（四）假设模型分析

关于假设模型分析，本章通过 Amos 24.0 软件进行分析。

1. 模型路径图

首先制作持续使用意愿模型路径图，如图 10-5 所示。

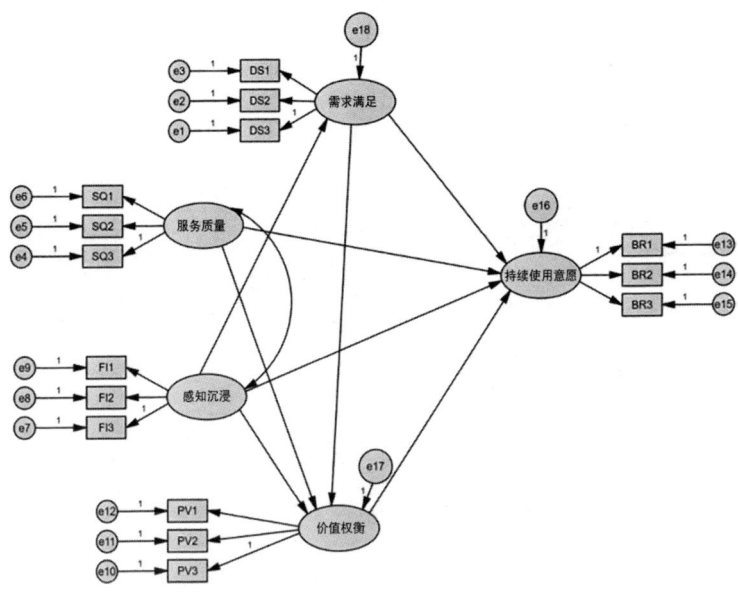

图 10-5　持续使用意愿模型路径图

资料来源：笔者绘制，2022 年 8 月。

2. 模型评价分析

将样本数据导入模型进行检验，输出了模型的标准化评估路径图，如图 10-6 所示。

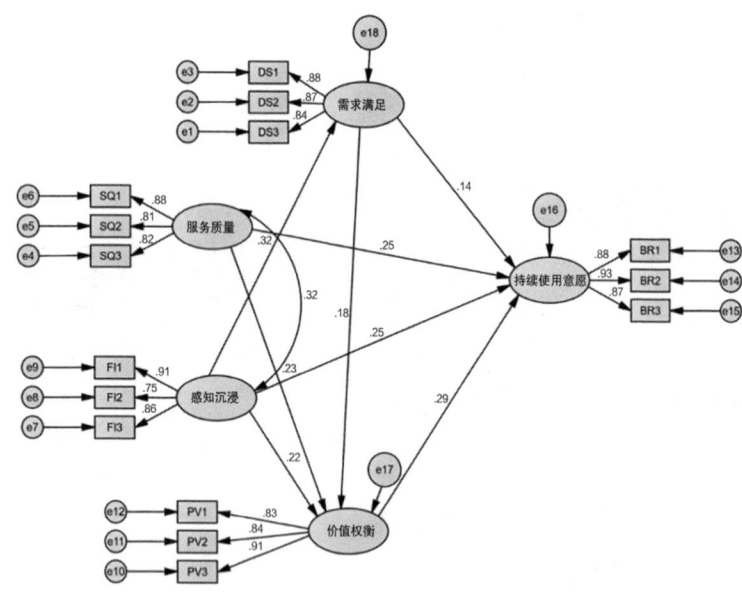

图 10-6 持续使用意愿模型标准化评估路径图

资料来源：笔者绘制，2022 年 8 月。

模型的标准化评估路径图显示良好，接下来本研究继续使用 Amos 24.0 软件将模型的各适配指标分别进行了测量运算，具体数值如表 10-20 所示。

表 10-20 持续使用意愿模型拟合结果适配评价表

指标类型	指标名称	推荐值	实际值	适配评价
绝对适配指标	CMIN/DF	小于 3	1.267	适配
	GFI	大于 0.9	0.911	适配
	AGFI	大于 0.9	0.868	适配
	RMSEA	小于 0.08	0.046	适配

续表

指标类型	指标名称	推荐值	实际值	适配评价
相对适配指标	TLI	大于0.9	0.977	适配
	IFI	大于0.9	0.983	适配
	RFI	大于0.9	0.901	适配
	NFI	大于0.9	0.924	适配
	CFI	大于0.9	0.983	适配
简约适配指标	PNFI	大于0.5	0.713	适配
	PGFI	大于0.5	0.615	适配
	PCFI	大于0.5	0.758	适配

资料来源：笔者绘制，2022年8月。

从表10-20中可以看出，绝对适配指标的各个值均大于推荐值，均达标；相对适配指标的各个值均大于推荐值，均达标；简约适配指标的各个值均大于推荐值，均达标。总体来看，本模型拟合适配评价显示适配良好。

3. 模型路径分析

本研究通过Amos 24.0软件进行路径分析，结果如表10-21所示。由表10-21可以看出，在利用结构方程模型对各路径进行测算后，得出感知沉浸对持续使用意愿的P值为0.008（$P < 0.01$），标准化路径系数为0.246，表明感知沉浸对持续使用意愿有显著的正向影响；价值权衡对持续使用意愿的P值为0.002（$P < 0.01$），标准化路径系数为0.287，表明价值权衡对持续使用意愿有显著的正向影响；服务质量对持续使用意愿的P值为0.004（$P < 0.01$），标准化路径系数为0.255，表明服务质量对持续使用意愿有显著的正向影响；需求满足对持续使用意愿的P值为0.096（$P > 0.05$），标准化路径系数为0.143，表明需求满足对持续使用意愿没有显著的正向影响。

表 10-21 持续使用意愿模型路径分析

路径关系			路径系数	标准化路径系数	S.E. 值	C.R 值	P 值	显著性
需求满足	←	感知沉浸	0.272	0.317	0.084	3.221	** 0.001	显著
价值权衡	←	感知沉浸	0.251	0.224	0.116	2.162	* 0.031	显著
价值权衡	←	服务质量	0.276	0.227	0.121	2.289	* 0.022	显著
价值权衡	←	需求满足	0.232	0.178	0.127	1.824	0.068	不显著
持续使用意愿	←	需求满足	0.179	0.143	0.107	1.666	0.096	不显著
持续使用意愿	←	服务质量	0.298	0.255	0.105	2.851	** 0.004	显著
持续使用意愿	←	感知沉浸	0.264	0.246	0.099	2.659	** 0.008	显著
持续使用意愿	←	价值权衡	0.276	0.287	0.087	3.159	** 0.002	显著

注：$P < 0.001$ 为 ***，$P < 0.01$ 为 **，$P < 0.05$ 为 *。
资料来源：笔者绘制，2022 年 8 月。

由表 10-21 再看各个潜变量之间的影响关系，感知沉浸对需求满足的 P 值为 0.001（$P < 0.01$），标准化路径系数为 0.317，表明感知沉浸对需求满足有显著的正向影响；感知沉浸对价值权衡的 P 值为 0.031（$P < 0.05$），标准化路径系数为 0.224，表明感知沉浸对价值权衡有显著的正向影响；服务质量对价值权衡的 P 值为 0.022（$P < 0.05$），标准化路径系数为 0.227，表明服务质量对价值权衡有显著的正向影响；需求满足对价值权衡的 P 值为

0.068（P > 0.05），标准化路径系数为 0.178，表明需求满足对价值权衡没有显著的正向影响。

（五）持续使用行为频率差异性分析

本研究采用 IBM SPSS 23.0 statistics 软件进行单因素方差分析，以测算各个变量对不同使用次数的用户的影响强弱关系，具体如表 10-22 所示。

表 10-22 持续使用频率方差分析结果

	近三个月您使用《神奇旅行》的频率是（平均值 ± 标准差）					F	P
	1次（n=56）	2次（n=20）	3次（n=24）	4次（n=11）	5次及以上（n=15）		
需求满足	3.28 ± 0.68	4.35 ± 0.75	3.93 ± 1.19	4.51 ± 0.31	4.16 ± 1.30	9.415	0.000**
服务质量	3.57 ± 0.56	4.10 ± 1.17	4.44 ± 0.81	4.06 ± 1.52	5.00 ± 0.00	11.345	0.000**
感知沉浸	3.43 ± 0.65	3.95 ± 1.34	4.35 ± 0.93	4.40 ± 1.13	4.96 ± 0.12	12.123	0.000**
价值权衡	3.13 ± 0.80	3.93 ± 1.22	4.01 ± 1.02	4.45 ± 0.37	4.38 ± 0.96	10.374	0.000**
持续使用意愿	3.17 ± 0.74	3.90 ± 1.33	4.24 ± 0.82	4.61 ± 0.29	4.96 ± 0.12	20.409	0.000**

注：*P<0.05，**P<0.01。
资料来源：笔者绘制，2022 年 8 月。

从表 10-22 可知，利用方差分析研究游客近三个月内使用《神奇旅行》的频率对需求满足、服务质量、感知沉浸、价值权衡、持续使用意愿共 5 项的差异性，得出近三个月内游客使用《神奇旅行》不同的频次分别对需求满足、服务质量、感知沉浸、价值权衡、持续使用意愿均呈现出显著性（p<0.05）。从样本数量可以看出，仅使用过 1 次《神奇旅行》的样本有 56 份，占全部样本的 44.4%，使用过 2 次及以上的样本有 70 份，占全部样本的 55.6%，说明了有超过一半的用户在首次体验 1 次《神奇旅行》后，三个月内选择再次使用，即产生了持续使用行为。

同时还可以看出，仅使用过 1 次《神奇旅行》的样本在需求满足、服务质量、感知沉浸、价值权衡、持续使用意愿几个变量上的均值显著低于使用过 2 次及以上《神奇旅行》的样本，并且在需求满足、服务质量、感知沉浸、价值权衡、持续使用意愿方面全部均呈现出显著性差异。

从以上的实证研究过程以及数据分析结果可以看出：

需求满足、服务质量、价值权衡、感知沉浸均对持续使用意愿有正向影响。其中服务质量与价值权衡影响程度高于需求满足，这与笔者原先的猜测有出入，同时也说明了该产品在用户比较关注的社交、互动、自我表达功能上还有较大改进空间。

感知沉浸、服务质量对价值权衡有显著的正向影响，其中感知沉浸变量对价值权衡有显著的正向影响，突出表现出了这类产品的特定属性，沉浸感知越强，则越能够凸显产品的价值，用户对产品的价值感知也越强，因此感知沉浸对价值权衡有正向影响作用。服务质量是对于旅游产品的一个经典传统的评价标准，良好的服务质量也会对价值权衡有显著的正向影响。而需求满足没有对价值权衡产生显著影响，则进一步说明该产品在社交、互动、自我表达等功能上需要改进提升。

感知沉浸对需求满足产生正向影响，证明用户在使用过程中的沉浸感越强，则越能满足其休闲、娱乐与放松身心的需求。

对比仅使用过 1 次《神奇旅行》的样本（占比 44.4%）和使用过 2 次及以上的样本（占比 55.6%），有超过一半的用户在首次体验 1 次《神奇旅行》后，三个月内选择再次使用《神奇旅行》，即产生了持续使用行为，证明该产品有良好市场前景。

第六节 结论与讨论

本研究领域为旅游景区与目的地管理、旅游市场研究,通过对新兴事物增强现实(AR)+剧本类旅游APP《神奇旅行》进行实证研究分析,通过首次与持续使用意愿研究了解此类产品目前在市场上的接受度,以及影响接受度高低的因素和因素间关系,从而给相关从业者提供有效参考。

一、研究结论

(一)首次使用增强现实(AR)+剧本类旅游APP影响因素研究

关于首次使用增强现实(AR)+剧本类旅游APP影响因素的研究,本研究选取了绩效期望、价值权衡、个体创新性三个内部变量和社会影响一个外部变量,同时选取了自我决定理论中个人内部驱动力即个体胜任属性、个体归属需求、个体自主驱动作为三个调节变量,构建了一个全新的模型框架——首次使用意愿研究模型,随后针对使用前用户进行调查分析得出结论。

首次使用意愿研究的结论有:

(1)各潜变量对首次使用意愿的影响程度显示:相比绩效期望、个体创新性、价值权衡,社会影响对用户的首次使用意愿影响最大,标准路径系数为0.265,个体创新性对用户的首次使用意愿影响最小,标准路径系数为0.206,而价值权衡对用户的首次使用意愿的影响程度排在第二位,总体来看,对用户的首次使用意愿影响程度从高到低排序为:社会影响、价值权衡、绩效期望、个体创新性。因此,本研究的假设A1、假设A2、假设A3、假设A4、假设A5、假设A6、假设A7均得到了样本数据的支持。

（2）调节效应发挥的调节作用方面：个体自主驱动在社会影响与首次使用意愿的关系之间起负向调节作用，个体胜任属性在绩效期望与首次使用意愿的关系之间起正向调节作用，个体归属需求在个体创新性与首次使用意愿的关系之间起负向调节作用。因此，本研究的假设 A8、假设 A9、假设 A10 均得到了样本数据的支持。

使用意愿研究的结论分析：

（1）社会影响对用户尝试新产品时的影响是最显著的，这说明了熟人介绍、口碑效应在营销增强现实（AR）+ 剧本类旅游 APP 这种新产品时可以发挥很大作用，通过向身边的人间接获取产品使用经验可以较好地消除用户面对新技术、新产品时内心产生的不确定性和感到的未知风险。出于社会交往的目的，用户也会积极尝试自己陌生的领域以达到"合群"的效果。通过社会关系的影响，还能有效提高用户对产品的期望值，加强用户对产品的尝试欲望，进而促进用户首次尝试使用产品。

（2）价值权衡是对用户首次使用意愿产生影响的第二大因素，这说明用户在选择一款没有使用经验的产品时，基于用户对产品的认知和了解产生的心理预期，其产品定价与用户对产品价值进行的预判的匹配程度，是影响用户对一款新产品价值权衡的重要指标。一款产品再好，如果产品定价高于用户心理定价，用户感觉"太贵"，或者没有感到"物有所值"，则也不会选择使用。

（3）关于三个调节变量主要是从个体本身的特质来进行衡量，从研究结果可以看出，个体自主驱动在社会影响与首次使用意愿的关系之间起负向调节作用，这说明了自主驱动属性强的人更不容易受到周围人的影响，在作决策时表现得更加独立。个体胜任属性在绩效期望与首次使用意愿的关系之间起正向调节作用，这说明了个体胜任属性强的人对待未知事物有更强烈的征服欲，从而在绩效期望上表现为对新事物有更加强烈的兴趣和期望。个体归属需求在个体创新性与首次使用意愿的关系之间起负向调节作用，这说明了个体归属需求高的人，往往认为集体主义高于个人主义，行为决策更加倾向于参考大多数人的意见，个体创新性则会更低。

（二）持续使用增强现实（AR）+ 剧本类旅游 APP 影响因素研究

关于持续使用增强现实（AR）+ 剧本类旅游 APP 影响因素的研究，本研究的思路是在文献综述和逻辑推导的基础上，针对产品特点，结合使用与满足理论、沉浸理论，选取了需求满足、服务质量、感知沉浸、价值权衡作为潜变量，构建持续使用意愿研究模型。完成信效度分析后将使用后用户填写的调查问卷数据进行结构方程分析并得出研究结论。同时，对不同使用次数的用户数据进行了方差分析，研究潜变量对持续使用行为的影响程度。

持续使用意愿研究结论：

（1）各潜变量对持续使用意愿的影响程度显示：需求满足、服务质量、感知沉浸、价值权衡均对用户的持续使用意愿产生正向影响，标准化路径系数分别为 0.143、0.255、0.246、0.287，但从显著性上来看，服务质量、感知沉浸、价值权衡的 P 值均小于 0.05，呈现显著，而需求满足变量的 P 值大于 0.05，呈现不显著。具体看价值权衡对用户的持续使用意愿影响程度最大并且显著，标准化路径系数为 0.287，需求满足对持续使用意愿为正向影响，但 P 值显示为 0.096，影响不显著。综合来看，需求满足、服务质量、感知沉浸、价值权衡四个变量对用户的持续使用意愿的影响程度从高到低排序为价值权衡、服务质量、感知沉浸、需求满足。因此，本研究的假设 C4、假设 C5、假设 C8 均得到了验证支持；假设 C2 没有得到验证支持。

（2）各潜变量之间的关系：感知沉浸对需求满足和价值权衡均表现出显著的正向影响，标准化路径系数分别显示为 0.317、0.244；服务质量对价值权衡表现出显著的正向影响，标准化路径系数显示为 0.227；需求满足对价值权衡表现出正向影响，标准化路径系数显示为 0.232，但是不显著，其 P 值显示为 0.068，大于 0.05。因此，本研究的假设 C3、假设 C6、假设 C7 均得到了样本数据的支持；假设 C1 没有得到样本数据的支持。

（3）持续使用意愿与持续使用行为的关系：在 126 份有效问卷中，仅使用过 1 次《神奇旅行》的样本有 56 份，占样本总数的 44.4%，使用过 2 次及以上的样本有 70 份，占样本总数的 55.6%，有超过一半的用户在首次体验 1 次《神奇旅行》后，三个月内选择再次使用《神奇旅行》，即产生了持续使用行为。并且从各潜变量对持续使用意愿的显著性来看，仅使用过 1 次《神奇旅行》的样本均值显著低于使用过 2 次及以上的样本均值。

持续使用意愿研究的结论分析：

（1）需求满足变量对持续使用意愿的影响假设没有被样本支持。这一结果说明了《神奇旅行》这款增强现实（AR）+ 剧本类旅游 APP 在满足用户需求方面还存在较大不足。关于需求满足变量不显著，分析其原因是由于增强现实（AR）+ 剧本类旅游 APP 的用户群体多为本地游客，本地游客出游的目的并不主要是为了游览景区，而是与亲朋好友结伴出行，进行能够充分与人互动、社交、表达自我的深度游。不局限于本地游客来说，作为新消费群体 Z 世代也非常关注旅游带来的互动、社交、表达自我功能。传统的剧本游已经能够实现这些需求，而《神奇旅行》相比传统剧本游，无需景区配备专职真人 NPC 与游客进行互动、推动剧情、提供服务，取而代之的是虚拟 NPC，只需一部手机就实现了所有的剧本游服务。《神奇旅行》的优点是能最大程度节约产品服务的人力成本和运营成本，由于在问卷发放前，还未发行多人版本，游客在使用这款产品时，只能一个人对着一部手机，与软件里的虚拟 NPC 进行互动，完全跟着软件指引完成景区剧本游的全部旅程，即使是与朋友结伴出行，在游玩中也是每个人分别在自己的手机上体验产品，同伴彼此没有互动与交流的机会，这与游客的出游初衷有所背离。因此，在数据样本中呈现出需求满足变量对价值权衡和持续使用意愿没有显著性影响。

（2）价值权衡变量对持续使用意愿影响最显著。价值权衡显著性高说明了游客在需求未被满足的情况下，会首先考虑产品价格是否划算，由于《神奇旅行》目前处于产品推广阶段，被调查的用户在购买产品时都享受到了非常优惠的价格，正是价格上的优势，让用户产生了强烈的"物有所值"感觉，这种感觉越强烈，游客对产品的持续使用意愿就越强。因此，在样本数据中价格权衡对持续使用意愿表现出了最大的显著性。

（3）产品具有良好的市场潜力。从用户使用频率方差分析结果可以看出，在问卷发放前三个月，使用产品次数在2次及以上的用户人数占被调查总人数的一半以上，这说明了产品虽然存在较大不足，但是基于文旅业的发展趋势，此类产品游客接受度比较良好，具有较好的发展潜力与市场前景。

二、讨论

（一）《神奇旅行》存在问题与对策建议

根据上述结论来看，以《神奇旅行》为例，增强现实（AR）+剧本类旅游APP具有良好的市场前景。从使用频率差异分析可以看出：仅使用过1次《神奇旅行》的样本有56份，占全部样本的44.4%，使用过2次及以上的样本有70份，占全部样本的55.6%，说明了有超过一半的用户在首次体验1次《神奇旅行》后，三个月内选择再次使用《神奇旅行》，即产生了持续使用行为。研究结论也显示产品存在不足。

首先，通过研究结论可以看出，《神奇旅行》存在的最大问题是不能满足用户的需求，应有针对性地对其进行改造提升，具体分为两方面：

第一个方面，关于需求满足中的社交、互动、自我表达需求的对策与建议：

①从目前产品现状来看，在四个自变量维度中，需求满足维度对持续使用意愿的影响呈现不显著，其原因在上述结论部分已作分析，总结来说是该产品在本研究做问卷调查期间还未上

线多人互动版剧本游,游客在游玩期间无法与同行游客互动体验产品,因此,这款产品目前的功能还不能满足游客与人互动、社交、表达自我的需求。

②从产品主要受众来看,增强现实(AR)+剧本类旅游APP分别借鉴了手机游戏Pokemon Go(《口袋精灵》)和剧本杀桌游的思路,而这两种产品主要的受众群体是Z世代。众所周知,Z世代有更加突出的时代特征,这代人更加喜欢互动式体验、沉浸式旅游,他们不甘于平凡,对自我提升有更高的要求,对生活品质有更高的追求,以兴趣为导向进行消费,有热爱分享,擅长社交,表现欲强等群体特征,因此,当代旅游产品尤其是增强现实(AR)+剧本类旅游APP更应该重点关注产品的互动功能、社交功能、分享功能、学习功能。

③从相似产品来看,手机游戏Pokemon Go(《口袋精灵》)具有很强的互动功能。用增强现实(AR)效果模拟出来的"精灵球"在手机屏幕上抛掷向宠物小精灵,收集宠物,并在"道馆"与其他玩家的宠物小精灵进行比武切磋;可以通过"朋友"功能,通过ID与其他玩家互加好友,与其他玩家在一定距离内进行宠物交换,并且随好友互动频率的增加,不断提升好友等级,在一些游戏场景会给予好友团队特别奖励。再来看近年来十分流行的剧本杀游戏,一般由4到6名玩家一起开局,在一个被精心布置的环境中,在灯光音乐烘托出的氛围下,每个人拿到一个人物剧本,分别扮演整个剧本中的一个角色,由真人NPC引导剧情推动,玩家根据彼此手中的线索一起揭开谜题,期间玩家需要进行大量的推演、互动、交流、探讨,是当下年轻人社交的重要途径之一。

④增加互动功能的具体做法。以《神奇旅行》为例,增强现实(AR)+剧本类旅游APP可以充分借鉴Pokemon Go和剧本杀游戏的经验。建议《神奇旅行》开发出多人剧本游,参照真人剧本杀的模式,让每个玩家扮演一个角色,在景区中分别去找寻线索,并在特定点位汇合进行信息交换;在APP内设置社区排行

榜，可以线上组队，线下游玩，为游客提供一个社交的平台；设置积分升级制度，根据游客完成的剧本数量进行积分升级，随级别的升高游客可以开启更加富有挑战的剧本；在社区内增加打卡奖励制度，对图文并茂的优质评价给予一定的奖励。

第二方面，如何加深对景区人文历史背景了解的建议：

①目前《神奇旅行》的剧本内容还过于简单、单调，逻辑层次较低，对景区人文历史内容的体现还不够深入，因此，用户加深对景区人文历史的了解需求没有被充分满足。中国人文历史旅游景观非常丰富，开发者应充分利用好中国博大精深的历史文化，讲好中国优秀文化故事，深耕剧本内容，在充分还原历史场景、历史故事的基础上，利用增强现实技术（AR）增加趣味性，做经得起推敲的剧本故事。

②建立开放性的剧本征集平台。剧本征集平台可以拓展剧本资源储备，由剧本创作者在平台上自行发布景区剧本，制定符合市场规则和提升激励效果的收益分配制度，制定评价机制，审核剧本内容，做好平台管理工作。将优秀剧本挑选出来，开发成景区剧本游戏，实现由剧本创作到剧本审核，剧本优化到剧本景区游戏研发，景区剧本游戏上市到景区剧本游反馈互动等环节的完整产业链搭建，让景区剧本的开发形成一个全新的产业，激发创作出更多优秀的剧本游作品。

③针对同一个景区或场景开发多个不同的剧本。游客的类型多种多样，虽然目前来看增强现实（AR）+剧本类旅游APP的受众群体还比较小，主要集中在年轻人客群，但随着中国消费不断升级，此类产品市场前景良好，应针对不同类型的客户群体开发不同类型的剧本故事，培养不同年龄段客户群体的消费习惯。同一个人文景区有着不同的历史事件、历史典故、人物故事、风土人情、民族特色、奇闻轶事等，每一个元素都可以开发、拓展出若干个剧本故事。以厦门胡里山炮台为例，可以先行开发出50个以上剧本游戏，并持续更新，以购买会员的方式吸引游客注册充值，成为会员后，提供无限游玩等服务。

④开发适合青少年游览学习的剧本故事。随着80后步入中年，90后为人父母，这一代父母普遍受过高等教育，更加注重对子女的陪伴与培养，已婚已育家庭的周末时间几乎都用来进行亲子活动，因此，剧本故事应有针对性地开发人文类、益智类、科普类等适合青少年儿童使用的剧本，加强对此类剧本内容的审核，设计青少年剧本游模式，过滤掉不适宜让青少年接触的故事内容，让孩子们进行户外活动的同时，获取丰富的课外知识。

其次，社会影响对首次使用意愿的影响程度最大，增强现实（AR）+剧本类旅游APP应根据社会影响的显著影响效果设计营销策略，具体建议有：

①重视口碑营销。在本次的实证研究中，社会影响是对用户首次使用意愿最大的影响因素，因此，发挥社会关系对产品营销的带动促进作用非常重要。增强现实（AR）+剧本类旅游APP开发者应组建专业的营销团队，以真人试玩的模式进行线上线下推广，对"老带新"用户给予奖励，以团长带队模式增加"团购"营销。进行多渠道推广，通过朋友圈、QQ空间等社交平台进行口碑营销，通过哔哩哔哩、抖音等视频平台进行软广植入等。

②提升服务质量。口碑营销的前提条件是提升产品的服务质量。服务质量对用户持续使用意愿起到正向显著影响，说明了提升服务质量很关键。软件开发者应重点解决产品流畅操作问题，例如在使用过程中出现的软件"闪退"、背景音不连贯、旁白间断等情况，并安排在线客服积极响应解决，以提高游客对服务质量的满意度。在景区增加便利设施，例如在剧本游起点设置起点标识，为游客快速进入剧情提供便利；与商家进行互动，组建剧本游商家联盟，在一些商店设置免费的剧本游用户手机充电站，提供充电宝、耳机租赁等。

再次，针对感知沉浸对持续使用意愿的显著正向影响，应不断提升用户的沉浸体验，具体建议有：

①与景区联动增设互动点位。目前产品与景区没有实现联动，游客只能通过手机摄像功能调动虚拟"AR时光球"与景区

互动,即使开发了多人版本,游客全程与手机进行交互,还是显得过于单调。产品方应该与景区进行合作,联动运营,最大限度地提升游客的体验感与参与度,提高游客的沉浸感。在一些关键点位设置提示牌、密码机等,通过小游戏互动获取重要线索。

②与景区联动培训工作人员。开展专题培训,首先让景区工作人员熟练操作 APP 软件,了解产品用法与注意事项,方便游客在实际游玩开始前,在操作方面可以在现场及时获得帮助,减少在游览过程中因技术问题而导致中断游戏的情况。增加现场配合的工作人员,还可以提升游客在使用软件过程中对软件的信任感和满意度。

次之,价值权衡对用户首次使用意愿和持续使用意愿均呈现出显著正向影响。因此,现阶段应加大优惠力度,推出丰富的促销活动。

目前此类产品还不成熟,为此用户群体的建立、用户意见的收集更加重要,优惠的价格也会给用户带来"超值"的感受,进而产生持续使用的意愿,因此,以《神奇旅行》为例,增强现实(AR)+剧本类旅游 APP 前期应该加大优惠力度,以"免费试玩"、"低价会员"、"买产品免门票"等方式降低游客首次使用的门槛,吸纳新用户,并以优质的服务与产品体验留住用户。

最后,本研究的三个调节变量(个体自主驱动、个体胜任属性、个体归属需求)假设均通过数据分析得到验证,说明产品应针对不同性格特质的用户开发不同的剧本产品,走定制化产品路线。

①针对不同的客户群,开发不同难度的剧本。目前,《神奇旅行》中的剧本难度过于简单,没有任何经验的新手都可以一人轻松解决问题,目前的剧本难度级别虽然降低了用户的经验门槛,但是由于缺乏挑战,也不利于留住老用户。因此,开发者应该将剧本进行难度划分,增加开发具有更高难度的剧本,将新手用户与进阶用户进行区分,不断给进阶用户甚至资深用户推出富有挑战性的、高难度的剧本,从而提升用户的黏性,增加用户

的游玩次数。随着剧本难度的增加，用户留在景区的时长也会增加，内容丰富有趣且具有挑战的剧本更容易吸引到外地游客特地来景区体验产品，进而带动景区餐饮、住宿等消费。

②增加团体营销模式，走定制化产品路线。根据剧本游的产品特性，多人版的剧本游需要团队的协作，因此，多人剧本游很适合公司团建、党建学习、户外运动、圈层活动等场景。开发者可以有针对性地定制开发产品，将景区历史人文知识与管理、党建、运动等相结合，还可以针对特定的节日开发节日限定版剧本游，进一步打开市场，提升产品的知名度，增加用户数量。

③开发多个应用场景，让剧本游无处不在。本地景区、公园、游乐场、酒店、温泉、度假村、房车营地、博物馆、科技馆等成了本地游的主要目的地，增强现实（AR）+剧本类旅游APP开发者应该针对这些场景进行产品的开发，不局限于传统的景区，增加多种多样的产品应用场景，让剧本游无处不在，培养游客的使用习惯，也有助于笔者在前文中提出的剧本游会员制度的建立与推广。

（二）研究启示

本研究的增强现实（AR）+剧本类旅游APP正是文旅业"虚实共生"产业升级方向应用层面的典型代表，通过横向对比国内现有的虚拟旅游形态，具有显著的独特性，此类产品以智能手机的普及，网络通讯的不断提速为基础，通过现代科技的加持，使传统景区在原有实景基础上，实现以数字化手段拓展无限空间与想象，能够给游客创造精妙绝伦的精神享受与沉浸体验。此类产品目前还处于发展初期，竞品较少，成功者寥寥无几，但未来必然会出现越来越多的相似产品，通过研究，笔者总结了一些建议，希望对相关从业者有所启示。

1. *本研究对于增强现实（AR）+剧本类旅游APP的启示*

所有的建议与启示都是要建立在产品内容好玩的基础之上，有好的剧本做支撑，才能进行下一步的产品优化。

①应充分重视产品的社交属性与互动性。目前国内各景区、博物馆已有的虚拟技术的应用多是开放式的，可以多个游客共同使用，不具有排他性，而增强现实（AR）+剧本类旅游APP由于本身的剧本性质，游客需要扮演剧本里面的角色，将自己作为剧情中的一分子才能将剧本游进行下去，本身具有排他性，如果仅仅是单一游客进行剧本游，而没有与其他真实游客扮演的角色进行互动，则实际体验效果非常有限，游客全程都在与虚拟人进行互动，不符合当下新时代游客的实际社交属性，因此，开发此类产品必须首先考虑产品的社交功能与互动性。建立多人在线游玩模式与社交互动平台，让游客能够组织三五好友一同出游，也可以在社交平台上临时组队出游，结交新朋友，在游戏过程中进行交流。

②建立用户激励机制，刺激复购意愿。在建立良好剧本生态（剧本好玩且数量多）的基础上，建立用户激励机制，例如：采用五人同行免一人，或者玩五次剧本送一次等积分制度。建立个人代理制度，普通游客也可以成为代理，自己玩和带朋友玩都可以享受代理价格，成交的游客越多，代理价的折扣越大。建立领地机制，通过打卡各个景区，积累领地旗帜，游客所到之处都可以成为自己的领地，在APP内部生成排行榜，每周进行刷新排行，对年度冠军给予具有吸引力的奖励。通过各种激励机制，刺激游客复购意愿。

③降低游客初始使用门槛与使用成本。增强现实（AR）+剧本类旅游APP目前处于发展的幼童期，前景良好但市场份额很小，为吸引首批游客，需要降低游客的初始使用门槛与使用成本。例如：先行在免门票的景区进行剧本开发和大力推广，让游客以最低的成本进行游玩。降低产品对移动终端档次的要求和系统的限制，最大限度提高产品兼容性。拓展toB渠道，与政企合作，以组织活动的形式降低游客的初始使用成本。

④确保产品使用流畅，易学易用。抛开产品内容，保证产品的使用流畅度、易用度也是开发者首先要做到的事项。一款软件

如果使用过程中频频闪退，出现严重卡顿，界面设置反人体知觉，则产品从一开始就会被游客放弃。好的产品内容需要好用的软件功能才足以呈现。

⑤突出特色与产品辨识度，打造品牌效益。目前市场上主打增强现实（AR）概念的旅游产品也不少，但是很多没有做起来，能够实现的功能也参差不齐，增强现实（AR）+剧本类旅游APP应该突出自己的独有特质即"剧本游"，将增强现实（AR）作为一项技术实现手段，对产品核心起促进作用，梳理产品定位，将亮点、重点体现在产品设计、广告投放、品牌营销等方面，朝着"最好玩的AR剧本游"品牌形象靠拢。

⑥协同共创，多平台联动，学霸代言。Z世代的年轻人更有主见，喜欢根据自己的判断走，身处于自媒体盛行年代的他们喜欢自己为自己代言，增强现实（AR）+剧本类旅游APP有着天然的创作属性，可以让游客与开发者协同共创，让游客自己记录、发布自己在玩APP时候的VLOG、游记等。打造爆款剧本在多平台上联合推动，宣传造势，打造产品热度与关注度。当下年轻人喜欢用知识武装自己，剧本游可以让他们感觉自己是有识之士，在进行高智商旅游，玩剧本游让他们感觉自己很有充实感与成就感。学霸代言，营造一种氛围，打造一种产品印象，即玩剧本游就是投资自己，是高品质生活的体现。

2. 本研究对于"虚实共生"文旅行业的思考

"虚实共生"是对文化旅游的一种展示形式，是对传统展示形式的一种创新，是数字经济与实体经济的深度融合。发展"虚实共生"文旅应跳出传统思维定式，将"虚拟"与"现实"，"线上"与"线下"从对立走向融合，以实生虚，以虚促实，分别从场景、内容、社交、文化等方向进行延展与创新，以更有趣的内容、更新颖的模式拓展更广阔的场景，让游客在"虚实共生"的模式下实现有效社交，社交的同时提高文化鉴赏力，提升文化素养，实现良性循环。本研究只是"虚实共生"文旅应用层面的研究，增强现实（AR）+剧本类旅游APP是一种具体的应用模式的探索，目前功能还很单一，未来必定会有更多更加全方位、深层次的"虚实共生"文旅模式，实现游客在虚拟与现实共生世界更大范围的游玩、社交与互动，"虚实共生"文旅大有可为。

三、不足与展望

本案例通过两次问卷调查和两轮的实证分析，对增强现实（AR）+剧本类旅游APP的影响因素进行了比较详细的研究与探索。本案例的研究结论和研究过程对旅游APP研究领域来说，有一定的学术创新与贡献，填补了一些研究空白，对相关从业者也给予了一些参考建议，但是研究依旧存在不足，建议今后的相关研究关注以下几个方向：

本案例将游客对增强现实（AR）+剧本类旅游APP的接受度研究分为游客对增强现实（AR）+剧本类旅游APP的首次使用意愿研究和持续使用意愿研究两个阶段，分别研究了产品的拉新用户和维护老用户的问题，后续的研究可以对首次使用意愿对持续使用意愿的影响以及二者的关联进行更加深入的研究，也可以尝试提出新的研究变量对其他维度问题作进一步的探索。

本案例在研究设计时未对样本进行更加细致的地域性划分，不同地区（例如：沿海地区与内陆地区，东北地区与西南地区）的游客在各个影响因素上表现出的差异性有待研究。另外，本案例中的调查对象全部是中国的游客，该研究模型在不同国家、不同文化背景、不同国家的不同地区的适用性以及模型中的各影响因素的变化与相互影响有待研究。

在持续使用行为的研究方面，由于时间关系，本研究只进行三个月内的游客跟踪调查，时间跨度较短，并且在此期间，《神奇旅行》团队方面开展了一些促销活动，研究结果显示超过一半以上的用户有持续使用行为，但不排除一些用户是出于优惠活动才选择继续使用该产品，建议后续的研究延长跟踪调查的时间跨度，给研究提供更加丰富的样本数据。

后 记

本书主体是我所主持的国家自然科学基金面上项目的结题成果。自 2011 年初次聚焦景区旅游经济价值评估始，历时 13 年，长年跟踪调研了福建冠豸山、武夷山、鼓浪屿、石牛山等景区，先后培养了硕士研究生贺祯、郑稼宏、申莉莉、宋馨雨、郭雪茹、佘佳杰，本科生贾琳方，博士研究生周春波、林文凯、林玉虾和丁雨馨，出版了陈桂林先生的拓展研究。最终，以结题成果《景区旅游经济价值评估理论与实践》为题，汇集了以上诸位学生的研究心血和辛勤付出，对于他们的付出都一一在脚注中加以说明。最终由我执笔修改完成总成果并付梓出版。

该成果得到国家自然科学基金面上项目"基于实物期权理论的景区经营权价值评估模型与方法研究"（批准号：71774135）和国家自然科学基金面上项目"基于多维复合方法的景区虚实共生资产评估研究"（批准号：72272128）的资助。再次诚挚地感谢国家自然科学基金委员会和各位评审专家。

林璧属

2023 年 8 月